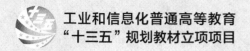

工业和信息化普通高等教育
"十三五"规划教材立项项目

会计学新形态·系列教材
ACCOUNTING

资产评估学

微课版 | 第2版

宋清 金桂荣 / 主编

黄超 李力 高松 / 副主编

ASSETS VALUATION

人民邮电出版社

北京

图书在版编目（CIP）数据

资产评估学：微课版 / 宋清，金桂荣主编. -- 2版
. -- 北京：人民邮电出版社，2021.9（2023.1重印）
高等院校会计学新形态系列教材
ISBN 978-7-115-56687-4

Ⅰ. ①资… Ⅱ. ①宋… ②金… Ⅲ. ①资产评估－高
等学校－教材 Ⅳ. ①F20

中国版本图书馆CIP数据核字(2021)第113527号

内 容 提 要

本书依据新颁布的《资产评估法》和新修订的资产评估准则以及国内外的研究新成果编写而成。全书共分为 10 章，第 1 章～第 2 章全面系统地介绍了资产评估的基本概念、基本原理和基本方法。第 3 章～第 8 章介绍了资产评估基本原理与方法在具体资产评估对象中的运用，包括了机器设备评估、房地产评估、流动资产评估、金融资产评估、无形资产评估和企业价值评估等内容。第 9 章～第 10 章介绍了资产评估报告和行业管理。同时，书中给出了大量的例题和评估实例，以便读者正确理解和掌握相关内容。每章后面都附有思考题及练习题，书末附有 3 套阶段测试题，以方便读者检测学习效果。

本书宜作为普通高等院校经济管理类专业教材，尤其适合资产评估、会计学、财务管理和财政金融等专业的本科生学习使用；也可供从事资产评估相关实务工作的人员参考。

◆ 主　编　宋　清　金桂荣
　　副主编　黄　超　李　力　高　松
　　责任编辑　刘向荣
　　责任印制　李　东　胡　南

◆ 人民邮电出版社出版发行　　北京市丰台区成寿寺路 11 号
　　邮编　100164　电子邮件　315@ptpress.com.cn
　　网址　https://www.ptpress.com.cn
　　固安县铭成印刷有限公司印刷

◆ 开本：787×1092　1/16
　　印张：14.75　　　　　　　　2021 年 9 月第 2 版
　　字数：402 千字　　　　　　 2023 年 1 月河北第 4 次印刷

定价：49.80 元

读者服务热线：(010)81055256　印装质量热线：(010)81055316
反盗版热线：(010)81055315
广告经营许可证：京东市监广登字 20170147 号

第2版前言 FOREWORD

自 2016 年 4 月本书第 1 版出版发行以来，我国资产评估规范发生了重大变化。2016 年 7 月 2 日，第十二届全国人民代表大会常务委员会第二十一次会议审议通过了《中华人民共和国资产评估法》（以下简称《资产评估法》），并从 2016 年 12 月 1 日起施行。为贯彻落实《资产评估法》，财政部和中国资产评估协会于 2017 年对资产评估准则进行了全面修订并发布实施。2018 年，中国资产评估协会对四项执业准则进行了进一步的修订和完善，并重新发布。到 2020 年年底，中国资产评估协会又有几项新准则发布实施。为了适应新的发展，本书两位主编按新的规范对全书内容进行了修订，希望本书的读者能够及时了解这些变化。

本书在修订过程中还广泛吸收了国内外资产评估理论的最新研究成果和实践经验。在编写体例方面沿袭了第 1 版的做法，在每章中附有学习目标、思考题及练习题，还有阶段性的测试题，使读者能及时把握各章要点并巩固所学知识。本书新增了微课视频，微课视频由天津科技大学黄超老师负责录制。

由于编者水平和所掌握的资料有限，书中难免存有疏漏之处，望广大读者、同行批评指正。

编 者

2021 年 7 月

FOREWORD 第1版前言

资产评估作为市场经济中的一种社会活动和行业，在产权交易、资产管理等方面的重要作用日益凸显。我国的资产评估是从 20 世纪 80 年代后期发展起来的，经过几十年的发展，取得了令人瞩目的成就。随着市场经济的日益发展与繁荣，不仅企业之间的资产转让、投资行为、并购业务等需要进行资产评估，而且不同所有制投资主体的各类资产交易、资产保险、纳税业务及跨国公司内部转移定价等业务也都需要进行资产评估。可以预见，随着市场经济的进一步发展，我国资产评估行业的发展前景会更加广阔。为了适应资产评估行业发展和教学工作的需要，我们在资产评估多年教学经验的基础上编写了本书。

本书在编写过程中广泛吸收了国内外资产评估理论的研究成果和实践经验，注重介绍国内外资产评估的最新成果及行业最新发展动态。在编写体例方面，本书借鉴同类优秀教材的编写思路，在每章中附有学习目标、本章小结、思考题及练习题，还有阶段性的课堂测试题，使读者能及时把握各章要点并巩固所学知识。

本书由天津科技大学宋清、金桂荣两位老师任主编，并制订编写大纲；由中央民族大学李力老师、天津外国语大学王菲老师、东北大学高松老师任副主编。全书共 10 章，具体编写分工如下：第 1 章、第 2 章和第 3 章由宋清编写；第 4 章和第 8 章由宋清、王菲编写；第 5 章、第 6 章和第 7 章由金桂荣编写；第 9 章和第 10 章由李力、高松编写。本书由宋清总纂定稿、编写习题及答案，并对全书进行了补充和完善。天津科技大学硕士研究生贾婷婷、常莹、王艺、刘义进协助主编做了大量工作，参加了本书部分资料的收集整理和文字处理工作，在此表示感谢。

本书在编写过程中参考和借鉴了相关文献资料，特向这些专家学者表示感谢。同时，感谢人民邮电出版社在编辑、出版和发行方面给予的大力支持。由于编写时间短，作者的学识水平和所掌握的资料有限，书中不足之处在所难免，敬请读者批评指正。

为了便于教学，订购本书的教师可与主编联系获取相关教学资料，联系邮箱：songqing6688@sina.com。

编　者
2016 年 1 月

目 录 CONTENTS

第1章　资产评估概述

学习目标

本章主要讨论资产评估中的基本理论和基础知识。通过本章的学习，读者应了解发达国家资产评估的现状，了解我国资产评估的实践及其发展，掌握资产评估的概念和基本要素以及资产评估对象，掌握资产评估的目的、资产评估的价值类型、资产评估的假设和资产评估的原则等基本的理论知识，掌握资产评估程序的主要环节和具体程序。

第一章

本章关键词

资产；资产评估；资产评估的价值类型；资产评估的目的；资产评估的假设；资产评估的原则；资产评估程序。

1.1　资产评估的产生与发展

1.1.1　资产评估的发展阶段

资产评估是伴随着商品交换的出现而逐步形成和发展起来的，它是商品经济发展到一定阶段的产物。总体来看，资产评估大体经历了三个发展阶段。

1．原始评估阶段

在原始社会后期，生产的进一步发展导致了剩余财产的出现，这是私有制产生的物质基础。随着私有制的出现，商品生产和商品交易出现了，生产商品的资产交易也随之产生并得到发展，于是资产评估的客观需要产生了。在房屋、土地及珠宝等贵重财产的交易过程中，由于这些财产的价值具有不确定性，交易双方往往对价格难以达成一致的意见，这时，双方就需要找一个略有经验并共同信得过的第三者进行评判而达成一个公平价格，以促成买卖。这个第三者在协调过程中需要用各种依据和方法给出一个双方都能接受的价格，实际上扮演了类似于现在评估人员的角色。

原始评估阶段的资产评估的特点

2．经验评估阶段

随着社会经济的进一步发展和资产交易频率的提高，资产评估业务也逐步向专业化和经常化发展，由此一批具有一定资产评估经验的评估人员出现了。这些评估人员以过去的经验数据为依据，结合自己在长期的资产评估中积累的丰富经验和专业知识对资产进行评估，因而专业水平更高，使资产交易双方都愿意委托他们进行评估，实行有偿服务，并逐步向职业化方向发展。

经验评估阶段的资产评估的特点

与原始评估阶段相比，经验评估阶段的评估结果更加可靠，但还未实现资产评估的规范化和评估方法的科学化。

3．科学评估阶段

资产评估的第三个发展阶段是科学评估阶段。科学评估是指把现代科学技术和管理方式引用到资产评估中，采用科学的方法和手段来对被评估资产进行评估的过程。一般认为，1792 年英国测量师学会的成立是科学评估阶段的开始。英国测量师学会是现在的英国皇家特许测量师学会（Royal Institution of Chartered Surveyors，RICS）的前身，英国皇家特许测量师学会是目前世界上影响力最大的评估行业专业组织之一，该组织于 1881 年由英国维多利亚女王授予"特许"状，并于 1921 年获得"皇家"荣誉。1896 年，美国的穆斯·约翰和杨·威廉在 RICS 的领导下在美国威斯康星州密尔沃基市（Milwaukee Wisconsin）创建了世界上最早的专业评估机构——美国评值公司（American Appraisal Associates，Inc.）。该公司目前仍然是国际上较有影响力的资产评估专业机构。

科学评估阶段的资产评估的特点

资产评估的科学化与现代化市场经济体制的建立和完善有着密切的联系。随着经济发展和社会进步，以资产交易为主的资产业务急剧增多，资产业务中的分工现象变得日益明显，作为中介组织的资产评估机构也逐渐产生和发展，资产评估行业应运而生。在现代资产评估行业中，评估机构通过为资产交易双方提供资产评估业务，积累了大量的资产评估资料和丰富的资产评估经验，形成了符合现代企业特点的管理模式，产生了一大批具有丰富评估经验的评估人员。具备了上述条件，公司化的资产评估机构便产生了。这些资产评估机构依靠其强大的评估实力和现代化的管理方式能为资产业务双方提供优质的评估服务。

目前，资产评估发展较早的国家有英国、美国、澳大利亚、加拿大、新西兰、日本、韩国、德国、法国等，中国、俄罗斯及东欧国家的资产评估虽然起步较晚，但发展速度非常快。随着企业间竞争的进一步加剧，企业间资产的交易行为也越来越频繁，这为资产评估提供了广阔的发展空间。许多国家都成立了专门的评估机构，由专业评估人员开展评估工作，设立了专业资产评估协会或学会等组织。资产评估逐渐成为社会中一个独立完整的中介行业，在社会经济生活中发挥着不可替代的重要作用。

1.1.2 我国资产评估行业的发展概况

资产评估行业作为一个独立的社会中介行业在国外已有上百年历史，在我国，由于长期实行计划经济体制，资产评估还是一个新兴的行业。在计划经济条件下，企业的资产都是国有资产，产权属于国家，资产的转移都通过国家计划调拨的方式进行。在这种条件下，资产交易主要表现为少量的民间交易和少量的对外经济交易，资产业务规模小，制约了资产评估行业的发展。资产评估行业是在改革开放以后逐渐发展起来的。

20 世纪 80 年代末，随着我国社会主义市场经济的逐步形成，企业逐渐成为相对独立的经济实体，在这种情况下，企业的生产要素不再通过国家计划进行调拨，而是通过市场在企业间进行交换、流动，企业通过联营、兼并、股份制改组、资产转让等多种行为，来提高企业资产的运营效益。为了保障交易双方的权益不受损害，保护国有资产不流失，资产评估行业应运而生。

1989 年，国家国有资产管理局颁发了《关于国有资产产权变动时必须进行资产评估的若干暂行规定》，这是我国第一个提到评估问题的政府文件。1990 年 7 月，国家国有资产管理局成立资产评估中心，其职能是对全国国有资产的评估工作进行管理和监督。资产评估中心成立以来，一方面，按照国务院和国家国有资产管理局的要求积极开展对资产评估业务的各项管理工作，进行评估理论方法的研究；另一方面，积极制定资产评估法规和各项规章。1990 年后，省级国有资产管理部门陆续成立资产评估中心，管理地方的资产评估工作。至此，资产评估在全国全面开展起来。这些早期资产评估管理文件的发布和资产评估管理机构的成立，标志着我国资产评估工作正式起步。

中国的资产评估行业自 20 世纪 80 年代末期兴起以来已得到空前发展。

（1）颁布实施了资产评估法律法规。1991 年 11 月，国务院以第 91 号令发布了《国有资产评估管理办法》，这是我国第一部对资产评估行业进行政府管理的行政法规，标志着我国资产评估行业走上法制化的道路。该办法对我国开展资产评估工作的程序、目的、法定评估范围、评估应遵循的原则、评估工作的管理主体、评估操作机构的资格认定、评估的基本方法和评估行为等方面做了系统的规定，确立了我国资产评估工作的基本依据、基本方针和基本政策。国家国有资产管理局围绕着贯彻落实第 91 号令也制定了一系列配套的规章制度，地方省市人民政府也制定了一些地方评估管理的法规条例，为保证全国资产评估活动的有序开展和逐步形成全国统一的资产评估行业体系提供了法律保证。2016 年 7 月 2 日，全国人民代表大会常务委员会审议通过并于当年 12 月 1 日开始施行的《中华人民共和国资产评估法》（以下简称《资产评估法》）正式奠定了我国资产评估的法律地位，标志着我国资产评估行业进入了法制化发展的新阶段。

（2）成立了行业自律组织。1993 年 12 月，中国资产评估协会成立。中国资产评估协会的成立标志着我国资产评估行业由政府直接管理开始向政府监督指导下行业自律性管理过渡。资产评估作为社会公正性中介服务组织，必须坚持独立、客观、公正的原则，不仅承担维护国有资产所有者权益的责任，还要承担维护其他产权主体权益的责任。中国资产评估协会的主要职责是负责协会会员管理，制定评估准则、标准，代拟行业管理法规，开展评估理论及政策的研究，开展教育培训、国际交流、信息服务，维护会员的合法权益，该协会是一个行业自律性组织。1995 年 3 月，中国资产评估协会代表中国资产评估行业加入国际评估准则委员会，使中国资产评估行业开始走向世界。1998 年根据政府体制改革方案，国家国有资产管理局被撤销，中国资产评估协会划归财政部，相应的资产评估管理工作也移交财政部。目前，我国资产评估协会建立了由会员代表大会、理事会、专门和专业委员会、协会秘书处和地方协会构成的完整的行业自律管理组织体系。中国资产评估协会在多个重要国际评估组织担任要职，包括：世界评估组织联合会副主席、副秘书长，国际评估准则理事会管委会委员、资格委员会委员，国际财产税学会、国际企业价值评估学会常务理事等，在我国资产评估行业参与行业国际规则制定，反映我国评估行业发展诉求，维护我国国家利益和资产评估行业权益方面发挥了重要作用。此外，中国资产评估协会还与 50 多个国家和地区评估组织建立了联系或合作关系，为我国资产评估行业国际化发展奠定了坚实的基础。

（3）建立了资产评估师职业资格考试制度。随着社会主义市场经济的发展，评估项目越来越多、规模越来越大，涉及行业越来越广，技术复杂程度也越来越高，没有一支知识全面、技能精湛的专业评估师队伍，已难以胜任此项工作。为此，1995 年 5 月，国家国有资产管理局、国家人事部共同发布了《注册资产评估师执业资格制度暂行规定》和《注册资产评估师执业资格考试实施办法》，全国注册资产评估师执业资格制度正式建立，且 1996 年 5 月全国注册资产评估师执业资格考试首次举行。2014 年 8 月 12 日，国务院发布了《国务院关于取消和调整一批行政审批项目等事项的决定》（国发〔2014〕27 号），取消了注册资产评估师的职业资格许可和认定。2014 年 10 月 10 日，人力资源和社会保障部办公厅和财政部办公厅发布了《关于做好取消注册资产评估师职业资格后续工作的通知》（人社厅函〔2014〕380 号），将注册资产评估师职业资格调整为水平评价类职业资格。2015 年 4 月 27 日，人力资源和社会保障部和财政部印发关于《资产评估师职业资格制度暂行规定》和《资产评估师职业资格考试实施办法》的通知（人社部发〔2015〕43 号），对资产评估师职业资格制度做出了新的规定。已取得的注册资产评估师执业资格证书，与按照本规定要求取得的资产评估师职业资格证书的效用等同。截至 2018 年年底，全国资产评估机构 4 270 多家，执业资产评估师 36 235 人。

（4）规范了评估机构和评估工作的管理。为了规范机构管理，我国在每一个发展时期都根据当时的实际情况，及时地制定了机构管理办法。例如，1993年，国有资产管理局颁发关于重新修订的《资产评估机构管理暂行办法》的通知（国资办发〔1993〕58号），同年还发布了证券业评估机构的管理办法。在1997年11月召开的全国评估管理工作大会上，提出了评估机构脱钩改制的要求，讨论了脱钩改制的办法，要求评估机构都要与挂靠单位或上级部门脱钩，办成规范的、由评估师出资的有限责任公司，或合伙人事务所，并对评估师的人数等条件提出了要求。评估机构的脱钩改制工作于1998年开始实施，1999年年底全部完成。2001年12月31日，国务院转发了财政部《关于改革国有资产评估行政管理方式 加强资产评估监督管理工作意见的通知》规定，从2002年起，国有资产评估取消立项确认审批制度，实行核准制和备案制，加大了资产评估机构和注册资产评估师在资产评估行为中的责任，标志着我国资产评估在项目管理上又前进了一大步。2003年，国务院设立国有资产监督管理委员会，财政部有关国有资产管理的部分职能划归国务院国有资产监督管理委员会（以下简称"国资委"）。国资委以出资人的身份管理国有资产，包括负责监管所属企业资产评估项目的核准和备案。财政部则作为政府管理部门负责资产评估行业的管理工作。这次改革，从源头上解决了长期以来国有资产评估管理与资产评估行业管理不分的局面，实现了二者的完全分离。2005年5月11日，财政部发布《资产评估机构审批管理办法》，这是新时期政府部门制定的资产评估行业的重要部门规章，对资产评估机构及其分支机构的设立、变更和终止等行为进行规范。2011年8月11日财政部颁布了《资产评估机构审批和监督管理办法》（财政部令第64号），进一步规范了资产评估机构的审批行为，对于加强资产评估机构监督管理，促进资产评估行业健康发展具有重要意义。2017年4月21日，财政部出台《资产评估行业财政监督管理办法》（财政部令第86号），建立了资产评估行业行政监管、行业自律与机构自主管理相结合的管理原则，明确了对资产评估专业人员、资产评估机构和资产评估协会的监管内容和监管要求，明确了各级财政部门的行政监管分工和职能，细化了资产评估法律责任的相关规定。

现代意义上的资产评估活动在我国虽然历史较短，但它已经是社会主义市场经济不可或缺的组成部分。随着市场经济的深化，个人、家庭、民营企业、乡镇企业、集体企业、三资企业等在资产规模扩大的同时，也为资产通过市场重组创造了条件。财产保险、担保、财产纳税等资产业务正在呈现迅速发展的态势。所有这些都将对资产评估行业产生深刻的影响。资产评估行业已经成为我国发展社会主义市场经济、实现改革开放不可缺少的基础性中介服务行业，扮演着推动经济发展和社会进步的角色。资产评估在促进市场资源优化配置、保障资本市场良性运行、维护社会主义市场经济秩序、维护各类资产权利人权益、维护公共利益和对外开放环境下的国家利益中发挥了积极作用。

发达国家资产
评估的现状

1.2 资产评估及评估对象

1.2.1 资产评估的概念及其基本要素

1. 资产评估的概念

资产评估属于价值判断的范畴，价值判断是商品交换过程中不可回避的问题。资产评估是使用专业的理论和方法对资产的价值进行定量的估计和判断，其概念可以从一般意义、专业角度和法律角度三个层次进行表述。一般意义上的资产评估就是估计和判断资产的价值。当进行市场交易时，所有的市场参与者大多会依据自己所掌握的知识和信息，对交易对象进行价值判断，从而确定其交易价格。在此过程中人们可能会自觉地或不自觉地运用资产评估的理论、方法。作为一种专业服务，资产评估是由资产评估专业人员和评估机构依据一定的执业标准对资产的价值进行评定估算的专业化活动。《中华人民共和国资产评估法》所定义的资产评估是："评估机构及其评估专业人员根据委托对不动产、动产、无形资产、企业价值、资产损失或者其他经济权益进行评定、估算，并出具评估报告的专业服务行为"。

2．资产评估的基本要素

通过对概念的解释，可以看出，资产评估主要涉及以下基本要素。

（1）评估主体，即从事资产评估的机构和人员，他们是资产评估工作的主导者。

（2）评估客体，即被评估的资产，它是资产评估的具体对象。

（3）评估依据，也就是资产评估工作所遵循的法律、法规、经济行为文件、重大合同协议，以及收费标准和其他参考依据。

（4）评估目的，即资产业务引发的经济行为，它直接决定和制约资产评估价值类型和方法的选择。

（5）评估原则，即资产评估的行为规范，是调节评估当事人各方关系、处理评估业务的行为准则。

（6）评估程序，即资产评估工作从开始准备到最后结束的工作顺序。

（7）评估价值类型。

（8）评估方法，即资产评估所运用的特定技术，是分析和判断资产评估价值的手段和途径。

（9）资产评估假设，即资产评估得以进行的前提条件等。

（10）资产评估基准日，即资产评估的时间基准。

以上基本要素构成了资产评估活动的有机整体，它们之间相互依存，是保证资产评估工作正常进行和评估价值科学性的重要因素。

1.2.2 资产评估的特点与基本作用

1．资产评估的特点

理解和把握资产评估的特点，有利于进一步认识资产评估的实质，对于做好资产评估工作，提高资产评估质量具有重要意义。一般来说，资产评估具有以下特点。

（1）市场性。资产评估是服务于市场的活动，在市场交易活动发生的条件下，资产评估通过模拟市场条件对资产价值做出评定估算和报告，并且这一估算和报告结果必须接受市场检验。

（2）公正性。公正性是指资产评估行为对于评估当事人具有独立性，它服务于资产业务的需要，而不是服务于资产业务当事人的任何一方的需要。公正性表现在两个方面：一是资产评估是按公允、法定的准则和规程进行的，具有公允的行为规范和业务规范，这是公正性的技术基础；二是评估人员是与资产业务没有利害关系的第三方，这是公正性的组织基础。

（3）专业性。资产评估是一种专业人员的活动，从事资产评估业务的机构应由一定数量和不同类型的专家及专业人士组成。一方面，这些资产评估机构内部形成专业化分工，使评估活动专业化；另一方面，评估机构及其评估人员对资产价值的估计判断也都是建立在专业技术知识和经验基础之上的，资产评估结论是一种专家意见和专业判断，资产评估机构和人员对资产评估结论的专业水准负责。

（4）咨询性。咨询性是指资产评估结论是为资产业务提供专业化估价意见，这个意见本身并无强制执行的效力，评估者只对结论本身合乎职业规范要求负责，而不对资产业务定价决策负责。事实上，资产评估为资产交易提供的估价往往作为当事人要价和出价的参考，最终的成交价取决于当事人的决策动机、谈判地位和谈判技巧等综合因素。

2．资产评估的基本作用

一般而言，市场经济利用"无形的手"对资源进行合理配置，市场对公开交易的资产由供求价格机制定价。但生产要素市场所流通的"资产"的形态是复杂的，大部分资产组合是独一无二的，在市场上很难有相似的参照物，一般不易像普通商品那样通过市场解决定价问题。另外，受资产特性、交易机制等局限，或当时当地的主客观条件的影响，市场价格机制失灵的状况有时可能出现。这时就需要通过价值判断和估计来解决资产定价问题。资产评估就是依据市场的价格形成机制，通过模拟市场条件，运用合理的技术方法，确定特定用途资产在约定时点的价值。资产评估作为价格机制的补充手段，是资产价值发现及衡量的重要工具。资产评估行业是市场经济体制中不可或缺的中介服务行业。因此，反映和揭示资产的价值是资产评估的基本作用。

1.2.3 资产评估的对象

1．资产的含义与基本特征

资产是资产评估的客体，即资产评估的对象。

在资产评估中，资产是指由特定权利主体拥有或者控制的、预期会给该主体带来经济利益的经济资源。

作为资产评估对象的资产具有以下基本特征。

（1）资产必须是特定主体拥有或者控制的。资产作为一项经济资源，应为特定主体拥有或者控制。例如，自然人、单位或国家等主体拥有某项经济资源的所有权，或者对于一些特殊方式形成的资产，特定主体虽然对其不拥有所有权，但能够实际控制的，如融资租入固定资产，按照实质重于形式原则的要求，也应当将其作为特定主体资产予以确认。

（2）资产的价值必须能以货币计量。也就是说，资产能够以货币计量其价值，否则就不能作为资产确认。例如，某生产饮料的企业，垄断占有一个含有丰富微量元素的优质矿泉水水源，这对于该企业来说是一大经济资源，它有利于企业生产优质矿泉水饮料，能够给企业带来未来的经济效益，但是由于无法用货币对该矿泉水资源的价值进行计量，所以不能将其作为资产予以确认。

（3）资产必须是能够给特定主体带来未来经济利益的经济资源，即能够给特定主体带来现金流入的资源。也就是说，资产必须具有交换价值和使用价值，没有交换价值和使用价值、不能给特定主体带来未来效益的，则不作为资产确认。

2．资产的分类

为了科学地进行资产评估，应该对资产按不同的标准进行合理分类。

（1）按资产存在形态分类，资产可以分为有形资产和无形资产。有形资产是指那些具有实体形态的资产，包括机器设备、房屋建筑物、流动资产等。由于这类资产具有不同的功能和特性，对其评估应分别进行。无形资产是指那些没有实物形态，但在很大程度上制约着企业物质产品生产能力和生产质量，直接影响企业经济效益的资产，主要包括专利权、商标权、非专利技术、土地使用权、商誉等。

（2）按资产能否独立存在分类，资产可以分为可确指的资产和不可确指的资产。可确指的资产是指能独立存在的资产，前面所列示的有形资产和无形资产，除商誉以外都是可确指的资产；不可确指的资产是指不能脱离企业有形资产而单独存在的资产，如商誉。商誉是由于企业地理位置优越、信誉卓著、生产经营出色、劳动效率高、历史悠久、经验丰富、技术先进等原因，所获得的投资收益率高于一般正常投资收益率所形成的超额收益资本化的结果。

（3）按资产的组合形式分类，资产可以分为单项资产、资产组合和整体企业（或单位)。单项资产包括无形资产、不动产、机器设备以及其他动产等。资产组合是指由多项资产按照特定的目的，为实现特定功能而组成的有机整体。企业会计准则中规定的业务资产组（或称现金流产出单位 CGU）是企业可以认定的最小业务资产组合，其产生的现金流入应当独立于其他资产或者资产组产生的现金流入。整体企业（或单位）实际就是一个或多个业务资产组的组合。整体企业（或单位）或资产组的评估对象通常指其权益。例如，对于一个企业，评估对象可能是股权或者是企业的整体投资（股权＋债权）。

3．资产评估对象的确定

根据《资产评估法》的规定，资产评估的对象包括不动产、动产、无形资产、企业价值、资产损失或者其他经济权益。这种概括是按资产形态进行的，不仅包括了财政部门管理的资产评估，而且涵盖了其他政府部门管理的房地产估价、土地估价、矿业权评估、旧机动车鉴定估价和保险公估在内的评估专业领域，属于大评估的概念。评估对象应当由委托人依据法律法规的规定和经济行为要求提出，并在评估委托合同中明确约定。在评估对象确定过程中，评估机构和资产评估专业人员应当关注其是否符合法律法规的规定、满足经济行为要求，必要时向委托人提供专业建议。

1.3　资产评估的目的与价值类型

1.3.1　资产评估的目的

所谓资产评估目的，实际就是资产评估业务对应的经济行为对资产评估结果的使用要求，或资产评估结论的具体用途。资产评估总是为满足特定经济行为的需要进行。委托人计划实施的经济行为决定了资产评估目的。资产评估专业人员在承接资产评估业务时应与委托人沟通，确定资产评估目的。确定评估目的是委托人的责任，评估目的应当在资产评估委托合同中明确约定。

1．常见的资产评估目的

资产评估目的根据评估所服务经济行为的要求确定。资产评估目的对应的经济行为通常可以分为转让，抵（质）押，公司设立、增资，企业整体或部分改建为有限公司或股份公司，财务报告，税收和司法等。

（1）转让

转让经济行为所对应的评估目的是确定转让标的资产的价值，为转让定价提供参考。引发资产评估的转让经济行为主要包括资产的收购、转让、置换、抵债等。转让经济行为的标的资产可以是股权等出资人权益，也可以是单位或个人拥有的能够依法转让的有形资产、无形资产等。转让经济行为对应的评估目的是最常见的评估目的。这类评估业务有些是国家法律法规规定的法定评估业务，还有一些是市场参与者自愿委托的非法定评估业务。

依据转让经济行为参与主体的特点，我国的资产或产权转让评估可分为以下几类。

① 涉及国有资产的转让评估与不涉及国有资产的转让评估。

② 涉及上市公司的转让评估和不涉及上市公司的转让评估。

（2）抵（质）押

对抵（质）押的评估主要包括三种。

① 贷款发放前设定抵（质）押权的评估。单位或个人在向金融机构或者其他非金融机构进行融资时，金融机构或非金融机构要求借款人或担保人提供其用于抵押或者质押资产的评估报告，评估目的是了解用于抵押或者质押资产的价值，作为确定发放贷款的参考依据。实务中最为常见的这类评估包括：房地产抵押评估、知识产权质押评估、珠宝质押评估等。

② 实现抵（质）押权的评估。当借款人到期不能偿还贷款时，贷款提供方作为抵（质）押权人可以依法要求将抵（质）押品拍卖或折价清偿债务，以实现抵（质）押权。这个环节的资产评估的目的是确定抵（质）押品的价值，为抵（质）押品折价或变现提供参考。

③ 贷款存续期对抵（质）押品价值动态管理所要求的评估。通常金融机构要求评估机构在规定时间，以及市场发生不利变化时对抵（质）押品进行价值评估，评估目的是监控抵（质）押品的价值变化，为贷款风险防范提供参考。资产评估机构的评估，为提高抵（质）押担保质量、保障银行等机构的债权安全、及时量化和化解风险提供了有效的专业支持。

（3）公司设立、增资

根据《公司法》及国家工商行政管理部门颁布的相关法规的规定，以下涉及公司设立、增资的经济行为需要评估。

① 非货币资产出资评估。以非货币资产出资设立公司是投资企业较为常见的形式，对出资资产进行资产评估是较为常见的资产评估业务。非货币资产出资经济行为的评估目的是为确定可出资资产的价值提供参考。资产评估的评估结论用于揭示出资财产的市场价值，可以保障企业的股东、债权人以及社会公众的利益。

② 企业增资扩股中确定股东出资金额和股权比例的评估。以货币或非货币资产对公司进行增资扩股时，被增资公司的股权价值需要被评估，作为确定新老股东股权比例的依据。评估目的是为确定股东出资金额和股权比例提供参考。按照国有资产管理规定，非上市公司国有股东的股权比例发生变动时应当对该非上市公司的股东权益进行资产评估。

③ 发行股份购买资产。发行股份购买资产是指上市公司通过增发股份的方式购买相关资产。这种行为的实质是采用非货币资产对股份公司进行增资的行为。此种经济行为的评估目的是评估标的资产的价值，为上市公司确定资产购买价格和股票发行方案提供参考。

④ 债权转股权。根据《公司注册资本登记管理规定》，"债权人可以将其依法享有的对在中国境内设立的公司的债权，转为公司股权"。"债权转为公司股权的，公司应当增加注册资本"。因此，这种行为实质是债权人采用非货币性资产对其享有债权的公司进行增资。根据《公司法》的规定，应当对拟转为股权的债权进行评估。被转股公司为国有非上市公司的，还应当按规定对其股权价值进行评估。此种经济行为的评估目的是为确定债权转股金额和股份数额提供价值参考。

（4）企业整体或部分改建为有限公司或股份公司

企业进行公司制改建，或者由有限责任公司变更为股份有限公司，需要对改建、变更所涉及的整体或部分资产进行资产评估。

① 公司制改建。公司制改建属于企业改制行为，是按照《公司法》要求将非公司制企业改建为有限责任公司或股份有限公司。我国通常所说的企业改制主要指国有企业的改制，要求通过资产评估合理确定国有资本金的价值。改制企业以企业的实物、知识产权、土地使用权等非货币性资产折算为国有资本出资或者股份的，资产评估的目的是为确定国有资本出资额或者股份数额提供参考依据。

② 有限责任公司变更为股份有限公司。企业由有限责任公司变更为股份有限公司是指公司依法变更其组织形式，变更后的公司与变更前的公司具有前后的一致性。按照《公司法》的规定，有限责任公司变更为股份有限公司的，公司变更前的债权、债务由变更后的公司承继。有限责任公司变更为股份有限公司时，折合的实收股本总额不得高于公司净资产额。企业采用

有限责任公司经审计的净资产账面价值折股变更为股份有限公司时，需要对用于折股的净资产进行评估。这个评估的实质是评估有限责任公司用于折股的资产的市场价值扣除负债价值后是否不低于其对应的审计后的净资产账面价值。评估目的是核实企业用于折股的审计后净资产的账面价值是否不低于其市场价值，防止虚折股权或股份的情况发生。如果有限责任公司在改为股份有限公司过程中，发生引进战略投资者等导致拟改建公司的国有股东股权比例发生变化的情况，还应根据国有资产监管要求，在上述股权比例变化的环节对拟改建公司的股东权益价值进行评估。评估目的是为确定股东出资金额和股权比例提供参考。

（5）财务报告

企业在编制财务报告时，可能需要对某些资产进行评估，这类资产评估属于服务于会计计量和财务报告编制的评估业务。会计准则中的《企业会计准则第 22 号——金融工具确认和计量》等都涉及财务报告目的的评估。

在服务于会计计量和财务报告编制的资产评估中，评估目的是为会计核算和财务报表编制提供相关资产、资产组等评估对象的公允价值或可收回金额等特定价值的专业意见。

（6）税收

我国在核定税基、确定计税价格、关联交易转让定价等税收领域都对资产评估产生了需求。

① 确定非货币性资产投资的计税价值。按照税法的规定，以非货币性资产对外出资，应当确认非货币性资产转让所得的，税收征管部门要求"企业应将股权投资合同或协议、对外投资的非货币性资产（明细）公允价值评估确认报告、非货币性资产（明细）计税基础的情况说明、被投资企业设立或变更的工商部门证明材料等资料留存备查"。这实际是要求企业取得用于投资的非货币性资产的资产评估报告。评估目的是为核定非货币性资产计税申报价值的公允性提供资产价值参考。

② 确定非货币性资产持有或流转环节所涉税种的税基。根据持有或流转的情形，非货币性资产的持有或流转可能涉及流转税、所得税、财产税和土地增值税等税种。对纳税申报不合理、未制定计税价格标准且价值不易按照通常方法确定的非货币性资产，税收征管部门会要求提供资产评估报告。评估目的是根据涉税情形，确定相关非货币性资产的应税流转或所得额、财产价值或增值额，为税收征管部门确定相关计税基准提供参考。

（7）司法

资产评估可以为涉案标的提供价值评估服务，评估结论是司法立案、审判、执行的重要依据。资产评估提供的司法服务内容主要包括以下几个方面。

① 在司法审判中揭示与诉讼标的相关的财产（权益）价值及侵权（损害）损失数额等。这类业务主要包括在刑事案件定罪量刑中对相关损失的估算和在民事诉讼中对诉讼标的的财产（资产）价值、侵权损害损失额的评估。评估目的是揭示相关财产（权益）价值及侵权（损害）损失金额，为司法审判提供参考依据。

② 在民事判决执行中帮助确定拟拍卖、变卖执行标的物的处置价值。人民法院确定财产处置参考价，可以采取当事人议价、定向询价、网络询价、委托评估等方式。法律、行政法规规定必须委托评估、双方当事人要求委托评估或者网络询价不能或不成的，人民法院应当委托评估机构进行评估。该行为资产评估的目的就是确定涉案执行财产的价值，为人民法院在司法执行中确定财产处置参考价提供专业意见。

2．明确资产评估目的的作用

评估目的直接或间接地决定和制约着资产评估的条件以及价值类型的选择。不同评估目的可能会对评估对象的确定、评估范围的界定、价值类型的选择以及潜在交易市场的确定等方面产生影响。例如，对于一个企业的评估，如果评估目的是有限责任公司变更设立股份有限公司，评估结论用于核实股份有限公司设立时依据审计后净资产确定的注册资本是否不低于市场价值，涉及的评估对象和评估范围是该企业根据公司法的规定，可以用于出资的资产及相关负债形成的净资产，且应该与审计后净资产的口径一致，价值类型需要选择市场价值，潜在交易市场需要选择经营注册地资产交易的有效市场；如果评估目的是股权转让，评估对象就应该是企业的股权，涉及的资产范围就是企业的全部资产和负债（包括公司法规定不能用于出资的资产，如商誉），价值类型则需要根据交易双方的实际情况选择市场价值或投资价值等，潜在交易市场则需要根据可能的交易地点选择主要的或最有利的股权交易市场等。

总之，资产评估目的在整个资产评估过程中具有十分重要的作用。

1.3.2　资产评估的价值类型

1. 价值类型的概念与作用

价值类型是指资产评估结果的价值属性及其表现形式。不同价值类型从不同角度反映资产评估价值的属性和特征。不同的价值类型所代表的资产评估价值不仅在性质上是不同的，在数量上往往也存在着较大差异。

价值类型在资产评估中的作用主要表现在以下几个方面。

（1）价值类型对资产评估价值起到重要的影响和决定作用。

（2）价值类型对资产评估方法的选择具有一定的影响，价值类型实际上是评估价值的一个具体标准。

（3）明确价值类型，可以更清楚地表达评估结论，可以避免评估委托人和其他报告使用人误用评估结论。

2. 价值类型的种类

目前国际和国内评估界对价值类型有不同的分类，一般认为最主要的价值类型包括以下几种。

（1）市场价值

市场价值是在适当的市场条件下，自愿买方和自愿卖方在各自理性行事且未受任何强迫的情况下，评估对象在评估基准日进行公平交易的价值估计数额。市场价值主要受到两个方面因素的影响。其一是交易标的因素。交易标的是指不同的资产，其预期可以获得的收益是不同的，不同获利能力的资产自然会有不同的市场价值。其二是交易市场因素。交易市场是指该标的资产将要进行交易的市场，不同的市场可能存在不同的供求关系等因素，对交易标的市场价值产生影响。总之，影响市场价值的因素都具有客观性，不会受到个别市场参与者个人因素的影响。

（2）投资价值

投资价值是指评估对象对于具有明确投资目标的特定投资者或者某一类投资者所具有的价值估计数额，亦称特定投资者价值。投资价值针对特殊的市场参与者，即"特定投资者或者某一类投资者"。这类特定的投资者不是主要的市场参与者，或者其数量不足以达到市场参与者的多数。明确的投资目标，是指特殊的市场参与者一般追求协同效应，或者因追求其他特定目的而可以接受不同的投资回报。

投资价值与市场价值相比，除受到交易标的因素和交易市场因素影响外，其最为重要的差异是投资价值还受到特定交易者的投资偏好或追求协同因素的影响。

（3）在用价值

根据资产评估价值类型指导意见的规定，在用价值是指将评估对象作为企业、资产组组成部分或者要素资产按其正在使用方式和程度及其对所属企业、资产组的贡献的价值估计数额。在用价值实质就是使用资产所能创造的价值，因此在用价值也称"使用价值"。

（4）清算价值

清算价值是指在评估对象处于被迫出售、快速变现等非正常市场条件下的价值估计数额。清算价值与市场价值的主要差异是：其一，清算价值是一个资产拥有者需要变现资产的价值，是一个退出价，不是购买资产的进入价；而市场价值没有规定必须是退出价。其二，清算价值的退出变现是在被迫出售、快速变现等非正常市场条件下进行的，这一点与市场价值所对应的市场条件相比也是明显不同的。因此，清算价值的特点主要是：第一，该价值是退出价；第二，这个退出是受外力胁迫的退出，不是正常的退出。

（5）残余价值

残余价值是指机器设备、房屋建筑物或者其他有形资产等的拆零变现价值估计数额，实际上是将一项资产拆除成零件进行变现的价值。这种资产从整体角度而言，实际已经没有使用价值，也就是其已经不能再作为企业或业务资产组的有效组成部分发挥在用价值作用，而只能变现。其由于整体使用价值已经没有，因此整体变现也不可能，只能改变状态变现，也就是拆除零部件变现。

（6）其他价值类型

《资产评估价值类型指导意见》规定，执行资产评估业务应当合理考虑该指导意见与其他相关准则的协调。评估专业人员采用本指导意见规定之外的价值类型时，应当确信其符合该指导意见的基本要求，并在评估报告中披露。上述规定实际允许评估专业人员根据特定业务需求，选择其他价值类型，但是需要在评估报告中进行充分披露。

评估实务中的确存在其他价值类型，比较常见的是会计准则中的公允价值。评估实务中还存在一些抵押、质押目的的评估和保险赔偿目的的评估等。这些目的的评估可能会需要其他价值类型，评估专业人员只要确信其符合价值类型指导意见的基本要求，并在评估报告中披露就可以使用。

3．价值类型的选择

在满足各自含义及相应使用条件的前提下，市场价值、投资价值以及其他价值类型的评估结论都是合理的。评估专业人员执行资产评估业务，选择和使用价值类型，应当充分考虑评估目的、市场条件、评估对象自身条件等因素。另外，评估专业人员选择价值类型时，应当考虑价值类型与评估假设的相关性。

（1）市场价值的选择

当评估专业人员执行的资产评估业务对市场条件和评估对象的使用等并无特别限制和要求，特别是不考虑特定市场参与者的自身因素和偏好，评估目的是为正常的交易提供价值参考依据时，通常其应当选择市场价值作为评估结论的价值类型。但是在选择市场价值时，评估专业人员必须关注到不同的市场可能会有不同的市场价值。特别是不同的国家和地区可能形成不同的交易市场，有的甚至在一个国家或地区内也会存在多个不同的交易市场。评估专业人员在选择市场价值时，还应该同时关注所选择的市场价值是体现哪个市场的市场价值。当标的资产可以在多个市场上交易时，评估专业人员除需要在评估报告中恰当披露所选择的市场价值是哪个市场的市场价值外，还应该说明选择该市场价值的理由。

（2）投资价值的选择

如果评估专业人员在执行资产评估业务时，发现评估业务针对的是特定投资者或者某一类投资者，在评估中必须要考虑这个或这些特定的市场参与者自身的投资偏好或特定目标对交易价值的影响，通常需要考虑选择投资价值类型。特定市场参与者的目标和偏好可能表现为其自身已拥有的资产与标的资产之间形成协同效应，可以获得超额收益；也可能体现为因自身偏好而可以接受的一般市场参与者无法接受的交易价值。尽管这两种情况都对应投资价值所述的情形，但是评估专业人员可以通过合理计量协同效应估算出第一种情况下的投资价值，却可能无法采用经济学的手段估算出第二种情况下的投资价值。在评估实务中，评估专业人员在选择投资价值时通常需要说明选择的理由以及所考虑投资价值包含的与市场价值区别的要素，如发生协同效应的资产范围以及产生协同效应的种类，这是选择投资价值时必须详细披露的内容。

（3）在用价值的选择

评估专业人员在执行资产评估业务时，如果评估对象是企业或者整体资产组中的要素资产，并且在评估业务执行过程中只需要考虑以这些资产未来经营收益的方式来确定资产的价值，则评估专业人员需要选择在用价值。在用价值实际上并不是一种资产在市场上实际交易的价值，而是计量交易价值的一个方面。一项资产在市场上的实际交易价值一定是综合其在用价值和交换价值之后确定的。

（4）清算价值的选择

当评估对象面临被迫出售、快速变现或者评估对象具有潜在被迫出售、快速变现等情况时，评估专业人员通常应当选择清算价值作为评估的价值类型。当选择清算价值时，评估对象一般都是处于强制清算过程中。所谓强制清算，是指该清算行为已经不在资产所有者控制之下进行，这种清算可能受法院或者法院指定的清算组控制，或者由债权人控制等，处理资产所需的时间较短。这种评估一般需要选择清算价值。抵（质）押物、抵税财产和涉案财产处置等评估，也可以根据评估对象特点及委托条件选择清算价值。

（5）残余价值的选择

当评估对象无法或者不宜整体使用时，也就是其整体已经不具有使用价值，但是如果改变其计量单元，将计量单元缩小至零部件后，还可以具有使用价值时，评估专业人员通常应当考虑评估对象的拆零变现，并选择残余价值作为评估的价值类型。

1.4 资产评估的假设与原则

1.4.1 资产评估的假设

假设对任何学科都是重要的，相应的理论观念和方法都是建立在一定假设的基础之上的。这是因为，由于认识的无限性和阶段性，人们不得不依据已掌握的事实对某一事物做出合乎逻辑的推断。这种推断以事实为依据有其合理性，但毕竟不是全部事实。因此，假设是指依据有限事实而做出合理推断的状态。资产评估与其他学科一样，其理论和方法体系的形成也是建立在一定假设的基础之上的。适用于资产评估的假设主要有以下几种。

1. 交易假设

交易假设是资产评估得以进行的一个最基本的假设，交易假设是假定被评估资产已经处在交易过程中，评估专业人员根据被评估资产的交易条件等模拟市场进行估价。资产评估是在资产实际交易之前进行的，为了能够在资产实际交易之前为委托人提供资产价值参考，利用交易假设将被评估资产置于"交易"当中，模拟市场进行评估十分必要。

交易假设一方面为资产评估得以进行创造了条件；另一方面它明确限定了资产评估的外部环境，即资产被置于市场交易之中。资产评估不能脱离市场条件而孤立地进行。

2. 公开市场假设

公开市场是指充分发达与完善的市场条件，即一个有众多买者和卖者的充分竞争性的市场。公开市场假设，是假定在市场上交易的资产，或拟在市场上交易的资产的交易双方彼此地位平等，彼此都有获取足够市场信息的机会和时间，以便对资产的功能、用途及其交易价格等做出理智的判断，买卖双方的交易行为都是在自愿的、理智的而非强制或受限制的条件下进行的。公开市场假设基于市场客观存在的现实，即资产在市场上可以公开买卖。不同类型的资产，其性能、用途不同，市场程度也不一样，用途广泛的资产一般比用途狭窄的资产的市场活跃性要高，而资产的买者或卖者都希望得到资产最大最佳效用。所谓最大最佳效用，是指资产在可能的范围内，用于既有利又可行以及法律上允许的用途。这种资产的最大最佳效用可以是现时的，也可以是潜在的。在评估资产时，评估专业人员按照公开市场假设处理或做适当调整，才有可能使资产效用达到最大最佳。资产的最大最佳效用，由资产所在地区、具体特定条件以及市场供求规律所决定。

3．持续经营假设

持续经营假设实际是一项针对经营主体（企业或业务资产组）的假设。该项假设一般不适用于单项资产。持续经营假设是假设一个经营主体的经营活动可以连续下去，在未来可预测的时间内该主体的经营活动不会中止或终止。持续经营假设要求经营主体在其可以预见的未来不会停止经营。这种经营可以是在现状基础上的持续经营，也可以是按照未来可以合理预计状态下的持续经营。这两种状态有所不同，如果需要区分，评估专业人员可以增加限定为"现状持续经营"或者"预计状态持续经营"。

假设一个经营主体是由部分资产和负债按照特定目的组成，并且需要完成某种功能，持续经营假设就是假设该经营主体在未来可预测的时间内继续按照这个特定目的，完成该特定功能。该假设不但是一项评估假设，同时也是一项会计假设。对一个会计主体或者经营主体的评估，也需要对其未来的持续经营状况做出假设。因为经营主体是否可以持续经营，其价值表现是完全不一样的。通常持续经营假设是采用收益法评估企业等经营主体价值的基础。

4．清算假设

与持续经营假设相对应的假设就是不能持续经营。如果一个经营主体不能持续经营，就需要清算这个经营主体，这时评估人员需要使用清算假设。与清算有关的假设包括有序清算假设和强制清算假设。

所谓有序清算假设，是指假设经营主体在其所有者有序控制下实施清算，即清算在一个有计划、有秩序的前提下进行。强制清算是指经营主体的清算不在其所有者控制之下，而是在外部势力的控制下，按照法定的或者由控制人自主设定的程序进行，该清算经营主体的所有者无法干预。

当不满足持续经营的原因是经营期限届满或者协议终止经营等由经营主体的所有者自主决定的清算，则应该选择有序清算假设。因为这种清算是由经营主体所有者自主控制的清算。当经营主体不满足持续经营的原因是破产清算时，这时的清算完全由债权人或法院指定的清算代理人控制，该经营主体的所有者完全无法控制。在这种情况下一般应该选择强制清算假设。

5．原地使用假设

原地使用是指一项资产在原来的安装地继续被使用，其使用方式和目的可能不变，也可能会改变。例如，一台机床是用来加工汽车零部件的，但是现在该机床仍在原地继续被使用，但是已经改为加工摩托车零部件了。原地使用的价值构成要素一般包括设备的购置价格、设备运输费、安装调试费等。如果涉及使用方式及目的变化，还要根据委托条件确定是否考虑变更使用方式而发生的成本费用。

6．移地使用假设

移地使用是指一项资产不在原来的安装地继续被使用，而是要被转移到另外一个地方继续使用，当然使用方式和目的可能会改变，也可能不改变。例如，一台二手机床要出售，购买方要将其移至另外一个地方重新安装使用，资产的这种使用状态就称为移地使用。移地使用涉及设备的拆除、迁移和重新安装调试等环节。除了设备本体价值，评估专业人员需要根据买卖双方约定的资产交割及费用承担条件，确定其价值要素是否包括设备的拆除费用、运输到新地址的费用和重新安装调试的费用等。

7. 最佳使用假设

所谓最佳使用，是指一项资产在法律上允许、技术上可能、经济上可行的前提下，经过充分合理的论证，实现其最高价值的使用。最佳使用通常是对一项存在多种不同用途或利用方式的资产进行评估时，选择最佳的用途或利用方式。会计准则明确规定，公允价值是资产在最佳用途下的价值。

最佳使用假设多用于房地产评估，因为房屋和土地经常存在多种用途或利用方式，因此在评估其市场价值时要求进行最佳使用分析，按照最佳使用状态进行评估。根据最佳使用分析，适合某种房地产的最佳使用状态可能是改变用途、改变规模、更新改造、重新开发或维持现状，也可能是前述情形的若干组合。房地产的最佳使用必须是法律上允许、技术上可能、经济上可行，经过充分合理论证的使用状态。

8. 现状利用假设

现状利用假设要求对一项资产按照其目前的利用状态及利用方式进行价值评估。当然，现状利用方式可能不是最佳使用方式。现状利用假设与最佳使用假设相对应，该假设一般在资产只能按照其现实使用状态评估时选用。

9. 非真实性假设

非真实性假设是指为进行分析所做出的与现实情况相反的假设条件。非真实性假设所假定的评估对象的物理、法律和经济特征、市场条件或趋势等资产外部条件以及分析中使用的数据与已知的实际情况相反。例如，评估已知不存在排水设施的土地时，假设排水设施齐全。

按照《专业评估执业统一准则》，非真实性假设仅在以下情形中才可以使用。

（1）基于法律规定、合理分析或进行比较的需要。

（2）使用非真实性假设后能够进行可信的分析。

（3）评估专业人员遵守《专业评估执业统一准则》中关于非真实性假设的披露要求。

《国际评估准则 2017》将非真实性假设称为"特别假设"。我国《房地产估价规范》中使用的"背离事实假设"属于非真实性假设。

10. 特别假设

特别假设是指直接与某项特定业务相关、如果不成立将会改变评估结论的假设。特别假设是就评估对象的物理、法律和经济特征、市场条件或趋势等资产外部条件以及分析中所使用数据的真实性等不确定性事项予以假定。例如，在并不知道是否存在排水设施，也没有证据表明没有排水设施的情况下，假设在排水设施齐全条件下评估土地。

对某项条件所做出的假设究竟属于特别假设还是非真实性假设，取决于评估专业人员对这个条件的了解程度。如果评估专业人员不知道该条件的状况而且可以合理相信该条件是真实的，所做出的相关假设就是特别假设。与此相反，评估专业人员已知晓该条件并不真实，但出于评估分析的需要所做出的相关假设就是非真实性假设。使用特别假设会对评估结论形成重大影响。按照《专业评估执业统一准则》，特别假设仅在以下情形中才可以使用。

（1）基于恰当评估、形成可信评估结论的需要。

（2）评估专业人员有合理的理由使用特别假设。

（3）使用特别假设后能够进行可信的分析。

（4）评估专业人员遵守《专业评估执业统一准则》中关于特别假设的披露要求。

1.4.2 资产评估的原则

资产评估的原则是规范资产评估行为和业务执行的规则或标准。资产评估原则包括两个层次的内容，即资产评估的工作原则和资产评估的经济技术原则。

1．资产评估的工作原则

资产评估工作的性质决定了资产评估机构及其评估专业人员在执业过程中应坚持独立、客观、公正和专业服务等工作原则。《资产评估法》第四条要求，"评估机构及其评估专业人员开展业务应当遵守法律、行政法规和评估准则，遵循独立、客观、公正的原则"。《资产评估基本准则》也将该内容写入资产评估机构及其评估专业人员的"基本遵循"部分。独立、客观、公正既是资产评估机构及其评估专业人员开展资产评估业务应当遵守的工作原则，也是对他们从事资产评估的职业道德要求。

（1）独立性原则。独立性原则要求在资产评估过程中摆脱资产业务当事人利益的影响，评估工作始终坚持独立的第三方立场。评估机构是独立的社会中介性机构，在评估中处于中立地位，不能为资产业务各方的任何一方所左右，评估工作不应受外界干扰和委托者意图的影响。评估机构和评估人员不应与资产业务有任何利益上的联系。

（2）客观、公正性原则。客观、公正性原则是指评估结果应以充分的事实为依据。评估专业人员要从实际出发，认真进行调查研究，在评估过程中排除人为因素的干扰，坚持客观、公正的态度和采用科学的方法。评估的指标具有客观性，评估过程中的预测、推理和逻辑判断等只能建立在市场和现实的基础资料之上。

（3）科学性原则。科学性原则是指根据评估对象的特点和评估目的，按照规定的评估程序，选择适用的价值类型和方法，制订科学的评估实施方案，以确保评估结果科学合理。资产评估机构及评估专业人员在整个评估工作中必须把主观评价与客观测算、静态分析与动态分析、定性分析与定量分析有机结合起来，使评估工作做到科学合理，真实可信。

2．资产评估的经济技术原则

资产评估的经济技术原则是指在资产评估执业过程中的一些技术规范和业务准则。它们为评估专业人员在执业过程中的专业判断提供技术依据和保证。资产评估中最基本的经济技术原则主要如下。

（1）预期收益原则。预期收益原则是指在资产评估过程中，资产的价值由基于对未来收益的期望值决定。资产评估价值的高低，取决于现实资产的未来效用或获利能力。若一项资产取得时的成本很高，但对购买者来说，其效用不高，则其评估值就不会很高。预期收益原则要求在进行资产评估时，必须合理预测其未来的获利能力以及拥有获利能力的有效期限。

（2）供求原则。供求原则是指在资产评估时要遵循市场供求规律，即商品价格随着需求的增长而上升、随着供给的增加而下降的规律。供求规律对商品价格的决定作用同样适用于资产评估。

（3）最高最佳使用原则。该原则依据价值理论原理，强调商品在交换时，应以最佳用途及利用方式实现其价值。由于商品，特别是资产的使用受到市场条件的制约，因此最高最佳用途的确定，一般需要考虑以下几个因素：第一，确定该用途在法律上是否许可，必须考虑该项资产使用的法律限制。第二，确定该用途在技术上是否可能，必须是市场参与者认为合理的用途。第三，确定该用途在财务上是否可行，必须考虑在法律上允许且技术上可能的情况下，使用该资产能否产生足够的收益或现金流量，从而在补偿资产用于该用途所发生的成本后，仍然能够满足市场参与者所要求的投资回报。

（4）贡献原则。贡献原则是指某一资产或资产的某一构成部分的价值，取决于它对其他相关的资产或资产整体的价值贡献，或者根据当缺少它时对整体价值下降的影响程度来衡量确定。贡献原则要求评估专业人员在评估一项构成整体资产的要素资产价值时，必须综合考虑该项资产在整体资产构成中的重要性，而不是孤立地确定该项资产的价值。

（5）替代原则。替代原则是指当同时存在几种效能相同的资产时，最低价格的资产需求最大。这是因为，有经验的买方对某一资产不会支付高于能在市场上找到的具有相同效用替代物价格的费用。评估时，某一资产的可选择性和有无替代性是需要考虑的重要因素。

（6）评估时点原则。市场是变化的，资产的价值会随着市场条件的变化而不断改变。为了使资产评估得以操作，同时又能保证资产评估结果可以被市场检验，在进行资产评估时，评估专业人员必须假定市场条件固定在某一时点，这一时点就是评估基准日，或称估价日期。它为资产评估提供了一个时间基准。资产评估的评估时点原则要求资产评估必须有评估基准日，而且评估值就是评估基准日的资产价值。

（7）外在性原则。资产评估中的外在性原则是指，"外在性"会对相关权利主体带来自身因素之外的额外收益或损失，从而影响资产的价值，对资产的交易价格产生直接的影响。资产评估应该充分关注"外在性"给被评估资产带来的损失或收益以及这种损失或收益对资产价值的影响。例如，在对房屋建筑物进行评估时，一个重要的价格影响因素就是环境因素。环境因素对房屋建筑物评估价值的影响实际上就是"外在性"对房屋建筑物价值影响的体现。

1.5 资产评估程序

1.5.1 资产评估程序概述

1．资产评估程序的定义

资产评估程序是指资产评估机构和评估专业人员执行资产评估业务、形成资产评估结论所履行的系统性工作步骤。由于资产评估业务的共性，资产评估基本程序是相同的。通过对资产评估基本程序的规范，可以有效地指导评估专业人员开展各种类型的资产评估业务。

2．资产评估程序的主要环节

根据资产评估各工作步骤的重要性，资产评估程序包括以下主要环节。

（1）明确资产评估业务的基本事项。

（2）签订资产评估业务委托合同。

（3）编制资产评估计划。

（4）资产勘察与现场调查。

（5）收集资产评估资料。

（6）评定估算形成结论。

（7）编制和提交资产评估报告书。

（8）整理归集评估档案。

3．资产评估程序的重要性

资产评估程序的重要性表现在以下几个方面。

（1）资产评估程序是规范资产评估行为、提高资产评估业务质量和资产评估行业社会公信力的重要保证。

（2）资产评估程序是相关当事方评价资产评估服务的重要依据。

（3）恰当执行资产评估程序是资产评估机构和评估专业人员防范执业风险、保护自身合法权益、合理抗辩的重要手段之一。

4．执行资产评估程序的基本要求

鉴于资产评估程序的重要性，资产评估机构和评估专业人员在执行资产评估各程序时应符合以下基本要求。

（1）应当在国家和资产评估行业规定的范围内，建立、健全资产评估程序制度。

（2）应根据资产评估程序制度，针对不同的资产评估业务，确定并履行适当的资产评估程序。

（3）如果在评估中无法或没有履行资产评估的某个基本环节，资产评估机构和人员应当考虑这种状况是否会影响资产评估结论的合理性，并在资产评估报告中明确披露这种状况及其对资产评估结论的影响，必要时应当拒绝或终止资产评估工作。

（4）资产评估机构和评估专业人员应当将资产评估程序的实施情况记录于工作底稿，并将主要资产评估程序执行情况在资产评估报告书中予以披露。

1.5.2 资产评估具体程序

1. 明确资产评估业务的基本事项

明确资产评估业务的基本事项是资产评估程序的第一个环节，包括签订资产评估业务委托合同以前的一系列基础性工作。具体内容如下。

（1）明确委托方和相关当事方的基本情况。资产评估机构和评估专业人员应当了解委托方和资产占有方、资产评估报告使用方、其他利益关系方等相关当事方的基本状况以及委托方与相关当事方之间的关系，这对于理解评估目的、相关经济行为以及防范恶意委托等十分重要。

（2）明确资产评估的目的。资产评估机构和评估专业人员应当与委托方就资产评估目的达成共识，并尽可能细化资产评估的目的。

（3）了解评估对象的基本状况。资产评估机构和评估专业人员应当了解评估对象及其权益的基本状况，包括其法律、经济和物理状况，另外，还要特别了解有关评估对象权利的受限状况。

（4）明确价值类型及定义。资产评估机构和评估专业人员应恰当地确定价值类型，并就所选择的价值类型及定义与委托方进行沟通。

（5）明确资产评估基准日。资产评估机构和评估专业人员应当通过与委托方沟通，建议委托方根据评估目的、资产和市场的变化情况等因素，合理选择并明确资产评估基准日。这是开展评估业务的重要基础。

（6）明确评估的限制条件和重要假设。资产评估机构和评估专业人员在评估前，应当充分了解影响资产评估的限制条件和重要假设，以便进行必要的风险评价。

（7）明确其他需要明确的重要事项。资产评估机构和评估专业人员应当根据具体评估业务的不同需要，了解其他可能影响评估的重要事项，如资产评估工作作业时间、资产评估收费标准和收费方式等。

资产评估机构和评估专业人员在明确上述资产评估业务的基本事项的基础上，应当分析评估项目的执业风险、本身的专业胜任能力和独立性，以确定是否承接该资产评估项目。

2. 签订资产评估业务委托合同

资产评估业务委托合同是指资产评估机构与委托人共同签订的，以确定资产评估业务的委托与受托关系，明确委托目的、被评估资产范围及双方责任与义务等事项的书面合同。

根据我国资产评估行业的现行规定，在明确资产评估业务的基本事项，确定承接资产评估项目时，资产评估机构应当和委托人签订书面的资产评估业务委托合同，评估专业人员不得以个人名义与委托人签订资产评估业务委托合同。资产评估业务委托合同的基本内容包括以下几个部分。

（1）资产评估机构和委托方名称。

（2）资产评估的目的。

（3）资产评估的对象。

（4）资产评估基准日。

（5）出具资产评估报告书的时间要求。

（6）资产评估报告书的使用范围。

（7）资产评估收费情况。

（8）双方的权利、义务及违约责任。

（9）签约时间。

（10）双方认为应当约定的其他重要事项。

3．编制资产评估计划

资产评估计划是指资产评估机构和评估专业人员为履行合同而拟定的评估工作思路和实施方案，包括评估综合计划和评估程序计划。评估综合计划是资产评估机构和评估专业人员对评估项目的工作范围和实施方式所做的整体计划，是完成评估项目的基本工作思路；评估程序计划是资产评估机构和评估专业人员依照评估综合计划确立的基本思路，对评估程序的目标、时间、应用范围以及操作要求所做的详细计划和说明。

资产评估机构和评估专业人员应根据所承接的具体资产评估项目情况，按照有关规定，编制合理的资产评估计划，并及时修改、补充资产评估计划。

（1）评估综合计划的主要内容

① 评估项目的背景。

② 评估目的、评估对象和范围、评估的价值类型及评估基准日。

③ 重要评估对象、评估程序及主要评估方法。

④ 评估小组成员及人员分工。

⑤ 评估进度、各阶段的费用预算。

⑥ 对评估风险的评价。

⑦ 报告撰写的组织、完成时间及委托人制定的特别分类或披露要求。

⑧ 评估工作协调会议的安排。

⑨ 其他。

（2）评估程序计划的主要内容

① 评估工作目标。

② 评估工作内容、方法、步骤。

③ 执行人。

④ 执行时间。

⑤ 评估工作底稿的索引。

⑥ 其他。

4．资产勘察与现场调查

资产评估机构和评估专业人员执行资产评估业务，应当对评估对象进行必要的勘察和现场调查，包括对不动产和其他实物资产进行必要的现场勘察，还包括对企业价值、股权和无形资产等非实物性质资产进行必要的现场调查。进行资产勘察和现场调查工作，有利于资产评估机构和评估专业人员全面、客观地了解评估对象，核实委托方和资产占有方提供资料的可靠性，并对在资产勘察和现场调查过程中发现的问题、线索，有针对性地开展资料的收集、分析工作。评估专业人员在资产勘察和现场调查前，应与委托方或资产占有方进行必要的沟通，根据评估项目的具体情况，确定合理的资产勘察和现场调查方式，确保评估工作的顺利进行。

5．收集资产评估资料

资料收集工作是资产评估质量的重要保证，也是形成评估结论的基础。评估专业人员应当独立获取评估所依据的信息，并确信信息来源是可靠的和适当的。

资产评估机构和评估专业人员应当根据资产评估项目的具体情况收集资产评估相关资料。不同的项目、不同的评估目的、不同的资产类型对评估资料有着不同的需求。另外，由于评估对象及其所在行业的市场情况、信息化和公开化程度差别很大，相关资料的可获取程度不同。资产评估机构和评估专业人员的执业能力在一定程度上就体现在其收集所执行项目相关的信息资料的能力上。资产评估机构和评估专业人员在日常工作中应当注意收集信息资料及其来源，并根据所承接项目的情况确定收集资料的深度和广度，尽可能全面、翔实地收集资料，并采取必要措施确保资料来源的可靠性。当然，根据资产评估项目的进展情况，资产评估机构和评估专业人员应当及时补充收集所需要的资料。

资产评估机构和评估专业人员应当收集的资产评估资料包括以下几个方面。

（1）有关资产权利的法律文件或其他证明材料。

（2）资产的性质、目前和历史状况信息。

（3）有关资产的剩余经济寿命和法定寿命信息。

（4）有关资产的适用范围和获利能力的信息。

（5）资产以往的评估及交易情况的信息。

（6）资产转让的可行性信息。

（7）类似资产的市场价格信息。

（8）卖方承诺的保证赔偿及其他附加条件。

（9）可能影响资产价值的宏观经济前景信息、行业状况及前景信息、企业状况及前景信息。

（10）其他相关信息。

6．评定估算形成结论

资产评估机构和评估专业人员在占有资产评估资料的基础上，进入评定估算环节，主要包括分析资产评估资料、选择资产评估方法、运用资产评估方法评定估算资产价值、审核评估结论并最终确定评估结果。资产评估机构和评估专业人员应当根据本次评估目的和其他具体要求，对所收集的资产评估资料进行分析整理，挑选出相关、可靠信息，对不可比的信息进行必要的调整，并根据业务的需要及时补充收集相关信息。

成本法、市场法和收益法是三种通用的资产评估基本方法。从理论上讲，三种评估方法适用于任何资产评估项目，因此，在具体的资产评估业务中，评估专业人员应当首先考虑三种评估方法的适用性。对宜采用两种以上资产评估方法的评估项目，应当使用两种以上的资产评估方法。对于不采用某种资产评估方法，或者只采用某种资产评估方法的评估项目，评估专业人员应当予以必要说明。

资产评估人员在确定资产评估方法后，应当根据评估目的和评估价值类型，以及所收集的信息资料和具体的执业规范要求，恰当地形成初步的资产评估结论。采用成本法，应当在合理确定被评估资产的重置成本和各相关贬值因素的基础上得出评估初步结论；采用市场法，应当合理地选择参照物，并根据评估对象与参照物的差异进行必要调整，得出初步评估结论；采用收益法，应当在合理预测未来收益、收益期和折现率等相关参数基础上，得出初步评估结论。

在评估专业人员形成初步评估结论的基础上，评估专业人员和机构内部的审核人员对本次评估所使用的资料、经济技术参数等的数量、质量和选取依据的合理性进行综合分析，以确定资产评估结论。采用两种以上的评估方法时，评估专业人员和审核人员还应当综合分析评估方法的相关性和恰当性、相关参数选取的合理性，以确定最终资产评估结论。

7．编制和提交资产评估报告书

资产评估机构和评估专业人员在执行必要的资产评估程序并形成资产评估结论后，应当按有关资产评估报告的规范，在不引起误导的前提下，选择资产评估报告书的类型和详略程度，编制资产评估报告书。资产评估报告书的主要内容包括：委托方和资产评估机构情况、资产评估目的、资产评估结论、价值类型、资产评估基准日、评估方法及其说明、资产评估假设和限制等内容。评估专业人员完成初步评估报告书编制后，资产评估机构应当根据相关法律、行政法规、资产评估准则的规定和资产评估机构内部质量控制制度，对资产评估报告书进行必要的内部审核。资产评估机构和评估专业人员应当在规定的时间里以恰当的方式将资产评估报告书提交给委托人，在提交正式资产评估报告书之前，资产评估机构和评估专业人员可以与委托人等进行必要的沟通，听取委托人等对资产评估结论的反馈意见，资产评估机构和评估专业人员在保证其自身和评估结论独立性的前提下，向委托人等合理解释资产评估结论。

8．整理归集评估档案

评估档案是评价、考核评估专业人员专业能力和工作业绩的依据，是判断资产评估机构和承办评估业务的评估专业人员执业责任的重要证据，也是维护资产评估机构及评估专业人员合法权益的重要依据。评估档案的整理归集是资产评估工作不可忽视的环节，是资产评估程序的重要组成部分。评估专业人员通常应当在资产评估报告日后 90 日内，整理工作底稿，并与其他相关资料形成评估档案，交由所在资产评估机构妥善管理。重大或者特殊项目的归档时限不晚于评估结论使用有效期届满后 30 日。评估专业人员应当整理归集的评估档案包括工作底稿、评估报告书和其他相关资料。工作底稿的整理和评估档案的归集应当符合法律、行政法规和资产评估准则的规定。

思考题

1. 什么是资产评估？它有哪些特点？资产评估的基本组成要素有哪些？
2. 资产评估的基本作用是什么？
3. 怎样理解资产评估的公正性和市场性特点？
4. 资产评估的目的在资产评估中有什么作用？
5. 常见的资产评估目的有哪些？
6. 资产评估价值类型主要有哪几种？
7. 资产评估应遵循哪些工作原则和经济技术原则？
8. 资产评估的程序包括哪些主要环节？
9. 资产评估业务委托合同包括哪些主要内容？
10. 资产评估计划的主要内容是什么？

练习题

一、单项选择题

1. 根据现行规章制度，各资产评估机构在从事资产评估工作时，应坚持（　　）。
   A. 真实性、科学性、可行性　　　　　　B. 独立性、客观性、科学性
   C. 统一领导、分级管理　　　　　　　　D. 独立性、可行性、科学性
2. 以产权变动为评估目的的是（　　）。
   A. 资产抵押　　　B. 企业兼并　　　C. 财产纳税　　　D. 财产担保
3. 资产评估是估计和判断资产价值的专业服务活动，评估价值是资产的（　　）。
   A. 现时价值　　　B. 历史价值　　　C. 阶段价值　　　D. 时点价值

4. 整体企业中的要素资产评估主要适用于（   ）原则。
    A. 贡献   B. 供求   C. 替代   D. 变化

5. 我国在（   ）年通过了《中华人民共和国资产评估法》。
    A. 2014   B. 2015   C. 2016   D. 2017

6. 资产评估最基本的前提假设是（   ）。
    A. 交易假设   B. 公开市场假设
    C. 持续经营假设   D. 清算假设

7. （   ）是不可确指的资产。
    A. 商标   B. 机器设备   C. 商誉   D. 土地使用权

8. 同一项资产，在不同假设条件下，评估结果应（   ）。
    A. 相同   B. 趋于一致   C. 不相同   D. 基本相同

9. N 企业面临破产，其控制权被外部势力所掌握，在这种情况下应该选择（   ）。
    A. 持续经营假设   B. 强制清算假设
    C. 公开市场假设   D. 有序清算假设

10. 资产评估结果的价值类型与资产的（   ）直接相关。
    A. 评估目的   B. 评估方法   C. 评估程序   D. 评估基准日

11. 最佳使用假设多用于（   ）。
    A. 机器设备评估   B. 房地产评估   C. 商标权评估   D. 企业价值评估

12. 在并不知道是否存在排水设施，也没有证据表明没有排水设施的情况下，假设排水设施齐全条件下评估土地的价值，需要应用（   ）。
    A. 最佳使用假设   B. 非真实性假设   C. 公开市场假设   D. 特别假设

13. 对计划新建或改建的建筑物进行现时性评估时，假设评估基准日尚未完工的建筑物已经竣工，这体现的是（   ）。
    A. 移地使用假设   B. 最佳使用假设   C. 非真实性假设   D. 特别假设

14. X 公司拥有一家大型超市，Y 公司拥有一个中式快餐厅，两个公司相邻。现在 X 公司要收购 Y 公司，应该选择的价值类型是（   ）。
    A. 清算价值   B. 残余价值   C. 投资价值   D. 市场价值

15. 机器设备、房屋建筑物或其他有形资产等的拆零变现价值估计数额通常被称作（   ）。
    A. 清算价值   B. 残余价值   C. 投资价值   D. 市场价值

16. 资产评估假设的基本作用是（   ）。
    A. 表明资产评估的作用   B. 表明资产评估面临的条件
    C. 表明资产评估的性质   D. 表明资产评估的价值类型

二、多项选择题

1. 属于同一种分类标准的资产有（   ）。
    A. 有形资产、单项资产、不可确指资产   B. 无形资产、固定资产、整体资产
    C. 可确指的资产、不可确指的资产   D. 单项资产、整体资产
    E. 有形资产、无形资产

2. 资产评估的特点主要有（   ）。
    A. 市场性   B. 强制性   C. 公正性
    D. 咨询性   E. 行政性

3. 确定评估基准日的目的有（   ）。
    A. 确定评估对象计价的时间   B. 确定评估机构的工作日程
    C. 将动态下的企业资产固定在某一时期   D. 将动态下的企业资产固定在某一时点

4. 按照资产评估经济行为，资产评估目的包括（　　）。
   A. 转让　　　　　B. 抵（质）押　　　C. 公司设立、增资
   D. 统计　　　　　E. 税收

5. 适用于资产评估的假设有（　　）。
   A. 公开市场假设　B. 有序清算假设　C. 企业主体假设
   D. 交易假设　　　E. 货币计量假设

6. 资产评估主要价值类型包括（　　）。
   A. 市场价值　　　B. 投资价值　　　C. 在用价值
   D. 清算价值　　　E. 协议价值

7. 影响资产市场价值的因素主要有（　　）。
   A. 交易标的　　　B. 市场参与者个人　C. 投资者
   D. 交易市场　　　E. 委托方

8. 下列各项中，属于资产评估经济技术原则的有（　　）。
   A. 预期收益原则　B. 可行性原则　　C. 供求原则　　　　D. 贡献原则

9. 下列原则中，属于资产评估工作原则的有（　　）。
   A. 独立性原则　　B. 客观公正性原则　C. 替代性原则
   D. 科学性原则　　E. 供求原则

第 2 章　资产评估的基本方法

学习目标

　　本章主要阐述资产评估的 3 种基本方法：成本法、市场法和收益法。通过本章的学习，读者需要掌握各类评估方法的评估思路、应用前提和适用范围、计算公式及主要参数指标的确定方法，熟悉各类资产评估方法之间的联系和区别，能够正确选择合适的资产评估方法。

第二章

本章关键词

　　成本法；复原重置成本；更新重置成本；实体性贬值；功能性贬值；经济性贬值；收益法；收益额；折现率；收益期限；市场法。

2.1　成本法

2.1.1　成本法及其前提条件

1. 成本法的基本含义

　　成本法又称重置成本法，是指在评估资产时按被评估资产的重置成本减去其各项损耗价值来确定被评估资产价值的方法。采用成本法对资产进行评估的理论依据如下。

　　（1）资产的价值取决于资产的成本。资产的原始成本越高，资产的原始价值越大，反之则小，二者在质和量的内涵上是一致的。根据这一原理，采用成本法对资产进行评估，必须首先确定资产的重置成本。重置成本是指在现行市场条件下重新购建一项全新资产所支付的全部货币总额。重置成本与原始成本的内容构成是相同的，而二者反映的物价水平是不相同的，前者反映的是资产评估日期的市场物价水平，后者反映的是当初购建资产时的物价水平。在其他条件既定时，资产的重置成本越高，其重置价值越大。

　　（2）资产的价值是一个变量。资产的价值随资产本身的运动和其他因素的变化而相应变化。影响资产价值量变化的因素，除了市场价格以外，还有：①资产投入使用后，由于使用磨损和自然力的作用，其物理性能会不断下降，价值会逐渐减少。这种损耗一般称为资产的物理损耗或有形损耗，也称实体性贬值。②新技术的推广和运用，使企业原有资产与社会上普遍推广和运用的资产相比较，在技术上明显落后、性能降低，因此其价值也相应减少。这种损耗称为资产的功能性损耗，也称功能性贬值。③资产以外的外部环境因素（包括政治因素、宏观政策因素等）变化，引致资产价值降低。例如，政府实施新的经济政策或发布新的法规限制了某些资产的使用，使资产价值下降，这种损耗一般称为资产的经济性损耗，也称经济性贬值。

　　根据成本法的定义，资产评估值的基本计算公式可以表述为：

$$资产评估值＝重置成本－实体性贬值－功能性贬值－经济性贬值$$

　　成本法的计算公式为正确运用成本法评估资产提供了思路，在评估实操中，重要的是依照此思路，确定各项技术经济指标。

2．成本法的前提条件

采用成本法评估资产的前提条件如下。

（1）被评估资产处于继续使用状态或被假定处于继续使用状态。

（2）应当具备可利用的历史资料。成本法的应用是建立在历史资料基础上的，许多信息资料、指标需要通过历史资料获得。同时，现时资产与历史资产具有相同性或可比性。

（3）形成资产价值的耗费是必需的。耗费是形成资产价值的基础，采用成本法评估资产，首先要确定这些耗费是必需的，而且应体现社会或行业的平均水平。

2.1.2　成本法中基本要素的估算

1．重置成本的分类及其估算方法

重置成本一般可分为复原重置成本和更新重置成本。

复原重置成本是指运用与评估对象相同的材料、建筑或制造标准、设计、规格及技术等，以现时价格水平重新购建与评估对象相同的全新资产所发生的费用。

更新重置成本是指利用新型材料，并根据现代标准、新型设计及技术等，以现时价格水平生产或建造与评估对象具有同等功能的全新资产所需的费用。

更新重置成本和复原重置成本的相同方面在于采用的都是资产的现时价格，但在技术、设计、标准等方面有差异。应该注意的是，无论是更新重置成本还是复原重置成本，资产本身的功能不变。选择重置成本时，在同时可获得复原重置成本和更新重置成本的情况下，应选择更新重置成本，因为它符合技术进步的要求和市场竞争的法则。

重置成本的估算方法一般如下。

（1）重置核算法

重置核算法是指按资产成本的构成，把以现行市价计算的全部购建支出按其计入成本的形式，区分为按直接成本和间接成本来估算重置成本的一种方法。直接成本是指购建全新资产时所花费的直接计入购建成本的那部分成本，如房屋建筑物的基础、墙体、屋面、内装修等项目成本，机器设备类资产的购置费用、安装调试费、运杂费等项目成本。直接成本应按现时价格逐项加总。间接成本是指构建过程中不能直接计入成本，但又与资产形成有关的一些支出，如企业管理费、前期准备费等。在实际工作中，间接成本可以通过下列方法计算。

① 按人工成本比例法计算，计算公式为：

$$间接成本＝人工成本总额×成本分配率$$

其中：

$$成本分配率＝\frac{间接成本额}{人工成本额}×100\%$$

② 按直接成本百分率法计算，计算公式为：

$$间接成本＝直接成本×间接成本占直接成本的百分比$$

【例 2.1】重置购建设备一台，现行市场价格为每台 5 万元，运杂费 1 000 元，直接安装成本为 800 元，其中原材料 300 元，人工成本 500 元。根据统计分析，计算求得安装成本中的间接成本为人工成本的 80%，该机器设备重置成本为：

直接成本＝50 000＋1 000＋800＝51 800（元）

　其中：买价 50 000 元

　　　　运杂费 1 000 元

　　　　直接安装成本 800 元

　　　　　其中：原材料 300 元

　　　　　　　　人工成本 500 元

重置成本合计＝51 800＋400＝52 200（元）

其中：直接成本 51 800 元

间接成本（安装成本）500×0.8＝400 元

（2）价格指数法

价格指数法是利用与资产有关的价格变动指数，将被评估资产的历史成本（账面价值）调整为重置成本的一种方法，其计算公式为：

$$重置成本＝资产的历史成本×价格指数$$

或

$$重置成本＝资产的历史成本×（1＋价格变动指数）$$

式中：价格指数可以是定基价格指数，也可以是环比价格指数。

定基价格指数是评估基准日的价格指数与资产购建时点的价格指数之比，即：

$$定基价格指数＝\frac{评估基准日价格指数}{资产购建时点的价格指数}$$

环比价格指数可考虑按下式求得：

$$X＝(1＋a_1)×(1＋a_2)×(1＋a_3)×\cdots×(1＋a_n)×100\%$$

式中：X ——环比价格指数；

a_n ——第 n 年环比价格变动指数，$n=1,2,3,\cdots,n$。

【例 2.2】某项被评估资产购建时账面原值为 50 万元，当时该类资产的定基价格指数为 85%，评估基准日该类资产的定基价格指数为 130%，则：

被估资产重置成本＝500 000×(130%÷85%)≈765 000（元）

【例 2.3】被估资产账面价值为 200 000 元，2015 年建成，2020 年进行评估，经调查已知同类资产环比价格变动指数分别是：2016 年为 10%，2017 年为 17%，2018 年为 25%，2019 年为 25%，2020 年为 30%，则：

被估资产重置成本＝200 000×(1＋10%)×(1＋17%)×(1＋25%)×(1＋25%)×

(1＋30%)×100%

≈524 000（元）

价格指数法与重置核算法是估算重置成本时较常用的方法，但二者具有明显的区别，表现在以下两个方面。

① 价格指数法仅考虑了价格变动因素，因而确定的是复原重置成本；而重置核算法既考虑了价格因素，也考虑了生产技术进步和劳动生产率的变化因素，因而可以估算复原重置成本和更新重置成本。

② 价格指数法建立在不同时期的某一种或某类甚至全部资产的物价变动水平上；而重置核算法建立在现行价格水平与购建成本费用核算的基础上。

明确价格指数法和重置核算法的区别，有助于在重置成本估算中对方法的判断和选择。对一项科学技术进步较快的资产，采用价格指数法估算的重置成本往往会偏高。当然，价格指数法和重置核算法也有其相同点，即都是建立在利用历史资料的基础上。因此，注意判断、分析资产评估时重置成本口径与委托方提供的历史资料（如财务资料）的口径差异，是应用上述两种方法时需共同注意的问题。

（3）功能价值类比法

功能价值类比法，是指利用某些资产的功能（生产能力）的变化与其价格或重置成本的变化呈某种指数关系或线性关系，通过参照物的价格或重置成本，以及功能价值关系估测评估对象价格或重置成本的技术方法。当资产的功能变化与其价格或重置成本的变化呈线性关系时，人们习惯把线性关系条件下的功能价值类比法称为生产能力比例法，而把非线性关系条件下的功能价值类比法称为规模经济效益指数法。

① 生产能力比例法。这种方法通过寻找一个与被评估资产相同或相似的资产为参照物，根据参照物的重置成本及参照物与被评估资产生产能力的比例，估算被评估资产的重置成本。计算公式为：

$$被评估资产重置成本 = \frac{被评估资产年产量}{参照物年产量} \times 参照物重置成本$$

【例2.4】某重置的一台全新机器设备价格为5万元，年产量为5 000件。现知被评估资产年产量为4 000件，由此可以确定其重置成本为：

$$被评估资产重置成本 = \frac{4\ 000}{5\ 000} \times 50\ 000 = 4\ 000（元）$$

这种方法运用的前提条件和假设是资产的成本与其生产能力呈线性关系，生产能力越强，成本越高。应用这种方法估算重置成本时，首先应分析资产成本与生产能力之间是否存在这种线性关系，如果不存在这种关系，就不可以采用这种方法。

② 规模经济效益指数法。通过不同资产的生产能力与其成本之间关系的分析可以发现，许多资产的成本与其生产能力之间不存在线性关系，当资产A的生产能力比资产B的生产能力强1倍时，其成本却不一定多1倍，也就是说，资产生产能力和成本之间只呈同方向变化，而不是等比例变化，这是规模经济效益作用的结果。两项资产的重置成本和生产能力相比较，其关系可用下列公式表示：

$$\frac{被评估资产重置成本}{参照物资产的重置成本} = \left(\frac{被评估资产的产量}{参照物资产的产量}\right)^x$$

推导可得：

$$被评估资产的重置成本 = 参照物资产的重置成本 \times \left(\frac{被评估资产的产量}{参照物资产的产量}\right)^x$$

公式中的 x 是一个经验数据，称为规模经济效益指数。在美国，这个经验数据一般在0.4～1.2，如加工工业一般为0.7，房地产行业一般为0.9。我国到目前为止尚未有统一的经验数据，大家在评估过程中要谨慎使用这种方法。公式中参照物一般可选择同类资产中的标准资产。

（4）统计分析法

在用成本法对企业整体资产及某一相同类型资产进行评估时，为了简化评估业务，节省评估时间，还可以采用统计分析法确定某类资产的重置成本，这种方法的运用步骤如下。

第一，在核实资产数量的基础上，把全部资产按照适当标准划分为若干类别，如将房屋建筑物按结构划分为钢结构、钢筋混凝土结构等；将机器设备按有关规定划分为专用设备、通用设备、运输设备、仪器、仪表等。

第二，在各类资产中抽样选择适量具有代表性的资产，应用功能价值类比法、价格指数法、重置核算法等方法估算其重置成本。

第三，依据分类抽样估算资产的重置成本额与账面历史成本，计算出分类资产的调整系数，其计算公式为：

$$K = R'/R$$

式中：K ——资产重置成本与历史成本的调整系数；

　　　R' ——某类抽样资产的重置成本；

　　　R ——某类抽样资产的历史成本。

根据调整系数 K 估算被评估资产的重置成本，计算公式为：

$$被评估资产的重置成本＝\Sigma 某类资产账面历史成本\times K$$

某类资产账面历史成本可从会计记录中取得。

【例 2.5】评估某企业某类通用设备，经抽样选择具有代表性的通用设备 5 台，估算其重置成本之和为 30 万元，而该 5 台具有代表性通用设备的历史成本之和为 20 万元，该类通用设备账面历史成本之和为 500 万元。则：

$K＝30\div 20＝1.5$

该类通用设备的重置成本＝$500\times 1.5＝750$（万元）

上述 4 种方法均可用于确定在成本法运用中的重置成本。至于选用哪种方法，应根据具体的评估对象和可以搜集到的资料确定。这些方法对某项资产可能同时都能适用，但应用时必须注意分析方法运用的前提条件，否则将得出错误的结论。

2．资产实体性贬值的估算方法

资产的实体性贬值是资产由于使用和自然力作用形成的贬值。估算实体性贬值一般可以采取以下几种方法。

（1）观察法

观察法也称成新率法，是指对被评估资产，由具有专业知识和丰富经验的工程技术人员对资产的实体各主要部位进行技术鉴定，并综合分析资产的设计、制造、使用、磨损、维护、修理、改造情况和物理寿命等因素，将评估对象与其全新状态相比较，考察由于使用磨损和自然损耗对资产的功能、使用效率带来的影响，判断被评估资产的实体性成新率，从而估算实体性贬值。计算公式为：

$$资产实体性贬值＝重置成本\times 实体性贬值率$$

或

$$资产实体性贬值＝重置成本\times（1－实体性成新率）$$

式中：实体性成新率是反映评估对象的现行实体性价值与其全新状态重置价值的比率。实体性成新率的确定可以通过对比分析、技术测定和定性观察等方法来实现。当某些资产各组成部分新旧程度不一致时，应根据各部分的重要程度和成本比重，计算其加权平均的新旧程度。实体性成新率与实体性贬值率的关系是：

$$实体性贬值率＝1－实体性成新率$$

（2）使用年限法（或称年限法）

使用年限法利用被评估资产的实际已使用年限与其总使用年限的比值来判断其实体性贬值率（程度），进而估测资产的实体性贬值。相关计算公式为：

$$资产实体性贬值率＝\frac{实际已使用年限}{总使用年限}$$

$$资产的实体性贬值＝（重置成本－预计残值）\times 资产实体性贬值率$$

即：

$$资产的实体性贬值＝\frac{重置成本－预计残值}{总使用年限}\times 实际已使用年限$$

式中：

① 预计残值是指被评估资产在清理报废时净收回的金额。在资产评估中，通常只考虑金额较大的残值，对金额较小的残值可以忽略不计。

② 总使用年限指的是实际已使用年限与尚可使用的年限之和。计算公式为：

$$总使用年限＝实际已使用年限＋尚可使用年限$$

其中：   实际已使用年限＝名义已使用年限×资产利用率

由于资产在使用中会受负荷程度的影响，必须将资产的名义已使用年限调整为实际已使用年限。名义已使用年限是指资产从购进使用到评估时的年限。名义已使用年限可以通过会计记录、资产登记簿、登记卡片查询确定。实际已使用年限是指资产在使用中实际损耗的年限。实际已使用年限与名义已使用年限的差异，可以通过资产利用率来调整。资产利用率的计算公式为：

$$资产利用率＝\frac{截至评估日资产累计实际利用时间}{截至评估日资产累计法定利用时间}×100\%$$

当资产利用率>1 时，表示资产超负荷运转，资产实际已使用年限比名义已使用年限要长；当资产利用率＝1 时，表示资产满负荷运转，资产实际已使用年限等于名义已使用年限；当资产利用率<1 时，表示开工不足，资产实际已使用年限小于名义已使用年限。

在实际评估过程中，资产利用率往往很难确定。评估人员应综合分析资产的运转状态，如资产开工情况、大修间隔期、原材料供应情况、电力供应情况、是否季节性生产等各方面因素分析确定。

尚可使用年限是根据资产的有形损耗因素，预计的资产继续使用年限。

【例 2.6】某资产 2010 年 2 月购进，2020 年 2 月评估时，名义已使用年限是 10 年。根据该资产技术指标，在正常使用情况下，其每天应工作 8 小时，但该资产实际每天工作 7.5 小时。由此计算的资产利用率：

资产利用率＝10×360×7.5/(10×360×8)×100%＝93.75%

由此可确定其实际已使用年限约为 9.4 年。

此外，评估中经常遇到被评估资产是经过更新改造的情况。对于更新改造过的资产，计量其实体性损耗还应充分考虑更新改造投入的资金对资产寿命的影响，否则可能过高地估计实体性损耗。对更新改造问题，一般采取加权法来确定资产的实体性损耗。也就是说，先计算加权更新成本，再计算加权平均已使用年限，相关计算公式为：

加权更新成本（加权投资成本）＝已使用年限×更新成本（或现行成本）

$$加权平均已使用年限＝\frac{\sum 加权更新成本}{\sum 更新成本}$$

【例 2.7】某资产构建于 2004 年，于 2009 年和 2014 年分别进行了更新改造，现于 2020 年进行评估，有关资料如表 2.1 所示。

表 2.1　某待评估资产的加权更新成本

购建或更新时间	成本（元）	已使用年限（年）	加权更新成本（元）
2004 年	200 000	16	3 200 000
2009 年	50 000	11	550 000
2014 年	100 000	6	600 000
合计	350 000		4 350 000

加权平均已使用年限＝4 350 000/350 000≈12.43（年）

（3）修复费用法

修复费用法是利用恢复资产功能所支出的费用金额来直接估算资产实体性贬值的一种方法。修复费用包括资产主要零部件的更换或者修复、改造、停工损失等费用支出。如果资产可以通过修复恢复到其全新状态，可以认为资产的实体性损耗等于其修复费用。

3．资产功能性贬值的估算方法

功能性贬值是由于技术相对落后造成的贬值，属于无形损耗。估算功能性贬值时，主要根据资产的效用、生产加工能力、工耗、物耗、能耗水平等功能方面的差异造成的成本增加或效益降低，相应确定功能性贬值额。同时，还要重视技术进步因素，注意替代设备、替代技术、替代产品的影响，以及行业技术装备水平现状和资产更新换代速度。功能性贬值的估算方法有以下两种。

（1）超额运营成本现值法

通常情况下，采用超额运营成本现值法估算资产功能性贬值可以按下列步骤进行。

第一，将被评估资产的年运营成本与功能相同但性能更好的新资产的年运营成本进行比较。

第二，计算二者的差异，确定净超额运营成本。由于企业支付的运营成本是在税前扣除的，企业支付的超额运营成本会引致税前利润额下降、所得税税额降低，使企业负担的运营成本低于其实际支付额。因此，净超额运营成本是超额运营成本扣除所得税以后的余额。

第三，估计被评估资产的剩余寿命。

第四，以适当的折现率将被评估资产在剩余寿命内每年的净超额运营成本折现，这些折现值之和就是被评估资产功能性损耗（贬值），计算公式为：

$$被评估资产功能性贬值额 = \sum（被评估资产年净超额运营成本 \times 折现系数）$$

【例 2.8】对于某种机器设备，技术先进的设备比原有的陈旧设备生产效率高，节约工资费用，有关资料如表2.2所示。

表2.2　某设备的技术资料

项目	技术先进设备	技术陈旧设备
月产量	10 000 件	10 000 件
单件工资	0.80 元	1.20 元
月工资成本	8 000 元	12 000 元
月差异额		4 000（12 000－8 000）元
年工资成本超支额		48 000（4 000×12）元
减：所得税（税率25%）		12 000 元
扣除所得税后年净超额工资		36 000 元
资产剩余使用年限		5 年
假定折现率为10%，5 年年金折现系数		3.790 8
功能性贬值额		136 468.8 元

应当指出，对于新老技术设备的对比，还可对原材料消耗、能源消耗以及产品质量等指标进行对比计算其功能性贬值。

（2）超额投资成本估算法

功能性贬值的估算还可以通过超额投资成本的估算进行，即超额投资成本可视同功能性贬值，计算公式为：

$$功能性贬值 = 复原重置成本 - 更新重置成本$$

4．资产经济性贬值的估算方法

经济性贬值是由于外部环境变化造成的资产贬值。就表现形式而言，资产的经济性贬值主要表现为运营中的资产利用率下降，甚至闲置，并由此引起资产的运营收益减少。当有确切证据表明资产已经存在经济性贬值时，可参考下面的方法估测其经济性贬值率或经济性贬值额。

（1）间接计算法

这种方法通过估算被评估资产生产能力的变化来评价经济性损耗。首先计算经济性贬值率，然后再计算经济性贬值额。

$$经济性贬值率 = \left[1 - \left(\frac{资产预计可被利用的生产能力}{资产原设计生产能力}\right)^{x}\right] \times 100\%$$

式中：x——规模经济效益指数，实践中多采用经验数据。

经济性贬值额的计算应以评估对象的重置成本或重置成本减去实体性贬值和功能性贬值后的结果为基数，按确定的经济性贬值率估测。

（2）直接计算法

在直接计算法下，经济性贬值额的计算公式如下：

$$经济性贬值额 = 资产年收益损失额 \times （1 - 所得税税率） \times （P/A，r，n）$$

式中：$（P/A，r，n）$ 为年金现值系数。

【例 2.9】 某被评估生产线的设计生产能力为年产 20 000 台产品，因市场需求结构发生变化，在未来可使用年限内，每年产量估计要减少 6 000 台。根据上述条件，假设功能价值指数为 0.6，该生产线的经济性贬值率大约在以下水平：

$$
\begin{aligned}
经济性贬值率 &= \{1 - [(20\ 000 - 6\ 000) \div 20\ 000]^{0.6}\} \times 100\% \\
&= (1 - 0.81) \times 100\% \\
&= 19\%
\end{aligned}
$$

又如，数据承上例，假定每年减少 6 000 台产品，每台产品损失利润 100 元，该生产线尚可继续使用 3 年，企业所在行业的投资回报率为 10%，所得税税率为 25%。则该生产线的经济性贬值额大约为：

$$
\begin{aligned}
经济性贬值额 &= (6\ 000 \times 100) \times (1 - 25\%) \times (P/A，10\%，3) \\
&= 450\ 000 \times 2.486\ 9 \\
&= 1\ 119\ 105（元）
\end{aligned}
$$

在实际评估工作中也有经济性溢价的情况，即当评估对象及其产品有良好的市场及市场前景，或有重大政策利好时，评估对象就可能存在着经济性溢价。

2.2 收益法

2.2.1 收益法及其前提条件

1. 收益法的基本含义

收益法又称收益现值法，是指通过估测被评估资产未来预期收益的现值来判断资产价值的各种评估方法的总称。它服从于资产评估中将利求本的思路，即采用资本化和折现的途径及其方法来判断和估算资产价值。该思路认为，任何一个理智的投资者在购置或投资于某一资产时，所愿意支付或投资的货币数额不会高于所购置或投资的资产在未来能给其带来的回报，即收益。收益法利用投资回报和收益折现等技术手段，把评估对象的预期获利能力和获利风险作为两个关键指标来估测评估对象的价值。

根据评估对象的预期收益来评估其价值，容易被资产业务各方所接受。所以，从理论上讲，收益法是资产评估中较为科学合理的评估方法之一。当然，运用收益法评估尚需满足一些前提条件。

2. 收益法的前提条件

因为收益法的运用受被评估资产的预期收益、折现率、被评估资产使用年限的制约，因此，运用收益法的前提条件如下。

（1）被评估资产的未来收益可以用货币计量。评估对象的预期收益必须能被较为合理地估测。这就要求被评估资产与其经营收益之间存在着较为稳定的比例关系。同时，影响资产预期收益的主观因素和客观因素也应是比较明确的，评估人员可以据此分析和测算被评估资产的预期收益。

（2）被评估资产所承担的风险可以预测并可以用货币计量。被评估对象所具有的风险可以估测是测算折现率的前提。被评估对象所处的行业不同、地区不同和企业不同，都会不同程度地体现在资产拥有者的获利风险上。对于投资者来说，风险大的投资，要求的回报率就高；而风险小的投资，其要求的回报率也可以相应降低。

（3）被评估资产的使用年限可以预测。被评估对象的使用年限，即取得预期收益的持续时间，是影响评估值的重要因素之一，因此，必须能够合理地预测。

2.2.2　收益法的基本参数

运用收益法进行评估涉及许多经济技术参数，其中最重要的参数有收益额、折现率和收益期限。

1．收益额

收益额是运用收益法评估资产价值的基本参数之一。在资产评估中，资产的收益额是指根据投资回报的原理，资产在正常情况下所能得到的归其产权主体的所得额。资产评估中的收益额有两个比较明确的特点：①收益额是资产未来预期收益额，而不是资产的历史收益额或现实收益额；②用于资产评估的收益额通常是资产的客观收益，而不一定是资产的实际收益。因资产种类较多，不同种类资产收益额的表现形式亦不完全相同。至于选择哪一种作为收益额，评估人员应根据所评估资产的类型、特点及评估目的决定，重要的是准确反映资产收益，并与折现率口径保持一致。关于收益额预测的内容将在以后各章结合各类资产的具体情况分别介绍。

2．折现率

要确定折现率，首先应该明确折现的内涵。折现作为一个时间优先的概念，认为将来的收益或利益低于现在的收益或利益，并且，随着收益时间向将来推进的程度而有序地降低价值。同时，折现作为一个算术过程，把一个特定比率应用于预期的收益，从而得出当前的价值。这个特定比率即折现率。从本质上讲，折现率是一种期望投资报酬率，是投资者在投资风险一定的情况下，对投资所期望的回报率。折现率就其构成而言，是由无风险报酬率和风险报酬率组成的。无风险报酬率，也称安全利率，是指没有投资限制和障碍，任何投资者都可以投资并能够获得的投资报酬率。在具体实践中，无风险报酬率可以参照同期国库券利率或银行储蓄利率确定。风险报酬率是对风险投资的一种补偿，在数量上是指超过无风险报酬率的那部分投资回报率。在资产评估中，因资产的行业分布、种类、市场条件等的不同，资产折现率亦不相同。

与折现率相近的一个概念是本金化率。本金化率与折现率在本质上是没有区别的，只是适用场合不同。人们习惯将未来有限期预期收益折算成现值的比率称为折现率，而将未来永续性预期收益折算成现值的比率称为本金化率或资本化率。至于折现率与本金化率在量上是否相等，主要取决于同一资产在未来不同的时期所面临的风险是否相同。

折现率的估算方法主要有以下几种。

（1）市场比较法。该方法通过对市场上的相似资产的投资收益率的调查和比较分析，来确定待评估资产的投资期望回报率。例如，对一台待评估机器设备，通过在资产交易市场上调查，得到三台与待评估机器设备同类的资产交易事例，分析得到它们的投资期望回报率分别为9%、9.5%和10.2%，求得它们的平均数为9.6%，则以9.6%作为待评估资产的折现率。

（2）资本资产定价模型法。资本资产定价模型是用来测算权益资本折现率的一种工具。用公式表示如下：

$$资产折现率＝无风险报酬率＋资产市场风险补偿×风险系数$$
$$＝无风险报酬率＋（社会平均收益率－无风险报酬率）×风险系数$$

式中，风险系数用 β 表示。

可以看出，资产折现率与风险呈线性关系，这种关系如图 2.1 所示。假如电子业的 β 为 1.52，无风险报酬率为 6%，市场风险补偿为 7%，则电子类企业整体的资产折现率为 16.6%（6%＋7%×1.52）。这里要说明的是，利用该模型确定的折现率是资产的权益成本，而非资本成本。

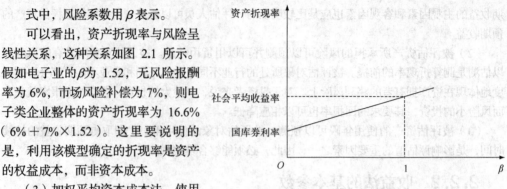

图 2.1 资本资产定价模型

（3）加权平均资本成本法。使用加权平均资本成本法既考虑权益资本的成本，也考虑负债资本的成本，用公式表示为：

$$加权平均资本成本（折现率）＝权益成本×权益比＋负债成本×负债比$$

其中：

$$权益成本＝无风险报酬率＋风险报酬率$$
$$风险报酬率＝（社会平均收益率－无风险报酬率）×风险系数$$

【例 2.10】被评估企业长期负债占投资资本的比重为 50%，平均长期负债成本为 6%。据调查，评估时社会平均收益率为 9%，无风险报酬率为 4%，被评估企业所在行业的平均风险与社会平均风险的比率（β）为 0.8。则：

风险报酬率＝(9%－4%)×0.8＝4%

所有者权益要求的回报率＝4%＋4%＝8%

加权平均资本成本（折现率）＝50%×6%＋50%×8%＝7%

3．收益期限

收益期限是指资产具有获利能力持续的时间，通常以年为时间单位。收益期限由评估人员根据被评估资产自身效能及相关条件，以及有关法律、法规、契约、合同等加以测定。

2.2.3 收益法的基本计算公式

收益法按评估对象未来预期收益有无限期划分，分为有限期评估方法和无限期评估方法；按评估对象预期收益额的情况划分，分为等额收益评估方法和非等额收益评估方法，等等。不同的评估方法的计算公式不尽相同，以下就等额收益评估方法和非等额收益评估方法分别给出相应的计算公式。

首先对所用字符的含义做如下统一的规定。

P——评估值；

i——年序号；

P_n——未来第 n 年的预计变现值；

R_i——未来第 i 年的预期收益；

r——折现率或资本化率；

r_i——第 i 年的折现率或资本化率；

t——收益年期；

n——收益年期；

A——年金。

1．等额收益评估方法

（1）在纯收益每年不变、资本化率固定且大于零、收益年期无限的情况下：

$$P=\frac{A}{r}$$

（2）在纯收益每年不变、资本化率固定且大于零、收益年期有限为 n 的情况下：

$$P=\frac{A}{r}\left[1-\frac{1}{(1+r)^n}\right]$$

【例 2.11】 某房产在未来 5 年内年均净租金收入为 20 万元，折现率固定为 12%，则房产的评估价值为：

$20\div12\%\times[1-1/(1+12\%)^5]=71.67$（万元）

（3）在纯收益每年不变、收益年期有限为 n、资本化率为零的情况下：

$$P=A\times n$$

2．非等额收益评估方法

（1）纯收益在若干年前有变化、在若干年后保持不变。具体分为以下两种情况。

① 在纯收益在 n 年（含第 n 年）以前有变化、纯收益在 n 年（不含第 n 年）以后保持不变、收益年期无限、r 大于零的情况下可采用分段法。分段法根据资产收益的特征，把资产永续经营期分为前后两期，分别采用不同的方法计算两期收益折现值。前期收益折现值和后期收益折现值相加即为资产的收益现值。其基本公式为：

$$P=\sum_{i=1}^{n}\frac{R_i}{(1+r)^i}+\frac{A}{r(1+r)^n}$$

应当指出，确定后期年金 A 的方法，一般以前期最后 1 年的收益额作为后期永续年金收益的标准，也可以预测后期第 1 年的收益作为永续年金收益。

【例 2.12】 对某企业进行预测，得知未来各年收益如表 2.3 所示，折现率选用 12%，试按分段法计算其收益现值。

表 2.3　未来各年收益表

第一段	预期收益额（万元）	折现系数	折现值（万元）
第一年	40	0.892 9	35.72
第二年	30	0.797 2	≈23.92
第三年	60	0.711 8	42.71
第四年	40	0.635 5	25.42
第五年	30	0.567 4	17.02
合计	200		144.79

第二段收益现值为（以第 5 年收益额作为第 6 年后的永续年金收益，其折现率为 12%）：

30/0.12＝250（万元）（第二段在第 6 年年初的资本化值）

250×0.567 4＝141.85（万元）（第二段折现值）

预期收益现值＝144.79＋141.85＝286.64（万元）

② 在纯收益在 t 年（含第 t 年）以前有变化、纯收益在 t 年（不含第 t 年）以后保持不变、收益年期有限为 n、r 大于零的情况下也需采用上述分段法，计算公式为：

$$P=\sum_{i=1}^{t}\frac{R_i}{(1+r)^i}+\frac{A}{r(1+r)^t}\left[1-\frac{1}{(1+r)^{n-t}}\right]$$

这里要注意的是，纯收益 A 的收益年期是（$n-t$），而不是 n。

（2）纯收益按等差级数变化。具体有以下四种情况。

① 在纯收益按等差级数递增、纯收益逐年递增额为 B、收益年期无限、r 大于零的情况下：

$$P=\frac{A}{r}+\frac{B}{r^2}$$

【例 2.13】某房产 2018 年的纯收益为 200 万元，资本化率为 12%，若未来各年的纯收益将在上一年的基础上增加 3 万元，则该房产的评估价值为：

$200/12\%+3/(12\%)^2\approx1\ 875$（万元）

② 在纯收益按等差级数递增、纯收益逐年递增额为 B、收益年期有限为 n、r 大于零的情况下：

$$P=\left[\frac{A}{r}+\frac{B}{r^2}\right]\left[1-\frac{1}{(1+r)^n}\right]-\frac{B}{r}\times\frac{n}{(1+r)^n}$$

③ 在纯收益按等差级数递减、纯收益逐年递减额为 B、收益年期无限、r 大于零的情况下：

$$P=\frac{A}{r}-\frac{B}{r^2}$$

④ 在纯收益按等差级数递减、纯收益逐年递减额为 B、收益年期有限为 n、r 大于零的情况下：

$$P=\left[\frac{A}{r}-\frac{B}{r^2}\right]\left[1-\frac{1}{(1+r)^n}\right]+\frac{B}{r}\times\frac{n}{(1+r)^n}$$

（3）纯收益按等比级数变化。具体可以分为以下四种情况。

① 在纯收益按等比级数递增、纯收益逐年递增比率为 s、收益年期无限、r 大于零、$r>s>0$ 的情况下：

$$P=\frac{A}{r-s}$$

【例 2.14】某房产 2018 年的纯收益为 200 万元，资本化率为 11%，若未来各年的纯收益将在上一年的基础上增长 3%，则该房产的评估价值为：

$200/(11\%-3\%)=2\ 500$（万元）

② 在纯收益按等比级数递增、纯收益逐年递增比率为 s、收益年期有限为 n、r 大于零、$r>s>0$ 的情况下：

$$P=\frac{A}{r-s}\left[1-\left(\frac{1+s}{1+r}\right)^n\right]$$

③ 在纯收益按等比级数递减、纯收益逐年递减比率为 s、收益年期无限、r 大于零、$r>s>0$ 的情况下：

$$P=\frac{A}{r+s}$$

④ 在纯收益按等比级数递减、纯收益逐年递减比率为 s、收益年期有限为 n、r 大于零、$0<s\leqslant1$ 的情况下：

$$P=\frac{A}{r+s}\left[1-\left(\frac{1-s}{1+r}\right)^n\right]$$

（4）在纯收益在第 n 年（含 n 年）前保持不变、预知第 n 年的价格为 P_n、r 大于零的情况下：

$$P=\frac{A}{r}\left[1-\frac{1}{(1+r)^n}\right]+\frac{P_n}{(1+r)^n}$$

2.3 市场法

2.3.1 市场法及其前提条件

1. 市场法的基本含义

市场法又称市场比较法或现行市价法，是指通过市场调查，选择市场上与评估对象同样或类似的资产，利用其近期交易价格，经过直接比较或类比分析以估测资产价值的各种评估技术方法的总称。

市场法是资产评估中若干评估思路中的一种，也是实现该评估技术思路的若干评估技术方法的集合。市场法是根据替代原则，采用比较和类比的思路及其方法判断资产价值的评估技术过程。因为任何一个正常的投资者在购置某项资产时，所愿意支付的价格不会高于市场上具有相同用途的替代品的现行市价。运用市场法要求充分利用类似资产成交价格信息，并以此为基础判断和估测被评估资产的价值。运用已被市场检验了的结论来评估被评估对象，显然是容易被资产业务各当事人所接受的。因此，市场法是资产评估中最为直接、最具说服力的评估方法之一。当然，通过市场法进行资产评估，尚需满足一些最基本的条件。

2. 市场法的前提条件

应用市场法进行资产评估，必须具备以下前提条件。

一是需要有一个活跃、公开的资产市场。市场经济条件下，市场交易的商品种类很多，资产作为商品，是市场发育的重要方面。资产市场越活跃，资产交易越频繁，与被评估资产相类似资产的价格信息就越容易获得。公开市场是一个充分的市场，市场上有自愿的买者和卖者，他们之间进行平等交易，这就排除了个别交易的偶然性，市场成交价格基本上可以反映市场行情。按市场行情估测被评估资产的价值，评估结果会更贴近市场，更容易被资产交易各方所接受。

二是公开市场上要有可比的资产及其交易活动。资产及其交易的可比性，是指选择的可比资产及其交易活动在近期公开市场上已经发生过，且与被评估资产及资产业务相同或相似。这些已经完成交易的资产就可以作为被评估资产的参照物，其交易数据是进行比较分析的主要依据。资产及其交易的可比性具体体现在以下几个方面：①参照物与评估对象在功能上具有可比性，包括用途、性能上的相同或相似；②参照物与被评估对象面临的市场条件具有可比性，包括市场供求关系、竞争状况和交易条件等；③参照物成交时间与评估基准日间隔时间不能过长，应在一个适度的时间范围内，同时，时间对资产价值的影响是可以调整的。运用市场法，重要的是能够找到与被评估资产相同或相类似的参照物。但与被评估资产完全相同的资产是很难找到的，这就要求对类似资产参照物进行调整。有关调整的指标、技术参数能否获取，是决定市场法运用与否的关键。

2.3.2 市场法的基本程序

运用市场法评估资产时，一般按下列步骤进行。

1．明确评估对象

明确评估对象，确定描述评估对象的主要参数，如功能指标及成新率等，并以此作为选择市场参照物的可比因素。

2．选择参照物

不论评估对象是单项资产还是整体资产，采用市场法时都需经历选择参照物这个程序。对参照物的一个关键要求是可比性，包括功能、市场条件及成交时间等；另外的一个关键就是参照物的数量问题。不论参照物与评估对象如何相似，通常参照物应选择三个以上。因为运用市场法评估资产价值，被评估资产价值的高低在很大程度上取决于参照物的成交价格，而参照物的成交价格又不仅是参照物自身功能的市场体现，它还受买卖双方交易地位、交易动机、交易时限等因素的影响。为了避免某个参照物在个别交易中的特殊因素和偶然因素对成交价格及评估值产生的影响，运用市场法评估资产时应尽可能选择多个参照物。

3．在评估对象与参照物之间选择比较因素

从理论上讲，影响资产价值的基本因素大致相同，如资产性质、市场条件等，但具体到每一种资产时，影响资产价值的因素又各有侧重。例如，影响房地产价值的主要因素是地理位置，而技术水平则在机器设备评估中起主导作用。所以，应根据不同种类资产价值形成的特点，选择对资产价值形成影响较大的因素作为对比指标，以便在参照物与评估对象之间进行比较。具体来说，运用市场法评估单项资产时应考虑的比较因素主要有以下几个。

（1）资产的功能。资产的功能是资产使用价值的主体，是影响资产价值的重要因素之一。在资产评估中强调资产的使用价值或功能，并不是从纯粹抽象意义上去讲，而是结合社会需求，从资产实际发挥效用的角度来考虑。也就是说，在社会需要的前提下，资产功能越好，其价值越高，反之亦然。

（2）资产的实体特征和质量。资产的实体特征主要是指资产的外观、结构、役龄和规格型号等；资产的质量主要是指资产本身的建造或制造工艺水平。

（3）市场条件。这主要是考虑参照物成交时与评估时的市场条件及供求关系的变化情况。在一般情况下，供不应求时，价格偏高；供过于求时，价格偏低。市场条件的差异对资产价值的影响应引起评估人员足够的关注。

（4）交易条件。交易条件主要包括批量、交易动机、交易时间等。交易批量不同，交易对象的价格就有可能不同；交易动机对资产交易价格也有影响；在不同的交易时间，资产的交易价格也会有差异。

4．因素对比、量化差异

根据所选定的比较因素，在参照物及评估对象之间进行比较，并将两者的差异进行量化。例如，对于资产功能因素，尽管参照物与评估对象的功能相同或相似，但在生产能力、产品质量及在资产运营过程中的能耗、料耗和工耗等方面都可能有不同程度的差异。运用市场法的一个重要环节就是将参照物与评估对象比较因素之间的上述差异进行数量化和货币化。

5．调整已经量化的比较因素差异

市场法以参照物的成交价格作为评定、估算评估对象价值的基础。在各参照物成交价格的基础上，将已经量化的参照物与评估对象比较因素差异进行调增或调减，就可以得到以每个参照物为基础的评估对象的初步评估结果。初步评估结果与所选择的参照物个数密切相关。

6．确定评估结果

按照一般要求，运用市场法通常应选择三个以上的参照物，所以在一般情况下，运用市场法评估的初步结果也在三个以上。而根据资产评估的惯例，正式的评估结果只能有一个，这就需要评估人员对若干初步评估结果进行综合分析，以确定最终的评估价值。要确定最终的评估价值，主要取决于评估人员对参照物的把握和对评估对象的认识。当然，如果参照物与评估对象的可比性都很好，评估过程中没有明显的遗漏或疏忽，采用算术平均法或加权平均法等方法将初步评估结果转换成最终评估结果也是可以的。

2.3.3 市场法中的具体评估方法

市场法是在一种评估思路下的若干种具体评估方法的集合，它可以根据不同的划分标准进行分类，这些分类并不是严格意义上的方法分类，大多是尊重某种习惯的分类，分类仅仅是为了叙述和学习便利。按照参照物与评估对象的相近相似程度，市场法中的具体评估方法可以分为两大类：直接比较法和类比调整法。

1．直接比较法

直接比较法又称直接法，是指利用参照物的交易价格及参照物的某一基本因素直接与评估对象的同一基本因素进行比较，从而判断评估对象评估值的方法。其基本计算公式可表示为：

$$评估对象评估值＝参照物成交价格 \times \frac{评估对象 A 因素}{参照物 A 因素}$$

直接比较法直观简捷，便于操作，但通常对参照物与评估对象之间的可比性要求较高。参照物与评估对象要达到相同或基本相同，仅在某一因素上存在差异，如新旧程度、交易时间、功能、交易条件等。直接比较法下主要有以下几种具体的评估方法。

（1）现行市价法

现行市价法是直接利用评估对象或参照物在评估基准日的现行市场价格作为评估对象的评估价值的方法。这是在评估对象本身具有现行市场价格或与评估对象基本相同的参照物具有现行市场价格的情况下采用的方法。例如，可上市流通的股票和债券可以其在评估基准日的收盘价作为评估价值；批量生产的设备、汽车等可以同品牌、同型号、同规格、同厂家、同批量的设备、汽车等的现行市场价格作为评估价值。

（2）市价折扣法

市价折扣法是以参照物成交价格为基础，考虑评估对象诸如销售条件、销售时限等方面的不利因素，设定一个价格折扣率来估算评估对象价值的方法。这种方法一般只适用于评估对象与参照物之间仅存在交易条件方面差异的情况。其计算公式为：

$$资产评估价值＝参照物成交价格 \times （1－价格折扣率）$$

【例 2.15】评估某资产价值时，发现在评估基准日与其相同资产的市场交易价格为 10 万元，经分析，市场折扣率为30%，则该资产的评估价值为：

资产的评估价值＝10×（1－30%）＝7（万元）

（3）功能价值类比法

功能价值类比法是以参照物的成交价格为基础，将参照物与评估对象之间的功能进行对比来估算评估对象价值的方法。该方法根据资产的功能与其价值之间的关系可分为线性法和指数法两种。

① 线性法。线性法是指评估对象的生产能力等指标与参照物相应指标呈线性关系时使用的评估方法，该方法通常被称作生产能力比例法。其计算公式为：

$$资产评估价值＝参照物成交价格 \times \frac{评估对象的生产能力}{参照物的生产能力}$$

该方法还可以通过对参照物与评估对象的其他功能指标的对比，利用参照物成交价格推算评估对象价值。

【例 2.16】被评估资产年生产能力为 100 吨，参照资产的年生产能力为 130 吨，评估时点参照资产的市场价格为 10 万元，则该资产的评估价值为：

资产评估价值＝10×100÷130≈7.69（万元）

② 指数法。指数法是指评估对象的生产能力等指标与参照物的相应指标呈指数关系时使用的评估方法，该方法通常被称作规模经济效益指数法。其计算公式为：

$$资产评估价值＝参照物成交价格×\left(\frac{评估对象的生产能力}{参照物的生产能力}\right)^{相关指数}$$

【例 2.17】被评估资产年生产能力为 90 吨，参照资产的年生产能力为 120 吨，评估时点参照资产的市场价格为 12 万元，该类资产的功能价值指数为 0.7，则该资产的评估价值为：

资产评估价值＝12×(90÷120)$^{0.7}$＝9.81（万元）

（4）价格指数法

价格指数法是以参照物成交价格为基础，根据参照物的成交时间与评估对象的评估基准日之间的时间间隔对资产价值的影响，利用价格指数调整估算评估对象价值的方法。其计算公式为：

资产评估价值＝参照物成交价格×（1＋价格变动指数）

或

资产评估价值＝参照物成交价格×价格指数

如果能够获得参照物和评估对象的定基价格指数或定基价格变动指数，价格指数法的数学式可以概括为：

$$资产评估价值＝参照物交易价格×\frac{评估基准日资产定基价格指数}{参照物交易日资产定基价格指数}$$

或

$$资产评估价值＝参照物交易价格×\frac{1＋评估基准日同类资产定基价格变动指数}{1＋参照物交易日同类资产定基价格变动指数}$$

如果能够获得参照物和评估对象的环比价格指数，价格指数法的数学式可以概括为：

$$资产评估价值＝参照物交易价格×\frac{参照物交易日至评估基准日}{各期环比价格指数的乘积}$$

价格指数法适用于评估对象与参照物之间仅存在时间差异，且时间差异不能过长的情况。

【例 2.18】与评估对象完全相同的参照资产 3 个月前的成交价格为 10 万元，在这段时间内该类资产的价格上升了 6%，则：

资产评估价值＝10×(1＋6%)＝10.6（万元）

【例 2.19】被评估房地产于 2020 年 6 月 30 日进行评估，该类房地产 2020 年上半年各月月末的价格同 2019 年年底相比，分别上涨了 2.5%、5.7%、6.8%、7.3%、9.6%、10.5%。其中参照房地产在 2020 年 3 月底的价格为 3 800 元/平方米。则：

$$资产评估值＝3\,800×\frac{1＋10.5\%}{1＋6.8\%}≈3\,932（元/平方米）$$

【例 2.20】已知某资产在 2020 年 1 月的交易价格为 300 万元，该类资产已不再生产，但该类资产的价格变化情况如下：从 2020 年 1 月至 5 月的环比价格指数分别为 103.6%、98.3%、103.5%和 104.7%。评估对象于 2020 年 5 月的评估价值为：

资产评估价值＝300×103.6%×98.3%×103.5%×104.7%≈331.1（万元）

（5）成新率价格法

成新率价格法是以参照物的成交价格为基础，考虑到参照物与被评估资产之间仅存在新旧程度上的差异，通过成新率调整估算被评估资产评估价值的方法。其计算公式为：

资产评估价值＝参照物成交价格×（被评估资产成新率÷参照物成新率）

【例 2.21】 参照物的成交价格为 100 万元，其成新率为 60%；被评估资产的成新率为 40%。则被评估资产的评估价值为：

资产评估价值＝100×(40%÷60%)≈66.67（万元）

（6）成本市价法

成本市价法是以评估对象的现行合理成本为基础，利用参照物的成交价格与其现行合理成本的比率来估算评估对象的价值的方法。其计算公式为：

资产评估价值＝评估对象现行合理成本×（参照物成交价格÷参照物现行合理成本）

或

资产评估价值＝评估对象现行合理成本×成本市价率

其中　　　成本市价率＝参照物成交价格÷参照物现行合理成本×100%

【例 2.22】 已知被评估全新住房的现行合理成本为 100 万元，评估时市场商品房的成本市价率为 150%，则该全新住房的评估价为：

资产评估价值＝100×150%＝150（万元）

（7）市盈率倍数法

市盈率倍数法是以参照企业的市盈率为倍数，以此倍数与被评估企业的收益额相乘估算被评估企业价值的方法。市盈率倍数法主要适用于企业价值评估和长期股权投资的评估。其计算公式为：

资产评估价值＝评估企业收益额×参照企业市盈率

【例 2.23】 某被评估企业的年净利润为 1 000 万元，评估基准日资本市场上同类企业平均市盈率为 13 倍，则：

该企业的评估价值＝1 000×13＝13 000（万元）

由于直接比较法对参照物与评估对象的可比性要求较高，在具体评估过程中寻找参照物可能会受到限制。因此，直接比较法的使用也相对受到一定制约。在很多情况下，若参照物与评估对象只是大致相同或相似，可以采用类比调整法。

2．类比调整法

类比调整法又称类比法，是市场法中最基本的评估方法。该法并不要求参照物与评估对象必须一样或者基本一样。只要求参照物与评估对象在大的方面基本相同或相似，通过对比分析，调整参照物与评估对象之间的差异，在参照物成交价格的基础上，调整估算评估对象的价值。

类比调整法具有适用性强、应用广泛的特点。但该法对信息资料的数量和质量要求较高，而且要求评估人员有较丰富的评估经验、市场阅历和评估技巧。因为，类比调整法可能要对参照物与评估对象的若干比较因素进行对比分析和差异调整。没有足够的数据资料，以及对资产功能、市场行情的充分了解和把握，评估人员很难准确地评定估算出评估对象的价值。

类比调整法的计算公式可表示为：

资产评估价格＝参照物 A 的成交价格 × 时间因素调整系数 × 区域因素调整系数 ×
功能因素调整系数 × 成新率因素调整系数 × 交易情况调整系数

或

资产评估价格＝ 参照物 A 的成交价格 ± 时间因素调整值 ± 区域因素调整值 ±
功能因素调整值 ± 成新率因素调整值 ± 交易情况调整值

【例 2.24】 某商业用房，面积为 500 平方米，现因企业合并需要进行评估，评估基准日为 2020 年 10 月 31 日。评估人员在房地产交易市场上找到三个成交时间与评估基准日接近的商业用房交易案例，具体情况如表 2.4 所示。

表 2.4　三个商业用房交易案例对比

参照物	A	B	C
交易单价	5 000 元/平方米	5 960 元/平方米	5 918 元/平方米
成交日期	2020 年 6 月	2020 年 9 月	2020 年 10 月
区域条件	比被评估资产好	比被评估资产好	比被评估资产好
交易情况	正常	高于市价的 4%	正常

被评估商业用房与参照物商业用房结构相似、新旧程度相近，故无须对功能因素和成新率因素进行调整。该评估商业用房所在区域的综合评分为 100 分，三个参照物所在区域条件均比被评估商业用房所在区域好，综合评分分别为 107 分、110 分和 108 分。当时房产价格每月比上月上涨 4%；故参照物 A 的时间因素调整系数为 117%[$(1+4\%)^4$]；参照物 B 的时间因素调整系数为 104%$(1+4\%)$；参照物 C 因在评估基准日当月交易，故无须调整。三个参照物成交价格的调整过程如表 2.5 所示。

表 2.5　对参照物成交价格进行的因素修正

参照物	A	B	C
交易单价	5 000 元/平方米	5 960 元/平方米	5 918 元/平方米
时间因素修正	117/100	104/100	100/100
区域因素修正	100/107	100/110	100/108
交易情况修正	100/100	100/104	100/100
修正后的价格	5 467 元/平方米	5 418 元/平方米	5 480 元/平方米

参照物 A 修正后的单价为：

$$5\ 000\times\frac{117}{100}\times\frac{100}{107}\times\frac{100}{100}\approx5\ 467（元/平方米）$$

参照物 B 修正后的单价为：

$$5\ 960\times\frac{104}{100}\times\frac{100}{110}\times\frac{100}{104}\approx5\ 418（元/平方米）$$

参照物 C 修正后的单价为：

$$5\ 918\times\frac{100}{100}\times\frac{100}{108}\times\frac{100}{100}\approx5\ 480（元/平方米）$$

被评估资产单价＝(5 467＋5 418＋5 480)÷3＝5 455（元/平方米）

被评估资产总价＝5 455×500＝2 727 500（元）

2.4　资产评估方法的比较和选择

2.4.1　资产评估方法之间的关系

资产评估的成本法、收益法和市场法共同构成了资产评估的方法体系。它们之间存在着内在的联系，而各种评估方法的独立存在又说明它们各有特点。正确认识资产评估方法之间的内在联系以及各自的特点，对于恰当地选择评估方法，高效地进行资产评估是十分重要的。

1．资产评估方法之间的联系

资产评估方法之间的联系主要表现在各种方法的评估目的是一致的，其共同目的就是获得令人信服的、可靠的评估价值。评估的基本目的决定了评估方法间的内在联系。对于特定经济行为，在相同的市场条件下，对处在相同状态下的同一资产进行评估，其评估值应该是客观的。这个客观的评估值不会因评估人员所选用的评估方法的不同而出现截然不同的结果。也即在同一资产的评估中可以采用多种方法，如果使用这些方法的前提条件同时具备，而且资产评估人员也具备相应的专业判断能力，那么，多种方法得出的结果应该趋同。这种内在联系为评估人员运用多种评估方法评估同一条件下的同一资产，并相互验证提供了理论依据。但需要指出的是，运用不同的评估方法评估同一资产，必须保证评估目的、评估前提、被评估对象状态一致，以及运用不同评估方法所选择的经济技术参数合理。

如果采用多种方法得出的结果出现较大差异，可能的问题是：某些方法的应用前提不具备、分析过程有缺陷、结构分析有问题、某些支撑评估结果的信息依据出现失真、评估人员的职业判断有误等。

2．资产评估方法之间的区别

（1）适用范围不同。由于评估人员总是寻求最简便、最能客观反映资产价值的方法对资产进行估价，所以，各种方法要求有其最适合的范围。市场法的适用范围是：存在一个充分发育的、活跃的、公平的资产市场；存在近期的、可比的、已成交的参照物，而且参照物与评估对象相比较的指标、技术参数等资料是可收集的。收益法的适用范围是：资产所有者的未来收益可以用货币衡量；为未来收益所承担的风险收益也是可以用货币衡量的。成本法的适用范围是：评估对象可以重置；评估对象在使用过程中具有贬值性；评估对象的实体特征、内部结构及其功能效用与重置的全新资产具有可比性。

（2）时间侧重不同。成本法比较强调和侧重对资产过去使用状况的分析。例如，有形损耗的确定是基于评估对象的已使用年限和使用强度；而对无形损耗来说，正是由于评估对象的历史性，过时的问题才会出现。所以，如果没有对评估对象的历史判断和记录，运用成本法评估资产价值将是不可能的。收益法的评估要素完全是基于对未来的分析。它所考虑和侧重的是评估对象未来能给所有者带来多少收益。收益法体现了资产未来获利的预测性。市场法的评估依据是参照物的现行市场交易价格，是基于对现行价格的分析来评估资产价值的。市场法体现了评估价值的市场现实性。

（3）评估角度不同。评估角度是针对成本法和收益法而言的。成本法从资产的投入角度考虑资产作为生产要素的构建成本，评估的基础对象是成本费用，考虑资产构成的价值，忽略了资产经营中资产优化配置的综合效果和作用，是一种静态价值。收益法是从资产的产出角度，通过估算被评估资产的未来收益并折现来估算资产的评估价值，反映的是资产运营的结果，是一种动态价值。

由于评估的特定目的不同，评估时市场条件上的差别，以及评估时对评估对象使用状态设定的差异，需要评估的资产价值类型也是有区别的。评估方法由于自身的特点，在评估不同类型的资产价值时，就有了效率上和直接程度上的差别，评估人员应具备选择最直接且最有效率的评估方法完成评估任务的能力。

2.4.2　资产评估方法的选择

资产评估方法的多样性，为评估人员提供了适当选择评估的途径，有效完成评估任务的现实可能。选择合适的资产评估方法，有利于简捷、合理地确定资产评估价值。选择资产评估方法主要应考虑以下因素。

（1）选择的资产评估方法要与资产评估价值类型相适应。资产评估方法作为获得特定价值尺度的技术规程，必须与评估价值类型相适应。资产评估价值类型与资产评估方法是两个不同层次的概念。资产评估价值类型说明"评什么"，是资产评估价值质的规定，具有排他性，对评估方法具有约束性；资产评估方法说明"如何评"，用于资产评估价值量的确定，具有多样性和替代性，并服务于评估价值类型。资产评估价值类型确定的准确性以及与之相匹配的科学的资产评估方法，是资产评估价值具有科学性和有效性的重要保证。

（2）选择的资产评估方法要与评估对象相适应。评估对象是单项资产还是整体资产，是有形资产还是无形资产等，往往要求不同的评估方法与之相适应。同时，资产评估对象的状态不同，所要求的评估方法也往往不同。例如，一台市场交易很活跃的旧机器设备可以采取市场类比法进行评估，而旧的专用设备的评估，通常只能采用成本法进行。

（3）选择的资产评估方法要与所搜集的数据和信息资料相适应。各种资产评估方法的运用都要根据一系列数据、资料进行分析、处理和转换，没有相应的数据和资料，方法就会失灵。资产评估的过程实际上就是搜集资料的过程。例如，在方法运用过程中，西方评估机构采用更多的是市场法。但在我国，由于市场发育不完全、不完善的限制，市场法应用无论在广度还是使用效率方面都落后于其他成熟的市场经济国家的水平。因此，评估人员应根据可获得的数据和资料来选择适当的评估方法。

总之，在选择评估方法的过程中，应注意因地制宜和因事制宜，不可机械地按某种模式或某种顺序进行。不论选择哪种评估方法进行评估，都应保证评估目的、评估时所依据的各种假设和条件、评估所使用的各种参数数据与评估结果在性质和逻辑上一致。尤其在运用多种方法对同一评估对象进行评估时，更要保证每种评估方法所依据的各种假设、前提条件、数据参数的可比性，以确保运用不同的评估方法所得到的评估结果的可比性和相互可验证性。

思考题

1. 分别说明成本法、收益法和市场法的基本思路和适用的前提条件。
2. 什么是复原重置成本和更新重置成本？
3. 如何理解成本法应用中成新率的含义？成新率为什么不能直接按折旧年限计算？
4. 折现率与资本化率有何关系？
5. 各类资产评估方法之间有何关系？
6. 选择资产评估方法应考虑哪些因素？

练习题

一、单项选择题

1. 采用市场法评估资产价值时，需要以类似或相同资产为参照物，选择的参照物应该是（　　）。

    A. 全新资产　　　　　　　　　　　B. 旧资产

    C. 与被评估资产的成新率相同的资产　　D. 全新资产，也可以是旧资产

2. 按照一般要求，运用市场法通常应选择（　　）个或以上参照物。

    A. 2　　　　　　　B. 3　　　　　　　C. 5　　　　　　　D. 10

3. 某被评估设备的参照资产1年前的成交价格为80万元，该资产在1年间价格上升了12%，已知被评估设备的年生产能力为100吨，参照资产的年生产能力为150吨，则被评估资

产的价值最接近（　　　）万元。

    A. 134.4　　　　　　　B. 89.6　　　　　　　C. 59.73　　　　　　　D. 53.33

4. 同一资产的重置成本与其现行市价及其收益现值具有（　　　）关系。

    A. 独立　　　　　　　B. 并列　　　　　　　C. 替代　　　　　　　D. 等同

5. 选择重置成本时，在同时可得复原重置成本和更新重置成本的情况下，应选用（　　　）。

    A. 复原重置成本　　　B. 更新重置成本　　C. 任选一种　　　　　　D. 两者平均值

6. 重置构建机器设备一台，现行不含税市场价格为每台 8 万元（该设备适用的增值税税率为 13%），运杂费 3 000 元，安装调试费 1 000 元，则该机器设备的重置成本为（　　　）元。

    A. 97 600　　　　　　B. 84 000　　　　　　C. 83 790　　　　　　D. 80 000

7. 资产评估中，实体性贬值的估算可采用（　　　）。

    A. 观察法　　　　　　B. 重置核算法　　　　C. 价格指数法　　　　D. 功能价值法

8. 市盈率倍数法主要适用于（　　　）的评估。

    A. 不动产　　　　　　B. 无形资产　　　　　C. 机器设备　　　　　D. 企业价值

9. 采用收益法评估资产时，各指标间存在的关系是（　　　）。

    A. 本金化率越高，收益现值越低　　　　B. 本金化率越高，收益现值越高

    C. 资产未来收益期对收益现值没有影响　　D. 本金化率与收益现值无关

10. 收益法中采用的折现率与本金化率的关系是（　　　）。

    A. 等额无穷的折现过程就是本金化过程

    B. 折现率与本金化率内涵相同，结果一致

    C. 折现率与本金化率内涵不同，结果不同

    D. 二者不存在相关性

11. 某评估机构对一大型汽车厂进行评估。该企业固定资产中有同类机床 365 台，账面原值为 2 555 万元，评估人员将其中 10 台机床作为典型进行了详细评估，该 10 台机床的重置成本为 84 万元，其账面原值为 70 万元，若被评估的 365 台机床设备的平均成新率为 60%，则该 365 台机床的评估值最接近（　　　）万元。

    A. 1 500　　　　　　B. 1 756　　　　　　C. 1 840　　　　　　D. 3 066

12. 某被评估生产设备的设计生产能力为年产 100 000 件产品，因消费者偏好发生变化，在未来可使用年限内，每年产量估计要减少 20 000 件。已知每件产品利润为 200 元，该设备尚可继续使用 3 年，企业所在行业的投资回报率为 10%，所得税税率为 15%，则该资产的经济性贬值额为（　　　）元。

    A. 8 455 460　　　　B. 12 000 000　　　　C. 10 200 000　　　　D. 10 000 000

13. 收益法中的折现率一般应包括（　　　）。

    A. 资产收益率和行业平均收益率　　　　B. 超额收益率和通货膨胀率

    C. 银行贴现率　　　　　　　　　　　　D. 无风险利率、风险报酬率和通货膨胀率

二、多项选择题

1. 影响资产评估的因素除了市场价格以外，还有（　　　）。

    A. 资产的使用和自然力作用的影响　　　B. 新技术推广和运用的影响

    C. 宏观政策因素影响　　　　　　　　　D. 政治因素影响

2. 应用收益法进行资产评估的前提条件有（　　　）。

    A. 被评估资产处于继续使用状态或被假定处于继续使用状态

    B. 被评估资产的未来预期收益可以预测并可以用货币衡量

    C. 资产拥有者获得预期收益所承担的风险也可以预测并可以用货币衡量

    D. 被评估资产预期获利年限可以预测

3. 估算重置成本的方法有（　　　）。

    A. 重置核算法   B. 收益法

    C. 物价指数法   D. 规模经济效益指数法

4. 资产评估时不能采用会计中的已提折旧年限和剩余折旧年限来确定资产的已使用年限和尚可使用年限是因为（　　　）。

    A. 会计计价是由企业进行的，而资产评估是由企业以外的评估人员进行的

    B. 会计中的已提折旧年限是名义已使用年限，并不代表资产实际使用状态

    C. 会计中的折旧年限是对某一类资产做出的会计处理的统一标准，对同一类资产具有普遍性和统一性，而资产评估中的已使用年限和尚可使用年限具有特殊性和个别性

    D. 资产修理费用的增加不影响会计核算中的总折旧年限，但会影响资产评估中的总使用年限的估测

5. 造成资产经济性贬值的主要原因有（　　　）。

    A. 该项资产技术落后   B. 该项资产生产的产品需求减少

    C. 社会劳动生产率提高   D. 自然力作用加剧

    E. 政府公布淘汰该类资产的时间表

6. 下列有关收益法参数的说法中，正确的有（　　　）。

    A. 运用收益法涉及的参数主要有三个：收益额、折现率和获利期限

    B. 收益额是资产的现实收益额

    C. 折现率是一种风险报酬率

    D. 收益期限是指资产具有获利能力持续的时间，通常以年为时间单位

7. 收益法中的具体方法通常是按（　　　）划分的。

    A. 预期收益期限   B. 预期收益额的形式

    C. 预期收益额数量   D. 折现率的高低

    E. 折现率的构成

8. 运用收益法评估资产价值时，资产的收益额应该是资产的（　　　）。

    A. 历史收益额   B. 未来预期收益额 C. 现实收益额

    D. 实际收益额   E. 客观收益额

9. 在下列观点中，（　　　）的说法是正确的。

    A. 由于不同的评估方法的评估思路不同，因此对同一资产采用不同的评估方法评估，其结果没有可比性

    B. 在相同的评估条件下，对同一资产采用不同的评估方法，其结果应趋于一致

    C. 在资产评估中，不同的评估方法可相互替代

    D. 在资产评估中，不同的评估方法相互独立、不能替代

10. 资产评估方法的选择取决于（　　　）。

    A. 评估的价值类型   B. 评估对象的状态

    C. 可供利用的资料   D. 市场条件

三、计算与分析题

1. 某企业将某项资产与国外企业合资，要求对资产进行评估。具体资料如下：该资产账面原值为 270 万元，净值为 108 万元，按财务制度规定该资产折旧年限为 30 年，已计折旧年限 20 年。经调查分析确定，按现在市场材料价格和工资费用水平，新建造相同构造的资产的全部费用支出为 480 万元。经查询原始资料和企业记录，该资产截至评估基准日的法定利用时间为 57 600 小时，实际累计利用时间为 50 400 小时。经专业人员估算，该资产还能使用 8

年。又知该资产由于设计不合理，造成耗电量大，维修费用高，与现在同类标准资产比较，每年多支出营运成本 3 万元（该企业所得税税率为 25%，假定折现率为 10%）。要求根据上述资料，采用成本法对该资产进行评估。

2. 评估对象为某企业 2017 年购进的一条生产线，账面原值为 1 500 万元，2020 年进行评估。经调查分析确定，该生产线的价格每年比上一年增长 10%，专业人员估算认为，该资产还能使用 6 年。又知，目前市场上已出现功能更强大的此类设备并被普遍运用，新设备与评估对象相比，可节省人员 3 人，每人的月工资水平为 6 500 元。此外，由于市场竞争的加剧，该生产线开工不足，由此造成的收益损失额每年为 20 万元（该所得税税率为 25%，假定折现率为 10%）。要求根据上述资料，采用成本法对该资产进行评估。

3. 被评估对象为甲企业于 2017 年 12 月 31 日购入的一台设备，该设备生产能力为年产100 万件，设计使用年限为 10 年，当时的设备价格为 120 万元。甲企业在购入该设备后一直未将该设备安装使用，并使设备保持在全新状态，评估基准日为 2020 年 12 月 31 日。

经评估人员调查获知，目前该设备已经改型，与改型后的设备相比，被评估设备在设计生产能力相同的条件下，需要增加操作工人 2 人，在达到设计生产能力的条件下每年增加设备运转耗费 4 万元。同时，由于该设备生产的产品市场需求下降，要使产品不积压，每年只能生产 80 万件。经调查，该设备尚可使用 7 年，该类设备的规模经济效益指数为 0.8，评估基准日之前 5 年内，该设备的价格指数每年递增 4%，行业内操作工人的平均人工费用为每人每月5 200 元（含工资、保险费、福利费），行业适用折现率为 10%，企业所得税税率为 25%。求该设备于评估基准日的评估值。

4. 某企业进行股份制改组，根据企业过去经营情况和未来市场形势，预测其未来五年的收益额分别是 13 万元、14 万元、11 万元、12 万元和 15 万元。假定从第六年开始，以后各年收益均为 15 万元。根据银行利率及经营风险情况确定其折现率和资本化率分别为 10% 和11%。试采用收益法确定该企业在持续经营情况下的评估价值。

第3章 机器设备评估

 学习目标

通过本章的学习，读者应该了解机器设备的分类，了解机器设备评估的特点；熟悉机器设备评估的程序，重点掌握成本法在机器设备评估中的应用；掌握机器设备重置成本、实体性贬值、功能性贬值和经济性贬值的估算方法，掌握市场法在评估机器设备中的应用；掌握差异因素的确定、差异程度的调整量化方法；熟悉收益法在机器设备评估中的应用。

第三章

 **本章关键词**

机器设备；成新率；简单年限法；综合年限法；离岸价（FOB）；到岸价（CIF）。

3.1 机器设备评估概述

机器设备评估在资产评估业务中占有很大的比重。机器设备种类繁多，构成各异，评估对象的组成比较复杂，有若干评估价值类型可供选择，需要评估人员运用科学的评估理论和适用的方法给出有效的评估结论。

3.1.1 机器设备的含义与特点

1. 机器设备的含义

自然科学领域所指的机器设备，是指将机械能或非机械能转换为便于人们利用的机械能，以及将机械能转换为某种非机械能，或利用机械能来做一定工作的装备或器具。一般有三个基本特征：（1）由零部件组成；（2）零部件之间有确定的相对运动；（3）有能量转换。

资产评估领域从资产属性和自然属性两个方面对机器设备进行定义，即机器设备是指人类利用机械原理及其他科学原理制造的、特定主体拥有或者控制的有形资产，包括机器、仪器、器械、装置、附属的特殊建筑物等。资产评估中所指的机器设备是广义的，除了机器设备，还包括人们根据声、光、电技术制造的电器设备、电子设备、仪器仪表等。此外，评估中所指的机器设备，除单台设备外，还包括为了实现特定的功能，由若干独立单台机器设备组成的设备组合，如生产线、车间等。

2. 机器设备的特点

机器设备与其他资产相比有以下特点。

（1）机器设备作为主要劳动手段，属于会计学中的固定资产，具有单位价值高、使用期限长的特点。由于机器设备使用年限较长，其评估价值不仅受到实体性损耗的影响，还会受到功能性贬值及经济性贬值的影响，要求评估人员充分认识其功能的适用性和可能的风险性。

（2）价值补偿和实物更新不一致。机器设备价值补偿是机器设备在使用期间通过折旧形式逐渐实现的；而实物更新一般是在机器设备寿命终结时一次性完成的。机器设备的价值补偿与实物更新的不同时性，使机器设备评估具有一定的复杂性。

（3）工程技术性强、专业门类多。机器设备存在于各行各业，各专业门类的机器设备千差万别。机器设备是科学技术在劳动手段上的物化结晶，体现着一定水平的科学技术。即使是同一品种的机器设备，如果型号不同、设计制造的年代不同、制造厂家不同，都会有先进程度的差别，并集中表现为其技术性能及有关的技术经济参数的水平差别，如设备的生产率（运转速度、作业强度、产出率等）、设备自身的质量与产品质量、使用寿命、物耗与能耗、操作与维修的方便程度、安全保障系数、机械化与自动化水平等。机器设备的技术含量差异即技术水平的不同，直接关系到其使用价值和企业的经济效益，从而与该设备的价值评估密切相关。

3.1.2　机器设备的分类

机器设备种类繁多，出于设计、制造、使用、管理等不同需要，其分类的标准和方法也很多。在资产评估中可根据需要选择不同标准对机器设备进行分类。

1. 按国家固定资产分类标准分类

由国家质量监督检验检疫总局于 2011 年 1 月 10 日批准发布的《固定资产分类与代码》（GB/T 14885—2010），是我国现行的机器设备分类的国家标准。该标准是按资产的属性分类，并兼顾了行业管理的需要。其中 7 类为设备，7 类设备的具体分类如下。

（1）通用设备。包括：锅炉及原动机、金属加工设备、起重设备、输送设备、给料设备、装卸设备、泵、风机、气体压缩机、气体分离及液化设备、制冷空调设备、真空获得及其应用设备、分离及干燥设备、减速机及传动装置、金属表面处理设备、包装及气动工具等设备。

（2）专用设备。包括：探矿、采矿、选矿设备；炼焦和金属冶炼轧制设备；炼油、化工、橡胶及塑料设备；电力工业专用设备；非金属矿物制品工业专用设备；核工业专用设备；航空航天工业专用设备；兵器工业专用设备；工程机械；农业和林业机械；畜牧和渔业机械；木材采集和加工设备；食品加工专用设备；饮料加工设备；烟草加工设备；粮油作物和饲料加工设备；纺织设备；缝纫、服饰、制革和毛皮加工设备；造纸和印刷机械；化学药品和中药专业设备；医疗设备；其他行业专用设备；武器装备。

（3）交通运输设备。包括：铁路运输设备；汽车、电车（含地铁车辆）、摩托车及非机动车辆；水上交通运输设备；飞机及其配套设备；工矿车辆。

（4）电气设备。包括：电机；变压器、整流器、电抗器和电容器；生产辅助用电器；生活用电器和照明设备；电器机械设备；电工、电子专用生产设备。

（5）电子产品及通信设备。包括：雷达和无线电导航设备；通信设备；广播电视设备；电子计算机及其外围设备。

（6）仪器仪表、计量标准器具及量具、衡器。包括：仪器仪表；电子和通信测量仪器；专用仪器仪表；计量标准器具及量具、衡器等。

（7）文艺体育设备。包括：文艺设备、体育设备、娱乐设备。

在我国，目前国内大部分企业的固定资产管理已采用上述分类方法，由于被评估企业建账和资产管理的需要，评估机构提供的机器设备明细清单也必须符合上述分类要求，因此，这种分类方法是资产评估中使用的最基本的分类方法。

2. 按现行会计制度规定分类

根据我国现行财会制度，机器设备按其使用性质分为六类。

（1）生产经营用机器设备，指直接为生产经营服务的机器设备，包括生产工艺设备、辅助生产设备、动力能源设备等。

（2）非生产经营用机器设备，指在企业所属的福利部门、教育部门等非生产部门使用的设备。

（3）租出机器设备，指企业出租给其他单位使用的机器设备。

（4）未使用机器设备，指企业尚未投入使用的新设备、库存正常周转用的设备、正在修理改造尚未使用的机器设备。

（5）不需用机器设备，指已不适合本单位使用、待处理的机器设备。

（6）融资租入机器设备，指企业以融资租赁方式租入使用的机器设备。融资租赁机器设备不同于一般租借方式使用的设备。当融资租赁期满并付清租赁费后，融资租赁机器设备的所有权便完全归承租方。在评估时，即使租期未满、租赁费未付完，只要合同继续有效，融资租赁方也对该设备拥有相应部分的产权。可见，融资租赁方式实际是一种分期付款的商业信用型的设备购买方式，所以有关设备是全部或部分属于企业的资产。而一般租赁的设备，对承租方而言只有使用权，不属于承租方的资产。

3．按机器设备的组合程度分类

机器设备在使用中通常将不同功用的设备进行分配组合，以完成某种生产工艺活动。按其组合方式和程度划分，其可分为以下几类。

（1）单台设备（独立设备）。

（2）机组，如组合机床、柴油发电机组等。

（3）成套设备（包括生产线），由若干不同设备按生产工艺过程依次排序联结，形成一个完成全部或主要生产过程的机器体系，如合成氨成套设备、胶合板生产线等。

4．按机器设备的来源分类

机器设备按来源分类，通常可分为自制设备和外购设备两种，外购设备又分为国内购置设备和国外引进设备。

机器设备还有很多种分类方式，在此不一一列举。但值得注意的是，上述分类并不是独立的，分类之间可以有不同程度的关联。例如，外购设备可能是通用设备，也可能是专用设备，还可能是进口通用设备或进口专用设备；成套设备可能部分是外购的，部分是自制的。在资产评估中，评估人员应根据评估目的、评估要求和评估对象的特点，选择不同的分类方法，灵活进行分类处理。

3.1.3 机器设备评估及其特点

机器设备评估是指资产评估人员依据相关法律、法规和资产评估准则，对单独的机器设备或者作为企业资产组成部分的机器设备的价值进行分析、估算并发表专业意见的行为和过程。

机器设备的特点决定了机器设备评估的特点，机器设备评估具有以下特点。

（1）以单台、单件为对象。由于机器设备数量多、单价高、规格复杂、情况各异，所以机器设备评估以单台、单件为对象，以保证评估的真实性和准确性。

（2）以技术检测为基础。由于机器设备分布在各行各业，情况千差万别，技术性强。因此，评定机器设备实物和价值情况往往需要通过技术检测的手段。

（3）必须把握机器设备的价值特点，包括机器设备的价值构成要素及其变化规律的认识和了解。机器设备价值中，有设备本身的制造成本或变现价值，有时还需加上设备运杂费、安装调试费以及进口设备的相关税费等。另外，由于机器设备更新周期长，受价值量变化影响的机会较多（物价变动、无形损耗、技术改造等），价值补偿问题尤为突出。

（4）要考虑被评估机器设备的使用状态及使用方式。机器设备在评估时所处的状态和评估时所假设或依据的状态，如正在使用状态、最佳使用状态、闲置状态，对机器设备的评估价值影响重大。另外，被评估机器设备在评估时，是按机器设备在评估基准日以正在使用的方式继续使用下去，还是改变目前的使用方式作为其他用途继续使用下去，或是将机器设备转移到异地继续使用，也将直接影响机器设备的评估价值。

（5）合理确定被评估机器设备贬值因素。被评估机器设备的贬值因素比较复杂，除实体性贬值因素外，往往还存在功能性贬值和经济性贬值。科学技术的发展，国家有关的能源政策、环保政策等，都可能对机器设备的评估价值产生影响。

3.1.4　机器设备评估的基本程序

机器设备评估大致经历以下几个阶段。

1. 评估准备阶段

评估人员及评估机构在签订了资产评估委托协议，明确了评估的目的、评估对象和评估范围之后，就应着手做好评估的准备工作。具体包括以下几点。

（1）指导委托方做好机器设备评估的基础工作，如待评估机器设备清册及分类明细表的填写，待评估机器设备的自查及盘盈盘亏事项的调整，机器设备产权资料及有关经济技术资料的准备等。

（2）分析研究委托方提供的待评估资产清册及相关表格，明确评估重点和清查重点，制订评估方案，落实人员安排，设计主要设备的评估技术路线。

（3）广泛搜集与本次评估有关的数据资料，为机器设备价值的评定估算做好准备。

2. 现场工作阶段

现场工作是机器设备评估的一个非常重要的工作步骤。评估人员在机器设备评估的现场工作中要了解工艺过程，核实设备数量，明确设备权属，观察询问设备状况。

（1）逐台（件）核实评估对象。现场工作的第一项任务就是对已列入评估范围的机器设备逐台进行清查核实，以确保评估对象的真实可靠。要求委托方根据现场清查核实的结果，调整或确定其填报的待评估机器设备清册及相关表格，并以清查核实后的待评估机器设备作为评估对象。

（2）对待评估设备进行分类。当被评估设备种类、数量较多时，为了突出重点，以及发挥具有专长的评估人员的作用，可对待评估设备进行必要的分类。一种分类方法是按设备的重要性划分，如 ABC 分类法，把单位价值大的重要设备作为 A 类；把单位价值小且数量较多的设备作为 C 类；把介于 A 类和 C 类之间的设备作为 B 类。根据委托方对评估的时间要求，对 A、B、C 三类设备投入不同的力量进行评估。另一种分类方法是按设备的性质将其分为通用设备和专用设备，以便有效地搜集数据资料，合理地配备评估人员。

（3）设备鉴定。对设备进行鉴定是现场工作的重点。对设备进行鉴定包括对设备的技术状况鉴定、使用情况鉴定、质量鉴定以及磨损程度鉴定等。设备的生产厂家、出厂日期、设备负荷和维修情况等是进行鉴定的基本素材。

一是对设备技术状况的鉴定。主要是对设备满足生产工艺的程度、生产精度和废品率，以及各种消耗和污染情况的鉴定。判断设备是否有技术过时和功能落后的情况存在。

二是对设备使用情况的鉴定。主要了解设备是处在在用状态还是闲置状态，使用中的设备的运行参数、故障率、零配件保证率，设备闲置的原因和维护情况等。

三是对设备质量进行鉴定。主要应了解设备的制造质量，设备所处环境、条件对设备质量的影响，设备现时的完整性、外观和内部结构情况等。

四是对设备磨损程度的鉴定。主要了解和掌握设备的有形损耗，如锈蚀、损伤、精度下降，以及无形损耗，如功能不足及功能过剩等。

现场工作要有完整的工作记录，特别是设备的鉴定工作更要有详细的鉴定记录。这些记录将是评估机器设备价值的重要数据，也是工作底稿的重要组成内容。

3. 确定设备评估经济技术参数阶段

评估的目的、评估的价值类型和运用的评估方法不同，评估所需要的经济技术参数亦有区别。评估人员应根据评估的目的和评估项目对评估价值类型的要求，以及评估所选择的途径和方法，科学合理地确定评估所需要的各类经济技术参数。这一阶段是体现评估人员执业水平和执业技巧的阶段。评估所需的经济技术参数不仅要在性质上与评估目的、评估价值类型、评估的假设前提保持一致，而且在量上也要恰如其分。另外，产权受到某种限制的设备，包括已抵押或作为担保品的设备、将要强制报废的设备等，其有关数据资料要单独处理。

4．评定估算阶段

在该阶段，评估人员根据评估目的、评估价值类型的要求，以及评估时的各种条件，选择适宜的评估途径及方法，运用恰当的经济技术参数对待评估设备的价值进行评定估算。在评定估算过程中，评估人员要始终使评估目的、评估的价值类型、评估假设前提、评估参数与评估结果保持内在联系。应尽可能选择高效、直接的评估途径和方法，使机器设备评估实现快速、合理、低成本、低风险。在机器设备评定估算阶段，评估人员要注意与委托方有关人员进行信息交流，沟通评估中遇到的问题和困难。在保证资产评估独立性的前提下，可以听取和吸纳委托方的合理化建议，以保证评估结论的相对合理性。

5．撰写评估报告及评估说明阶段

评估人员按照当前有关部门及行业管理组织对评估报告撰写的要求，在评定估算过程结束之后，应整理评估工作底稿，及时撰写评估报告和评估说明。

6．评估报告的审核和报出阶段

评估报告完成以后，要有必要的审核，包括复核人的审核、项目负责人的审核和评估机构负责人的审核。在三级审核确认评估报告无重大纰漏后，再将评估报告送达委托方及有关部门。

3.2 机器设备评估的成本法

机器设备的成本法评估，首先要确定被评估机器设备的重置成本，然后再扣减机器设备的各种贬值，即实体性贬值、功能性贬值和经济性贬值，来估测被评估机器设备价值的评估技术思路及其各种方法。其一般表达式如下：

评估值＝重置成本－实体性贬值－功能性贬值－经济性贬值

3.2.1 机器设备重置成本的测算

机器设备的重置成本包括购置或购建设备所发生的必要的、合理的直接成本、间接成本和因资金占用所发生的资金成本等。机器设备的直接成本是指设备的购置价或建造价，它构成了设备重置成本的基础。设备的运杂费、安装调试费、基础费和必要的配套装置费也构成设备的直接成本。对于进口设备，直接成本还包括进口关税、银行手续费等有关税费。机器设备的间接成本通常是指为购置、建造机器设备而发生的各种管理费用、设计费、工程监理费、保险费等。直接成本与每一台机器设备直接对应，间接成本和资金成本有时不能对应到每一台机器设备上，它们是为整个项目发生的，在计算每一台机器设备的重置成本时一般按比例摊入。

由于机器设备取得的方式和渠道不同，其重置成本构成也不完全一样。按照设备取得的方式分类，机器设备分为自制设备和外购设备。就外购设备来说其重置成本构成的大项，主要包括设备自身的购置价格、运杂费和安装调试费三大项。但是，外购设备又包括外购国产设备和进口设备两种，而进口设备的重置成本除包括上述三大项以外，还包括设备进口时的有关税费，如关税、银行手续费等。下面将按自制设备、外购国产设备和外购进口设备分别讨论重置成本的测算方法。

1．自制设备重置成本测算

自制设备通常是根据单位自身的特定需要，自行设计并建造或委托加工建造的设备。在自制设备重置成本测算中，通常的做法是采用重置核算法，该方法根据机器设备建造时所消耗的材料、工时及其他费用，按现行价格或费用标准计算设备现行的建造费用及安装调试费用，然后再加上合理的利息、利润来确定被评估机器设备的重置成本。自制设备的重置成本主要包括制造成本和相配比的期间费用（如应分摊的管理费用和财务费用）、大型设备的合理制造利润、其他必要的合理费用（如设计、论证等前期费用）以及安装调试费用等。

自制设备可分为标准设备和非标准设备。标准设备的重置成本可参考专业生产厂家的标准设备的现行市场价格。但由于自制的标准设备的质量一般不会高于专业生产厂家所生产的标准设备的质量，故其重置全价应低于市场价格。自制非标准设备的市场价格资料一般难以获得，故经常采用核算法来计算其重置成本。如果以原来的材料、工艺重新制造同类型的设备，则计算得到的是复原重置成本；如果以新材料和新工艺重新制造同类设备，则计算得到的是更新重置成本。

2．外购国产设备重置成本的测算

外购国产设备是指企业购置的由国内厂家生产的各种通用设备及专用设备。该类设备在企业的机器设备中占的比重较大，是机器设备评估中最主要的内容。对该类设备重置成本的测算应根据不同的情况采用相应的方法。

（1）重置核算法

对于能够取得设备现行购置价格的机器设备，可采取重置核算法确定被评估机器设备的重置成本。该方法通过市场调查，从生产厂家或销售部门取得设备购买价格或建造费，在此基础上加上合理的运杂费、安装调试费及其他费用估测被评估机器设备的重置成本。其中由于市场价格的多样性，制造商与销售商不同，机器设备的售价可能是不同的。根据设备现行购买价格的替代性原则，在同等条件下，评估人员应该选择可能获得的最低售价。如果设备安装调试周期较长，则需要考虑设备购置所占用的资金成本。设备的资金成本用购置设备所花费的全部资金总额乘以现行相应期限的银行贷款利率计算。设备的运杂费、安装费、基础费等可以按下列方法估算：设备的运杂费一般可以根据设备的重量、体积、运输距离、运输方式确定，计费标准可以向有关运输部门，如铁路、公路、船运、航空等部门查询得到。对于设备的基础费、安装费，评估人员可以通过逐项估算基础和安装工程的人工费、材料费、机械费等来确定。对于一些大型工业企业，由于设备的数量较多，为了提高工作效率，评估人员有时按机器设备购置价的一定比例来计算设备的运杂费、基础费、安装费。

① 外购单台不需安装的国内设备重置成本。其计算公式为：

重置成本＝全新设备基准日的公开市场成交价格＋运杂费

或

重置成本＝全新设备基准日的公开市场成交价格×（1＋运杂费率）

国产设备的运杂费是从生产厂家到安装使用地点所发生的装卸、运输、采购、保管、保险及其他有关费用。其计算方式有两种：一是根据设备的生产地点、使用地点以及体重、体积、运输方式，根据相应部门的运费计费标准计算；二是按照设备本体重置成本的一定比率计算。

② 外购单台需安装的国内设备重置成本。对于需要安装的一般设备，应以购置价的加上运杂费和安装调试费，确定其重置成本。其计算公式为：

重置成本＝全新设备基准日的公开市场价格＋运杂费＋安装调试费

或

重置成本＝全新设备基准日的公开市场价格×（1＋运杂费率＋安装调试费率）

设备的安装费包括设备的安装工程所发生的所有人工费、材料费、机械费及全部取费。设备安装费可以用设备的安装费率计算。设备安装费率按所在行业概算指标中规定的费率计算。

【例 3.1】某企业 2014 年构建一台设备，账面原值为 140 000 元，2020 年进行评估，经市场调查询价，该设备 2020 年市场销售价格为 145 000 元，运杂费为 800 元，安装调试费1 500 元，则该设备重置成本为：

重置成本＝145 000＋800＋1 500＝147 300（元）

③ 外购成套需要安装设备重置成本。外购成套设备是指由多台设备组成的，具有相对独立的生产能力和一定收益能力的生产装置。对于这种成套设备，可用一般单台设备重置成本的估算方法测算重置成本，即先评估单台设备成本，再计算求和。但是，在实际操作中，一些整体性的费用不一定能够计入单台设备的成本，如整体的安装调试费、资金成本等，这些费用应另外计算。如果是大型连续生产系统，包括的机器设备数量大、品种多、情况各异，加之本身整体费用十分复杂。因此，在评估实务中，通常将其作为一个完整的生产系统，以整体方式估算成套设备的重置成本。其公式表示为：

重置成本＝单台未安装进口设备重置成本总和＋单台未安装国产设备重置成本总和＋
　　　　　工器具重置成本＋软件重置成本＋设计费＋贷款利息＋安装工程费＋工程监理费

对于设备的运杂费率、安装费率，各个行业均有相应规定，评估人员可参阅相关行业的概预算定额标准。进口设备的取费标准也可参阅进出口公司的取费标准。

（2）功能价值类比法（规模经济效益指数法）

在无法取得设备现行购置价格，但能够取得同类设备的现行重置成本时，评估人员可采取规模经济效益指数法确定被评估机器设备的重置成本。该方法根据被评估机器设备的具体情况，寻找现有同类设备的市价、建造费用，加上合理的运杂费和安装调试费，得到同类设备的现行重置成本，然后根据该同类设备与被评估设备的生产能力与价格的比例关系来确定被评估机器设备的重置成本。

采用此方法的重点在于对被评估对象与所选择的机器设备的生产能力与重置成本之间的关系进行分析判断。当设备的生产能力与其成本存在一定比例关系时，可采用该方法，用公式表示为：

$$被评估机器设备重置成本＝参照物机器设备的重置成本 \times \left(\frac{被评估机器设备的生产能力}{参照物机器设备的生产能力}\right)^x$$

规模经济效益指数 x 是功能价值类比法的一个重要参数。目前，我国缺乏这方面的统计资料。根据国外的一些参考资料，x 的取值一般在 $0.4\sim1.2$。当公式中的 $x=1$ 时，机器设备的价格与生产能力呈线性关系；当公式中的 $x>1$ 时，机器设备的生产能力与设备价格呈非线性关系，设备的价格上涨速度大于设备生产能力上涨速度；当公式中的 $x<1$ 时，机器设备的生产能力与设备价格呈非线性关系，设备的价格上涨速度小于设备生产能力的上涨速度。

（3）物价指数法

对于无法取得设备现行购置价格或建造成本，也无法取得同类设备重置成本的，可采用物价指数法确定被评估机器设备的重置成本。该方法以被评估机器设备的原始成本为基础，根据同类设备的价格上涨指数，按现行价格水平计算重置成本。物价指数可分为定基物价指数和环比物价指数。

① 定基物价指数。定基物价指数是以固定时期为基数，通常用百分比来表示。以 100%为基础，当物价指数大于 100%时，表明物价上涨；当物价指数小于 100%时，表明物价下跌。采用定基物价指数计算设备当前重置成本的公式为：

$$重置成本＝原始成本 \times \frac{评估基准日的定基物价指数}{设备构建时的定基物价指数}$$

【例 3.2】 2015 年购置某设备，原始成本为 85 000 元，计算 2020 年该设备的重置成本。表 3.1 所示为该类设备的定基物价指数。由表 3.1 可知，2020 年的物价指数为 115%，2015 年的物价指数为 103%。则：

2020 年该设备的重置成本＝85 000×(115%÷103%)≈94 903（元）

表 3.1　定基物价指数

年份	物价指数（%）
2014	100
2015	103
2016	106
2017	108
2018	110
2019	112
2020	115

② 环比物价指数。环比物价指数是以上期为基期的指数。如果环比期以年为单位，则环比物价指数表示该类产品当年较上一年的价格变动幅度。该指数通常也用百分比表示。表 3.1 所示的定基物价指数用环比物价指数可表示为表 3.2 所示的数值。

表 3.2　环比物价指数

年份	物价指数（%）
2014	—
2015	103
2016	102.9
2017	101.9
2018	101.9
2019	101.8
2020	102.7

用环比物价指数计算设备重置成本的公式为：

$$设备重置成本＝原始成本×(P_1^0 \times P_2^1 \times \cdots \times P_n^{n-1})$$

其中：P_n^{n-1} 为第 n 年对第 $n-1$ 年的环比物价指数。

【例 3.3】 某设备 2017 年的历史成本为 80 000 元，环比物价指数如表 3.2 所示，计算 2020 年该设备的重置成本。

重置成本＝80 000×(101.9%×101.8%×102.7%)≈85 228（元）

物价指数法是机器设备评估中经常采用的方法，特别是对一些难以获得市场价格的机器设备，该方法是比较简单易行的。

3．外购进口设备重置成本的估测

进口机器设备重置成本的估测在思路上与国产设备的重置成本估测没有大的区别，询价是估测进口设备重置成本最直接的方法。但是，由于进口设备生产厂家在国外，向国外的设备生产厂家询价有相当大的困难，并不是每一个评估机构都能做得到。另外，由于企业拥有外贸进出口权，进口设备的渠道也比较多，进口设备的方式也不统一。加之国家对机器设备的进口有各种各样的政策规定，这些政策规定也在不断地调整和变化。这就使进口设备重置成本的估测较国产设备更为复杂。

（1）进口机器设备重置成本构成

进口设备重置成本用公式表示为：

重置成本＝现行国际市场的离岸价（FOB）＋国外运输保险费＋境外运杂费＋进口关税＋
消费税＋增值税＋银行及其他手续费＋国内运杂费＋安装调试费

其中，各组成要素的计算过程如下。

① 离岸价（FOB）是指卖方在出口国家的装运港口交货的价格（包括运至船上的运费及装船费）；若把上述公式前三项成本构成加总（即离岸价 FOB＋国外运输保险费＋境外运杂费），则称为到岸价，用 CIF 来表示。

② 境外运杂费可按设备的重量、体积及海运公司的收费标准计算，也可按一定比例计取，取费基数为设备的货价，计算公式为：

境外运杂费＝离岸价 FOB×海运费率

海运费率：远洋一般取 5%～8%，近洋一般取 3%～4%。

③ 国外运输保险费。

国外运输保险费＝（设备离岸价＋海运费）×保险费率

保险费率可根据保险公司费率表确定，一般在 0.4%左右。

④ 进口关税。

进口关税＝进口设备完税价格×关税税率

进口设备完税价格一般采用到岸价 CIF，关税的税率按国家发布的进口关税税率表计取。

⑤ 消费税。如果进口设备属于消费税的征收范围，还要计算消费税。其计算公式如下：

消费税＝（进口设备完税价格＋关税）×消费税税率÷（1－消费税税率）

消费税的税率按国家发布的消费税税率表计算。

⑥ 增值税。

增值税＝（进口设备完税价格＋关税＋消费税）×增值税税率

⑦ 银行及其他手续费。一般包括银行财务费、外贸手续费等。如果进口的是车辆，还包括车辆购置税。

a. 银行财务费。取费基数为货价人民币数。

银行财务费＝离岸价 FOB×财务费率

我国现行银行财务费率一般为 0.4%～0.5%。

b. 外贸手续费。外贸手续费也称为公司代理手续费，取费基数为到岸价人民币数。

外贸手续费＝到岸价 CIF×外贸手续费率

目前，我国进出口公司的外贸手续费率一般在 1%～1.5%。

c. 车辆购置税。

车辆购置税＝（到岸价 CIF 人民币数＋关税＋消费税）×费率

⑧ 进口设备的国内运杂费。进口设备的国内运杂费是指进口设备从出口国运抵我国后，从所到达的港口、车站、机场等地，将设备运至使用的目的地现场所发生的港口费用、装卸费用、运输费用、保管费用、国内运输保险费用等各项运杂费，不包括运输超限设备时发生的特殊措施费。具体计算公式为：

进口设备国内运杂费＝进口设备到岸价 CIF×进口设备国内运杂费率

其中，运杂费率分为海运方式和陆运方式两种，国家有相应的规定。

⑨ 安装调试费。

进口设备安装调试费可用下列公式计算：

进口设备安装调试费＝相似国产设备原价×国产设备安装调试费率

或

$$进口设备安装调试费＝进口设备到岸价×进口设备安装调试费率$$

由于进口设备原价较高，进口设备的安装调试费率一般低于国产设备的安装调试费率。机械行业建设项目概算指标中规定：进口设备的安装调试费率可按相同类型国产设备的30%～70%选用，进口设备的机械化、自动化程度越高，取值越低，反之越高。在特殊情况下，如设备的价格很高，而安装调试很简单，应低于该指标；设备的价格很低，而安装较复杂，应高于该指标。

（2）进口设备重置成本测算方法的选择

① 可查询到进口设备现行离岸价（FOB）或到岸价（CIF）的，可按下列公式估测：

$$重置成本＝（FOB价格＋国外运输保险费＋国外运杂费）×现行外汇汇率＋进口关税＋$$
$$增值税＋消费税＋银行及其他手续费＋国内运杂费＋安装调试费$$

或

$$重置成本＝CIF价格×现行外汇汇率＋进口关税＋增值税＋消费税＋银行及其他手续费＋$$
$$国内运杂费＋安装调试费$$

【例 3.4】某企业对一套从美国进口的设备进行评估。评估人员经过调查了解到，现在该设备从美国进口的离岸价格为 1 200 万美元，境外运杂费需 60 万美元，保险费费率为0.4%，该设备现行进口关税税率为 16%，增值税税率为 13%，银行财务费费率为 0.4%，公司代理费率为 1%，国内运杂费费率为 1%，安装费费率为 0.6%，设备基础费率为 1.7%。设备从订货到安装完毕投入使用需要 2 年时间，第一年投入的资金比例为 30%，第二年投入的资金比例为 70%。假设每年的资金投入是均匀的，银行贷款年利率为 5%，按单利计息。评估基准日美元与人民币的比价为 1∶6.8，试计算该设备的重置成本。

计算过程如下：

保险费＝(1 200＋60)×0.4%＝5.04（万美元）

CIF 价格＝1 200＋60＋5.04＝1 265.04（万美元）

CIF 人民币价格＝1 265.04（万美元）×6.8＝8 602.272（万元）＝86 022 720（元）

进口关税＝CIF×16%＝13 763 635.2（元）

增值税＝(CIF＋进口关税)×13%＝12 972 226.18（元）

银行财务费＝FOB×0.4%＝12 000 000×6.8×0.4%＝326 400（元）

公司手续费＝CIF×1%＝860 227.2（元）

国内运杂费＝CIF×1%＝860 227.2（元）

国内安装费＝CIF×0.6%＝516 136.32（元）

设备基础费＝CIF×1.7%＝1 462 386.24（元）

CIF＋关税＋增值税＋银行财务费＋公司手续费＋国内运杂费＋国内安装费＋设备基础费＝116 783 958.34（元）

资金成本＝116 783 958.34×30%×1.5×5%＋116 783 958.34×70%×0.5×5%
＝4 671 358.33（元）

该设备的重置成本＝116 783 958.34＋4 671 358.33＝121 455 316.67（元）

② 功能价值类比法。对于无法查询进口设备的现行 FOB 价格或 CIF 价格的，如可以获取国外替代产品的现行 FOB 价格或 CIF 价格，则可采用功能价值类比法估测被评估进口设备的重置成本。对没有国外替代产品的现行 FOB 价格或 CIF 价格的，可利用国内替代设备的现

行市价或重置成本推算被评估进口设备的重置成本。

③ 物价指数法。对于无法查询进口设备的现行 FOB 价格或 CIF 价格，也无法获取国外替代设备的现行 FOB 价格或 CIF 价格的，则可以利用物价指数法估测被评估进口设备的重置成本。使用物价指数法估测进口设备重置成本需要注意两点。一是国外机器设备的技术更新周期较短，设备更新换代快，一旦旧型号设备被淘汰，其价格会大幅度下降。对于技术已经更新的进口设备不宜采用物价指数法。二是运用物价指数法调整计算进口设备重置成本时，其中原来用外币支付的部分应使用设备生产国的价格变动指数，而不是国内的价格变动指数。但对原来的国内费用（即进口关税、增值税、银行财务费、国内运杂费、安装调试费等）都应按国内的物价水平来调整。这样，采用物价指数法测算进口设备重置成本的公式如下：

重置成本＝账面原值中的到岸价÷进口时的外汇汇率×进口设备生产国同类资产价格变动指数×
评估基准日外汇汇率×（1＋现行进口关税税率）×（1＋其他税费率）＋
账面原值中支付人民币部分的价格×国内同类资产价格变动指数

该公式假定进口设备的到岸价格全部以外汇支付，其余均为人民币支付。如实际情况与此假设不符，应进行调整。上式中，被评估进口设备的账面原值中的到岸价除以进口时的外汇汇率，相当于按进口时的汇率将以人民币计价的进口设备到岸价调整为以外币计价的设备到岸价。进口设备生产国同类资产价格变动指数，可根据设备生产国设备出口时的同类资产价格指数与评估时点同类资产的价格指数的比值求取。评估基准日外汇汇率比较容易获得，其他税费中的关税、增值税和消费税的税率依照进口设备的性质、种类的不同，按评估基准日海关的税收手册所规定的税率纳税。设备原值中支付人民币部分主要是指国内运杂费和安装调试费等项目。对这部分费用可利用国内价格变动指数直接将其原值调整为现值。

在运用物价指数法对进口设备重置成本进行估测时，应尽量将支付外汇部分与支付人民币部分，或者说将受设备生产国物价变动影响部分与受国内价格变动影响部分分开，分别运用设备生产国的价格变动指数与国内价格变动指数进行调整，最好不要综合采用国内或设备生产国的价格变动指数进行调整。

3.2.2 机器设备实体性贬值的估算

机器设备的实体性贬值是由于使用磨损和自然力的作用造成的机器设备的贬值。机器设备实体性贬值的计算公式为：

实体性贬值＝设备重置成本×实体性贬值率＝设备重置成本×（1－成新率）

机器设备实体性贬值率是由于使用磨损和自然损耗造成的贬值相对于机器设备重置成本的比率。全新设备的实体性贬值率为零，完全报废设备的实体性贬值率为 100%。实体性贬值率用公式表示如下：

$$实体性贬值率＝\frac{实体性贬值}{重置成本}×100\%$$

成新率反映评估对象现行价值与其全新状态重置成本的比率，也可以理解为机器设备的现时状态与设备全新状态的比率。所以，实体性贬值率与成新率是同一事物的两面，机器设备的实体性贬值率与成新率互为"1 减"的关系，即：

成新率＝1－实体性贬值率

或　　　　　　　　　　实体性贬值率＝1－成新率

机器设备实体性贬值的估测方法包括观察分析法、使用年限法和修复费用法。

1．观察分析法

运用观察分析法时，评估人员根据对设备的现场技术检测和观察，结合设备的使用时间、实际技术状况、负荷程度、制造质量等经济技术参数，经综合分析估测设备的成新率。在估测设备成新率时应主要观测分析以下主要指标。

（1）设备的现时技术状态。

（2）设备的实际已使用时间。

（3）设备的正常负荷率。

（4）设备的原始制造质量。

（5）设备的维修保养状况。

（6）设备重大故障（事故）经历。

（7）设备大修、技改情况。

（8）设备工作环境和条件。

（9）设备的外观和完整性等。

运用观察分析法估测设备的成新率，应首先确定和划分不同档次成新率标准。简便易行的办法是先确定两头，即全新或刚投入使用不久基本完好的设备和将要淘汰处理或待报废的设备。然后再根据设备评估的精细程度要求，在全新设备与报废设备之间设若干档次，并规定不同档次的经济技术参数标准。表 3.3 所示为美国评估师协会使用的实体性贬值率参考表。

表 3.3　美国评估师协会使用的实体性贬值率参考表

设备状态		贬值率（%）
全新	全新，刚刚安装，尚未使用，资产状态极佳	0
		5
很新	很新，只轻微使用过，无须更换任何部件或进行任何修理	10
		15
良好	半新资产，但经过维修或更新，处于良好状态	20
		25
		30
		35
一般	旧资产，需要进行某些修理或更换一些零部件，如轴承	40
		45
		50
		55
		60
尚可使用	处于可运行状况的旧资产，需要大量维修或更换零部件，如电机等	65
		70
		75
		80
不良	需要进行大修的旧资产，如更换运动机件或主要结构件	85
		90
报废	除了基本材料的废品回收价值外，没有希望以其他方式出售	97.5
		100

表 3.3 所示是一般设备实体性贬值率判定的经验数据，只能供评估人员参考。在实际判断机器设备实体性贬值率或成新率时，评估人员还必须广泛听取设备实际操作人员、维修人员和管理人员对设备情况的介绍和评判。特别是对精密设备、成套设备和生产线等，有条件的可组成专家组共同判断这些设备的成新率。

运用观测分析法估测设备的成新率，评估人员的专业水准和评估经验都是十分重要的。选派称职的评估人员来估测设备的成新率，是准确判断设备成新率的基本前提。

2．使用年限法

使用年限法是从机器设备的使用寿命角度来估算贬值的，它是建立在假设机器设备在整个使用寿命期内，被评估机器设备的实体性贬值率与其已使用年限成正比，并且呈线性关系的基础上的。其计算公式为：

$$实体性贬值率 = \frac{已使用年限}{总使用年限} \times 100\%$$

$$= \frac{已使用年限}{已使用年限 + 尚可使用年限} \times 100\%$$

或

$$成新率 = \frac{总使用年限 - 设备已使用年限}{总使用年限} \times 100\%$$

要求机器设备的成新率关键就是要知道机器设备的已使用年限和尚可使用年限。根据机器设备的投资是否一次完成，使用年限法分为简单年限法和综合年限法。

（1）简单年限法

简单年限法假定机器设备的投资是一次完成的，没有更新改造和追加投资等情况发生。运用简单年限法估测设备的成新率涉及机器设备的总使用年限、机器设备的已使用年限和机器设备的尚可使用年限三个基本参数。

① 机器设备的总使用年限。机器设备的已使用年限与尚可使用年限之和为机器设备的总使用年限。机器设备的总使用年限即机器设备的使用寿命。机器设备的使用寿命，通常又可以分为物理寿命、技术寿命和经济寿命。机器设备的物理寿命是指机器设备从开始使用到报废为止经历的时间。机器设备物理寿命的长短，主要取决于机器设备的自身质量，运行过程中的使用、保养和正常维修情况。机器设备的技术寿命是指机器设备从开始使用到技术过时经历的时间。机器设备的技术寿命在很大程度上取决于社会技术进步和技术更新的速度和周期。机器设备的经济寿命是指机器设备从开始使用到因经济上不合算而停止使用所经历的时间。所谓经济上不合算，是指维持机器设备的继续使用所需要的维持费用大于机器设备继续使用所带来的收益。机器设备的经济寿命与机器本身的物理性能、物理寿命、技术进步速度、机器设备使用的外部环境的变化等都有直接的联系。

在运用机器设备总使用年限估测机器设备的成新率或实体性贬值率时，通常首选机器设备的经济寿命作为其总使用年限，这是国际上资产评估行业普遍采用的做法。当然，机器设备经济寿命的确定并不是一件很容易的事。到目前为止，国内尚无可供机器设备评估使用的经济年限的规定。因此，我们并不排除把机器设备的物理寿命或技术寿命作为机器设备总使用年限的可能。若要运用机器设备的物理寿命和技术寿命作为机器设备的总使用年限，应根据机器设备评估的总体思路和总体要求。在保证确定机器设备评估值的各经济技术参数前后一致、前后协调的前提下，使用机器设备的物理寿命或技术寿命作为机器设备的总使用寿命也是可行的。

② 机器设备的已使用年限。机器设备的已使用年限是一个比较容易确定的指标。它是指机器设备从开始使用到评估基准日所经历的时间。在采用已使用年限确定机器设备的成新率或实体性贬值率时，应注意以下几点：第一，运用使用年限法估测机器设备成新率或实体性贬值率时，使用年限是代表设备运行量或工作量的一种计量。这种计量是以设备的正常使用为前提的，包括正常的使用时间和正常的使用强度。例如，在正常情况下，各种加工机器设备一般是以两班制生产为前提的。因此，在实际评估过程中，运用已使用年限指标时应特别注意设备的实际已使用时间（而不是简单的日历天数）以及实际使用强度。第二，关于使用已计提折旧年限作为估测成新率中的已使用年限问题。折旧年限是国家财务会计制度以法的形式规定的机器设备计提折旧的时间跨度。它综合考虑了机器设备物理使用寿命、技术进步因素、企业的承受能力，以及国家税收状况等因素，旨在促进企业加强经济核算，适时地实施机器设备技术更新。从理论上讲，机器设备的已提折旧年限并不一定能全面地反映机器设备的磨损程度。已提折旧年限并不完全等同于估测成新率中的设备已使用年限。所以，在使用已提折旧年限作为设备的已使用年限求取成新率时，一定要注意已提折旧年限与设备的实际耗损程度，以及与机器设备评估的总体构思是否吻合，并注明使用前提和使用条件。在一般情况下，机器设备的已使

用年限应根据机器设备运行的记录资料，考虑机器设备的使用班次、使用强度和维修保养水平等，据实估测其实际已使用年限。

③ 机器设备的尚可使用年限。机器设备的尚可使用年限，即机器设备的剩余使用寿命。严格地讲，它应该通过技术检测和专业技术鉴定来确定。事实上，在机器设备评估中难以实现对机器设备的逐台（件）技术检测和专业技术鉴定。替代的方法是，用机器设备的总使用年限减去机器设备的实际已使用年限来求取机器设备的尚可使用年限。尤其是对较新的机器设备，这种方法更是简便易行。对于已使用较长时间的机器设备，采用总使用年限减去已使用年限的方法有一定的局限性。因为有些机器设备的已使用年限已经达到甚至超过了预计的机器设备总使用年限。此时必须直接估算其尚可使用年限，估测的依据就是机器设备的实际状态和评估人员的专业经验。当然也不排除运用较为简捷的方法，如利用机器设备的一个大修作为机器设备尚可使用年限的上限，减去机器设备上一次大修至评估基准日的时间，余下的时间便是机器设备的尚可使用时间。对于国家明文规定限期淘汰、禁止超期使用的机器设备，其尚可使用年限不能超过国家规定禁止使用的日期，而不论机器设备的现时技术状态如何。

【例 3.5】被评估设备已投入使用 5 年，在正常情况下该设备按一班制生产，每天工作 8 小时。经了解，该设备在 5 年中每天平均工作时间只有 4 小时，经鉴定，该设备若保持每天 8 小时的工作量，尚可使用 8 年，则：

已使用年限＝5×（4÷8）＝2.5（年）

设备实体性贬值率＝2.5÷（2.5＋8）×100%≈23.81%

成新率＝1－23.81%＝76.19%

（2）综合年限法（加权投资年限法）

综合年限法根据机器设备投资是分次完成的、机器设备进行过更新改造和追加投资，以及机器设备的不同构成部分的剩余寿命不相同等一些情况，经综合分析判断，并采用加权平均计算法，确定被评估机器设备的成新率。简单年限法和综合年限法都同属使用年限法，只是考虑机器设备的状况不同而已。

利用综合年限法估算机器设备成新率可以参考下述公式：

$$成新率 = \frac{尚可使用年限}{加权投资年限 + 尚可使用年限} \times 100\%$$

其中：

$$加权投资年限 = \frac{\sum（加权投资成本）}{\sum（现行成本）}$$

$$加权投资成本 = 现行成本 \times 投资年限$$

【例 3.6】某企业 2010 年购入设备一台，账面原值为 600 000 元，2015 年和 2018 年进行两次更新改造，当年的投资分别为 60 000 元和 40 000 元。2020 年对该设备进行评估。假定从 2010 年到 2020 年每年的价格上涨率为 10%，该设备的尚可使用年限鉴定为 8 年，试估算设备的成新率。

第一步，调整计算现行成本，如表 3.4 所示。

表 3.4　某设备的现行成本

投资年份	原始投资额（元）	价格变动系数	现行成本（元）
2010 年	600 000	$(1+10\%)^{10}=2.60$	1 560 000
2015 年	60 000	$(1+10\%)^{5}=1.61$	96 600
2018 年	40 000	$(1+10\%)^{2}=1.21$	48 400
合计	700 000		1 705 000

第二步，计算加权投资成本，如表3.5所示。

表3.5 某设备的加权投资成本

投资年份	现行成本（元）	投资年限（年）	加权投资成本（元）
2010年	1 560 000	10	15 600 000
2015年	96 600	5	483 000
2018年	48 400	2	96 800
合计	1 705 000		16 179 800

第三步，计算加权投资年限。

加权投资年限＝16 179 800÷1 705 000≈9.5（年）

第四步，计算成新率。

成新率＝8÷(9.5＋8)×100%≈45.71%

3．修复费用法

修复费用法假设所发生的实体性损耗是可以修复的，则机器设备的实体性贬值就应该等于补偿实体性损耗所发生的费用。补偿所用的手段一般是修理或更换损坏部分。例如，某机床的电机损坏，如果这台机床不存在其他损耗，则更换电机的费用即为机床的实体性损耗。

使用修复费用法时，评估人员要注意区分机器设备的可修复性损耗和不可修复性损耗。可修复性损耗是指可以用经济上可行的方法修复的损耗，即修复这些损耗在经济上是合理的，而不是指在技术方面是否可以修复。若有些修复尽管在技术上可以实现，但在经济上是不划算的，则这种损耗为不可修复性损耗。不可修复性损耗不能用修复费用法计算。评估人员在估算机器设备成新率或实体性贬值率时，应区分这两种损耗。对于大多数情况来说，机器设备的可修复损耗和不可修复损耗是并存的，评估人员应该分别计算。对可修复性损耗以修复费用直接作为实体性贬值，对不可修复性损耗采用使用年限法或观察分析法确定实体性贬值，这两部分之和就是被评估机器设备的全部实体性贬值。计算公式如下：

$$实体性贬值率＝\frac{可修复实体性贬值＋不可修复实体性贬值}{机器设备复原重置成本}×100\%$$

【例3.7】某企业已建成并使用了2年的机器设备，预计将来还能再使用18年。该机器设备评估时正在维修，其原因是数控系统损坏，必须更换，否则不能使用。整个维修计划费用约为33万元，其中包括该机器设备停止使用造成的经济损失，清理、布置安全的工作环境，拆卸并更换零部件的全部费用。该机器设备复原重置成本为300万元，用修复费用法估算该机器设备的实体性贬值率。计算过程如下：

可修复实体性贬值为33万元

不可修复实体性贬值率＝2÷(2＋18)×100%＝10%

不可修复实体性贬值＝(300－33)×10%＝26.7（万元）

机器设备的实体性贬值率＝(33＋26.7)÷300×100%＝19.9%

3.2.3　机器设备功能性贬值的估算

机器设备的功能性贬值是由于技术进步的结果而引起的机器设备的贬值，在机器设备这类资产上具体有两种表现形式：第一种是由于技术进步引起劳动生产率的提高，再生产制造与原功能相同的机器设备的社会必要劳动时间减少，成本降低，从而造成的原有机器设备的价值贬值。具体表现为原有机器设备价值中有一个超额投资成本。第二种是由于技术进步出现了新的、性能更优的机器设备，致使原有机器设备的功能相对新式机器设备已经落后，从而引起的价值贬值。具体表现为原有机器设备在完成相同生产任务的前提下，在能源、动力、人力、原材料等方面的消耗增加，形成了一部分超额运营成本。原有设备的超额投资成本和超额运营成本是评估人员判断其功能性贬值的基本依据。

1．超额投资成本形成的功能性贬值的估算

从理论上讲，机器设备的超额投资成本就等于该机器设备的复原重置成本与更新重置成本的差额。即：

$$超额投资成本＝复原重置成本－更新重置成本$$

在实际评估工作中，机器设备的复原重置成本往往难以直接获得。根据上面的算式可以看出，直接使用机器设备的更新重置成本，其实就已经将被评估机器设备价值中所包含的超额投资成本剔除掉了，而不必再去刻意寻找机器设备的复原重置成本，再减掉机器设备的更新重置成本去取得机器设备的超额投资成本。因此，选择重置成本时，在同时可得复原重置成本和更新重置成本的情况下，应选用更新重置成本。

现实中被评估的机器设备可能已停产，这样评估人员在评估时只能参照其替代机器设备。而这些替代机器设备的性能通常要比被评估机器设备的更好，其价格通常也会高于被评估机器设备。在这种情况下，评估人员不应机械地套用超额投资成本计算公式去估测机器设备的超额投资成本。而应该利用替代机器设备的价格，采用功能价值类比法等估测被评估机器设备的更新重置成本。利用替代机器设备采用类比法估测的被评估机器设备的更新重置成本，至少已经将被评估机器设备价值中的超额投资成本所形成的功能性贬值剔除了。

2．超额运营成本形成的功能性贬值的估算

超额运营成本是被评估资产的运营成本高于功能相同但性能更好的新资产的运营成本的那部分。超额运营成本引起的功能性贬值也就是机器设备未来超额运营成本的折现值。超额运营成本引起的功能性贬值通常按以下步骤测算。

（1）选择参照物，并将参照物的年运营成本与被评估机器设备的年运营成本进行对比，找出两者之间的差别及年超额运营成本额。

（2）估测被评估机器设备的剩余使用年限。

（3）按企业适用的所得税税率，计算被评估机器设备因超额运营成本而抵减的所得税，得出被评估机器设备的年超额运营成本净额。

（4）选择适当的折现率，将被评估机器设备在剩余使用年限中的每年超额运营成本净额折现，累加计算得到被评估机器设备的功能性贬值。

【例 3.8】某被评估对象是一生产控制装置，其正常运行需 7 名操作人员。目前同类新式控制装置所需的操作人员定额为 4 名。假定被评估控制装置与参照物在运营成本的其他项目支出方面大致相同，操作人员人均年工资约为 12 000 元，被评估控制装置尚可使用 3 年，所得税税率为 25%，适用的折现率为 10%。根据上述数据资料，被评估控制装置的功能性贬值测算如下。

① 计算被评估生产装置的年超额运营成本额：

$(7-4)\times12\,000=36\,000$（元）

② 测算被评估控制装置的年超额运营成本净额：

$36\,000\times(1-25\%)=27\,000$（元）

③ 将被评估控制装置在剩余使用年限内的每年超额运营成本净额折现累加，估算其功能性贬值额：

$27\,000\times(P/A,\ 10\%,\ 3)=27\,000\times2.486\,9\approx67\,146$（元）

3.2.4　机器设备经济性贬值的估算

机器设备的经济性贬值是机器设备外部因素引起的机器设备价值贬值。这些外部因素主要包括：由于市场竞争加剧，机器设备所生产的产品滞销导致机器设备利用率下降、闲置；原材料、能源等价格上升，使生产产品的成本提高，而产品售价没有相应提高，造成收益额减少；国家有关能源、环境保护等法律、法规使机器设备强制报废，缩短了机器设备的正常使用寿命等。

1．机器设备利用率下降造成的经济性贬值的估算

由于市场竞争的加剧，导致产品销售数量减少，从而引起机器设备开工不足，生产能力相对过剩，这是引起机器设备经济性贬值的主要原因。由于机器设备利用率下降而造成的机器设备经济性贬值，可参照下列公式估算：

$$经济性贬值率 = \left[1 - \left(\frac{设备实际被利用的生产能力}{设备原设计生产能力} \right)^{x} \right] \times 100\%$$

式中，x 为规模经济效益指数，实践中多采用经验数据。

经济性贬值额一般是以机器设备的重置成本乘以经济性贬值率获得。

【例 3.9】某生产线额定生产能力为 1 000 个/月，已使用三年，目前状态良好，在生产技术方面，此生产线为目前国内先进水平。但是由于市场竞争激烈，目前只能运行在 750 个/月的水平上。假设已知其重置成本为 1 000 000 元，这类设备的规模经济效益指数为 0.7。如果不考虑实体性磨损，估计此生产线运行于 750 个/月的经济性贬值。

根据以上公式和提供的有关资料，不难计算出机器设备的经济性贬值率。

$$经济性贬值率 = \left[1 - \left(\frac{750}{1\,000} \right)^{0.7} \right] \times 100\% = 18.24\%$$

经济性贬值 = 1 000 000 × 18.24% = 182 400（元）

2．因收益减少造成的经济性贬值的估算

如果机器设备由于企业外部的原因，虽然生产负荷并未降低，但出现原材料涨价、能源成本增加以及高污染、高能耗机器设备超限额加价收费等带来的生产成本提高得不到补偿，或是竞争必须使产品降价出售等情况时，则机器设备可能创造的收益减少、使用价值降低，进而引起经济性贬值。

如果机器设备由于外界因素变化，造成的收益减少额能够直接测算出来，评估人员可直接按机器设备继续使用期间每年的收益损失额折现累加得到机器设备的经济性贬值额。用公式表达如下：

$$经济性贬值额 = 设备年收益损失额 \times (1 - 所得税税率) \times (P/A, \ r, \ n)$$

式中：$(P/A, \ r, \ n)$ 为年金现值系数。

3．因机器设备使用寿命缩短造成的经济性贬值的估算

引起机器设备使用寿命缩短的外部因素，主要是国家有关能源、环境保护等方面的法律、法规。近年来，由于环境污染问题日益严重，国家对机器设备的环保要求越来越高，对落后的、高能耗的机电产品施行强制淘汰制度，缩短了设备的正常使用寿命。

【例 3.10】某汽车已使用 10 年，按目前的技术状态还可以使用 10 年，按年限法，该汽车的贬值率为：

贬值率 = 10 ÷ (10 + 10) = 50%

但由于环保、能源的要求，国家新出台的汽车报废政策规定该类汽车的最长使用年限为 15 年，因此该汽车 5 年后必须强制报废。在这种情况下，该汽车的贬值率为：

贬值率＝10÷（10＋5）≈66.7%

由此引起的经济性贬值率为 66.7%。如果该汽车的重置成本为 20 万元，则经济性贬值额为：

经济性贬值额＝20×66.7%＝13.34（万元）

3.3　机器设备评估的市场法

机器设备评估的市场法是通过分析最近市场上和被评估机器设备类似的机器设备的成交价格，并对被评估对象和参照物之间的差异进行调整，由此确定被评估机器设备价值的方法。

3.3.1　市场法评估机器设备的基本前提

机器设备评估的市场法主要用于机器设备变现价格的评估，评估结果是否有效，最终要靠市场来检验。因此，应用市场法评估机器设备必须具备以下前提条件。

（1）要有一个充分发达活跃的机器设备公开交易市场。这是运用市场法估价的基本前提。市场法的评估依据来源于市场。公开交易市场是指市场上有自愿的买者和卖者，他们之间的交易是平等的，这样形成的市场成交价格基本上是公允的。以此价格作为评估价值的参考值，易为评估有关各方接受。

（2）能找到与被评估机器设备相同或相似的参照物。评估人员应尽可能选择相同的机器设备作为参照物，但要在机器设备市场中找到与被评估对象完全相同的机器设备是很难的，一般是选择与被评估机器设备类似的机器设备作为参照物，参照物与被评估机器设备之间不仅在用途、性能、规格、型号、新旧程度方面应具有可比性，而且在交易背景、交易时间、交易目的、交易数量、付款方式等方面具有可比性，这是决定市场法运用与否的关键。

3.3.2　市场法评估机器设备的基本步骤

1．鉴定被评估对象

评估人员通过鉴定被评估机器设备，了解机器设备的基本情况，如机器设备的规格型号、制造厂家、出厂日期、使用期限、安装情况、随机附件以及机器设备的现时技术状况等。为选择类似的市场参照物做好准备。

2．选择参照物

在市场中选择参照物，最重要的是参照物与被评估机器设备之间要具有可比性。同时，参照物的成交价格应具有代表性。对于机器设备而言，可比因素具体包括以下几个。

（1）个别因素

机器设备的个别因素一般指设备在结构、形状、尺寸、性能、生产能力、安装、质量、经济性等方面差异的因素。不同的机器设备，其差异因素也不同。在评估中，常用于描述机器设备的指标一般包括以下内容。

① 机器设备的规格型号。

② 机器设备的生产厂家。

③ 机器设备的生产能力和制造质量。

④ 机器设备的附件、配件情况。

⑤ 机器设备的实际使用年限。

⑥ 机器设备的实际技术状况。

⑦ 机器设备的安装方式。

⑧ 机器设备的成新率（即设备的实体状况，如使用强度、大修理记录等）。

（2）交易因素

机器设备的交易因素，包括交易动机、背景等，不同的交易动机和交易背景都会对设备的出售价格产生影响。例如，以清偿、快速变现为目的或带有一定优惠条件的出售，其售价往往低于正常的交易价格。

（3）时间因素

不同交易时间的市场供求关系、物价水平等都会不同，资产评估人员应选择与评估基准日最接近的交易案例，并对参照物的时间影响因素做出调整。

（4）地域因素

由于不同地区市场供求条件等因素不同，机器设备的交易价格也会受到影响，评估参照物应尽可能与被评估对象在同一地区。如被评估对象与参照物存在地区差异，则需要做出调整。

3．对差异因素进行比较、量化和调整

尽管选择的参照物应尽可能与被评估机器设备相接近，但是两者之间总会存在一定的差异，这时评估人员需要对差异因素在比较分析的基础上确定调整系数或调整值。

4．确定被评估机器设备的评估值

评估人员在对各因素的差异进行比较与调整后，得出初步评估结果。对初步评估结果进行分析，采用加权平均法或算术平均法确定最终评估结果。

3.3.3 市场法评估机器设备的具体方法

评估机器设备可选用的具体评估方法有直接比较法和因素调整法等。

1．直接比较法

直接比较法是指利用二手机器设备市场上已成交的相同机器设备的交易资料，通过与被评估机器设备的直接对比、调整得出被评估机器设备价值的方法。此方法运用的前提是，市场上有与被评估机器设备相同且已经成交的参照物交易数据和资料。与被评估机器设备相同的参照物指的是参照物的规格、型号、结构、性能、制造商、出厂年代、成新率等与被评估机器设备几乎一样。在这样的情况下，被评估机器设备的评估价值，一般可以直接使用参照物的价格。这种方法可用公式表示为：

$$V = V' \pm \Delta i$$

式中：V ——被评估机器设备的评估值；

V' ——参照物的市场价值；

Δi ——差异调整。

【例 3.11】评估人员在评估一辆轿车时，从市场上获得的市场参照物在型号、购置年月、行驶里程、发动机、底盘及各主要系统的状况等方面与该轿车基本相同。区别在于：①参照物的右前大灯破损需要更换，更换费用约 200 元；②被评估车辆加装 CD 音响一套，价值1 200 元。若该参照物的市场售价为 72 000 元。

$V = V' \pm \Delta i$

$= 72\,000 + 200 + 1\,200 = 73\,400$（元）

使用直接比较法的前提是评估对象与市场参照物基本相同，需要调整的项目较少，差异不大，并且差异对价值的影响可以直接确定。如果差异较大，则无法使用直接比较法。

2．因素调整法

因素调整法是指利用与被评估机器设备相似的，且已经在市场上成交的机器设备的交易数据和资料，通过对被评估机器设备与参照物之间可比因素的对比分析，并按照一定的方法对其差异做出调整，从而确定被评估机器设备价值的一种方法。

【例 3.12】对某企业一台 1515 型号纺织机进行评估，评估人员经过市场调查，选择本地区近几个月已经成交的 1515 型号纺织机的 4 个交易实例作为比较参照物，被评估对象及参照物有关情况如表 3.6 所示。

表 3.6　被评估对象及参照物情况表

比较因素	参照物 A	参照物 B	参照物 C	参照物 D	被评估对象
交易价格	10 000 元	6 000 元	9 500 元	8 500 元	
交易情况	公开市场	公开市场	公开市场	公开市场	公开市场
生产厂家	上海	济南	上海	沈阳	沈阳
交易时间	6 个月前	5 个月前	1 个月前	1 个月前	
成新率	80%	60%	75%	80%	70%

评估人员经过对市场信息进行分析得知，4 个交易实例都是在公开市场条件下销售的，不存在受交易状况影响使价格偏高或偏低的现象，影响售价的因素主要是生产厂家（品牌），交易时间和成新率。

（1）生产厂家（品牌）因素分析和修正。经分析，参照物 A 和参照物 C 是上海一家纺织机械厂生产的名牌产品，其价格同一般厂家生产的纺织机相比高 25% 左右。则参照物 A、参照物 B、参照物 C、参照物 D 的修正系数分别为：100/125，100/100，100/125，100/100。

（2）交易时间因素的分析和修正。经分析，近几个月纺织机械的销售价格比历史成交价格平均每月上升 3%。则参照物 A、参照物 B、参照物 C、参照物 D 的修正系数分别为：118/100，115/100，103/100，103/100。

（3）成新率因素分析和修正。根据公式：成新率修正系数＝被评估对象成新率/参照物成新率，参照物 A、参照物 B、参照物 C、参照物 D 的成新率修正系数分别为：70/80，70/60，70/75，70/80。

（4）计算参照物 A、参照物 B、参照物 C、参照物 D 的因素修正后价格，得出初评估结果。

参照物 A 修正后的价格为：$10\,000 \times \dfrac{100}{125} \times \dfrac{118}{100} \times \dfrac{70}{80} = 8\,260$（元）

参照物 B 修正后的价格为：$6\,000 \times \dfrac{100}{100} \times \dfrac{115}{100} \times \dfrac{70}{60} \approx 8\,050$（元）

参照物 C 修正后的价格为：$9\,500 \times \dfrac{100}{125} \times \dfrac{103}{100} \times \dfrac{70}{75} \approx 7\,306$（元）

参照物 D 修正后的价格为：$8\,500 \times \dfrac{100}{100} \times \dfrac{103}{100} \times \dfrac{70}{80} \approx 7\,661$（元）

（5）确定评估值。对参照物 A、参照物 B、参照物 C、参照物 D 修正后的价格进行简单算术平均，求得被评估机器设备的评估值为：

（8 260＋8 050＋7 306＋7 661）/4≈7 819（元）

3.4　机器设备评估的收益法

3.4.1　收益法评估机器设备的适用范围

运用收益法评估资产的价值，其前提是该资产应具备独立的生产能力和获利能力。就单项机器设备而言，其大部分不具有独立获利能力。因此，单项机器设备评估通常不采用收益法评估。对于自成体系的成套机器设备、生产线以及可以单独作业的车辆等机器设备，特别是租赁的机器设备则可以采用收益法评估。

3.4.2　收益法评估机器设备的步骤

收益法是指把一个特定期间内的固定或变化的经济收益流量进行折现，以其收益折现值作为评估价值的方法。由于机器设备通常都只能在有限年限内获得收益，因此，评估人员运用收益法评估其价值时，应合理估测其尚可使用年限。该方法需要预测收益和收益年限，并确定合理的折现率。

对于租赁的机器设备，其租金就是收益，而且租金通常是不变的。为估测租金多少，评估人员可以进行市场调查，分析比较可比的租赁设备的租金，经调整后得到被评估机器设备的预期收益。调整的因素可包括时间、地点、规格和役龄等。同时，评估人员根据可比的机器设备，估计被评估机器设备的尚可使用年限。为了求得折现率（或资产收益率），评估人员必须调查和分析类似租赁资产的价格。把市场调查得到的折现率调整到适用于被评估机器设备的水平，然后代入下式得出评估值：

$$P = \frac{A}{i}\left[1 - \frac{1}{(1+i)^n}\right]$$

式中：P——机器设备评估值；

A——被评估机器设备的预测收益；

i——折现率；

n——机器设备的收益年限。

【例3.13】试用收益法估测某租赁机器设备的市场价值，评估基准日为2020年1月，收益期限为10年，无残值。

评估人员由租赁市场了解到的被评估机器设备的三个参照物的年租金信息如表3.7所示。

表3.7　三个参照物的年租金

参照物	租赁日期	租金（元/年）
1	2020年1月	80 000
2	2020年1月	80 000
3	2019年1月	75 000

三个参照物和被评估资产是相同的机器设备，前两个和被评估机器设备是同期租赁的，第三个是前一年同期租赁的，由于物价上涨3%，第三个参照物的租金应调整。

第三个参照物租金＝75 000×(1＋3%)＝77 250（元/年）

因此预期年收益为80 000元是合理的。

根据该机器设备的当前状况，估测其尚可使用年限为10年，10年后残值为零。

评估人员又查到两个类似被评估机器设备的参照物的销售价格，如表3.8所示。

表3.8　两个参照物的销售价格和租金

参照物	日期	销售价格（元）	年收益（元）	本金化率
4	2020年1月	424 000	64 000	11.7%
5	2020年1月	584 000	96 000	12.5%

本金化率平均值＝(11.7%＋12.5%)÷2＝12.1%

由于该本金化率是根据出售的机器设备估计的，其包含的风险要高于租赁的机器设备的收益风险，因此要被适当调低后作为评估机器设备的本金化率，在本例中取12%。

$$机器设备评估值\ P＝\frac{80\,000}{12\%}×\left[1-\frac{1}{(1+12\%)^{10}}\right]＝1\,403\,896（元）$$

思考题

1. 机器设备评估的基本程序是什么？
2. 机器设备评估的现场工作阶段的主要工作有哪些？
3. 进口设备的重置成本在构成上包括哪些主要内容？
4. 如何计算机器设备的加权投资年限及其成新率？
5. 成本法在机器设备评估中的适用范围是什么？
6. 单台（件）设备与机组在重置成本构成方面有哪些差别？
7. 构成机器设备重置成本的直接费用主要包括哪些？
8. 进口设备的 CIF 价与 FOB 价之间的差别有哪些？
9. 应用市场法评估机器设备应该分析哪些因素？
10. 为什么收益法在机器设备评估中的应用存在障碍？

练习题

一、单项选择题

1. 机器设备重置成本中的直接费用包括（　　）。
   A. 各种管理费用　　B. 安装调试费用　　C. 人员培训费用　　D. 总体设计费用
2. 机器设备的经济寿命是指（　　）。
   A. 从评估基准日到设备继续使用在经济上不合算的时间
   B. 机器设备从使用到运营成本过高而被淘汰的时间
   C. 机器设备从使用到报废为止的时间
   D. 机器设备从使用到出现了新的技术性能更好的设备而被淘汰的时间
3. 进口机器设备的外贸手续费的计费基数是（　　）。
   A. FOB＋关税　　　B. CIF＋关税　　　C. CIF　　　D. CIF＋增值税
4. 设备的（　　）属于进口机器设备的从属费用。
   A. 到岸价　　　B. 离岸价　　　C. 国内运杂费　　　D. 国外运杂费
5. 采用价格指数调整法评估进口机器设备所适用的价格指数是（　　）。
   A. 设备进口国家零售商品价格指数　　　B. 设备出口国生产资料价格指数
   C. 设备出口国综合价格指数　　　D. 设备出口国零售商品价格指数
6. 设备成新率是指（　　）。
   A. 机器设备综合性陈旧贬值率的倒数
   B. 机器设备有形损耗率的倒数
   C. 机器设备有形损耗率与 1 的差率
   D. 机器设备现实状态与设备重置成本的比率

7. 按成本法评估设备的重置成本，当被评估对象已不再生产时，评估应采用（　　）。
   A. 替代型机器设备的价格
   B. 按被评估机器设备的账面价值
   C. 采用现行市价法
   D. 参照替代机器设备价格采用类比法估测

8. 计算重置成本时，不应计入的费用是（　　）。
   A. 维修费用　　　B. 购建费用　　　C. 安装费用　　　D. 调试费用

9. 进口机器设备的到岸价是指（　　）。
   A. 机器设备的离岸价＋进口关税
   B. 机器设备的离岸价＋海外运杂费＋进口关税
   C. 机器设备的离岸价＋海外运杂费＋境外保险费
   D. 机器设备的离岸价＋境外保险费

10. 运用价格指数法评估机器设备的重置成本仅仅考虑了（　　）因素。
    A. 技术　　　B. 功能　　　C. 地域　　　D. 时间

二、多项选择题

1. 机器设备成新率的估测通常采用（　　）进行。
   A. 使用年限法
   B. 修复金额法
   C. 观测分析法
   D. 功能价值法
   E. 统计分析法

2. 采用观察法评估机器设备的实体性贬值时，应收集的信息包括（　　）。
   A. 机器设备的现行技术状态
   B. 机器设备的实际已使用时间
   C. 机器设备的原始制作质量
   D. 机器设备的工作环境和条件

3. 安装周期很短的通用设备，其重置成本一般包括（　　）。
   A. 设备购置费　　　B. 运输费用　　　C. 利息费用　　　D. 安装费用

4. 价格指数法适用于（　　）机器设备重置成本的估测。
   A. 无账面原值的
   B. 无现行购置价的
   C. 无财务核算资料的
   D. 无参照物的

5. 利用国内替代机器设备的重置成本推算进口机器设备重置成本的前提条件包括（　　）。
   A. 无进口机器设备的现行 CIF
   B. 关税税率变化很大
   C. 无国外替代机器设备的现行 FOB
   D. 外汇汇率变化很大

6. 机器设备物理寿命的长短主要取决于（　　）。
   A. 使用强度　　　B. 设备质量　　　C. 维修水平　　　D. 技术进步速度

7. 运用市场法评估机器设备价值，选择参照物时，应特别注意参照物与评估对象在（　　）等方面的可比性。
   A. 规格型号　　　B. 制造厂家　　　C. 市场条件　　　D. 交易地点

8. 构成机器设备重置成本的间接费用主要有（　　）。
   A. 购建机器设备所发生的管理费用
   B. 购建机器设备所发生的运输费用
   C. 购建机器设备所占用资金的成本
   D. 购建机器设备所发生的总体设计费用
   E. 购建机器设备所发生的安装费用

9. 当利用参照物及比较法估测被评估机组的重置成本时，需调整的重要参数有（　　）。
   A. 机器设备所在地与参照物所在地的地区因素，包括交通条件和周围环境等
   B. 机器设备的生产能力因素，包括年产量、单位时间产量
   C. 机器设备交易的时间差别因素
   D. 被评估机器设备所在地与参照物所在地同设备供应地的距离和通达条件

10. 能采用收益法评估的机器设备主要有（　　）。

    A. 单台设备   B. 成套设备   C. 通用设备   D. 生产线

三、计算与分析题

1. 评估生产线，其年设计生产能力为 10 000 吨，评估时，由于受到政策调整因素的影响，产品销售市场不景气，如不降价销售产品，企业必须减产至年产 6 000 吨，或每吨降价 100 元以保持设备设计生产能力的正常发挥。政策调整预计会持续 3 年，该企业正常投资报酬率为 10%，生产线的规模经济效益指数为 0.6。要求：计算生产线的经济性贬值率及经济性贬值额（企业所得税税率为 25%）。

2. 评估机组为 5 年前购置，账面价值为 20 万元，评估时该机组已不再生产了，已经被新型机组取代。经调查和咨询了解到，在评估时点，其他企业购置新型机组的取得价格为 30 万元，专家认定被评估机组与新型机组的功能比为 0.8，被评估机组尚可使用 8 年。假定其他费用可以忽略不计。

    要求：（1）估测该机组的现时全新价格。

           （2）确定该机组的成新率。

           （3）确定该机组的评估值。

3. 被评估机器设备为 2015 年从德国引进的机器设备，进口合同中的 FOB 价是 20 万马克。2020 年评估时德国生产厂家已不再生产这种机器设备了，其替代产品的 FOB 报价为 35 万马克，而国内其他企业 2020 年从德国进口设备的 CIF 价格为 30 万马克。按照通常情况，设备的实际成交价应为报价的 70%～90%，境外运杂费约占 FOB 价格的 5%，保险费约占 FOB 价格的 0.5%，被评估机器设备所在企业，以及与之发生交易的企业均属于进口关税、增值税免税单位，银行手续费按 CIF 价格的 0.8% 计，国内运杂费按 CIF 价格加银行手续费之和的 3% 计算，安装调试费含在机器设备价格中不再另行计算，被评估机器设备尚可使用 5 年，年运营成本比其替代设备超支 2 万元。所得税税率为 33%，被评估机器设备所在企业的正常投资报酬率为 10%，评估时马克与美元的汇率为 1.5∶1，人民币与美元的汇率为 6.8∶1。根据上述数据估测该进口机器设备的价值。

第4章 房地产评估

学习目标

本章所述房地产评估，实际上是资产评估理论和技术方法在房地产这类资产评估中的运用。通过本章的学习，读者应了解房地产及其特点、房地产评估的程序及房地产评估的原则。掌握房地产价格的种类、房地产价格的特征和房地产价格的影响因素。熟练掌握收益法、市场法、成本法和剩余法、基准地价修正法在房地产评估中的应用，并能灵活运用所学知识，解决实际的土地使用权评估、建筑物评估以及房地合一的评估问题。

第四章

本章关键词

房地产；土地使用权；房地产评估；容积率；楼面地价；假设开发法；基准地价。

4.1 房地产评估概述

4.1.1 房地产及其特性

1. 房地产及不动产的概念

房地产是指土地、建筑物及其他地上定着物。土地是指地球的表面及其上下一定范围内的空间，包括地下的各种基础设施、地面道路等。建筑物是指人工建筑而成，由建筑材料、建筑配件和设备（如给排水、卫生、照明、空调、电梯、通信等设备）组成的整合体。广义的建筑物是指人工建造的所有建造物，包括房屋和构筑物；狭义的建筑物仅指房屋，不包括构筑物。房屋指由围护结构组成的能够遮风挡雨，供人们在其中居住、工作、生产、生活、娱乐、储藏物品或进行其他活动的空间场所，如住宅、公寓、宿舍、办公室、商场、宾馆、酒店、影剧院等。构筑物是指房屋以外的建造物，人们一般不在其中进行生产生活活动，如烟囱、水井、道路、桥梁、隧道、水坝等。其他地上定着物是指附着于土地、建筑物上，与土地、建筑物不可分离，或者虽然可以分离，但分离不经济，或者分离后会破坏房地产完整性或功能，或者房地产的价值会明显受到损害的部分，如树木、花草，埋设在地下的管线、设施，建造于地上的道路、围墙等。因此，房地产本质上包括土地和建筑物两大部分。

房地产包括土地和建筑物两大部分，并不意味着土地和建筑物只有合成一体时，才成为房地产，单纯的土地或建筑物都是房地产，是房地产的一种存在形态，房地产只是一种统称。因此在房地产评估中，评估对象有三种，即土地、建筑物和房地合一，当然在房地产评估实务中单纯以建筑物作为评估对象的情形比较少见。

房地产可以分为物质实体和权益两个方面。物质实体是其中看得见、摸得着的部分，是房地产权益的载体；权益是房地产中无形的、不可触摸的部分，是指一切与房地产有关的权利、利益和收益的总称，如所有权、使用权、抵押权、典当权、租赁权等。房地产评估中的房地产是房地产实体与房地产权益的综合体。房地产评估实质是对房地产有关权益的评估，同一房地产实体由于所载权益的不同，会有不同的价格。

房地产由于其位置的固定性和不可移动性，在经济学上又被称为不动产。不动产是财产划分的一种形态，是指实物形态的土地和附着于土地上的改良物，包括附着于地面或位于地上和地下的附属物。不动产不一定是实物形态，如探矿权和采矿权。依自然性质或法律规定不可移动的土地、土地定着物、与土地尚未脱离的土地生成物、因自然或者人力添附于土地并且不能分离的其他物，包括物质实体和依托于物质实体上的权益，都属于不动产范畴，如建筑物及土地上生长的植物。《不动产登记暂行条例》规定，"本条例所称不动产，是指土地、海域以及房屋、林木等定着物"。《资产评估执业准则——不动产》定义的不动产为"土地、建筑物及其他附着于地上的定着物，包括物质实体及其相关权益。不包含海域、林木等"。

2．房地产的特性

房地产的特性如下。

（1）位置固定性。由于土地不可位移，固着于土地上的建筑物亦不可移动。房地产的位置固定性，导致了房地产带有明显的区域性特点和个别性特征。这种区域性特点和个别性特征是影响房地产价值的重要因素。

（2）使用长期性。从某种意义上讲，土地的利用具有永续性。建筑物一经建造完成，其寿命也是相当长的。房地产使用的长期性决定其用途、功用可以随社会的进步不断地加以改善、调整，以达到最佳使用的状态。值得注意的是，国家土地使用制度规定，企业、其他组织和个人通过政府出让方式取得的土地使用权是有限期的。国家规定的土地使用权出让最高年限按不同用途予以规定：居住用地 70 年；工业用地 50 年；教育、科技、文化、卫生、体育用地 50 年；商业、旅游、娱乐用地 40 年；综合或者其他用地 50 年等。土地使用权的有限年期对房地产自然使用的长期性是一种限制。土地使用权的剩余使用年限是影响房地产价值的一个重要因素。

（3）影响因素多样性。房地产效用的发挥，以及其价值的实现受到诸多因素的制约。除了房地产自身自然、物理、化学的因素以外，社会因素以及周边环境等都会对房地产效用的发挥及其价值的实现起到非常大的影响作用。从社会因素来看，政府的城市规划，具体规定了房地产的用途和使用强度（容积率、覆盖率、建筑高度、绿地率等）。从周边环境的角度来看，任何房地产的效用和价值都要受到其周边环境、特别是周边房地产用途的影响。良好的周边环境可以提高该区域房地产的价值；而恶劣的周边环境，则可使该区域内的房地产价值下降。当然，影响房地产效用发挥及其价值实现的因素还有许多，如政府的房地产政策、住房制度、社会有效需求等。

（4）投资大量性。不论是房地产中的土地还是建筑物，其投资的数额都是可观的，不论是国家投资者、企业投资者还是个人投资者，投资房地产都需要较大数额的资金。房地产投资大量性的特点不仅说明了房地产投资应事先做好可行性研究，要有的放矢、有效地进行投资；也说明了房地产变现不是一件轻而易举的事情。

（5）保值增值性。随着人口及社会生产力的发展，社会对土地的需求与日俱增。由于土地资源特别是城市土地面积的有限性，从长远来看，土地供给一般会滞后于土地需求而出现房地产价格上升趋势。如果出现通货膨胀现象，房地产的保值性则会更为明显。房地产保值增值是一种趋势，而并非每一时点房地产价值都会上涨，我们需要结合每宗房地产的具体情况来理解其保值增值的趋势。

（6）投资风险性。房地产的长期使用性和保值增值性使其成为投资回报率较高的行业，同时，房地产投资的风险也比较大，房地产投资的风险主要来自三个方面：首先，房地产无法移动，建成后又不易改变用途。如果市场销售不对路，很容易造成长期的空置、积压。其次，房地产的生产周期较长，从取得土地到房屋建成销售，通常要 3～5 年的时间，在此期间影响房地产发展的各种因素发生变化，都会对房地产的投资效果产生影响。最后，自然灾害、战争、社会动荡等，也会对房地产投资产生无法预见的影响。

（7）难以变现性。由于房地产具有位置固定、用途不易改变等特性，房地产不像股票和外汇那样可以迅速变现，即变现性差。

（8）使用限制性。为了增进公众安全，保护公共利益，促进城市合理布局，减少房地产外部影响的负面性，房地产的使用和支配会受到限制。政府为了公共利益的需要，可以征用单位或个人所拥有的房地产。

4.1.2　房地产评估的原则

房地产评估是指专业评估人员为特定目的对房地产的特定权益在某一特定时点上的价值进行估算。评估人员在进行评估活动时，必须受到行业行为准则的约束，在一定的评估原则下开展评估活动。房地产评估当然要遵循资产评估的一般原则，但房地产本身的特殊性，决定了房地产评估还应遵循一定的专业性原则。房地产评估的专业性原则主要有以下几个。

（1）最有效使用原则。土地及其建筑物可以有商业、居住、工业等多种用途，但同一房地产在不同用途的情况下，其收益并不相同。房地产权利人为了获得最大收益，总是希望房地产达到最佳使用。但是房地产的最佳使用必须在法律、法规允许的范围内，必须受城市规划的制约。在市场经济条件下，房地产用途可以通过竞争决定，使房地产达到最佳使用。因此，评估人员在评估房地产价值时，不能仅仅考虑房地产现时的用途和利用方式，而是要结合预期原则和合法原则，考虑在何种情况下房地产才能达到最佳使用及实现的可能，以最佳使用所能带来的收益评估房地产的价值。

（2）合法原则。合法原则指房地产评估应以评估对象的合法产权、合法使用和合法处分等为前提进行。在分析房地产的最佳使用时，评估人员必须根据城市规划及有关法律的规定，依据规定用途、容积率、建筑高度与建筑风格等确定该房地产的最佳使用。例如，测算房地产的收益时，其经营用途应为合法用途，不能用作赌场。城市规划为居住用地的，评估该地块价值时，必须以居住用地作为其用途，不能用作工业用地或商业用地。测算房地产的净收益时，不能以临时建筑或违章建筑的净收益作为测算依据。

（3）房地综合考虑原则。尽管房屋建筑物和土地是可以区别的评估对象，但是由于两者在使用价值上的相互依存和价格形成中的内在联系，我们应在评估中把两者作为相互联系的对象综合地评估。一方面，房屋建筑物不能脱离土地而独立存在，而房屋建筑物又是土地的最终产品或主导产品。另一方面，土地的使用价值需要通过房屋建筑物来反映。土地的价格除了取决于其自身的性能、地理位置等因素外，主要取决于土地用途的选择，而土地用途的选择是否恰当就完全反映在房屋建筑物这一实体上，即土地上建造什么样的房屋建筑物。正是由于房屋建筑物与土地之间存在这么一种依存关系，评估人员才要在房产价格评估中考虑土地的价格，即房地合一。而单独评估土地的价格，也要考虑在土地上开发何种类型的房屋建筑物，如此才能据以估算土地的价格。

（4）区域及地段原则。区域及地段原则是指房地产价格的评估必须体现房地产所处的经济地理位置的差别，应特别注重考虑区域及地段差异对房地产价格的影响。由于房地产具有不可移动性，其所处位置是固定的，房地产随经济地理位置的差异，其价格有显著差别。在城市中，交通状况、基础设施、产业分布、自然景观、人文景观、社区服务、文体娱乐设施等各种因素都有很强的区域性、地段性，这些因素分别对房地产的环境质量有重大影响，形成了房地产的社会经济地理位置和地段，从而决定房地产价格。按区域及地段原则评估房地产价格的重点是同一城市房地产价格应形成合理级差，房地产价格应反映其所处地段的级差程度。

4.1.3　房地产评估的程序

房地产评估应按照以下程序进行。

（1）明确评估基本事项。评估机构在接受房地产评估委托后，在评估委托协议中除了要明确评估收费、违约责任等事项外，还必须明确评估对象、评估目的、评估时点和评估的具体工作时间等具体事项。

评估人员要明确评估对象一方面要从物质实体上明确房地产的名称、坐落地、用途、面积、层数、结构、装修、基础设施、取得时间、使用年限、维修保养状况等。另一方面从权益状况看，要明确产权性质和产权归属等。明确评估目的就是要确定评估结果的具体用途，即为何种需要而进行房地产评估。明确评估目的不仅有助于明确评估方向，便于更好地确定评估对象和评估范围，同时也限制了评估报告的使用范围，也有助于评估人员选择恰当的评估价值类型和评估价值基础。明确评估时点就是要有明确的评估基准日，资产评估结果是某一具体时点的资产评估值，评估结果是否合理主要是针对评估基准日而言的。明确评估的具体工作时间是指委托方与受托方要事先明确评估机构从接受委托到提交评估报告的工作时间。在没有特殊原因的情况下，评估机构应按期保质地完成评估工作。

（2）拟定评估工作方案。在明确了评估基本事项的基础上，评估人员应当对评估项目进行充分分析，拟定评估作业计划。具体包括：根据评估对象和评估目的，以及可能搜集到的数据资料，初选评估方法和评估的技术路线，并确定评估人员及其分工；按评估的要求和评估方法调查搜集数据资料；拟定作业步骤和作业时间表；初算评估成本。

（3）实地查勘搜集资料。房地产评估人员必须到评估现场进行实地查勘。弄清房地产的位置和周围环境、自然和人文景观、公共设施和基础设施，以及评估对象的物质状况，如外观、结构、面积、装修、设备等。并对委托方提供的和事先搜集到的有关资料进行核实和验证，进一步丰富和落实此项评估所需的数据资料。

（4）选用评估方法评定估算。在房地产评估中，除了使用其他资产评估常用的市场法、收益法和成本法外，评估人员还可以根据具体情况运用假设开发法、残余估价法、路线价法、基准地价修正法等。如果条件允许，每一个评估项目最好能选择两种或两种以上的方法进行评估，以便相互比较验证。

（5）确定评估结果，撰写评估说明和评估报告。用两个或两个以上的评估方法进行评估，会得到几个初步评估结果。评估人员应当在充分分析论证的基础上给出评估的最终结果，并撰写评估说明和评估报告。

4.2 房地产价格及其影响因素

4.2.1 房地产价格的种类

由于房地产业务的性质不同，所涉及的权利不同，房地产的用途也多种多样。因而，房地产价格有多种表现形式，我们可根据其权益、价格形成方式和实物形态等多个角度加以分类。

1. 房地产价格根据权益的不同可分为所有权价格、使用权价格和其他权益价格

房地产发生交易行为时，所针对的权益有所有权、使用权、抵押权、租赁权、典权等。所针对的房地产权益不同，其价格就不同，如房地产使用权价格、房地产抵押权价格、房地产租赁权价格等。房地产使用权价格，是指房地产使用权的交易价格。一般情况下，房地产所有权价格高于房地产使用权价格。抵押权价格是为房地产抵押而评估的房地产价格。抵押权价格由于要考虑抵押贷款清偿的安全性，一般要比市场交易价格低。租赁权价格是承租方为取得房地产租赁权而向出租方支付的价格。

2．房地产价格按价格形成方式的不同可分为市场交易价格和评估价格

市场交易价格是房地产在市场交易中实际成交的价格。在正常的市场条件下，买卖双方均能迅速地获得交易信息，买方能在市场上自由选择其需要，卖方也能自由出售其房地产，买卖双方均以自身利益为前提，在彼此自愿的条件下，以某一价格完成房地产交易。由于交易的具体环境不同，市场交易价格经常波动。市场交易价格一般具有如下作用：交易双方收支价款的依据、缴纳契税和管理费的依据等。

评估价格是对市场交易价格的模拟。由于评估人员的经验、对房地产价格影响因素理解的不同，同一宗房地产可能得出不同的评估价格，评估结果也可能不同，但在正常的情况下，不论运用何种方法，评估结果都不应有太大的差距。房地产评估价格根据使用目的及其作用可分为基准地价、标定地价、房屋重置价格、交易底价、课税价格等。其中基准地价、标定地价、房屋重置价格由政府规定，且由政府定期公布。交易底价则不一定由政府规定，而由交易有关方面规定。房屋重置价格，是指在重置时的建筑技术、工艺水平、建筑材料价格、工资水平及运输费用等条件下，重新建造与原有房屋相仿的结构、式样、设备和装修的新房屋时所需的费用。课税价格，是指政府为课征有关房地产税而由评估人员评估的作为课税基础的价格。

3．房地产价格按房地产的实物形态不同可划分为土地价格、建筑物价格和房地产价格

土地价格主要包括基准地价、标定地价和土地交易价格等。基准地价是按照城市土地级别或均质地域分别评估的商业、住宅、工业等各类用地和综合土地级别的土地使用权的平均价格。基准地价评估以城市为单位进行。标定地价是市、县政府根据需要评估的，正常地产市场中具体宗地在一定使用年期内的价格。标定地价可以以基准地价为依据，根据土地使用年限、地块大小、土地形状、容积率、微观区位等条件，通过系数修正进行评估得到，也可以通过市场交易资料，直接进行评估得到。

单纯的土地及附有建筑物的房地产中的土地的价格都是土地价格。但是同一块土地，其开发条件不同，会有不同的价格，如拟作为国家建设用地而未进行征地补偿的农地，购地者需办理土地征收手续，支付征地补偿费；即使已征为国家所有，尚需看其开发情况是否达到"三通一平""五通一平"或"七通一平"等。在其他条件相同的情况下，在城区内附有待拆迁建筑物的土地的价格与城区内的空地的价格也相差很大。

建筑物价格，是指纯建筑物部分的价格，不包含其占用的土地的价格。

房地产价格，是指建筑物连同其占有的土地的价格。

4．房地产价格按房地产价格的表示单位不同可划分为总价格、单位价格和楼面地价

房地产总价格是指一宗房地产的整体价格。房地产单位价格有三种情况：对土地而言，是指单位土地面积的土地价格；对建筑物而言，是指单位建筑面积的建筑物价格；对房地产而言，是指单位建筑面积的房地产价格。房地产的单位价格能反映房地产价格水平的高低，而房地产总价格则一般不能说明房地产价格水平的高低。

楼面地价又称单位建筑面积地价，是指平均到每单位建筑面积上的土地价格。楼面地价＝土地总价格÷建筑总面积。因为，容积率＝建筑总面积÷土地总面积。所以，楼面地价＝土地单价÷容积率。

5．其他价格类型

公告地价，是指政府定期公告的土地价格，在有些国家和地区，一般作为征收土地增值税和征用土地进行补偿的依据。

申报价格，是指房地产权利人向政府申报的房地产交易成交价格。《中华人民共和国城市房地产管理法》第三十五条规定："国家实行房地产成交价格申报制度。房地产权利人转让房地产，应当向县级以上地方人民政府规定的部门如实申报成交价，不得瞒报或者作不实的申报"。

4.2.2 房地产价格的特征

1．房地产价格是权益价格

由于房地产位置不可移动，因此房地产的买卖、抵押等并不能转移房地产的物质实体本身，而只是转移与房地产有关的各种权益。房地产的权益有多种表现形式，如所有权、使用权、抵押权、租赁权等。因此，发生经济行为的房地产转移方式不同，形成的房地产权益不同，其权益价格也不相同，评估人员在评估时必须对此仔细考虑。

2．房地产价格与用途相关

一般商品的价格由其生产成本、供给和需求等因素决定，其价格一般并不因使用状况不同而产生差别。但是，同样一宗房地产，在不同的用途下，产生的收益是不一样的。特别是土地，在不同的规划用途下，其使用价值是不一样的，土地价格与其用途的相关性极大。

3．房地产价格具有个别性

由于房地产的个别性，没有两宗房地产条件是完全一致的。同时，在房地产价格形成中，交易主体之间的个别因素也很容易起作用。因此，房地产的价格具有个别性。由于房地产位置的固定性，其交易往往是单个进行的，因此形成的房地产市场是一个不完全竞争市场。房地产不像一般商品，可以开展样品交易、批量交易。每一宗房地产交易都具有个别性。

4．房地产价格具有可比性

房地产价格尽管具有与一般商品不同的许多特性，但并不意味着其价格之间互不联系。事实上，人们可以根据房地产价格的形成规律，对影响房地产价格的因素进行比较，从而能够比较房地产的价格。

4.2.3 房地产价格的影响因素

房地产价格受到许多因素的影响，这些因素对房地产价格的影响方向、影响程度都不尽相同。熟悉和掌握影响房地产价格的各种因素，并了解这些因素在影响房地产价格中的关系，无疑有助于房地产的评估。为了便于了解影响房地产价格的因素，可以将其进行适当的归类。通常将影响因素划分为一般因素、区域因素和个别因素三大类。

1．一般因素

一般因素是指对房地产价格及其变化具有普遍性和共同性影响的因素。这些因素通常会对较广泛地区范围内的各宗房地产的价格产生全局性的影响。这些因素主要包括社会因素、经济因素、行政因素等。

（1）社会因素。影响房地产价格的社会因素主要是指社会发展状况、社会环境等因素。社会发展状况是国民经济发展状况的一种反映，它直接关系社会的安定，包括政治安定和人民安居乐业的程度。社会环境包括人们的生活工作环境、自然和人文环境，也包括社会治安状况。好的社会环境有助于房地产价格的提高。

（2）经济因素。影响房地产价格的经济因素较为复杂。它包括国民经济的发展速度、发展规模，企业、事业单位、居民的收入和消费水平，政府的财政收入与支出的规模和结构，金融状况和物价水平等。上述因素通常集中表现在房地产的供求状况上，通过房地产的供不应求、供求平衡或供过于求影响房地产价格。

（3）行政因素。影响房地产价格的行政因素，是指影响房地产价格的制度、政策、法规、行政措施等方面的因素。例如，土地制度、住房制度、房地产价格政策、城市规划、城市发展战略、税收政策、交通管制等。

2．区域因素

区域因素是指某一特定区域内的自然条件与社会、经济、行政、技术等因素相结合所产生的区域特性，对该区域内的房地产价格水平产生影响的因素。这类因素可细分为商服繁华因素、道路通达因素、交通便捷因素、城市设施状况因素和环境状况因素等。

（1）商服繁华因素。这是指所在地区的商业、服务业繁华状况及各级商业、服务业中心的位置关系。如果商服繁华度较高，该地区的房地产价格水平也会较高。

（2）道路通达因素。这是指所在地区道路系统的通畅程度，道路的级别（主干道、次干道、支路）越高，该地区的房地产价格水平也越高。

（3）交通便捷因素。这是指交通的便捷程度，包括公共交通系统的完善程度和公共交通的便利程度。其便捷度越高，房地产价格水平也较高。

（4）城市设施状况因素。城市设施可以分为以下三类。

① 基础设施。主要包括供水、排水、供电、供气、供热和通信等设施。

② 生活设施。主要包括学校、医院、农贸市场、银行、储蓄所、邮局等设施。

③ 文体娱乐设施。主要包括电影院、图书馆、博物馆、俱乐部、文化馆等设施。

以上三类设施可以用基础设施完善度、生活设施完备度、文体娱乐设施完备度等指标来衡量，这些指标一般都会对房地产价格形成正相关影响。

（5）环境状况因素。若一个地区绿地较多、公园充足、环境优美，则该地区的房地产价格水平较高；若噪声污染、大气污染、水污染较严重，则房地产价格水平较低。

3．个别因素

个别因素是指房地产的个别性对房地产个别价格的影响因素，它是决定相同区域房地产出现差异价格的因素。个别因素分为土地个别因素和建筑物个别因素。

（1）土地个别因素

土地个别因素也叫宗地因素，是宗地自身的条件和特征对该地块价格产生影响的因素。对土地价格影响较大的土地个别因素主要有下列几个。

① 区位因素。区位也称为宗地位置，是影响地价的一个非常重要的因素。区位有自然地理区位与经济地理区位之别。土地的自然地理区位是固定不变的，但是，其经济地理区位却会随着交通建设和市政设施的变化而变化。当区位由劣变优时，地价会上升；相反，则地价下跌。

② 面积因素、宽度因素、深度因素。一般来说，宗地面积必须适宜，规模过大或过小都会影响土地效用的充分发挥，从而降低单位地价。宗地临街宽度过窄，会影响土地使用，影响土地收益，从而降低地价。宗地临街深度过浅、过深，都不适合土地最佳利用，从而影响地价水平。

③ 形状因素。土地形状有长方形、正方形、三角形、菱形、梯形等。形状不规则的土地不便于利用，地价较低。一般认为宗地形状以矩形为佳，特殊情况下，在街道的交叉口的土地、三角形等不规则土地的地价也可能畸高。

④ 地力因素、地质条件因素、地势因素、地形因素。地力又称土地肥沃程度或土地肥力，这个因素只与农业用地的价格有关，土地肥沃，地价就高；相反，地价则低。地质条件决定土地的承载力，直接关系到建筑物的造价和建筑物的结构设计。地质条件对于高层建筑和工业用地的地价影响尤其大。地质条件与地价呈正比关系，即地质条件越优，地价越高。地势因素是指该土地与相邻土地的高低关系，特别是与邻近道路的高低关系，一般来说，地势高的宗地比地势低的宗地地价高。地形是指地面的起伏形状，一般来说，土地平坦，地价较高；土地高低不平，地价较低。

⑤ 容积率因素。容积率因素也是影响土地价格的主要因素之一。容积率越大，地价越高；容积率越小，地价越低。容积率与地价一般不呈线性关系。

⑥ 用途因素。土地的用途对地价影响相当大，同样一块土地，规划为不同用途，则地价不相同。一般来说，对于同一宗土地而言，商业用地、居住用地、工业用地的地价是递

减的。

⑦ 土地生熟程度。土地生熟程度是指被开发的程度，土地的被开发程度越高，则地价也越高。通常，土地有生地、毛地、熟地之分，熟地的价格要高于生地和毛地的价格。

（2）建筑物个别因素

在影响房地产价格的个别因素中，影响土地价格的个别因素和影响建筑物价格的个别因素并不完全相同，以下阐述影响建筑物价格的个别因素。

① 面积、结构、材料等。建筑物的建筑面积、居住面积、高度等不同，则建筑物的重建成本也不相同。建筑物的结构及使用的建筑材料的质量也对建筑物的重建成本有影响，从而影响其价格。如果建筑物的面积或高度与基地及周围环境不相协调，该建筑物的价值会大大降低。

② 设计、设备等是否良好。建筑物的形状、设计风格、建筑装潢应与建筑物的使用目的相适应，建筑物设计、设备是否与其功能相适应，对建筑物价格有很大的影响。

③ 施工质量。建筑物的施工质量不仅影响建筑物的投入成本，更重要的是影响建筑物的耐用年限和使用的安全性、方便性和舒适性。因此，施工质量是否优良，对建筑物的价格也有很大影响。

④ 法律限制。有关建筑物方面的具体法律限制，主要是城市规划及建筑法规。例如，建筑物高度限制、消防管制、环境保护等，评估人员在评估时应考虑这些法律限制对建筑物价值已经产生和可能产生的影响。

⑤ 建筑物是否与周围环境相协调。建筑物应当与其周围环境相协调，否则就不处于最有效使用状态。建筑物不能充分发挥使用效用，其价值自然会降低。

4.3 房地产评估的收益法

4.3.1 收益法的基本思路与适用范围

收益法在国外被广泛地运用于收益性房地产价值的评估。收益法又称为收入资本化法、收益还原法，在我国也是最常用的评估方法之一。

在房地产交易时，随着房地产所有者权利的让渡，房地产的收益转归房地产购买者。房地产购买者必须一次性支付一定的金额，补偿房地产所有者失去的收益。这一货币额每年给房地产所有者带来的利息收入，必须等于他每年能从房地产中获得的净收益。这个金额就是该项房地产价值，用公式表示为：

$$房地产价值 = \frac{净收益}{资本化率}$$

这种理论的抽象，包含着三个假设前提：①净收益每年不变；②资本化率固定；③收益为无限年期。运用收益法评估房地产的价值，首先要求取净收益，其通过总收益减总费用求得；然后确定资本化率；最后选用适当的计算公式求得待评估房地产的价值。

收益年期有限的房地产价值计算公式为：

$$P = \frac{A}{r}\left[1 - \frac{1}{(1+r)^n}\right]$$

这是一个在评估实务中经常运用的计算公式，其成立的条件为：①净收益 A 每年不变；②资本化率 r 固定且大于零；③收益年期有限为 n。

收益法适用于有收益的房地产价值评估，如商场、写字楼、旅馆、公寓等，对于政府机关、学校、公园等公用、公益性房地产的价值评估大多不适用。

4.3.2 收益法中各参数的估算

1. 净收益的估算

（1）净收益的含义

净收益是指归属于房地产的除去各种费用后的收益，一般以年为单位。在确定净收益时，必须注意房地产的实际净收益和客观净收益的区别。实际净收益是指在现状下被估房地产实际取得的净收益，由于实际净收益受到多种因素的影响，通常不能直接用于评估。例如，当前收益权利人在法律上、行政上享有某种特权或受到特殊的限制，致使房地产的收益偏高或偏低，而这些权利或限制又不能随同转让；或者当前房地产并未处于最佳利用状态，收益偏低；或者收益权利人经营不善，导致亏损，净收益为零甚至为负值；或者土地处于待开发状态，无当前收益，同时还必须支付有关税费，净收益为负值等。因此，必须对上述实际净收益进行修正，剔除其中特殊的、偶然的因素，取得在正常市场条件下的房地产用于最佳利用方向上的净收益值，该净收益值还应包含对未来收益和风险的合理预期。我们把这种收益称为客观净收益，只有客观净收益才能作为评估的依据。净收益计算公式为：

$$净收益＝总收益－总费用$$

（2）客观总收益

总收益是指以收益为目的的房地产和与之有关的各种设施、劳动力及经营管理者要素结合产生的收益。也就是被估房地产在一年内所能得到的所有收益。在求取总收益时，要以客观收益即正常收益为基础，而不能以实际收益计算。在计算以客观收益为基础的总收益时，房地产必须处于最佳利用状态。最佳利用状态是指该房地产处于最佳利用方向和最佳利用程度。在现实经济中，客观收益应为正常使用下的正常收益。

由于现实经济过程的复杂性，呈现在评估人员面前的收益状况也非常复杂，因而收益的确定较难。例如，某种经营能带来的收益虽较丰厚，但在未来存在激烈竞争或存在潜在的风险，使现实收益具有下降的趋势，在这种情况下，评估人员就不能用现实收益进行估价，而必须加以修正。

（3）客观总费用

总费用是指取得该收益所必需的各项支出，如维修费、管理费等。也就是为创造总收益所必须投入的正常支出。在估价时总费用也应该是客观费用。总费用所应包含的项目随待估房地产的状态不同而有所区别。有些费用支出是正常支出，有些是非正常支出。对于作为从总收益中扣除的总费用，评估人员要认真分析，剔除不正常的费用支出。

（4）净收益的估算

房地产净收益的具体估算因评估对象的收益类型不同而有所不同，可归纳为以下几种情况。

① 出租型房地产净收益的估算。出租型房地产是收益法评估的典型对象，包括出租的住宅、写字楼、商场、标准厂房、仓库和场地等，其净收益通常为租赁收入扣除维修费、管理费、保险费、房地产税和租赁代理费后的余额。租赁收入包括有效毛租金收入和租赁保证金、押金等。在实际估算时，维修费、管理费、保险费、房地产税和租赁代理费是否需要扣除，应在分析租赁合同的基础上决定。如果保证房地产正常使用的费用均由出租方承担，则应将它们全部扣除；如果维修费、管理费等费用全部或部分由承租方承担，则扣除的项目就不包括这些应由承租方承担的费用。需要注意的是，房地产评估中一般考虑与房地产有关的税收，而所得税是针对业主的，故所得税一般不作为费用扣除。

② 直接经营型房地产净收益的估算。直接经营型房地产的特点是房地产所有者同时又是经营者，房地产的租金和经营者利润没有分开。直接经营型房地产具体又可分为下列两种：商业用房地产，应根据经营资料计算净收益，净收益为商品销售收入扣除商品销售成本、经营费

用、商品销售税金及附加、管理费用、财务费用和商业利润。工业用房地产，应根据产品市场价格以及原材料、人工费用等资料估算净收益，净收益为产品销售收入扣除生产成本、产品销售费用、产品销售税金及附加、管理费用、财务费用和厂商利润。

③ 自用或未使用房地产净收益的估算。自用或尚未使用的房地产，可以参照同一市场上有收益的类似房地产的有关资料按上述相应的方式计算净收益，或直接比较得出净收益。

2．资本化率的估算

资本化率又称还原利率，它是决定评估价值最关键的因素。这是因为，评估价值对资本化率最为敏感。资本化率的每一个微小变动，都会使评估价值发生显著改变。这就要求评估人员确定的资本化率的精度要远远高于净收益的精度。由于确定资本化率是一项复杂的、精度要求高的工作，所以运用收益法的评估人员必须具有较高的评估水平和丰富的经验。

（1）资本化率的实质

收益性房地产的购买实际上是一种投资行为。投资的目的是赚取利润。在收益性房地产交易中，投资者购买房地产所支付的价格就是他的投资，房地产带来的净收益就是利润。因此，资本化率的大小同投资风险的大小成正相关的关系。一般来说，银行存款的风险很小，因而存款利息率较低。资本化率几乎都要比银行存款利率高。对投资行为来说，大多数的投资都存在不同程度的风险。资本化率越高，意味着投资风险越大，在净收益不变的情况下，房地产价值越低。处于不同用途、不同区位、不同交易时间的房地产的投资风险各不相同，因此，资本化率也各不相同。

（2）资本化率的估算方法

① 净收益与售价比率法。评估人员从市场上搜集近期交易的与待评估房地产相同或相近似的房地产的净收益、价格等资料，反算出它们各自的资本化率，这种方法称为净收益与售价比率法。该方法运用的是房地产商品的替代性，选取的交易案例均来自市场，它最直接地反映了市场供求状况。因此，反算出来的资本化率基本上能够反映投资该房地产的利润率。此时求得的各资本化率是用实际收益与房地产价格之比求出来的，可以通过选取多个案例的资本化率取平均值的办法来消除各种偶然因素的干扰。具体可以根据实际情况，采取简单算术平均值或加权算术平均值。这种方法要求市场发育比较充分、交易案例比较多。评估人员必须拥有充足的资料，并尽可能以与待评估房地产情况接近的资料作为参照。

【例 4.1】在房地产市场中收集到四个与待评估房地产类似的交易实例，如表 4.1 所示（假设交易价格为无限年期的价格）。

表 4.1 净收益与售价交易实例

可比实例	净收益[元/（年·平方米）]	交易价格（元/平方米）	资本化率（%）
甲	425	5 800	7.33
乙	450	6 200	7.26
丙	400	5 900	6.78
丁	460	6 400	7.19

对以上四个可比实例的资本化率进行简单算术平均，就可以得到资本化率为：

r＝(7.33％＋7.26％＋6.78％＋7.19％)÷4＝7.14％

② 累加法。累加法又称安全利率加风险调整值法，是以无风险报酬率为基础，再加上风险调整值作为还原利率的方法。其计算公式为：

资本化率＝无风险报酬率＋风险调整值

无风险报酬率也称安全利率。这种方法首先选择市场上无风险的资本投资的收益率作为安全利率，通常选择银行中长期利率或国库券利率作为安全利率。然后根据影响待评估房地产的社会经济环境，估计投资风险程度，确定一个调整值，在安全利率基础上加风险调整值。这种方法对市场要求不高，应用比较广泛，但确定风险调整值时主观性较强，不容易掌握。

③ 排序插入法。评估人员搜集市场上各种投资的收益率资料，然后把各项投资按收益率的大小排序，估计待评估房地产投资风险在哪个范围内，并把它插入其中，确定资本化率。

（3）资本化率的种类

① 综合资本化率。这是把土地和附着于其上的建筑物看作一个整体评估所采用的资本化率。此时评估的是房地产整体的价值，采用的净收益也是房地合一的净收益。

② 建筑物资本化率。建筑物资本化率用于评估建筑物的自身价值。这时采用的净收益是建筑物自身所产生的净收益，把房地产整体收益中的土地净收益排除在外。

③ 土地资本化率。土地资本化率用于求取土地自身的价值。这时采用的净收益是土地自身的净收益，把房地产整体收益中的建筑物净收益排除在外。

综合资本化率、建筑物资本化率和土地资本化率的关系，可用公式表示如下：

$$r=\frac{r_1 L+r_2 B}{L+B}$$

或

$$r_1=\frac{r(L+B)-r_2 B}{L}$$

式中：r——综合资本化率；

r_1——土地资本化率；

r_2——建筑物资本化率；

L——土地价值；

B——建筑物价值。

3．收益期限的确定

房地产收益期限要根据具体的评估对象、评估对象的寿命及评估时采用的假设条件等来确定。

对于以单独的土地和单纯的建筑物作为评估对象的，应分别根据土地使用权年限和建筑物经济寿命确定未来可获收益的期限。在计算净收益时不扣除建筑物的折旧费和土地取得费用的摊销。

对于以房地合一作为评估对象的，如果建筑物的经济寿命长于或等于土地使用权年限，则根据土地使用权年限确定未来可获收益的期限。计算净收益时不扣除建筑物的折旧费和土地取得费用的摊销。

对于以房地合一作为评估对象的，如果建筑物的经济寿命短于土地使用权年限，则一般采用以下方法处理：先根据建筑物的经济寿命确定未来可获收益的期限，计算净收益时不扣除建筑物的折旧费和土地取得费用的摊销；然后再加上土地使用权年限超出建筑物经济寿命的土地剩余使用年限价值的折现值。

4.3.3 运用收益法的具体计算公式

运用收益法，只要待估对象具有连续的、可预测的净收益，就可以评估其价值。其可以评估单独的土地价值，也可以评估单独的地上建筑物价值，还可以评估房地合在一起的房地产价值。在评估实务中，其计算公式如下。

1．评估房地合一的房地产价值

其计算公式为：

$$房地产价值=\frac{房地产净收益}{综合资本化率}$$

式中：
$$房地产净收益＝房地产总收益－房地产总费用$$
$$房地产总费用＝管理费＋维修费＋保险费＋税金$$

2．单独评估土地的价值

（1）由土地收益评估土地价值

一般适用于空地出租的情况。

其计算公式为：

$$土地价值＝\frac{土地净收益}{土地资本化率}$$

式中：
$$土地净收益＝土地总收益－土地总费用$$
$$土地总费用＝管理费＋维修费＋税金$$

（2）由房地产收益评估土地价值

其计算公式为：

① 土地价值＝房地产价值－建筑物现值

式中：
$$建筑物现值＝建筑物重置价－年贬值额×已使用年数$$

$$年贬值额＝\frac{建筑物重置价－残值}{耐用年限}＝\frac{建筑物重置价×（1－残值率）}{耐用年限}$$

$$② \quad 土地价值＝\frac{房地产净收益－建筑物净收益}{土地资本化率} \tag{式1}$$

式中：
$$建筑物净收益＝建筑物现值×建筑物资本化率$$

房地产价值和房地产净收益的求法与前面相同。

3．单独评估建筑物的价值

其计算公式为：

$$建筑物价值＝房地产价值－土地价值$$

$$建筑物价值＝\frac{房地产净收益－土地净收益}{建筑物资本化率} \tag{式2}$$

在运用以上公式求取房地产净收益时，都是通过房地产总收益减去房地产总费用而得到的。这里需要特别说明的是，用来求取房地产净收益的房地产总费用不包含建筑物折旧费。同时，以上所列计算公式均假设土地使用年期为无限年期，但在评估实务中应注意土地使用的有限年期。利用上述公式（式 1 和式 2）求取土地价值或建筑物价值的方法也称为残余估价法。

4.3.4　收益法应用举例

【例 4.2】某房地产开发公司于 2014 年 3 月以有偿出让方式取得一块土地 50 年的使用权，并于 2016 年 3 月在此地块上建成一座砖混结构的写字楼，当时造价为每平方米 2 000元，经济耐用年限为 55 年。目前，该类建筑重置价格为每平方米 2 500 元。该建筑物占地面积为 500 平方米，建筑面积为 900 平方米，现用于出租，每月平均实收租金为 3 万元。另据调查，当地同类写字楼的出租租金一般为每月每建筑平方米 50 元，空置率为 10%，每年需支付的管理费为年租金的 3.5%，维修费为建筑重置价格的 1.5%，土地使用税及房产税合计为每建筑平方米 20 元，保险费为建筑重置价格的 0.2%，土地资本化率为 7%，建筑物资本化率为 8%。假设该土地使用权出让年限届满，土地使用权及地上建筑物将由国家无偿收回。试根据以上资料评估该宗土地 2020 年 3 月的土地使用权价值。

（1）选定评估方法。该宗房地产有经济收益，适宜采用收益法。

（2）计算总收益。总收益应该为客观收益而不是实际收益。

年总收益＝50×12×900×（1−10%）＝486 000（元）

（3）计算总费用。

① 年管理费＝486 000×3.5%＝17 010（元）

② 年维修费＝2 500×900×1.5%＝33 750（元）

③ 年税金＝20×900＝18 000（元）

④ 年保险费＝2 500×900×0.2%＝4 500（元）

年总费用＝①＋②＋③＋④

$\qquad$＝17 010＋33 750＋18 000＋4 500

$\qquad$＝73 260（元）

（4）计算房地产净收益。

年房地产净收益＝年总收益−年总费用

$\qquad$＝486 000−73 260＝412 740（元）

（5）计算房屋净收益。

① 计算年贬值额。年贬值额本来是应该根据房屋的耐用年限而确定，但是，在本例中，土地使用年限小于房屋耐用年限，土地使用权出让年期届满，土地使用权及地上建筑物将由国家无偿收回。这样，房屋的重置价格必须在可使用期限内全部收回。因此，房地产使用者可使用的年期为 48（50−2）年，并且不计残值，视为土地使用权年期届满，与地上建筑物一并由国家无偿收回。

$$年贬值额＝\frac{建筑物重置价}{使用年限}＝\frac{2\,500×900}{48}＝46\,875（元）$$

② 计算房屋现值。

房屋现值＝房屋重置价−年贬值额×已使用年数

$\qquad$＝2 500×900−46 875×4＝2 062 500（元）

③ 计算房屋净收益（假设房屋收益年期为无限年期）。

房屋年净收益＝房屋现值×房屋资本化率

$\qquad$＝2 062 500×8%＝165 000（元）

（6）计算土地净收益。

年土地净收益＝年房地产净收益−房屋年净收益

$\qquad$＝412 740−165 000＝247 740（元）

（7）计算土地使用权价值。土地使用权在 2020 年 3 月的剩余使用年期为 44（50−6）年。

$$P＝\frac{247\,740}{7\%}×\left[1-\frac{1}{(1+7\%)^{44}}\right]$$

$\quad$＝3 358 836.15（元）

单价＝3 358 836.15÷500＝6 717.67（元/平方米）

（8）评估结果。本宗土地使用权在 2020 年 3 月的土地使用权价值为 3 358 836.15 元，单价为 6 717.67 元/平方米。

4.4　房地产评估的市场法

4.4.1　市场法的基本思路与适用范围

市场法是房地产评估方法中最常用的基本方法之一，也是目前国内外广泛应用的评估方法。市场法的基本含义是：将待评估房地产与在评估基准日较近时期内已经完成的若干类似房地产进行比较、分析，并在交易实例价格的基础上进行各种差异因素修正，从而得出待评估房地产价格的一种估价方法。这里所说的交易实例是指与待评估房地产在所处区域、用途、结构、地形、地势、交易日期、交易性质等方面相同或相似的已经交易的房地产。因素修正包括交易情况、交易日期、区域因素和个别因素等的修正。

市场法只要有适合的类似房地产交易实例即可应用。因此在房地产市场比较发达的情况下，市场法得到广泛应用。在同一地区或同一供求范围内的类似地区中，与被评估房地产相类似的房地产交易越多，市场法应用就越有效。而对下列情况，市场法往往难以适用：①没有发生房地产交易或在房地产交易发生较少的地区；②某些类型很少见的房地产或交易实例很少的房地产，如古建筑等；③那些很难成为交易对象的房地产，如教堂、寺庙等；④风景名胜区土地；⑤图书馆、体育馆、学校用地等。

4.4.2　市场法的计算公式

市场法就是通过与近期交易的房地产进行比较，并对一系列因素进行修正，而得到被评估房地产在评估基准日的市场状况下的价格水平。这些因素主要有交易情况因素、交易日期因素、区域因素和个别因素四类。该方法通过交易情况修正，将可比交易实例修正为正常交易情况下的价格；通过交易日期因素修正，将可比交易实例价格修正为评估基准日的价格；通过区域因素修正，将可比交易实例价格修正为被评估对象所处区域条件下的价格；通过个别因素修正，将可比交易实例价格修正为被评估对象自身状况下的价格。个别因素中的容积率和土地使用年期，由于影响力较大，情况特殊，有时也单独进行修正。

市场法的基本计算公式为：

待评估房地产价值＝交易实例单价×交易情况修正系数×区域因素修正系数×个别因素修正系数×
交易时间修正系数×待评估房地产面积

如果土地容积率、土地使用年期单独修正，则计算公式为：

待评估房地产价值＝交易实例单价×交易情况修正系数×区域因素修正系数×个别因素修正系数×
交易时间修正系数×容积率修正系数×土地使用年期修正系数×
待评估房地产面积

在这里需要说明的是，组成区域因素或个别因素的各个因子都可以独立地扩展出来进行单独修正。

4.4.3　市场法的操作步骤

运用市场法评估房地产价值，一般经过下列程序：收集交易资料，确定可比交易案例，对交易情况、交易日期、区域因素、个别因素、容积率和土地使用年期等进行修正，确定房地产价值。

1．收集交易资料

运用市场法评估房地产价值，必须有充裕的交易资料，这是市场法运用的基础和前提条件。评估人员必须注意积累，在平时就要时刻关注房地产市场变化，随时收集有关房地产交易实例。如果等到需要时才去临时找案例，往往因为时间紧迫，很难收集到足够的交易实例。而交易实例太少，用市场法评估的价值就不能满足客观、合理的要求。

2．确定可比交易案例

在进行一宗房地产价值评估时，评估人员需要针对被评估房地产的特点，从平时搜集的众多房地产交易实例中选择符合一定条件的交易实例，作为可供比较参照的交易实例。可比交易实例选择是否适当，直接影响运用比较法评估的结果精度，因此对可比交易实例的选择应特别慎重。所选取的交易实例应符合下列条件：①与被评估房地产的用途相同；②与被评估房地产所处的地区应相同，或在同一供求范围的类似地区；③与被评估房地产的评估目的及其相对应的价值类型相同；④与被评估房地产的建筑结构要相同或相似；⑤与被评估房地产的评估基准日应接近，一般不应超过1年；⑥交易实例必须是正常交易或可以修正为正常交易。

3．因素修正

因素修正包括：交易情况修正、交易日期修正、区域因素修正、个别因素修正、容积率修正、土地使用年期修正等。

（1）交易情况修正。房地产的自然和经济特性，决定了房地产市场不能成为完全竞争市场，而是一个不完全竞争市场。在房地产市场上，房地产价格的形成往往具有个别性，因此运用市场法进行房地产评估，需要对选取的交易实例进行交易情况修正，将交易中由于个别因素所产生的价格偏差予以剔除，使其成为正常价格。房地产交易中的特殊情况较为复杂，主要有以下几种：①有特殊利害关系的经济主体间的交易，如亲友之间、有利害关系的公司之间、公司与本单位职工之间，通常都会以低于市价的价格进行交易；②交易时有特别的动机，这以急于出售或急于购买最为典型，如有人为了扩大经营面积，收买邻近的建筑用地，往往会使交易价格太高；③买方或卖方不了解市场行情，往往使房地产交易价格偏高或偏低；④其他特殊交易的情形，如契税本应由买方承担，却转嫁给了卖方；⑤特殊的交易方式，如拍卖、招标等。

交易情况的修正没有非常严格的技术标准，而更多地依赖于评估人员的职业判断。因此，作为评估人员应注意积累、整理和分析各种类型的实例，在评估实务中逐步提高自己的经验判断能力。

交易情况修正的公式为：

$$交易实例价格 \times 交易情况修正系数 = 正常价格$$

如果以指数来表示，即以正常情况对价格的影响程度为100，非正常情况对价格的影响程度可能大于100或小于100，则：

$$正常价格 = 交易实例价格 \times \frac{100}{(\ )}$$

通过交易情况修正，即可将可比交易实例价格修正为正常交易情况下的价格。

【例4.3】为评估某宗地A的土地价格，选取了B、C两个参照地块交易实例。已知地块B的交易双方具有某种关联关系，其土地使用权交易价格为6 800元/平方米，地块C系拍卖转让的土地使用权，拍卖价格为9 000元/平方米，地块B的价格比正常情况低了10%，而地块C的拍卖价格则高出正常情况的16%。则：

地块B交易情况修正后的价格 = 6 800 × 100 ÷（100 − 10）

$$= 6\ 800 \times 111.1\% = 7\ 554.8（元/平方米）$$

地块C交易情况修正后的价格 = 9 000 × 100 ÷（100 + 16）

$$= 9\ 000 \times 86.2\% = 7\ 758（元/平方米）$$

（2）交易日期修正。交易实例的交易日期与待评估房地产的评估基准日往往有一段时间差。在这一期间，房地产市场可能不断发生变化，房地产价格可能升高或降低。因此评估人员需要根据房地产价格的变动率，将交易实例房地产价格修正为评估基准日的房地产价格。这就是交易日期修正，也称日期修正。房地产价格的变动率一般用房地产价格指数来表示。

交易日期修正的公式为：

$$交易实例价格 \times 交易日期修正系数 = 评估基准日价格$$

$$交易实例价格 \times \frac{评估基准日价格指数}{交易时点价格指数} = 评估基准日价格$$

若以交易当时的价格指数为基准（即价格指数为 100），将交易实例价格调整到评估基准日的价格，则：

$$交易实例价格 \times \frac{(\quad)}{100} = 评估基准日价格$$

【例 4.4】 评估基准日是 2020 年 7 月 1 日，地块 B 的交易日期是 2019 年 8 月 1 日，地块 C 的交易日期为 2019 年 9 月 30 日。根据有关统计资料，2019 年 1 月 1 日至 2020 年 8 月 1 日，房地产业的平均价格每月上涨 0.3%，则地块 B 和地块 C 的日期修正系数分别为：

B 的日期因素修正率＝（100＋0.3×11）÷100＝103.3%

C 的日期因素修正率＝（100＋0.3×9）÷100＝102.7%

（3）区域因素修正。若交易实例房地产与被评估房地产不是处于同一地区，则评估人员应将交易实例房地产所处地区与被评估房地产所处地区的区域因素加以比较，找出由于区域因素的差别而引起的交易实例房地产与待评估房地产价格的差异，对交易实例房地产价格进行修正。

区域因素修正的计算公式为：

$$交易实例价格 \times 区域因素修正系数 = 估价对象区域下的价格$$

如果采用指数，若以估价对象区域因素为 100，则：

$$交易实例价格 \times \frac{100}{(\quad)} = 估价对象区域下的价格$$

区域因素修正通常采用多因素评定法，即对不同的因素根据其影响程度分别设定不同权重的标准分值，然后参照实例或待评估房地产与设定的标准进行比较、打分，最后以总分的比值作为修正率。可用直接比较法和间接比较法。直接比较法将待评估房地产设定为标准房地产，然后将参照实例与其进行比较、打分。间接比较法按一定的标准另设一个假想的标准房地产，将参照房地产和待评估房地产同时与标准房地产进行比较、打分。

【例 4.5】 假设上述地块 A、地块 B、地块 C 都属于商业用地，运用直接比较法以待评估地块 A 的各区域因素为标准，A 的总分值设定为 100，将地块 B、地块 C 分别与地块 A 进行比较、打分，得到的区域因素修正情况如表 4.2 所示。

表 4.2　区域因素修正情况表

区域因素	待估地块 A	参照实例 B		参照实例 C	
		状况	分值	状况	分值
① 自然条件	10	相同	10	相同	10
② 社会环境	10	相同	10	相同	10
③ 街道条件	10	稍差	8	相同	10
④ 繁华程度	10	稍差	7	稍差	7
⑤ 交通便捷度	10	稍差	8	稍差	8
⑥ 规划限制	10	相同	10	相同	10
⑦ 交通管制	10	相同	10	相同	10
⑧ 离公交车站点距离	10	稍远	7	相同	10
⑨ 交通流量	10	稍少	8	稍少	8
⑩ 周围环境	10	较差	8	相同	10
总分值	100	86		93	

根据表 4.2，参照地块 B、地块 C 的区域因素修正率分别为：

B 的区域因素修正率＝100÷86×100%＝116.3%

C 的区域因素修正率＝100÷93×100%＝107.5%

（4）个别因素修正。将交易实例房地产与待评估房地产的个别因素加以比较，找出由于个别因素的差别而引起的交易实例房地产与待评估房地产价格的差异，对交易实例房地产价格进行修正。个别因素修正是否适当，对房地产价格评估结果也有重大影响。

个别因素修正的计算公式为：

$$交易实例价格 \times 个别因素修正系数 = 估价对象状况下的价格$$

如果采用指数，若以估价对象个别因素为100，则：

$$交易实例价格 \times \frac{100}{(\quad)} = 估价对象状况下的价格$$

个别因素主要包括面积与形状、地质条件、临街深度等。其方法与区域因素修正方法相同。

【例 4.6】假设上述地块 A、地块 B、地块 C 的面积分别是 4 000m^2、4 760m^2、3 100m^2，其个别因素修正情况如表4.3所示。

表4.3　个别因素修正情况表

个别因素	待估地块 A	参照实例 B	参照实例 C
① 面积	20	21	18
② 形状	25	23	23
③ 地质条件	25	24	26
④ 临街深度	30	32	27
总分值	100	100	94

根据表4.3的得分，参照地块 B、地块 C 的区域因素修正率分别为：

地块 B 的个别因素修正率＝100÷100×100%＝100%

地块 C 的个别因素修正率＝100÷94×100%＝106.4%

（5）容积率修正。容积率的大小直接决定了在单位面积上能够开发的建筑面积的大小，因而对土地收益和价格产生直接的影响，地价在一定范围内与容积率呈正相关变化。超过了一定范围，容积率与地价的关系并非呈线性关系，需根据具体区域的情况具体分析。

容积率修正的计算公式为：

$$交易实例价格 \times 容积率因素修正系数 = 估价对象容积率下的价格$$

如果采用指数，若以估价对象容积率下的价格为100，则：

$$交易实例价格 \times \frac{100}{(\quad)} = 估价对象容积率下的价格$$

或

$$\frac{估价对象}{容积率下的价格} = \frac{交易实例}{价格} \times \frac{待评估宗地容积率修正系数}{交易实例容积率修正系数}$$

【例 4.7】续前例，假设政府城市规划对地块 A、地块 B、地块 C 的容积率最高限额依次为 1.7、2.5、2.0，该城市土地容积率修正系数如表4.4所示。

表4.4　某城市容积率修正系数表

容积率	…	1.0	1.1	1.3	1.7	2.0	2.1	2.5
系数	…	1.0	1.1	1.2	1.6	1.8	1.9	2.1

根据表4.4，参照地块 B、地块 C 的容积率因素修正率分别为：

地块 B 的容积率因素修正率＝1.6÷2.1×100%＝76.2%

地块 C 的容积率因素修正率＝1.6÷1.8×100%＝88.9%

（6）土地使用年期修正。我国实行有限年期的土地使用权有偿使用制度，土地使用年期的长短，直接影响土地收益的多少。土地的年收益确定以后，土地的使用期限越长，土地的总收益就越多，土地利用效益也越高，土地的价格也会因此提高。使用年期修正可以消除由于使用期限不同而对房地产价格造成的影响。

土地使用年期修正系数按下式计算：

$$K=\frac{1-\dfrac{1}{(1+r)^m}}{1-\dfrac{1}{(1+r)^n}}$$

式中：K ——将可比实例年期修正到被评估对象使用年期的年期修正系数；

　　　r ——资本化率；

　　　m ——被评估对象的使用年期；

　　　n ——可比实例的使用年期。

$$土地使用年期修正后的地价＝比较实例价格×K$$

【例 4.8】前例中，若地块 A、地块 B、地块 C 的剩余使用年期依次为 38 年、32 年、40 年，且已知土地资本化率为 8%，则：

$$地块 B 的使用年期修正率＝\frac{1-\dfrac{1}{(1+8\%)^{38}}}{1-\dfrac{1}{(1+8\%)^{32}}}=0.946\,3/0.914\,8×100\%=103.4\%$$

$$地块 C 的使用年期修正率＝\frac{1-\dfrac{1}{(1+8\%)^{38}}}{1-\dfrac{1}{(1+8\%)^{40}}}=0.946\,3/0.954\,0×100\%=99.2\%$$

4．确定房地产价值

经过上述的交易情况修正、交易日期修正、区域因素修正、个别因素修正、容积率修正、土地使用年期修正，就可得到在评估基准日的待评估房地产的若干价格，如果交易实例选取五个，就可能有五个价格。通过计算公式求取的若干价格，可能不完全一致。而被评估的房地产的价值却只能有一个。求取最终的房地产价值可采用统计学方法，如简单算术平均数法、加权算术平均数法、众数法、中位数法等。

【例 4.9】续前例，待估宗地 A 经过上述各因素修正后，可以确定其最后的评估结果。

按参照实例 B 计算的评估结果为：

6 800×111.1%×103.3%×116.3%×100%×76.2%×103.4%＝7 151.20（元/平方米）

按参照实例 C 计算的评估结果为：

9 000×86.2%×102.7%×107.5%×106.4%×88.9%×99.2%＝8 036.81（元/平方米）

根据参照实例 B 和参照实例 C 计算的评估结果比较接近，故可以它们的算术平均数作为待评估宗地 A 的评估结果：

待评估宗地 A 的评估值＝(7 151.20＋8 036.81)÷2＝7 594.01（元/平方米）

4.4.4　综合应用举例

【例 4.10】有一待估宗地甲需要评估，现搜集到与待估宗地条件类似的 4 块宗地 A、B、C、D，具体情况如表 4.5 所示。

表4.5 待估宗地与交易实例情况表

宗地	成交价（元/平方米）	交易时间	交易情况	容积率	区域因素	个别因素
甲		2020.1	0	1.2	0	0
A	800	2019.1	+2%	1.3	+1%	0
B	850	2020.1	+1%	1.4	0	+1%
C	760	2019.1	0	1.1	0	−2%
D	780	2019.1	0	1.0	−1%	−1%

表4.5中的交易情况、区域因素及个别因素，都是参照物宗地与待估宗地的比较结果，负号表示参照物宗地条件比待估宗地条件差，正号表示参照物宗地条件比待估宗地条件优，数值大小代表对宗地地价的修正幅度。

该城市此类用地容积率与地价的关系为：当容积率在1～1.5时，容积率每增加0.1，宗地单位地价比容积率为1时的地价增加3%。另外，该城市地价指数情况如表4.6所示。

表4.6 某城市地价指数表

年份	2016年	2017年	2018年	2019年	2020年
指数	100	105	108	110	111

试根据以上条件，评估待估宗地2020年1月的价格。

（1）建立容积率地价指数表，如表4.7所示。

表4.7 容积率地价指数表

容积率	1.0	1.1	1.2	1.3	1.4
地价指数	100	103	106	109	112

（2）参照物地价修正计算：

A. $800 \times \dfrac{111}{110} \times \dfrac{100}{102} \times \dfrac{106}{109} \times \dfrac{100}{101} \times \dfrac{100}{100} = 762$

B. $850 \times \dfrac{111}{111} \times \dfrac{100}{101} \times \dfrac{106}{112} \times \dfrac{100}{100} \times \dfrac{100}{101} = 789$

C. $760 \times \dfrac{111}{110} \times \dfrac{100}{100} \times \dfrac{106}{103} \times \dfrac{100}{100} \times \dfrac{100}{98} = 805$

D. $780 \times \dfrac{111}{110} \times \dfrac{100}{100} \times \dfrac{106}{100} \times \dfrac{100}{99} \times \dfrac{100}{99} = 851$

（3）确定评估结果。因根据四个参照实例修正计算出的结果较接近，故可以它们的算术平均数作为待估对象的评估结果。

待评估宗地甲的评估结果约为802元/平方米，即：

(762＋789＋805＋851)÷4＝801.75（元/平方米）

4.5 房地产评估的成本法

4.5.1 成本法的基本思路与适用范围

成本法是房地产评估的基本方法之一。其评估原理建立在重置成本的理论基础之上。成本法是以假设重新复制被评估房地产所需要的成本为依据而评估房地产价值的一种方法，即以重置一宗与被评估房地产可以产生同等效用的房地产所需投入的各项费用之和为依据，再加上一定的利润和应纳税金来确定被评估房地产价值。该方法认为，生产成本与价格之间有着密切联系。

由于房地产可能兼具房屋特性和土地特性，在采用成本法进行房地产评估时，评估人员要考虑采取的评估路径。应当根据评估对象状况和土地市场状况，选择房地合估路径或房地分估路径。通常，工业类房地产多采用房地分估；商业、住宅类在建房地产多采用房地合估。

当选择房地合估路径时，应当把土地当作原材料，模拟房地产开发建设过程，测算房地产重置成本或重建成本。这时，成本法评估的基本公式是：

重置成本＝土地取得成本＋开发成本＋管理费用＋销售费用＋投资利息＋销售税费＋开发利润

房地产评估值＝重置成本×成新率

当选择房地分估路径时，应当把土地和建筑物分别作为独立的资产，分别测算土地重置成本、建筑物的重置成本。这时，成本法评估房地产价值的基本公式是：

房地产价值＝土地使用权价格＋房屋建筑物价值

实务中，企业的土地使用权和房屋建筑物如果分别在不同科目核算，那么评估人员应当分别对土地使用权和房屋建筑物进行评估，不必相加。

由于房屋与其所依赖的土地具有不同的自然及经济特性，如房屋是人类劳动的产物，一般随时间变化会发生贬值，而城市土地既是自然的产物，同时又由于人类的改造而凝结着人类劳动，因此房产价值评估的成本法计算公式与土地价值评估的并不相同。

成本法与其他评估方法相比具有特殊用途，一般特别适用于房地产市场发育不成熟，成交实例不多，无法利用市场法、收益法等方法进行评估的情况。对于既无收益又很少有交易情况的政府办公楼、学校、医院、图书馆、军队营房、机场、博物馆、纪念馆、公园、新开发地等特殊性的房地产评估比较适用。

但由于土地的价格大部分取决于它的效用，并非仅仅是它所花费的成本，也就是说，由于土地成本的增加并不一定会增加它的使用价值，所以，成本法在土地评估中的应用范围受到一定限制。

4.5.2　房地分估模式下的土地使用权评估

用成本法评估地价必须分析地价中的成本因素。土地是一种稀缺的自然物，即使未经开发，由于土地所有权的垄断，相关人员在使用土地时也必须支付地租。同时，由于开发土地投入的资本及利息也构成地租的一部分，因此，成本法的基本公式为：

土地价值＝土地取得费＋土地开发费＋税费＋利息＋利润＋土地增值收益

该成本法也称为成本逼近法。用成本法评估地价的程序一般为：计算土地取得费用，计算土地开发费用，计算投资利息，计算投资利润和税费，确定土地增值收益，测算土地使用权价值。

1．计算土地取得费用

土地取得费是为取得土地而向原土地使用者支付的费用，分为两种情况。

（1）国家征用集体土地而支付给农村集体经济组织的费用，包括土地补偿费、地上附着物和青苗补偿费及安置补助费等。一般认为，土地补偿费中包含一定的级差地租。地上附着物和青苗补偿费是对被征地单位已投入土地而未收回的资金的补偿，类似地租中所包含的投资补偿部分。安置补助费是为保证被征地农业人口在失去其生产资料后的生活水平不致降低而设立的，因而也可以看成具有从被征土地未来产生的增值收益中提取部分作为补偿的含义。

关于征地费用的各项标准，《中华人民共和国土地管理法》有明确规定：征用耕地的补偿费用包括土地补偿费、安置补助费以及地上附着物和青苗的补偿费。征用耕地的土地补偿费，为该耕地被征用前3年平均产值的6～10倍；征用耕地的安置补助费，按照需要安置的农业人口数计算。需要安置的农业人口数，按照被征用的耕地数量除以征地前被征用单位平均每人占有耕地的数量计算。每一个需要安置的农业人口的安置补偿费标准，为该耕地被征前3年平均年产值的4～6倍。但是，每公顷被征用耕地的安置补助费，最高不得超过被征用前3年平均年产值的15倍。征用其他土地的土地补偿费和安置补助费标准，由各省、自治区、直辖市参照征用耕地的土地补偿费和安置补助费的标准规定。被征用土地上的附着物和青苗的补偿标准，由省、自治区、直辖市规定。征用城市郊区的菜地，用地单位应当按照国家有关规定缴纳新菜地开发建设基金。按照以上规定支付土地补偿费和安置补助费，尚不能使需要安置的农民保持原有生活水平的，经省、自治区、直辖市人民政府批准，可以增加安置补助费。但是，土地补偿费和安置补助费标准的总和不得超过土地被征用前3年平均年产值的30倍。在特殊情况下，国务院根据社会经济发展水平，可以提高被征用耕地的土地补偿费和安置补助费标准。

土地征用是国家依法为公益事业而采取的强制性行政手段，不是土地买卖活动，征地费用自然也不是土地购买价格。征地费用可能远高于农地价格，这与农地转为建设用地而使价格上涨有关。

（2）为取得已利用城市土地而向原土地使用者支付的拆迁费用，这是对原城市土地使用者在土地上投资未收回部分的补偿。对于补偿标准，各地均有具体规定。

2．计算土地开发费用

土地开发费按待估宗地设定开发程度下应投入的各项客观费用计算。宗地红线外的土地开发费为达到设定开发程度所需投入的各项开发费用；宗地红线内的土地开发费一般包括土地平整费。评估人员根据估价目的和投资主体不同，确定是否计入宗地红线内各类开发费用；按照待估宗地的条件、估价目的和实际已开发程度，确定待估宗地的开发程度。属建成区内已开发完成的宗地，评估设定的开发程度最少应为宗地红线外通路、通上水、通电和宗地红线内土地平整，即达到"三通一平"。而开发程度更高可达到"七通一平"。"七通一平"是指通路、通上水、通下水、通电、通信、通气、通热和场地平整。作为工业用地，"三通一平"只是最基本的条件，还不能立即上工业项目，只有搞好"七通一平"，项目才能正常运行。

3．计算投资利息

投资利息就是资金的时间价值。在土地评估中，投资者贷款需要向银行偿还贷款利息，利息应计入成本；投资者利用自有资金投入，也可以看作损失了利息，从这种意义上看，损失的利息也属于投资机会成本，也应计入成本。在用成本法评估土地价格时，投资包括土地取得费和土地开发费两大部分。由于两部分资金的投入时间和占用时间不同，土地取得费在土地开发动工前即要全部付清，在开发完成销售后方能收回。因此，计息期应为整个开发期和销售期。土地开发费在开发过程中逐步投入，销售后收回，若土地开发费是均匀投入，则计息期为开发期的一半。

4．计算投资利润和税费

投资的目的是获取相应的利润，作为投资的回报，对土地投资，当然也要获取相应的利润。该利润计算的关键是确定利润率或投资回报率。利润率计算的基数可以是土地取得费和土地开发费，也可以是开发后土地的地价。计算时，要注意所用利润率的内涵。税费是指土地取得和开发过程中所必须支付的税赋和费用，主要包括耕地占用税、土地管理费和土地增值税等。通常，耕地占用税包含在土地取得费中，土地增值税在集体土地征为国有土地时不考虑。

具体标准按照当地规定确定。

5．确定土地增值收益

土地增值收益主要是由于土地的用途改变或土地功能变化而引起的。由于农地转变为建设用地，新用途的土地收益将远高于原用途土地，必然会带来土地的增值收益，这种增值是国家允许改变土地用途所带来的。如果土地的性能发生了变化，提高了土地的经济价值，土地收益能力也会增加。这种增加的收益，总体上是由土地发展权带来的，应该在土地所有者、土地投资者和土地使用者之间合理分配。土地增值依据土地所在区域内，因土地用途等土地使用条件改变或进行土地开发而产生的价值增加额或比率测算。

按上述内容和公式计算出的土地使用权价格，在经过年期修正和其他因素修正后，最终成为土地使用权评估值。

4.5.3 房地分估模式下的房屋建筑物评估

成本法是房屋建筑物评估中的常见方法，它是以现时条件下被评估房屋建筑物全新状态的重置成本，减去房屋建筑物的实体性贬值、功能性贬值和经济性贬值，据以估算房屋建筑物价值的一种评估方法。计算公式为：

房屋建筑物评估值＝重置成本－实体性贬值－功能性贬值－经济性贬值

或者

房屋建筑物评估值＝单位面积重置成本×建筑面积×成新率

＝重置成本×成新率

1．确定重置成本

重置成本是采用新的建筑材料和工艺建造一个与待估建筑物功能结构基本相同的建筑物的成本，其中包括利息和利润等。重置成本计算公式为：

重置成本＝建安综合造价＋前期费用及其他费用＋利息＋合理利润

（1）建安综合造价的确定。房屋建筑物的建安综合造价包括土建工程造价和安装工程造价。评估人员通过查勘待估房屋建筑物的各项实物情况和调查工程竣工图纸、工程结算资料齐全情况，采取不同的方法分别确定待估房屋建筑物建安工程综合造价。一般可根据实际情况采用重编预算法、决算调整法、类比系数调整法、单方造价指标法等方法中的一种方法或同时运用几种方法综合确定评估对象的建安工程综合造价。"营改增"后，评估对象建安工程综合造价根据经济行为情况，可以是含税的，也可以是不含税的，但不论选择哪种，都需进行说明。

（2）前期费用及其他费用的确定。除建筑安装工程造价外，一般建安工程还有其他有关费用，包括前期费用、期间费用等。前期费用包括筹建费、可行性研究费、规划费、设计费、地质勘察费、场地平整费、水电气费、临时设施费用等。期间费用主要为工程建设监理费，建设单位管理费，城市基础设施配套费，人防工程易地建设费，文物调查、勘探、发掘费，工程定额测定费，建设劳保费，拆迁管理费，新型墙体材料专项基金，建筑垃圾处置费，临时占道费和其他相关验收检测费等。这些费用有的是按照工程费的一定比例收取的，有的是按照建筑面积收取的，对此，国家及当地政府有相关文件规定，评估时应认真查询核对取费项目和费率。目前在评估实务中，对于服务性收费项目通常按照不含税金额计取；对于政府规费，因不涉及扣税，按照实际计算金额计取。

（3）确定利息。利息根据本项目合理的建设工期，按照评估基准日相应期限的贷款利率，以建安工程造价（含税）与前期及其他费用（含税）之和为基数确定。其计算公式为：

利息＝[建安工程造价（含税）＋期间费用]×正常建设期×正常建设期贷款利率÷2＋

前期费用（含税）×正常建设期×正常建设期贷款利率

（4）确定合理利润。通常情况下，自用的生产型房屋建筑物是不计算利润的，房地产开发和商业经营型房地产则应当计算合理利润。利润率有多种含义，如成本利润率、投资利润率、销售利润率等，在计算合理利润时，评估人员应明确计算基数与利润率的含义，注意二者的匹配关系。

2．确定成新率

房屋建筑物的价值减损与会计上的折旧的内涵是不一样的。房屋建筑物的价值减损，一般是由两方面因素引起的：一是物理化学因素，即因房屋建筑物使用而使房屋建筑物磨损、房屋建筑物自然老化、自然灾害引起的房屋建筑物结构缺损和功能减弱，所有这些因素均导致房屋建筑物价值减损，故这种减损又被称为自然折旧或有形损耗。二是社会经济因素，即由于技术革新、建筑工艺改进或人们观念的变化，或市场环境发生变化，引起建筑设备陈旧落后、设计风格落后，功能不能满足需要，由此引起房屋建筑物陈旧、落后，致使其价值降低，这种减损称为无形损耗。从房屋建筑物重置成本中扣除房屋建筑物损耗，即为房屋建筑物现值，因此，确定房屋建筑物贬值额就成为房地产评估中的关键一环。

建筑物的成新率可以根据建筑物的建成年代、新旧程度、功能损耗等确定。评估人员可以采用年限法成新率和打分法成新率，再通过加权平均确定综合成新率。具体说明如下。

（1）年限法成新率的确定。在实务中，评估人员常常对于单价价值较小、结构相对简单的房屋建筑物采用年限法，计算公式如下：

$$成新率＝尚可使用年限÷（尚可使用年限＋已使用年限）×100\%$$

已使用年限：根据房屋建筑物建造年、月，计算得出。

尚可使用年限：按有关部门关于房屋建筑物耐用年限标准确定。

（2）打分法成新率的确定。依据建设部有关鉴定房屋新旧程度的参考依据、评分标准，根据现场勘察技术测定，评估人员结合有关工程资料并现场勘察结构部分（地基基础、承重结构、非承重结构、屋面、楼地面）、装修部分（门窗、内粉饰、外粉饰、顶棚等）、设备部分（水卫、电气、消防设施、通风通暖），根据勘察状况来确定各部分的完好分值，并对各部分赋予权重，最终确定建筑物的打分法成新率。计算公式如下：

$$成新率＝（结构打分×评分修正系数＋装修打分×评分修正系数＋设备打分×评分修正系数）÷100×100\%$$

（3）综合成新率的确定。综合成新率采用加权平均法，计算公式为：

$$综合成新率＝（年限法成新率×权数＋打分法成新率×权数）÷总权数$$

一般地，年限法权数取 0.4，打分法权数取 0.6。

3．评估值计算

房屋建筑物的评估值计算公式为：

$$评估值＝重置成本×综合成新率$$

4.5.4　房地合估模式下的成本法

房地合估模式下的成本法首先模拟房地产开发建设过程，测算房地产重置成本，然后再考虑扣除价值损耗，具体过程如下。

1．确定重置成本

房地合估模式下成本法评估的基本公式为：

$$重置成本＝土地取得成本＋开发成本＋管理费用＋销售费用＋投资利息＋开发利润＋销售税费$$

对于在建房地产，上述各项均为已实际发生的成本。此外，在建房地产成本也可以按照已建成房地产的成本乘以完工率来确定，即：

重置成本＝（土地取得成本＋开发成本＋管理费用＋销售费用＋利息＋利润＋销售税费）×完工率

这时，上述各项成本均为假设房地产已建成的成本。

（1）土地取得成本。土地取得的途径有征收、拆迁改造和购买等。评估人员根据取得土地的不同途径，分别测算取得土地的成本，包括有关土地取得的手续费及税金。

（2）开发成本。开发成本主要由五个方面构成。

① 勘察设计和前期工程费，包括临时用地、水、电、路、场地平整费，工程勘察测量及工程设计费，城市规划设计、咨询、可行性研究费，建设工程许可证执照费等。

② 基础设施建设费，包括由开发商承担的红线内外的自来水、雨水、污水、煤气、热力、供电、电信、道路、绿化、环境卫生、照明等建设费用。

③ 房屋建筑安装工程费，可假设为开发商取得土地后将建筑工程全部委托给建筑商施工，开发商应当付给建筑商的全部费用，包括建筑安装工程费、招投标费、预算审查费、质量监督费、竣工图费等。

④ 公共配套设施建设费，包括由开发商支付的非经营性用房，如居委会、派出所、托幼所、自行车棚、信报箱、公厕等的费用；附属工程，如锅炉房、热力点、变电室、煤气调压站的费用和电梯费等；文教卫系统，如中小学、文化站、门诊部、卫生所用房的建设费用。而商业网点，如粮店、副食店、菜店、小百货店等经营性用房的建设费用应由经营者负担，按规定不计入商品房价格。

⑤ 开发期间税费，指政府或其他部门收取的费用，如工程招标管理费、建筑工程标底编制费、城市道路占用费、市容环保费、建筑工程规划许可证费等。

（3）管理费用。管理费用是指为组织和管理房地产开发经营的必要支出，包括开办费、开发单位的人员工资、办公费及差旅费等。可按土地取得成本与建筑物开发成本之和的一定比例计算。

（4）销售费用。销售费用是指销售房地产所发生的广告宣传费、销售人员工资、委托销售代理费等。一般按照房地产市场价值的一定比例计算。

（5）利息。利息是指房地产开发完成或实现销售之前所有必要支出产生的利息。计息基数为土地取得成本、建筑物开发成本、管理费用和销售费用。

（6）利润。利润是指该类房地产开发项目在正常条件下产权人所能获得的行业平均利润。其计算基数为土地取得成本、建筑物开发成本、管理费用和销售费用之和。利润率应根据开发类似房地产的平均投资利润率来确定。

（7）销售税费。销售税费主要包括以下几个部分。

① 销售税金及附加（即两税一费）：增值税、城市维护建设税、教育费附加；

② 其他销售税费：应当由卖方负担的印花税、交易手续费、产权转移登记费等。

2．确定土地和建筑物尚可使用年限及损耗

按照通常作法，对于正常的新建建筑物，评估时可以不考虑损耗；对于旧建筑物，评估时应当考虑损耗，具体方法参见房地分估模式下的房屋建筑物评估中有关成新率确定的相关内容。这里需要特别注意的是，房地合估时，土地使用权剩余年限与地上物的尚可使用年限可能是不一致的。这时需要根据具体情况判断，地上物的尚可使用年限是短于还是长于土地使用权剩余年限。如果是短于，则应以地上物的尚可使用年限为基础测算损耗，计算出的评估结果需要再加上土地使用权剩余年限与地上物的尚可使用年限之差那部分的土地使用权价格；如果是长于，则应以土地使用权剩余年限为基础测算损耗。

3．评估值计算

在以上测算重置成本和成新率的基础上，可按下式计算待估房地产的评估值。

$$评估值＝重置成本×成新率$$

4.5.5 成本法应用举例

【例4.11】某市经济技术开发区内有一块土地面积为3 000平方米，该地块的土地征地费用（含安置、拆迁、青苗补偿费和耕地占用税）为每亩30万元，土地开发费为每平方千米4亿元，土地开发周期为2年，第1年投入资金占总开发费用的35%，开发商要求的投资回报率为10%，当地土地出让增值收益率为15%，银行贷款年利率为6%，按复利计息，试评估该土地的价值（注：1公顷＝15亩＝10 000平方米）。

该土地的各项投入成本均已知，可用成本法评估。

（1）计算土地取得费。

土地取得费＝30万元/亩＝450（元/平方米）

（2）计算土地开发费。

土地开发费＝4亿元/平方千米＝400（元/平方米）

（3）计算投资利息。土地取得费的计息期为2年，土地开发费为分段均匀投入，则：

土地取得费利息＝$450 \times [(1+6\%)^2 - 1] = 55.62$（元/平方米）

土地开发费利息＝$400 \times 35\% \times [(1+6\%)^{1.5} - 1] + 400 \times 65\% \times [(1+6\%)^{0.5} - 1]$
$\qquad = 12.78 + 7.68 = 20.46$（元/平方米）

（4）计算开发利润。

开发利润＝$(450+400) \times 10\% = 85$（元/平方米）

（5）计算土地价值。

土地单价＝$(450+400+55.62+20.46+85) \times (1+15\%)$
$\qquad = 1\ 162.74$（元/平方米）

土地总价＝$1\ 162.74 \times 3\ 000 = 3\ 488\ 220$（元）

该宗地单价为1 162.74元，总价为3 488 220元。

4.6 房地产评估的剩余法

4.6.1 剩余法的基本思路与适用范围

剩余法又称假设开发法、倒算法或预期开发法。剩余法是将待估房地产开发后的预期价值，扣除正常投入费用、正常税金及合理利润后，依据该剩余值测算待估房地产价值的方法。

运用剩余法确定待估房地产价值时，首先估算开发完成后房地产正常交易的价值，然后扣除建筑物续建费用和与建筑物续建、买卖有关的专业费、利息、利润、税收等费用，以价值余额来确定待评估房地产价值。运用剩余法还可以通过已建成房地产价值扣除土地（房屋）的价值，得到房屋（土地）的价值。

剩余法主要适用于下列房地产的估价。

（1）待开发房地产的评估（假设开发）。

（2）对已建成房地产中的房屋或土地的评估。

（3）将生地开发成熟地的土地评估。用开发完成后的熟地地价减去土地开发费用，就得到生地地价。

（4）待拆迁改造的再开发地产的评估。这时的建筑安装费还应包括拆迁费用。

运用剩余法必须遵循以下前提条件。

（1）房地产开发必须有明确的规划，且规划应得到相关规划部门的批准，并在有效期内。

（2）假设土地或其他房地产的利用方式为最高最佳开发利用方式，包括用途、使用强度、建筑物的设计等。

（3）售价的预测和成本的测算必须符合合法原则，在正确分析房地产市场行情，掌握房地产市场中的有关数据信息的情况下，与当地房地产市场的实际相吻合。

剩余法的可行性主要取决于最佳开发利用方式的选择和未来开发完成的房地产售价的推测，只要做到这两项具有一定的准确性，剩余法的可靠性也就有了一定的保证。

4.6.2　剩余法的基本计算公式

剩余法的计算公式表现形式较多，但根据剩余法的基本思路，剩余法的计算公式表现形式主要有两种，分别对应不同情形。

1. 适用于待开发房地产的基本公式

$$P=A-(B+C+D+E)$$

式中：P——评估对象价值；

$\quad\quad A$——开发完成后的房地产价值；

$\quad\quad B$——整个项目后续开发的开发成本；

$\quad\quad C$——后续开发的投资利息；

$\quad\quad D$——开发商后续开发的合理利润；

$\quad\quad E$——后续开发的正常税费。

2. 适用于已建成房地产的基本公式

$$P=A-B \text{ 或 } P=A-C$$

式中：P——待评估土地（房屋）价值；

$\quad\quad A$——已建成的房地产总价值；

$\quad\quad B$——房屋价值；

$\quad\quad C$——土地价值。

运用剩余法可以通过已建成房地产价值扣除土地的价值，得到房屋的价值，也可以通过已建成房地产价值扣除房屋的价值，得到土地的价值。

具体运用时，已建成房地产价值可以通过市场法或收益法确定。在通过已建成房地产价值扣除土地的价值得到房屋的价值时，土地价值可以通过市场法、基准地价修正法、成本逼近法等确定；在通过已建成房地产价值扣除房屋的价值得到土地的价值时，房屋价值可以通过成本法确定。

4.6.3　剩余法的操作步骤

根据剩余法估价的基本思路，对于待开发房地产，剩余法估价的程序为：调查房地产及其开发项目的整体情况，确定待估房地产的最佳开发利用方式，预测房地产售价，估算各项续建成本费用，确定开发商的合理利润，估算待估对象价值。

1. 调查房地产及其开发项目的整体情况

（1）调查房地产及其开发项目的总体规划、建筑规模、总投资、建设分期情况、容积率、覆盖率、建筑物高度限制等。

（2）调查房地产及其开发项目占有土地的情况，包括土地位置（包括所在城市的性质及其在城市中的具体坐落，以及周围土地条件和利用现状）、土地实物状况（包括面积大小和土地形状、地质状况、地形地貌、基础设施状况和生活设施状况以及公用设施状况等）、土地利用限制条件（包括土地政策的限制，城市规划、土地利用规划的制约等）。

（3）调查此地块的权利状况，包括弄清权利性质、使用年限、能否续期、是否已设定抵押权等。这些权利状况对确定开发完成后的房地产价值、售价及租金水平有着非常重要的作用。

2．确定待估房地产的最佳开发利用方式

评估人员根据调查的房地产及其开发项目的状况和房地产市场条件等，在城市规划及法律法规等限制所允许的范围内，确定地块的最佳利用方式，包括确定用途、建筑容积率、绿地覆盖率、建筑高度、建筑装修档次等。在选择最佳的开发利用方式时，最重要的是选择最佳的土地用途。土地用途的选择，要与房地产市场的需求相结合，并且要有一定的预测。最佳的开发利用方式就是开发完成后销售时能获得最高的收益。

3．预测房地产售价

评估人员根据所开发房地产的类型，对开发完成后的房地产总价，可通过以下两个途径获得。

（1）对于出售的房地产，如居住用商品房、工业厂房等，可采用市场比较法确定开发完成后的房地产总价。

（2）对于出租的房地产，如写字楼和商业楼宇等，确定其开发完成后的房地产总价，应首先采用市场比较法，确定所开发房地产出租的纯收益，再采用收益还原法将出租纯收益转化为房地产总价。具体确定时需要估计以下几个要点：①单位建筑面积月租金或年租金；②房地产出租费用水平；③房地产还原利率；④可出租的净面积。其中，租金水平可依据类似房地产而确定。

4．估算各项续建成本费用

（1）估算开发建筑成本费用。开发建筑成本费用可采用比较法来测算，即通过当地同类建筑物当前平均的或一般建造费用来测算，也可通过建筑工程概预算的方法来估算。

（2）估算专业费用。专业费用包括建筑设计费、工程概预算费用等，一般采用建造费用的一定比率估算。

（3）管理费用。管理费用主要是指开办费和开发过程中管理人员的工资等，一般根据开发成本的一定比率估算。

（4）销售税费。销售税费包括销售费用（即销售广告宣传费、委托销售代理费等）、销售税金及附加（即增值税、城市维护建设税、教育税附加）、其他销售税费（即应当由卖方负担的印花税、交易手续费、产权转移登记费等）。应根据当地政府的税收政策估算，一般以建成后房地产总价的一定比例计算。此外，税费还应考虑土地增值税以及投资者购买待开发房地产应负担的税费。

（5）确定开发建设工期，估算预付资本利息。开发建设工期是指从取得土地使用权一直到房地产全部销售或出租完毕的这一段时期。根据等量资本要获取等量利润的原理，利息应为开发全部预付资本的融资成本，不仅是建造工程费用的利息，还应包括土地资本的利息。房地产开发的预付资本包括地价款、开发建造费、专业费和不可预见费等，即使这些费用是自有资金，也要计算利息。这些费用在房地产开发建设过程中投入的时间是不同的。评估人员在确定利息额时，必须根据地价款、开发费用、专业费用等的投入额各自在开发过程中所占用的时间长短和当时的贷款利率高低进行计算。例如，预付地价款的利息额应以全部预付的价款按整个开发建设工期计算，开发费、专业费假设在建造期内均匀投入，则利息以全部开发费和专业费为基数，按建造期的一半计算。若有分年度投入数据，则可进一步细化。例如，建造期为两年，第一年投入部分计息期为一年半，第二年投入部分计息期为半年等。开发费、专业费在建筑竣工后的空置及销售期内应按全额全期计息。

5．确定开发商的合理利润

开发商的合理利润一般以房地产总价或预付总资本的一定比例计算。投资回报利润的计算基数一般为地价、开发费、管理费用、销售费用和专业费，销售利润的计算基数一般为房地产售价。

6．估算待估对象价值。

完成以上步骤后，评估人员即可根据剩余法的基本公式估算确定被估房地产的价值。

估算待估房地产价值的方法分为动态法和静态法两种，考虑资金时间价值的计算称为动态计算，而不考虑资金时间价值的计算称为静态计算。

4.6.4 剩余法应用举例

【例 4.12】有一宗"七通一平"的待开发建筑用地，土地面积为 3 200 平方米，建筑容积率为 2.5，拟开发建设写字楼，土地使用权年限为 50 年，建设期为 3 年，建筑费为 1 000 元/平方米，专业费为建筑费的 10%，建筑费和专业费在建设期内均匀投入。该写字楼建成后即可对外出租，出租率估计为 90%，预计每建筑平方米的年租金为 300 元，年出租费用为年租金的 25%。当地银行年贷款利率为 7%，房地产综合还原利率为 8%，开发商要求的总利润为所开发房地产总价的 15%。试估算该宗土地的地价。

（1）计算房地产总价。

① 房地产建筑总面积＝3 200×2.5＝8 000（平方米）

② 房地产纯收益＝300×8 000×90%×（1−25%）＝1 620 000（元）

③ 房地产收益年期＝50−3＝47（年）

房地产总价＝1 620 000/8%×[1−1/(1+8%)^{47}]＝19 706 113（元）

（2）计算建筑费和专业费。

建筑费及专业费＝1 000×（1+10%）×8 000＝8 800 000（元）

（3）计算利息。

利息＝地价×[(1+7%)^3−1]+8 800 000×[(1+7%)$^{1.5}$−1]

　　＝0.225×地价+939 986

（4）计算利润。

利润＝19 706 113×15%＝2 955 917（元）

（5）求取地价。

地价＝房地产总价−建筑费−专业费−利息−利润

地价＝19 706 113−8 800 000−0.225×地价−939 986−2 955 917

地价＝7 010 210/1.225＝5 722 620（元）

4.7 房地产评估的基准地价修正法

4.7.1 基准地价的含义、特点及作用

1．基准地价的含义

基准地价是由政府制定的城镇国有土地的基本标准价格，是各城镇按不同的土地级别、

不同的地段或均质地域分别评估的商业、工业、住宅等各类用地和综合土地级别的土地使用权的平均价格。

基准地价是根据我国城镇土地在实际利用和使用过程中所产生的基本经济收益，按照一定的条件和方法折算出来的地产价格。政府制定这一价格的目的是为土地使用权的合理出让、转让等提供指导依据，增加国家管理和控制地价的能力。

各地基准地价成果各不相同，但其基本含义的表述大体上是差不多的，基准地价内涵一般包括：基准地价表（采用级别基准地价或区片基准地价予以表示）；基准地价的估价期日；设定土地开发程度（因土地级别、用途不同可能不同）；设定土地容积率（由于用途不同可能不同）；设定土地使用权年限。

基准地价修正体系一般包括：地价增长率或地价指数；不同用途宗地地价区域因素修正系数指标说明表和修正系数表；不同用途宗地地价区域个别修正系数指标说明表和修正系数表；其他因素（如容积率、面积、形状、建筑物朝向等）修正系数指标说明表和修正系数表；土地开发程度修正系数表等。

基准地价及其修正体系一般可通过获取当地的《土地级别与基准地价更新技术报告》或咨询当地国土资源管理部门了解和掌握。

2．基准地价的特点

基准地价一般具有下列特点。

（1）基准地价是区域性价格。这个区域可以是级别区域，也可以是区段，因而基准地价的表现形式通常为级别价、区片价和路段价。

（2）基准地价是土地使用权价格。

（3）基准地价是平均价格，反映的是不同等级、不同区域的土地使用权的平均价格，不等同于宗地地价。

（4）基准地价一般都要覆盖整个城市建成区。

（5）基准地价是单位土地面积的地价。

（6）基准地价具有现时性，不是交易价格，基准地价是由政府组织评估测算、论证并公布的价格，是评估出的特定时点的价格，具有一定的现时性。

3．基准地价的作用

基准地价的作用如下。

（1）具有政府公告作用。

（2）是宏观调控地价水平的依据。

（3）是国家征收城镇土地税收的依据。

（4）是政府参与土地有偿使用收益分配的依据。

（5）是进一步评估宗地地价的基础。

（6）引导土地资源在行业部门间的合理配置。

4.7.2 基准地价修正法的基本思路与适用范围

基准地价修正法是利用城镇基准地价和基准地价修正体系等评估成果，按照替代原则，将被估宗地的区域条件和个别条件等与其所处区域的平均条件相比较，并对照修正系数表选取相应的修正系数对基准地价进行修正，从而求取被估宗地在评估基准日价值的方法。在我国许多城市，尤其是房地产市场不太发达的城市，基准地价修正法也是常用的方法。

基准地价修正法的基本原理是替代原理，即在正常的市场条件下，具有相似土地条件和使用功能的土地，在正常的房地产市场中，应当具有相似的价格。基准地价是某级别或均质地域内分用途的土地使用权平均价格。基准地价相对应的土地条件，是土地级别或均质地域内该类用途土地的平均条件。因此，评估人员通过被估宗地条件与级别或区域内同类用地平均条件的比较，并根据二者在区域条件、个别条件、使用年期、容积率和价格期日等方面的差异，对照因素修正系数表选取适宜的修正系数，对基准地价进行修正，即可得到被估宗地地价。

基准地价修正法的基本公式如下：

$$\begin{array}{l}\text{被估宗}\\\text{地地价}\end{array}=\begin{array}{l}\text{待估宗地所处级别}\\\text{（地段）的基准地价}\end{array}\times\begin{array}{l}\text{区域因素}\\\text{修正系数}\end{array}\times\begin{array}{l}\text{个别因素}\\\text{修正系数}\end{array}\times\begin{array}{l}\text{年期修}\\\text{正系数}\end{array}\times\begin{array}{l}\text{期日修}\\\text{正系数}\end{array}\times\begin{array}{l}\text{容积率}\\\text{修正系数}\end{array}\times\begin{array}{l}\text{其他因素}\\\text{修正系数}\end{array}$$

基准地价修正法适用于完成基准地价评估的城镇的土地估价，即该城市具备基准地价成果图和相应修正体系成果。基准地价修正法可在短时间内大批量进行宗地地价评估。因此，可快速方便地进行大面积的、数量众多的土地价格评估。基准地价修正法估价的精度取决于基准地价及其修正系数的精度。因此，该方法一般在宗地地价评估中不作为主要的评估方法，而作为一种辅助方法。

采用基准地价修正法的前提条件是：当地政府已公布基准地价；可以取得基准地价修正体系；在评估基准日所取得的基准地价及其修正体系是有效的，并且基准地价的评估基准日距估价对象评估基准日在 3 年以内。

4.7.3　基准地价修正法评估的程序

（1）收集、整理土地定级估价成果资料。土地定级估价成果资料是采用基准地价修正法评估宗地地价必不可少的基础性资料。在估价前必须收集的当地土地定级估价的成果资料主要包括：土地级别图、基准地价图、样点地价分布图、基准地价表、基准地价修正系数表和相应的因素条件说明表等。之后评估人员需要对其进行归纳、整理和分析，作为宗地估价的基础资料。

（2）确定修正系数表。评估人员根据待估宗地的位置、用途、所处的土地级别、所对应的基准地价，确定相应的因素条件说明表和因素修正系数表，以确定地价修正的基础和需要调查的影响因素项目。

（3）调查宗地地价影响因素的指标条件。评估人员按照与待估宗地所处级别和用途相对应的基准地价修正系数表和因素条件说明表中所要求的因素条件，确定宗地条件的调查项目，调查项目应与修正系数表中的因素一致。评估人员对宗地因素指标的调查，应充分利用已收集的资料和土地登记资料及有关图件，对不能满足需要的，应进行实地调查采样，在调查的基础上，整理归纳宗地地价因素指标数据。

（4）制定待估宗地因素修正系数。评估人员根据每个因素的指标值，查对相对应用途土地的基准地价影响因素指标说明表，确定因素指标对应的优劣状况；按优劣状况再查对基准地价修正系数表，得到该因素的修正系数。对所有影响宗地地价的因素都同样处理，即得到宗地的全部因素修正系数。

（5）确定待估宗地使用年期修正系数。基准地价对应的使用年期，是各用途土地使用权的最高出让年期，而具体宗地的使用年期可能各不相同，因此评估人员必须进行年期修正。土地使用年期修正系数可按下式计算：

$$y=\frac{1-\dfrac{1}{(1+r)^m}}{1-\dfrac{1}{(1+r)^n}}$$

式中：y——宗地使用年期修正系数；

　　　r——土地资本化率；

　　　m——待估宗地可使用年期；

　　　n——该用途土地法定最高出让年期。

（6）确定期日修正系数。基准地价对应的是基准地价评估基准日的地价水平，随着时间的推移，土地市场的地价水平会有所变化，因此评估人员必须进行期日修正，把基准地价对应的地价水平修正到宗地地价评估基准日时的地价水平。期日修正一般可以根据地价指数的变动幅度进行。

（7）确定容积率修正系数。这是一个非常重要的修正系数。基准地价对应的是该用途土地在该级别或均质地域内的平均容积率，各宗地的容积率可能各不相同，同时容积率对地价的影响也非常大，并且在同一个级别区域内，各宗地的容积率也可能差异很大。因此，评估人员一定要重视容积率的修正。也就是说，必须将区域的平均容积率下的地价修正到宗地实际容积率水平下的地价。

（8）评估宗地地价。评估人员根据以上的分析和计算得到的修正系数，按前面给出的基准地价修正法的基本公式，求算出待估宗地的地价水平。

思考题

1. 房地产的特性有哪些？
2. 遵循房地产评估中的合法原则应具体体现在哪些方面？
3. 土地使用权评估有哪些方法，适用范围是怎样的？
4. 影响房地产价格的因素有哪些？
5. 实际收益与客观收益的含义及区别是什么？
6. 基准地价有哪些作用？
7. 基准地价修正法的适用范围是什么？

练习题

一、单项选择题

1. 在房地产评估中，当无参照物和无法预测未来收益时，则运用（　　）评估较为合法。

　　A. 成本法　　　　　　B. 市场比较法　　　C. 残余估价法　　　D. 收益法

2. 某宗土地2 000平方米，土地上建一幢10层的宾馆，宾馆首层面积为1 200平方米，第2层至第10层每层建筑面积为1 000平方米，则由此计算出的建筑容积率为（　　）。

　　A. 0.6　　　　　　　B. 5.1　　　　　　　C. 2　　　　　　　　D. 6

3. 土地"三通一平"是指（　　）。

　　A. 通水、通热、通路、平整地面　　　　B. 通水、通路、通电、平整地面

　　C. 通水、通路、通气、平整地面　　　　D. 通水、通电、通信、平整地面

4. 土地使用权按土地不同用途规定相应的最高出让年期，下列各项：（1）居住用地；（2）工业用地；（3）教育科研文化卫生体育用地；（4）商业旅游娱乐用地；（5）综合或其他用地，最高出让年限正确的是（　　）。

　　A. 70年、50年、50年、40年、50年　　　B. 70年、50年、50年、40年、40年

　　C. 60年、50年、50年、40年、50年　　　D. 60年、50年、40年、40年、50年

5. 在运用市场法评估房地产价值时，通过区域因素修正后，可将参照物价格修正为（　　）条件下的价格。

　　A. 城市平均区域　　　　　　　　　　　B. 参照物所处区域

　　C. 参照物规划区域　　　　　　　　　　D. 评估对象所处区域

6. 在运用市场法评估房地产价值时，通过交易日期修正，将可比交易实例价格修正为（　　）的价格。

  A. 评估时间　　　　B. 评估基准日　　　　C. 过去时点　　　　D. 未来时点

7. 城镇土地的基准地价是（　　）。

  A. 某时点城镇土地单位面积价格　　　　B. 某时期城镇土地单位面积价格

  C. 某时点城镇区域性土地平均单价　　　　D. 某时期城镇区域性土地平均单价

8. 基准地价修正法从评估原理的角度划分可归属于（　　）。

  A. 收益法　　　　B. 成本法　　　　C. 市场法　　　　D. 清算价格法

9. 某宗地土地单价为 3 000 元/平方米，该宗地容积率为 1.5，建筑面积为 150 平方米，则楼面地价为（　　）元/平方米。

  A. 20　　　　B. 200　　　　C. 2 000　　　　D. 4 500

10. 待估建筑物账面原值 100 万元，竣工于 2015 年年底，假定 2015 年的价格指数为 100%，从 2016 年到 2020 年的价格指数每年增长幅度分别是 11.7%、17%、30.5%、6.9%、4.3%，则 2020 年年底该建筑物的重置成本最有可能是（　　）元。

  A. 1 048 000　　　　B. 1 910 000　　　　C. 1 480 000　　　　D. 19 100 000

二、多项选择题

1. 建筑物从大的类别方面可分为（　　）。

  A. 商业用房　　　　B. 房屋　　　　C. 公共建筑

  D. 构筑物　　　　E. 工业建筑

2. 房地产评估收益法公式：房地产价格=纯收益/资本化率，其成立的前提条件是（　　）。

  A. 纯收益每年不变　　　　　　　　B. 资本化率固定

  C. 收益期限为法定最高年限　　　　D. 收益期限为无限期

3. 建筑物应在（　　）方面符合政府的规定。

  A. 建筑结构　　　　B. 建筑用途　　　　C. 容积率　　　　D. 覆盖率

4. 房地产评估的原则包括（　　）。

  A. 供需原则　　　　B. 替代原则　　　　C. 最有效使用原则

  D. 贡献原则　　　　E. 合法原则

5. 国家征用集体土地而支付给集体经济组织的费用包括（　　）。

  A. 土地补偿费　　　　　　　　B. 拆迁费

  C. 安置补助费　　　　　　　　D. 地上附着物补偿费

  E. 青苗补助费

6. 应用基准地价修正法评估宗地地价必须具备的条件包括（　　）。

  A. 城镇基准地价　　　　　　　　B. 基准地价修正系数

  C. 宗地的收益　　　　　　　　D. 宗地的开发成本

  E. 宗地容积率

7. 下列选项中属于房地产评估对象的是（　　）。

  A. 房屋典当权　　　　B. 房屋抵押权　　　　C. 土地所有权

  D. 房屋所有权　　　　E. 土地使用权

8. 影响房地产价格的一般因素包括（　　）。

  A. 商业繁华程度　　　　　　　　B. 经济发展因素

  C. 交通因素　　　　　　　　　　D. 城市规划及开发战略

9. 运用基准地价评估宗地价格时，需修正的因素包括（　　）。

  A. 土地出让金　　　　B. 土地使用年限　　　　C. 拆迁费用

  D. 土地等级　　　　E. 容积率

三、计算与分析题

1. 有一宗"七通一平"待开发建筑用地，面积为1 000平方米，使用期限为50年，容积率为5，拟开发建设写字楼，建设期为2年，建筑费用为3 500元/平方米，专业费用为建筑费用的10%，建筑费和专业费在整个建设期内均匀投入，写字楼建成后拟对外出租，租金水平预计为每日2元/平方米，管理费用为年租金的2%，维修费用为建筑费用的1.5%，保险费用为建筑费用的0.2%，税金为年租金的17.5%，贷款年利率为6%，按复利计息；房地产综合还原利率为7%，开发商要求的利润率为地价和开发成本（建筑费用＋专业费用）之和的20%，试评估该宗地地价。

2. 有一待估宗地G需评估，现收集到与待估宗地条件类似的六个宗地，具体情况如表4.8所示。

表4.8　宗地交易修正表

宗地	成交价/（元/平方米）	交易时间	交易情况	容积率	区域因素	个别因素
A	680	2020.3	+1%	1.3	0	+1%
B	610	2020.3	0	1.1	0	−1%
C	700	2019.12	+5%	1.4	0	−2%
D	680	2020.6	0	1.0	−1%	−1%
E	750	2020.9	−1%	1.6	0	+2%
F	700	2020.12	0	1.3	+1%	0
G		2020.12	0	1.1	0	0

该城市地价指数表如表4.9所示。

表4.9　城市地价指数表

时间	2019.6	2019.9	2019.12	2020.3	2020.6	2020.9	2020.12
指数	100	103	107	110	108	107	112

据调查，该市此类用地容积率与地价的关系为：当容积率在1~1.5时，容积率每增加0.1，宗地单位地价比容积率为1.0时的地价增加5%；超过1.5时，超出部分的容积率每增长0.1，单位地价比容积率为1.0时的地价增加3%。对交易情况、区域因素、个别因素的修正，都是案例宗地与待估宗地比较，表中负号表示案例条件比待估宗地差，正号表示案例宗地条件优于待估宗地，数值大小代表对宗地地价的修正幅度。

试根据以上条件，评估该宗土地2020年12月的价值。

第5章　流动资产评估

学习目标

流动资产评估包括实物类流动资产评估及非实物类流动资产评估。通过本章的学习，读者应该了解流动资产的类别及特点，理解流动资产评估的特点、程序及方法。熟练掌握实物类流动资产评估中消耗性材料、在产品、产成品及库存商品的评估步骤及方法。了解低值易耗品和包装物的评估方法。熟练掌握非实物类流动资产评估中应收项目的评估步骤及方法。了解待摊费用、预付费用、现金及银行存款的评估方法。

第五章

本章关键词

流动资产；实物类流动资产；非实物类流动资产。

5.1　流动资产评估概述

5.1.1　流动资产及其特点

1. 流动资产的概念与分类

流动资产是指企业可以在一年或者超过一年的一个营业周期内变现或者耗用的资产，包括现金（含存款）、应收及预付款项、存货等。流动资产不同于固定资产，它只能一次或短期地使用于生产和消费过程，并在一个周期内变现或耗用。低值易耗品、包装物等虽然在周转方式上与固定资产相似，但由于使用时间短，价值低，通常也被划入流动资产的范畴。

企业的流动资产品种繁多，形态各异，可以按不同的分类标准进行分类。

（1）按流动资产在企业生产经营中的形态和作用分类

① 货币资产。包括库存现金、银行存款和其他货币资金。

② 结算资产。是指企业因销售商品、提供劳务等形成的短期债权性资产，包括应收账款、应收票据和预付账款等。

③ 储备资产。指从购买到投入生产为止，处于生产准备状态的流动资产，包括材料、燃料、修理用备件、低值易耗品、包装物、外购半成品等。

④ 生产资产。指从投入生产过程到产品制成入库为止，处于生产过程中的流动资产，包括在产品、自制半成品、待摊费用等。

⑤ 商品资产。指从产品或外购商品入库到销售为止，处于待销售状态的流动资产，包括产成品或商品、准备销售的半成品等。

（2）按流动资产取得或重置时的资金形态分类

① 非实物性流动资产。非实物性流动资产包括货币资金、应收账款、预付账款、应收票据、待摊费用和预付费用以及交易性金融资产等。这类资产的价值一般表现为确定的金额，评估时无须考虑价格变动的影响。

② 实物性流动资产。实物性流动资产又称存货，包括主要材料、燃料、修理用备件、低值易耗品、包装物、外购半成品、在产品、自制半成品、产成品及库存商品等。在物价变动的情况下，实物性流动资产的价值将随着物价水平的升降而变动。因此，评估人员在评估时必须考虑物价变动对其价值的影响。

2．流动资产的特点

流动资产的特点主要表现在以下几个方面。

（1）周转速度快。流动资产在使用中经过一个生产经营周期，就会改变其实物形态，并将其价值全部转移到产品中去，构成成本费用的组成部分，然后从营业收入中得到补偿。可见，判断一项资产是否是流动资产，不仅要看资产的表面形态，还要看其周转状况。

（2）变现能力强。各种形态的流动资产都可以在较短的时间内出售和变卖，具有较强的变现能力，是企业对外支付和偿还债务的重要保证。变现能力强是企业中流动资产区别于其他资产的重要标志。但各种形态的流动资产，其变现速度是有区别的。其按变现的快慢排序，首先是货币形态的流动资产（本来就是随时可用的资金），其次是可在短期内出售的存货和近期可变现的债权性资产，最后是生产加工过程中的在制品及准备耗用的物资。一个企业拥有的流动资产越多，企业对外支付和偿还债务的能力越强，企业的财务风险性就越小。

（3）形态多样且具有并存性。流动资产在周转过程中不断改变其形态，依次由货币形态开始，经过供应、生产、销售等环节，从一种形态转化为另一种形态，最后又变成为货币形态。各种形态的流动资产在企业中同时并存，分布于企业的各个环节。

（4）具有波动性。流动资产易受到外界环境的影响，其占用量的波动很大。这一特点决定了流动资产的评估结果具有很强的时效性。

（5）原始成本与现行市价接近。由于流动资产从采购到耗用的时间较短，其原始成本与现行市场价格比较接近。在生产经营周期短、物价变动不大的情况下更是如此。

（6）具有相对性。流动资产的特点不是绝对的，如低值易耗品、包装物等虽然按照流动资产进行评估，但它们在周转方式上更接近固定资产，只是价值相对低些。在使用过程中，它们的物质形态不变，其价值可以分次摊销计入成本。另外，固定资产与流动资产的划分也是相对的。例如，产品的机器设备在生产企业是流动资产，而在使用单位便成了固定资产。

5.1.2 流动资产评估的特点

研究流动资产评估的特点，是做好流动资产评估工作，提高流动资产评估质量的重要保证。由于流动资产的流动性强、容易变现，账面价值与市场价值比较接近。因此，流动资产的价值评估与其他资产相比，具有以下明显的特点。

（1）流动资产评估主要是单项评估。流动资产评估主要是以单项资产为对象进行的价值评估。因此，它不需要以其综合获利能力进行综合性价值评估，即不通过收益途径进行评估。

（2）必须合理确定评估基准时间。流动资产与其他资产的显著不同在于其流动性和波动性。不同形态的流动资产随时都在变化，而评估则是确定其在某一时点的价值，不可能人为地停止流动资产的运转。因此，评估人员选择评估基准日时应尽可能接近评估结论使用时点，必须在规定的时点进行资产清查、登记和确定流动资产数量和账面价值，避免重复登记和漏登记现象的发生。

（3）既要认真进行资产清查，又要分清主次、掌握重点。评估人员在流动资产评估之前必须进行认真仔细的资产清查，否则会影响评估结论的准确性。但是，流动资产一般具有数量大、种类多的特点，清查工作量很大，所以流动资产清查应考虑评估的时间要求和评估成本。对流动资产的评估往往需要根据不同企业的生产经营特点和流动资产分布的情况，分清主次，选择不同的方法进行清查和评估，做到突出重点，兼顾一般。

（4）流动资产的账面价值基本上可以反映其现值。由于流动周转速度快，变现能力强，在物价相对稳定的情况下，流动资产的账面价值基本上可以反映其现值。因此，在特定情况下，评估人员也可以将历史成本作为评估值。同时，评估流动资产时一般无须考虑资产的功能性贬值因素，其有形损耗（实体性损耗）的计算只适用于低值易耗品以及呆滞、积压流动资产的评估。

5.1.3　流动资产评估的程序

为了保证流动资产评估顺利有序进行并尽可能避免评估风险，在流动资产评估中应遵循一定的评估程序。

（1）确定评估对象范围和评估基准日。进行流动资产评估前，评估人员要认真确定被评估资产的范围和评估基准日，这是节约工作时间、保证评估质量的重要条件之一。确定流动资产的评估范围时应注意：一是要划分流动资产与其他资产的界限，防止将不属于流动资产的机器设备等作为流动资产，也不得把属于流动资产的低值易耗品等作为其他资产，以避免重复评估和漏评估。二是要查核待估流动资产的产权。企业中存放的外单位委托加工材料、代保管的材料物资等，不得列入流动资产评估范围；已作为抵押物的流动资产也不得列入评估范围。评估基准日的确定应本着便于核实资产和产权交易的原则，尽量减少评估基准日后的期后事项调整。

（2）验证基础资料，核实被评估流动资产。流动资产评估的基础资料是委托方提供的被评估资产清单。评估人员在收到被评估资产清单后，应对清单所列资产进行全面清查或局部抽查，核实清单所列资产与实有资产是否相符。

对需要进行评估的存货进行核实，主要是核查各种存货的实际数量与清单所列数量是否一致。评估人员如果在清查或抽查中发现存货短缺或溢余，应对清单进行调整；如果发现清单所列数量严重失实，应要求委托方重新组织清查工作，重新编制被评估资产清单。

对评估的应收及预付款项进行核实，主要是核实有无错记、重记或漏记的问题，在核实中可采取账目核对及与债务人进行函对的方法。

对需要进行评估的货币性资产进行核实，主要是核实库存现金和各种存款的实存金额。对于库存现金，要通过清点方式核实实存金额；对于各种银行存款，要通过企业账面余额与银行对账单核对的方式核实实存金额，如果委托方有外币存款，可按当日的市场汇率折合为人民币金额。

（3）对实物形态的流动资产进行质量检测和技术鉴定。对企业需要评估的材料、半成品、产成品、库存商品等流动资产进行检测和技术鉴定，目的是了解这部分资产的质量状态，以便确定其是否具有使用价值，并核对其技术情况和等级状态与被评估资产清单的记录是否一致。存货在存放期内质量发生变化，会直接影响其市场价格。因此评估人员必须考虑各类存货的内在质量因素。对各类存货进行技术质量检测，可由被评估企业的有关技术人员、管理人员与评估人员合作完成。

（4）调查分析债权类流动资产并根据以往的资信情况确定其风险。评估人员根据对被评估企业与债务人经济往来活动中资信情况的调查了解，对企业的债权应逐笔落实，综合分析各种债权资产回收的可能性、回收的时间、将要发生的费用和风险，并对呆账、死账做相应的处理。

（5）合理选择评估方法，进行评定估算。资产评估的主要方法有收益法、成本法和市场法等。评估人员应根据评估目的和不同种类流动资产的特点，选择适当的评估方法进行评估。一般而言，对于实物类流动资产，可以采用市场法和成本法；对于货币类流动资产，其清查核实后的账面价值就是现值，无须采用特殊方法进行评估；对于债权类流动资产只适用于按可变现值进行评估。

（6）确定评估结论，撰写评估报告。对各项流动资产的评估结果进行汇总得出流动资产评估结论后，评估人员最后应完成评估报告的撰写工作。通常流动资产评估是企业整体资产评估的一部分，评估人员对其可不撰写单独的评估报告，但应撰写流动资产评估说明或流动资产评估分析报告。在流动资产评估说明中，应特别说明流动资产的清查程度和流动资产评估中的价格依据情况。

5.1.4 流动资产评估的基本方法

选择流动资产评估的方法，一是基于评估目的，二是依据不同种类流动资产的特点。目前，我国对流动资产评估通常有以下几种方法可供选择。

1. 成本法

依据流动资产持有时间及物价水平变动程度不同，成本法在具体应用时又可区分为历史成本法和重置成本法。

（1）历史成本法

历史成本法，亦称账面价值法。它以资产的账面价值作为评估的计价标准。其优点是以会计记录为依据，具有可验证性，而且操作简单。缺点是只能在一定范围内使用，一般适用于下列情况：一是市场价格变化不大，二是购进时间较短。

（2）重置成本法

重置成本法是一种从购买者的角度出发，将评估资产按现时条件进行重置来计算价值的方法，是流动资产评估中最重要的方法之一，在物价水平变化较大，币值不稳定的情况下，这种评估方法得出的结论具有真实性和公允性。

评估实践中，流动资产重置成本的确定方法有以下几种。

① 按市场近期交易价格确定。企业外购的原材料、半成品、商品、包装物、低值易耗品等可按近期交易价格确定重置成本。

其基本计算公式为：

$$重置成本＝资产的市场交易价格＋采购相关成本$$

其中，市场交易价格必须代表一般水平的平均市价。采购相关成本包括运杂费、运输途中合理损耗、入库前的挑选整理费、进口物资支付的进口关税等。

② 按标准的制造成本确定。企业的自制低值易耗品、自制半成品、在产品、产成品等，均可按此方法确定重置成本，如果社会制造成本难以求得，也可以用先进合理的工艺定额计算确定。其基本计算公式如下：

$$重置成本＝消耗材料的现行价格成本＋消耗人工的现行价格成本＋消耗其他费用的现行价格成本$$

③ 按历史成本和物价变动指数确定。企业的储备材料、在用低值易耗品等，在品种数量繁多、价格变动不大的情况下，可适当采用此法，以简化操作。

其基本计算公式为：

$$重置成本＝原始成本×物价变动指数$$

2. 现行市价法

现行市价法是从卖者的角度，假定对被评估资产按现行市场条件变现，依据变现值来评定估算流动资产价值的一种评估方法。

这种评估方法适用于准备变现的流动资产的评估。其优点是简化操作，不受原始成本记录是否完备的限制，因此，比较灵活，适用范围较广，同时考虑了市场变化的因素，评估结果比较真实。但是它在一定条件下也会受到市场资料以及能否找到评估参照资产等条件的限制。

其基本计算公式为：

$$资产评估价值＝全新参照资产的市场价格－变现成本$$

其中，变现成本是指将流动资产按市场价格变现预计发生的费用。

3. 清算价格法

清算价格法是企业在破产清算时，以流动资产拍卖价格作为评估价值的方法。根据具体情况，评估人员应采用不同的估价方式。一般有以下两种情况。

（1）完全失去原有价值的流动资产，一般按废旧物资变价处理。

（2）具有使用价值的流动资产，一般通过市场售价比较来获得。破产企业的资产清理具有强制性，一般要求在短期内完成。资产处理往往不具备完全的市场竞争特点，所以资产的清算价格一般都低于现行市场价格。

5.2　实物类流动资产评估

实物类流动资产评估是流动资产评估的重点和难点，具体包括各种材料、在产品、产成品和库存商品等的评估。

5.2.1　材料评估

1. 材料评估的内容和步骤

（1）材料评估的内容

企业中的材料，可以分为库存材料和在用材料。由于在用材料在再生产过程中形成产品或半成品，它不再作为单独的材料存在，故对材料评估就是对库存材料的评估。其内容包括各种主要材料、辅助材料、燃料、修理用备件、包装物、低值易耗品等。

（2）材料评估的步骤

材料的特点是品种多、数量大，而且性质各异，计量单位、计价和购进时间、自然损耗情况也各不相同。根据材料资产的这些特点，评估人员可按下列步骤进行评估。

① 核实实际库存数量，确保账实相符，并查明有无霉烂、变质、毁损的资产，有无超储呆滞的资产等。

② 根据不同评估目的和待估资产的特点，选择适应的评估方法。

③ 运用存货管理的 ABC 分类管理法，按照一定的目的和要求，对评估物资按其重要程度排序，分清重点和一般对象，着重对重点物资进行评估。这样处理既可大大节省核实时间，又不会造成大的失误。

2. 材料的分类评估

（1）消耗性材料评估

消耗材料在记入成本过程中按照材料的实际价值一次进入，在产品实体上表现为一次性消耗，直接或间接形成产品实体。包括各种主要材料、辅助材料、燃料、修理用备件等。

① 近期购进材料的评估。近期购进的材料物资，库存时间较短，在市场价格变化不大的情况下，其账面价值与现行市价基本接近，评估时可以采用历史成本法，也可以采用现行市价法。

采用历史成本法时，应注意企业账面材料成本核算的内容是否完整，若不完整，应进行适当调整，以确定评估值。例如外购的材料物资，其成本包括买价、运杂费、运输途中合理损耗、入库前的挑选整理费、进口物资支付的进口关税等。

【例 5.1】企业中某材料系一个月以前从外地购进，数量 5 000 千克，单价 400 元，当时支付的运杂费为 600 元。根据原始记录和清查盘点，评估时库存尚有 1 500 千克材料。根据上述资料，可以确定该材料的评估值如下：

材料评估值＝1 500×(400＋600/5 000)＝600 180（元）

评估时对于购进时发生运杂费的处理：如果是从外地购进的材料，因运杂费发生额较大，评估时应将由被评估材料分担的运杂费计入评估值；如果是本地购进，运杂费发生额较少，评估时可以不考虑运杂费。

② 购进时间长、价格变化大的材料评估。对这类材料评估时，可以采用重置成本法，并根据市场近期交易价格确定重置成本，计算评估值。基本公式为：

$$评估价值＝库存数量×（现行市场购买价格＋合理的购置费用）$$

【例 5.2】某企业要求对其库存的特种钢材进行评估。该特种钢材是分两批购进的，第一批购进时间是上年 1 月，购进 1 000 吨，每吨 4 000 元；第二批是今年 5 月购进的，数量 800 吨，每吨 4 500 元。今年 6 月 1 日评估时，经核实特种钢尚存 1 000 吨。经调查得知这种钢材在近期价格变动很大，评估时市场价格达到了每吨 4 800 元，此外，每吨钢材的平均购置费用为 100 元。则材料的评估值为：

材料评估值＝1 000×（4 800＋100）＝4 900 000（元）

③ 购进时间早，市场已经脱销，没有准确市场现价的材料评估。对该类材料的评估，应采用重置成本法。可通过寻找替代品的价格变动资料来修正材料历史成本，也可以在市场供需分析的基础上，确定该项材料的供需关系，并以此修正材料历史成本；还可以通过市场同类商品的平均物价指数修正材料的历史成本。评估公式为：

$$评估价值＝材料成本×适当的价格变动指数$$

【例 5.3】某企业 2019 年 5 月购进甲材料 100 吨，单价 20 000 元。由于该种材料的供应有季节性。2020 年 4 月进行评估时，市场已经没有大量的购销活动。经清查核实，甲材料评估时尚存 50 吨，因保管等原因造成的有形损耗占结存材料原值的 1%。据调查，同类商品物价指数在 2019 年 5 月为 100%，在 2020 年 4 月为 109%。则：

该材料的评估值＝50×20 000×109%/100%－50×20 000×1%＝1 080 000（元）

④ 不再使用需要变现材料的评估。对于不再使用，需要变现的材料，应采用现行市价法进行评估。评估时应按同类材料的现行市场价格，同时考虑供求状况、变现风险及变现成本确定评估值。

【例 5.4】某企业准备与另一家企业联营，将原生产的不适销对路产品下线，改生产其他产品，现就这个企业的专用配件进行评估。其专用配件的库存量为 10 000 件，根据市场需求，这种专用配件只能用于老产品的维修，按目前维修量计算每月份最大用量约为 500 件，预计需 20 个月才能售完。每月雇佣工人送货需支付工资 400 元、货物运输费 120 元，仓库管理费用 60 元。经市场调查，各维修点最有可能接受的市场价格为 45 元/件。则材料的评估值为：

材料评估值＝10 000×45－20×（400＋120＋60）＝438 400（元）

（2）周转性材料评估

周转材料，是指企业能够多次使用、逐渐转移其价值但仍保持原有形态而不确认为固定资产的材料，包括包装物和低值易耗品。周转材料在企业中发挥作用的形式类似于固定资产，但它的价值比较低，有的又容易损坏，因此，在企业中被视同为材料进行管理。因此周转材料的评估既有相似于固定资产评估的一面，又有相似于消耗性材料评估的一面。

周转材料按使用情况，可分为在库周转材料和在用周转材料，评估人员进行资产评估时，应区分不同情况分别进行评估。

① 在库周转材料评估。在库周转材料的评估方法与消耗性材料评估方法类似，评估人员在评估时可以根据具体情况，采用与消耗材料评估相同的方法。

② 在用周转材料评估。在用周转材料的评估，一般采用重置成本法，计算公式为：

$$在用周转材料评估值＝完全重置成本×成新率$$

采用重置成本法应先评估周转材料的完全重置成本，然后分类计算出资产成新率，再计算其重置净价。

完全重置成本，可以直接采用其账面价值（价格变动不大），也可以采用近期采购成本，有时还可以在账面价值基础上乘以其物价变动指数确定。周转材料分外购和自制两种形式，确定评估价值时，在细节分析上有所不同，评估人员应视具体情况分析计算。

在对周转材料评估时，由于其使用期限短于固定资产，一般不考虑其功能性损耗和经济性损耗，只考虑实体性损耗。

一般来说，成新率可按如下公式确定：

$$成新率＝（1－实际已使用月份/预计可使用月份）×100\%$$

对于分期摊销进货成本的周转材料，成新率也可根据如下公式确定：

$$成新率＝周转材料账面净值/周转材料账面原值×100\%$$

对采用"五五摊销法"摊销成本的包装物，如果使用期限无法确定，其新旧程度很难从账面得到准确反映，此时，评估人员可通过经验观测确定成新率。

【例 5.5】某企业某项低值易耗品，原价 750 元，预计使用 1 年，现已使用 9 个月，该低值易耗品现行市价为 1 200 元，由此确定其评估值为：

$$在用低值易耗品评估值＝1 200×（1－9/12）×100\%＝300（元）$$

5.2.2　在产品的评估

在产品是指处在生产过程中的流动资产，包括在生产过程中尚未加工完毕的在制品和已加工完毕但不能单独对外销售的半成品（可直接对外销售的半成品视同产成品评估）。对在产品的评估一般可采用成本法和现行市价法。

1. 成本法

运用成本法进行评估时可视具体情况而定，如果在产品数量不多，企业成本核算资料基本可信，生产周期短，近期成本要素价格变化不大，则可采用历史成本法进行评估，即以账面价值作为在产品的评估值。如果在产品数量多、金额大，企业成本核算资料又不可信，生产周期长或成本变化较快，则可采用重置成本法进行评估。具体又有以下两种方法。

（1）定额成本法

这种方法是在清查核实在产品数量、确定在产品完工程度的基础上，按照重新生产在产品所需要的社会平均工艺定额和料、工、费的现行市价，确定在产品的重置成本。采用这种方法要掌握以下资料。

① 在产品的完工程度。

② 在产品有关工序的工艺定额。若有行业统一标准，可采用行业标准；没有行业统一标准，可采用企业现行的工艺定额。

③ 在产品耗用材料的现行市场采购成本。

④ 在产品的合理工时费用率。

基本计算公式为：

在产品重置成本＝在产品数量×（∑各种材料的单位消耗定额×相应材料单位现行采购成本＋
单位工时定额×正常小时工资率＋单位工时定额×正常小时费用率）

【例 5.6】某企业处于某一生产阶段的在产品有 300 件，已知每件的铝材消耗为 50 千克，每千克市场价格加采购费用为 5.5 元；在产品平均累计单位工时定额为 20 小时，每定额小时的燃料和动力费用定额为 0.5 元、工资及附加费用定额为 10 元，车间管理费用定额为 2.0 元。求该在产品的评估值。

直接材料成本＝300×50×5.5＝82 500（元）

直接人工成本＝300×20×10＝60 000（元）

燃料和动力成本＝300×20×0.5＝3 000（元）

费用成本＝300×20×2.0＝12 000（元）

该在产品评估值＝82 500＋60 000＋3 000＋12 000＝157 500（元）

（2）约当产量法

因为在产品的最终形式是产成品，因此，评估人员可在计算产成品重置成本的基础上，按在产品完工程度计算确定在产品的评估值。相关计算公式为：

在产品评估值＝产成品重置成本×在产品约当产量

在产品约当产量＝在产品数量×约当系数

在产品的约当系数可以根据直接材料的投入情况、已完成工序（工时）与全部工序（工时）的比例、已完成工序（工时）与加工费用之间的关系分析确定。

【例 5.7】某企业在评估时，有在产品 20 件，材料随生产过程陆续投入。已知这批在产品的材料投入量为 75%，完工程度为 60%。该产品的单位定额成本为：材料定额成本 3 800 元，人工费用定额成本 400 元，其他各项费用定额成本 620 元。确定在产品的评估值。

在产品材料约当产量＝20×75%＝15（件）

在产品人工及其他费用约当产量＝20×60%＝12（件）

在产品评估值＝15×3 800＋12×(400＋620)＝69 240（元）

2. 现行市价法

一般来说，在现行市价法下，若在产品的通用性强，尚能用于产品配件更换或用于维修等，其评估值就比较高；若在产品属于很难通过市场出售或调剂出去的专用配件，只能按废料收回价格进行评估。其基本计算公式为：

在产品评估值＝在产品数量×单位市场价格－预计销售过程中发生的费用

报废在产品的评估值＝可回收废料的数量×单位回收价格

5.2.3 产成品及库存商品评估

产成品及库存商品是指已经完工入库和已完工并经过质量检验，但尚未办理入库手续的产成品，以及商品流通企业的库存商品等。产成品及库存商品具有一个共同的特点，就是可以直接对外销售。因此，对这部分流动资产的评估应依据变现的可能和市场接受的价格进行。适用的方法有成本法和现行市价法。

1. 成本法

在企业承包经营、清产核资、保险等经济活动中，评估的目的主要是正确反映资产价值，不发生资产所有权变动，在这种情况下，评估人员一般采用成本法进行评估。

采用成本法对产成品评估的主要依据是生产制造该产品过程中发生的成本费用支出；对库存商品评估的主要依据是库存商品的购进成本，包括进价和运输费等购置费用。

运用成本法对产成品或库存商品进行评估时，应视完工或购进时间不同分别采用不同的具体方法。

（1）评估基准日与完工或购进时间接近。当评估基准日与产成品完工时间或库存商品的购进时间比较接近，成本变化不大时，评估人员可以直接按产成品或库存商品的账面成本确定评估值。计算公式为：

产成品或库存商品评估值＝产成品或库存商品数量×产成品或库存商品的账面单位成本

（2）评估基准日与完工或购进时间间隔较长。当评估基准日与产成品完工时间相距较远，产成品的成本费用变化较大时，产成品评估值可按下列公式计算：

产成品评估值＝产成品实有数量×（合理材料工艺定额×材料单位现行价格＋合理工时定额×单位小时现行工资、费用标准）

或

产成品评估值＝产成品实际成本×（材料成本比例×材料综合调整系数＋工资、费用成本比例×工资、费用综合调整系数）

【例 5.8】 某评估事务所对某企业进行资产评估。经核查，该企业产成品实有数量为 1 000 件，根据该企业的成本资料，结合同行业成本耗用资料分析：合理材料工艺定额为 500 千克/件，合理工时定额为 20 小时。评估时，由于生产该产成品的材料价格上涨，由原来的 60 元/千克涨至 62 元/千克，单位小时合理工时工资、费用不变，仍为 20 元/时。根据上述分析和有关资料，可以确定该企业产成品评估值为：

产成品评估值＝1 000×(500×62＋20×20)＝31 400 000（元）

【例 5.9】 某企业产成品实有数量为 60 台，每台实际成本 5 000 元，根据会计核算资料，生产该产品消耗的材料费用占总成本费用的 60%，工资及其他费用占总成本费用的 40%。根据目前价格变动情况和其他相关资料，确定材料综合调整系数为 1.15，工资、费用综合调整系数为 1.12。由此可以计算该产成品的评估值为：

产成品评估值＝60×5 000×(60%×1.15＋40%×1.12)＝341 400（元）

当评估基准日与库存商品的购进时间相距较远，价格变化较大时，库存商品评估值可按下列公式计算：

库存商品评估值＝库存数量×现行市场购买价格＋合理的购置费用

2．现行市价法

在企业产权发生变更，如兼并、出售、中外合资、合作经营等条件下，产成品或库存商品的评估主要采用现行市价法。

（1）畅销产成品或库存商品评估。对于畅销产成品或库存商品，可根据其本期成本售价的比率，直接按产成品或库存商品的账面成本计算其评估值。公式为：

产成品或库存商品评估值＝产成品或库存商品的账面成本×（本期销售收入－本期销售费用）÷本期销售成本

（2）平销产成品或库存商品评估。对于平销产成品或库存商品，可根据其销售的实际进度，估计产成品或库存商品变现所需的时间，预期该期间的价格变化和风险，以确定产成品或库存商品的评估值；若销售周期较长，还可对预期净销售额折现。计算公式为：

产成品或库存商品评估值＝产成品或库存商品的账面成本×[本期销售收入×（1＋预计售价上涨率）－本期销售费用×（1＋预计费用上涨率）]÷本期销售成本

（3）滞销、积压、降价销售产成品或库存商品评估。对滞销、积压、降价销售产成品或库存商品，应根据其可收回净收益确定评估值，报废产品或库存商品可按清理变现的净收益确定评估值。

5.3　非实物类流动资产评估

本部分主要介绍应收账款、应收票据、待摊费用和预付费用以及货币资金的评估方法，交易性金融资产评估的内容参见第6章。

5.3.1　应收及预付账款评估

企业的应收及预付账款是指企业在经营过程中由于赊销原因而形成的尚未收回的款项及根据合同规定预付给供货单位的货款。由于这类资产存在一定的回收风险。因此，评估时应以其可变现收回的货币作为评估计价的依据。其计算公式为：

应收账款评估值＝应收账款账面价值－已确定坏账损失－预计可能发生的坏账损失

应收账款的评估主要涉及账面价值和坏账损失的确定，具体评估步骤如下。

（1）对应收账款进行清查核实，确定实际数额。清查时，评估人员可根据债权人与企业的关系将应收账款分为外部债权和机构内部独立核算单位之间往来债权两类，并根据其特点和内容，采取不同的方法进行核实。对外部债权，除了与账表核对外，一般尽可能地要求按户发函核对，查明各项应收账款的虚实和金额，以及每一笔账款是否具有合法、有效的原始凭证。此外，还要注意查明各笔款项发生的时间，并作记录，作为在评估时考虑其坏账损失的一种依据。对机构内部独立核算单位之间往来债权进行双向核对，避免重计、漏记及其他不真实的债权关系出现。

（2）确认已确定的坏账损失。已确定的坏账损失是指评估时可以确定不能收回的账款，主要有以下三种情况：一是债务人破产或被撤销，依照民事诉讼法进行清偿后，确认无法收回的账款；二是因债务人死亡，既无遗产可供清偿，又无义务承担人，确认为无法收回的账款；三是因债务人逾期未履行偿债义务超过三年，经查确实无力偿还的账款。

（3）分析确定预计可能发生的坏账损失。确定预计坏账损失，即是对应收账款回收的可能性进行判断，一般可考虑以下几个因素：一是与债务人往来密切程度，有无依存关系；二是债务人的偿还能力及其信用；三是被评估单位的索债能力；四是整个经济环境的影响。

在此基础上选择一定的方法计算预计坏账损失。计算预计坏账损失的方法主要有比例估算法和账龄分析法。

① 比例估算法。即按坏账的比例判断坏账损失的数额。计算公式为：

预计坏账损失额＝评估时应收账款净额×坏账比例

评估时应收账款净额＝评估时应收账款额－已确定的坏账损失

坏账比例的确定，可以根据被评估企业评估前若干年（一般为 3～5 年）的实际坏账损失与应收账款发生额的比例确定。

$$\dfrac{坏账}{比例}＝\dfrac{评估前若干年发生的坏账数额}{评估前若干年应收账款合计}×100\%$$

【例 5.10】对某企业进行整体资产评估，经核实，截至评估基准日，应收账款账面余额为 340 万元。前 4 年的应收账款余额与坏账损失情况如表 5.1 所示。

表 5.1　应收账款余额与坏账损失情况表　　　　　　　　　　　　单位：万元

年度	应收账款余额	坏账损失额	说明
第 1 年	160	15	
第 2 年	240	9	

年度	应收账款余额	坏账损失额	说明
第 3 年	305	13	
第 4 年	225	6	
合计	930	43	

由此计算前 4 年的坏账比例为：

$(43/930)\times100\%=4.62\%$

预计坏账损失额为：

$340\times4.62\%=15.71$（万元）

② 账龄分析法。即按应收账款拖欠时间的长短，分析判断可收回的金额和坏账。一般来说，应收账款账龄越长，坏账损失的可能性越大。因此，评估人员可将应收账款按账龄分组，按组估计坏账损失的可能性，进而计算坏账损失的金额。

【例 5.11】经核实，长城公司于评估基准日的应收账款实有数额为 25 万元，具体数据如表 5.2 所示。

表5.2　长城公司应收账款账龄分析表　　单位：元

购货单位	应收账款余额	账龄							
		未到期	过期1~3个月	过期3~6个月	过期6~9个月	过期9~12个月	过期1~2年	过期2~3年	过期3年以上
A 企业	120 000	40 000			60 000		20 000		
B 企业	80 000						40 000		40 000
C 企业	50 000		10 000		20 000			20 000	
合计	250 000	40 000	10 000		80 000		60 000	20 000	40 000

根据过去的经验，过期 3 年以上账龄的应收账款回收率为 50%，过期 2 年的为 60%，过期 1 年的为 70%，过期半年的为 80%，过期半年以内的为 90%。

则坏账损失估计值为：

$4\times50\%+2\times40\%+6\times30\%+8\times20\%+1\times10\%=6.3$（万元）

应收账款评估值＝25−6.3＝18.7（万元）

账龄分析法估算坏账损失的优点在于：将应收账款依照拖欠时间长短区别对待，这比较符合资金回收的实际情况。此外，应收账款的回收，有时取决于企业的收账政策。一般地，收账费用达到饱和点之前，收账过程中发生的费用越高，账款回收率越高，坏账损失率越低。因此，确定应收账款评估值时，坏账损失的确定要与催收应收账款而追加的收账费用结合起来考虑。

【例 5.12】某企业评估，经核实应收账款为 50 万元，经过分析，在不采取任何措施的情况下，预计坏账损失率为 15%，如果增加催收费用 1 万元，坏账损失率可降至 8%，由此计算应收账款的评估值为：

$50−50\times8\%−1=45$（万元）

应收账款评估以后，账面上的“坏账准备”科目按零值计算，评估结果中没有此项目。因为“坏账准备”科目是应收账款的备抵账户，是按会计制度规定的一定比例计提的。对应收账款的评估，评估人员是按照实际收回的可能性进行的。因此，应收账款评估值就不必再考虑坏账准备数额。

5.3.2　应收票据的评估

应收票据是由付款人或收款人签发、由付款人承兑、到期无条件付款的商业汇票。应收票据按承兑人不同可分为商业承兑汇票和银行承兑汇票；按其是否带息分为带息商业汇票和不带息商业汇票。商业汇票可以背书转让，也可以向银行申请贴现。应收票据的评估可采用下列两种方法。

1. 按票据的本利和计算

应收票据的评估值为票面金额加上应计利息。其计算公式为：

$$应收票据评估值＝票面金额×（1＋利息率×持有期限）$$

若是不带息票据，其评估值即票面金额。

【例5.13】某企业拥有一张期限为6个月的商业汇票，票面金额为80万元，月利率为10‰，截至评估基准日已持有3个月，由此可确定评估值为：

$$应收票据评估值＝80×（1＋10‰×3)＝82.4（万元）$$

2. 按票据的贴现值计算

商业汇票是一种远期票据，在未到期之前，一般不能从承兑人方面直接兑现，但可以向银行办理贴现。所谓票据贴现，是指票据持有人在票据到期前，向银行申请贴付一定利息，将票据债权转让给银行的信用活动。票据到期值与贴现收到金额之间的差额，叫作贴现利息、贴息或贴现息，通常记作财务费用。贴息的数额根据票据的到期值按贴现率及贴现期计算。因此，对企业的应收票据评估，通常是以应收票据的贴现值为评估值。相关计算公式为：

$$应收票据评估值＝票据到期值－贴现利息$$
$$不带息票据的到期值＝票面金额$$
$$带息票据到期值＝票面金额×（1＋利息率×票据期限）$$
$$贴现利息＝票据到期值×贴现率×贴现期$$
$$贴现期＝票据期限－持有期限$$

【例5.14】某企业向甲企业售出一批材料，价款600万元。该企业于2月10日开出一张不带息商业汇票，并经甲企业承兑，汇票到期日为11月10日。现对该企业进行评估，基准日为6月10日。由此确定贴现期为5个月，贴现率按月息6‰计算。则有：

$$贴现利息＝600×5×6‰＝18（万元）$$
$$应收票据评估值＝600－18＝582（万元）$$

与应收账款相类似，如果被评估的应收票据在规定的时间不能收回现金，应转作应收账款，并按应收账款的评估方法进行价值评估。

5.3.3　待摊费用和预付费用的评估

1. 待摊费用的评估

待摊费用是指企业中已经支付或发生，但应由本月和以后各个月份负担的费用。待摊费用本身不是资产，而是对已耗用资产的反映，从而本身并不是评估的对象。但它的支出可以形成一定形态的有形资产和无形资产。因此，评估待摊费用的价值，实际上是确定其实体资产或某种权利的价值。对于待摊费用的评估值，一般是按其形成的具体资产价值来分析确定。例如，某企业支出设备大修理费用1万元，按制度规定形成待摊费用。那么在机器设备评估时，发生大修理费用会延长机器设备寿命或增加其功能，使机器设备评估值增大。因此，待摊费用1 万元已在机器设备价值中得以实现，这部分反映在待摊费用中的价值无须体现，故而评估值为零。

待摊费用价值只与资产和权益的存在相关，与摊余价值没有本质的联系。如果待摊费用所形成的资产和权益已经消失，无论摊余价值有多大，其价值都应该为零。

2．预付费用的评估

预付费用之所以作为资产，是因为这类费用在评估日之前已由企业支出，但在评估日之后才能产生效益，如预付保险金、预付租金等。因而，这类预付费用可被看作未来取得服务的权利。

预付费用的评估主要依据其未来可产生效益的时间。如果预付费用的效益已在评估日前全部体现，只因发生的数额过大而分期摊销，则这种预付费用不应在评估中作价。只有那些在评估日之后仍将发挥作用的预付费用，才有相应的评估价值，才是评估的对象。

【例 5.15】某企业评估基准日为 2020 年 12 月 31 日，账面预付费用余额为 223 000 元，其中，2020 年 1 月 31 日预付未来 1 年的保险金 132 000 元，已摊销 121 000 元，余额为 11 000 元；2020 年 7 月 1 日预付未来 1 年的房租 180 000 元，已摊销 90 000 元，余额为 90 000 元；以前年度应摊销但因成本高而未摊销结转的预付费用为 8 000 元，估算预付费用的评估值。计算过程如下。

预付保险金的评估。根据保险金全年支付数额计算每月应分摊数额为：

每月分摊数额＝132 000/12＝11 000（元）

待摊保险金评估值＝132 000－11×11 000＝11 000（元）

预付房租摊销评估。按照预付一年房租 180 000 元，每月应摊销 15 000 元，2019 年 7 月至 12 月应摊销 90 000（15 000×6）元。

待摊预付房租租金评估值＝180 000－90 000＝90 000（元）

以前年度结转费用的评估。这部分预付费用是应摊销而未摊销的部分，应按实际情况注销，不应评估，因此，评估值为零。

预付费用的评估值＝11 000＋90 000＋0＝101 000（元）

5.3.4　货币资金的评估

货币资金是指以货币形态存在的资产，包括现金、银行存款和其他货币资金。

资产评估主要是对非货币资产的评估，货币性资产不会因时间的变化而发生变化，因此对于货币资金的评估，实际上是对现金、银行存款和其他货币资金的清查确认。首先，评估人员通过清查盘点及与银行对账，核实货币资金的实有数额；然后以核实后的实有数额确认作为评估值。如有外汇现金或存款，一般按评估基准日的汇率换算成等值人民币。

思考题

1．什么是流动资产？流动资产的特点主要表现在哪些方面？

2．流动资产评估的特点表现在哪些方面？

3．简述流动资产的评估程序。

4．如何进行材料、在产品、产成品等实物类流动资产的评估？

5．如何评估应收账款？

练习题

一、单项选择题

1. 对流动资产评估时，功能性贬值一般（　　）。
   A. 无须考虑　　　　B. 必须考虑　　　　C. 考虑一部分　　　　D. 详细计算

2. 某企业有一张为期一年的票据，票据面值为 650 000 元，年利率为 7.2%，截至评估基准日离收款期尚有两个半月的时间，该应收票据的评估价值为（　　）元。
   A. 659 750　　　　B. 687 050　　　　C. 640 250　　　　D. 678 050

3. 某企业于 2019 年 10 月购进 1 000 吨钢材，每吨价格为 3 800 元，2020 年 9 月购进钢材 500 吨，每吨价格为 4 000 元，2020 年 10 月有库存钢材 700 吨，该批库存钢材于 2020 年 10 月的评估价值为（　　）万元。
   A. 280　　　　B. 266　　　　C. 273　　　　D. 276

4. 对某企业进行资产评估，经核实，截至评估基准日，应收账款余额为 300 万元，前五年应收账款余额为 1 000 万元，发生坏账损失合计数为 50 万元，则应收账款的评估值为（　　）万元。
   A. 285　　　　B. 300　　　　C. 1 000　　　　D. 50

5. 某企业向甲企业邮寄材料，价款 500 万元，商定 6 个月后收款，采取商业承兑汇票结算。该企业于 4 月 10 日开出汇票，甲企业已经承兑，汇票到期日为 10 月 10 日。现对该企业进行评估，基准日定为 6 月 10 日，由此确定贴现日期为 120 天，贴现率按月息 6‰计算，因此该应收票据的评估值为（　　）万元。
   A. 12　　　　B. 500　　　　C. 488　　　　D. 450

6. 某项在用低值易耗品，原价 900 元，按五五摊销法，账面余额为 450 元，预计可使用 1 年，现已使用 9 个月，该低值易耗品的现行市价为 1 200 元，由此确定该在用低值易耗品价值为（　　）元。
   A. 900　　　　B. 1 200　　　　C. 450　　　　D. 300

7. 某企业 3 月初预付 6 个月的房屋租金 90 万元，当年 5 月 1 日对该企业评估时，该预付费用评估值为（　　）万元。
   A. 35　　　　B. 60　　　　C. 45　　　　D. 30

8. 采用成本法对在用低值易耗品评估时，成新率的确定应依据（　　）。
   A. 已使用月数　　B. 已摊销数额　　C. 实际损耗程度　　D. 尚未摊销数额

二、多项选择题

1. 产成品及库存商品的评估，一般可采用（　　）。
   A. 年金法　　　　B. 成本法　　　　C. 市场法　　　　D. 分段法

2. 评估应收账款时，其坏账的确定方法是（　　）。
   A. 坏账比例法　　　　　　　　　　B. 账龄分析法
   C. 财务制度规定的 3‰～5‰　　　　D. 账面分析法
   E. 合法原则

3. 产成品及库存商品的评估，一般可以采用（　　）。
   A. 收益法　　　　B. 成本法　　　　C. 市场法　　　　D. 清算价格法

4. 流动资产具有（　　）特点。
   A. 周转速度快　　　　　　　　　　B. 变现能力强
   C. 形态多样化　　　　　　　　　　D. 占用数量的固定性

5. 适用于按债权类流动资产进行评估的具体内容包括（　　　）。

    A. 应收账款　　　　B. 预收账款　　　　C. 各项存款

    D. 短期投资　　　　E. 待摊费用

6. 对流动资产评估无须考虑功能性贬值是因为（　　　）。

    A. 周转速度快　　　B. 变现能力强　　　C. 形态多样化

    D. 库存数量少　　　E. 获利能力强

三、计算与分析题

1. 某评估公司对甲公司进行评估。在评估基准日，甲公司应收账款余额合计金额为 256 万元，坏账准备余额为 12.8 万元。应收账款总金额中包括未到期的应收账款 60 万元，1 年以上的应收账款 75 万元，2 年以上的应收账款 80 万元，3 年以上的应收账款 41 万元，根据相关资料分析，预计未到期的应收账款的坏账损失率为 2%，1 年以上的坏账损失率为 13%，2 年以上的坏账损失率为 18%，3 年以上的坏账损失率为 51%。

要求：该应收账款的评估值是多少万元？

2. A 公司因销售货物，于 2 月 5 日收到甲公司开出的一张带息商业汇票，面值为 120 万元，期限为 6 个月，票面利率为 8%，贴现率为 9%， 5 月 10 日，某评估公司接受委托对 A 公司进行评估（每月按 30 天算）。

要求：试估算该商业汇票的评估值。

第6章 金融资产评估

学习目标

通过本章的学习，读者应了解金融资产评估的特点，了解金融资产评估涉及的债券评估和股票评估中的基本特点、基本方法和需考虑的各种因素。掌握运用市场法评估上市债券、上市股票的价值。掌握运用收益法评估非上市债券、非上市股票的价值。

第六章

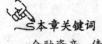本章关键词

金融资产；债券；股票；固定股利模型；股利增长模型。

6.1 金融资产评估概述

6.1.1 金融资产的概念

在现代经济生活中，金融市场作为金融性商品或金融工具的交易场所，为企业生产经营活动的持续进行，提供了融资和投资渠道。金融工具是金融市场上交易的对象和手段。金融市场上证明金融交易金额、期限、价格的合约被称作金融工具，其基本要素为支付的金额与支付条件。对于金融工具的发行者而言，这些金融工具是他们的筹资手段，形成其负债或所有者权益，而对于金融工具的持有者而言，这些金融工具则是他们的投资工具，形成其金融资产。因此，从广义的角度来看，金融资产是指投资主体持有的一切能够在金融市场上进行交易，具有现实价格和未来估价的金融工具的总称，表示对未来收入的合法所有权。

金融资产主要包括库存现金、银行存款、债权投资、股权投资、基金投资、衍生金融资产等。本章所涉及的金融资产主要是以股票和债券为代表的股权投资和债权投资。

6.1.2 金融资产的特性

金融资产作为经济资产的一个重要组成部分有其自身的特性，具体表现如下。

（1）虚拟性。金融资产是一种间接投资，是社会资本的转移，它本身并不直接生产物质产品，其价值体现为具有索取实物资产或某种经济利益的权利。金融资产的虚拟性还体现在金融资产有时不采取任何具体的物质形式，而只采取账簿登记的形式。这时金融资产的虚拟性体现在它的具体构思、法律规定和运用方式等方面。

（2）价值性。金融资产必然带来预期收益，它是凭借对未来收益的索取权获得的在法律上承认的、确定的、有规则的货币收入流量。其收益来源于金融资产出售者运用投资者资金从事生产经营活动产生的增值。如果没有预期收益，货币持有者就不会让渡自己目前的货币，因此可以说，价值性是形成金融资产的动力。

（3）流通性。金融资产的流通性又称变现性，是指金融资产持有人可以按自己的需要灵活地转让以换取现金。流通性是金融资产的生命力所在。流通性不但可以使金融资产的持有人随时变现，而且还可以使持有人根据自己的偏好选择投资种类。金融资产的流通性是通过承兑、贴现、交易实现的。

6.1.3 金融资产评估的特点

由于金融资产是以对其他企业享有的权益而存在，因此，金融资产评估主要是对其所代表的权益进行评估。主要特点如下。

（1）金融资产评估是对投资资本的评估。尽管投资者取得金融资产时支付的方式可能是货币、实物和无形资产等一般生产要素，但是一旦被投资到其他企业，就被作为资本的象征，以谋求间接经济利益为主要目的。因此，金融资产评估的实质是对资本的评估。

（2）金融资产评估是对被投资者的偿债能力和获利能力的评估。投资者购买股票、债券的根本目的是获得投资收益，而能否获得相应的投资收益取决于投资风险。投资风险在很大程度上取决于被投资者的获利能力和偿债能力。因此，对于债券的评估，主要考虑债券发行者的偿债能力；股票评估除了参照股市行情外，主要是对被投资者获利能力的评估。因此，可以说金融资产评估是对被投资者偿债能力和获利能力的评估。

6.1.4 金融资产评估程序

金融资产评估一般按以下程序进行。

（1）明确金融资产投资的具体内容，如投资种类、原始投资额、评估基准日余额、投资收益计算方法和历史收益额，股票投资占被投资企业实收资本的比例以及相关会计核算方法等。

（2）判断金融资产投入资金和收回金额计算的正确性和合理性，判断被投资企业财务报表的准确性。

（3）根据金融资产的特点选择合适的评估方法。上市交易的债券和股票一般采用现行市价法进行评估，按评估基准日的收盘价确定评估值；非上市交易及不能采用现行市价法评估的债券和股票一般采用收益现值法，根据综合因素选择适宜的折现率，确定评估值。

（4）测定金融资产价值，得出评估结论。

6.2 债券评估

6.2.1 债券的概念与特点

债券是政府、金融机构、企业等为了筹集资金，按照法定程序发行的并向债权人承诺于指定日期还本付息的有价证券。从债券发行主体看，债券是筹资的手段。对债券购买者来说，债券是一种投资工具。作为一种投资工具，债券具有以下特点。

（1）投资风险较小，安全性较强。相对于股票投资及其他投资而言，债券投资风险相对较小。因为国家对债券发行有严格的规定，通常要满足发行债券的一些基本要求。例如，政府发行债券由国家担保；银行发行债券要以其信誉及一定的资产作为后盾；企业发行债券也有严格条件，通常以其实力及发展潜力作为保证。当然，债券投资也不是一点风险都没有，一旦债券发行主体出现财务困难，债券投资者也有收不回投资的可能。但是，相对于其他投资而言，债券投资还是比较安全的，就是发行债券的企业破产，在破产清算时，债权人分配剩余财产的顺序也排在企业所有者之前。

（2）到期还本付息、收益稳定。债券利率通常是比较稳定的，在正常情况下要高于同期存款利率。只要债券发行主体不发生较大变故，债券的收益是相当稳定的。

（3）具有较强的流动性。在发行的债券中有相当部分是可流通债券，这些债券可随时到证券市场上流通变现，而且随着金融市场的进一步开放，债券的流动性将会不断加强。

6.2.2 债券的评估

债券作为一种有价证券，从理论上讲，它的市场价格是收益现值的市场反映。当债券可以在市场上自由买卖、贴现时，债券的现行市价就是债券的评估值。但是，如果有些债券不能在市场上自由交易，其价格就需要通过收益途径及其方法来进行评估。

1. 现行市价法

如果某种债券可以在市场上流通买卖，并且市场上有该种债券的现行价格，那么，相对于投资者而言，尽管不准备将这些债券在短期内兑现，债券的现行市价仍然是确定该种债券评估价值的最重要依据。在正常情况下，上市债券的现行市场价格可以作为它的评估值，一般以评估基准日的收盘价为准。但是在某些特殊情况下，如证券市场存在严重的投机行为，市场价格扭曲，不能代表实际价值，评估人员就应该采用其他的评估方法进行评估。

运用现行市价法评估债券，债券价值的计算公式为：

债券评估值＝债券数量×评估基准日债券的市价（收盘价）

需要特别说明的是，采用现行市价法进行债券价值评估，评估人员需在评估报告中说明所用评估方法、评估依据，以及评估结果的时限性，并申明该评估结果应随市场价格变化而予以调整。

【例6.1】某企业进行评估，账面反映企业持有债券1 200张，每张面值100元，年利率为10%，此债券为另一企业发行的三年期债券，已上市交易。根据交易市场调查，评估基准日的收盘价为120元。据评估人员分析，该价格比较合理，所以评估值为：

120×1 200＝144 000（元）

2. 收益现值法

对于不能进入市场流通的债券，无法通过市场判断其评估价值，采取收益途径及其方法评估非上市债券的评估价值是一种比较好的途径。根据债券的种类和还本付息方式，债券可分为到期一次性还本付息债券、定期支付利息到期还本债券等。评估人员应对每一类债券采取不同的方法计算。

（1）到期一次性还本付息债券的评估

这类债券是指平时不支付利息，到期连本带利一次性支付的债券。评估时，应将债券到期时一次支付的本利和折现，求得评估值。其计算公式为：

$$P = F(1+r)^{-n}$$

式中：P——债券的评估值；

F——债券到期时本利和；

r——折现率；

n——评估基准日到债券到期日的间隔（以年或月为单位）。

本利和F的计算要看计息方式是单利计息还是复利计息。

① 单利计息时：

$$F = A(1+m \cdot i)$$

② 复利计息时：

$$F = A(1+i)^m$$

式中：A——债券面值；

m ——计息期限;

i ——债券利息率。

债券利息率、计息期限、债券面值在债券上有明确记载,而折现率是评估人员根据实际情况分析确定的。折现率包括无风险报酬率和风险报酬率,无风险报酬率通常以银行储蓄利率、国库券利率或国家公债利率为准;风险报酬率的大小则取决于债券发行主体的具体情况。政府债券、金融债券有良好的担保条件,其风险报酬率一般低;企业债券的发行企业如果经营业绩较好,有足够的还本付息能力,则风险报酬率较低;否则,应以较高的风险报酬率调整。

【例 6.2】某企业持有一项面值为 50 000 元的债券投资,系另一企业发行的 3 年期一次性还本付息债券,年利率为 12%,单利计息,评估时点距到期日两年,当时国库券利率为 8%。经评估人员分析调查,发行企业经营业绩较好,两年后有还本付息的能力,风险不大,故取 2% 的风险报酬率,以国库券利率作为无风险报酬率,不考虑通货膨胀的影响。请确定债券评估值。

$r=8\%+2\%=10\%$

$F=A(1+m \cdot i)=50\,000 \times (1+3 \times 12\%)=68\,000$(元)

$P=F(1+r)^{-n}=68\,000 \times (1+10\%)^{-2}=56\,198.35$(元)

(2)定期支付利息,到期还本债券的评估

对于这类债券,评估时应将预计分期收到的利息和到期本金分别折现求和,其评估值的计算公式为:

$$P=\sum_{t=1}^{n}\left[R(1+r)^{-t}\right]+A(1+r)^{-n}$$

或

$$P=R\frac{1-(1+r)^{-n}}{r}+A(1+r)^{-n}$$

式中:P ——债券的评估值;

R ——每期的预期利息收益;

r ——折现率;

A ——债券面值;

t ——评估基准日距收取利息日期限;

n ——评估基准日距到期还本日期限。

【例 6.3】接前例,假如债券不是到期一次还本付息,而是每年付一次息,到期还本债券,确定评估值。

$$P=R\frac{1-(1+r)^{-n}}{r}+A(1+r)^{-n}$$

$$P=50\,000 \times 12\%\frac{1-(1+10\%)^{-2}}{10\%}+50\,000 \times (1+10\%)^{-2}=51\,735.53$$(元)

6.3 股票评估

6.3.1 股票的概念与特点

股票是股份公司发行的,用来证明投资者股东身份及权益,并以此获得股息和红利的有价证券。股票持有人即为股东。公司股东作为出资人按投入公司的资本比例享有取得资产收益、参与公司重大决策和选择管理者的权利，并以其持有股份对公司承担责任。

股票投资具有如下特点。

（1）股票投资是权益性投资。股票投资与债券投资虽然都是证券投资，但投资的性质不同。股票投资属于权益性投资，股票是代表所有权的凭证，大家持有股票就成为公司的股东，可以参与公司的经营决策，有选举权和表决权。而债券属于债权性投资，债券是债权债务凭证，债券持有者是公司的债权人，有获取利息和收回本金的权利，但无权参与公司的经营决策。

（2）股票投资风险较大。与债券投资相比，股票投资的风险较大。投资者购买股票之后，不能要求股份公司偿还本金，只能在证券市场上转让。股票投资的收益主要取决于股票发行公司的经营状况和股票市场的行情。经济景气、公司经营状况好，股票价格就会上涨，投资者收益就高；反之股票价格就会下跌，投资者就会遭受很大的损失。如果公司破产，股东的求偿权位于债权人之后，因此股东可能部分或全部不能收回投资。而债券是按约定利率支付利息，并于到期时还本的有价证券，其投资风险要比股票投资小。

（3）股票投资的收益不稳定。股票投资的收益，一是来自股利收入，二是根据股票价格的波动低价买入、高价卖出而获得的资本利得。股利直接与公司的经营状况相关，公司盈利多就可能多发股利，盈利少则只能少发或不发股利；股票转让的资本利得主要取决于股票市场的行情，股市看涨，出售股票就可能获得较大的资本利得，反之就会遭受损失。而债券的收益就比较稳定，投资者可以获得比较固定的利息收入。

6.3.2　股票的计价标准

股票有多种计价标准，如票面价值、发行价格、账面价值、内在价值、市场价格和清算价格等。股票评估通常与股票的票面价值、发行价格和账面价值的联系并不紧密，而与股票的内在价值、市场价格和清算价格有着较为密切的联系。

（1）票面价值。票面价值是公司发行股票时在票面上载明的金额。对于无票面价值的股票，它的面值以每股占公司所有者权益的一定比例来表示。

（2）发行价格。股票的发行价格是指公司发行股票出售给投资者时所采用的价格，也是投资者认购股票时所必须支付的价格。

（3）账面价值。股票的账面价值是指公司股票在账面上反映的价值，等于公司所有者权益的账面价值除以发行在外的股份数。

（4）内在价值。股票的内在价值，是一种理论价值或模拟市场价值。它是根据评估人员对股票未来收益的预测，经过折现得到的股票价值。股票的内在价值主要取决于公司的财务状况、管理水平、技术开发能力、公司发展潜力，以及公司面临的各种风险。

（5）市场价格。股票的市场价格是证券市场上买卖股票的价格。在证券市场比较完善的条件下，股票的市场价格基本上是市场对公司股票内在价值的一种客观评价，它基本上可以直接作为股票的评估价值。当然，当证券市场发育尚未完善时，股票的市场价格并不一定能代表其内在价值。因此，不能简单地将其作为股票的评估值。

（6）清算价格。股票的清算价格是公司清算时公司的净资产与公司股票总数之比。如果公司真的到了清算的地步，那么该公司的股票价值就相当于公司股票的清算价格。

6.3.3　股票价值评估

对于持续经营股票的评估，一般按上市股票和非上市股票两类进行，上市股票采用现行市价法和市盈率法进行评估，非上市股票采用收益现值法进行评估。而对于破产清算中的股票则采用清算价格法进行评估。其中，现行市价法和收益现值法是股票评估的主流方法，而市盈率法和清算价格法是评估股票价值所特有的方法，在以下的叙述中，我们将其归为其他评估方法介绍。

1．现行市价法

上市股票是企业公开发行的、可以在证券交易所自由交易的股票。正常交易的股票随时都有市场价格，因此对上市股票的评估，在正常情况下一般可以采用现行市价法。按照评估基准日的收盘价确定评估值。但是在股市发育不完全，股市交易不正常的情况下，股票的价值就不能完全依据股票市场价格来确定，而应以股票的"内在价值"或"理论价值"为依据，通过股票发行企业的经营业绩、财务状况及获利能力，采用收益法综合判断股票内在价值。另外，以控股为目的持有的上市公司股票，一般采用收益现值法进行评估。

现行市价法评估股票价值的计算公式为：

$$股票评估值＝股票股数×评估基准日该股票市场的收盘价$$

【例 6.4】 某企业拥有一上市公司股票 30 000 股，评估时，该股票在证券交易所当天的收盘价为每股 12 元。则：

$$股票评价估值＝12×30\ 000＝360\ 000（元）$$

若依据市场价格得出的评估值，评估人员应在评估报告书中说明所用方法，并申明该评估结果应随市场价格变化而予以调整。

2．收益现值法

评估人员对非上市股票一般采用收益现值法评估，即综合分析股票发行主体的经营状况及风险、历史利润水平和分红情况、行业收益等因素，合理预测股票投资的未来收益，并选择合理的折现率确定评估值。

从理论上讲，股票的价值等于未来各期预期股利收入和转让出售时预期市场价格的折现值之和，可用公式表示为：

$$P=\sum_{t=1}^{n}D_t(1+r)^{-t}+P_n(1+r)^{-n}$$

式中：P ——股票的评估价值；

　　　D_t ——股票在第 t 年的预期股利；

　　　r ——适用的折现率；

　　　n ——持有普通股的时间（在第 n 年年末将股票出售）；

　　　P_n ——第 n 年年末出售股票的预期价格。

由于股票未来转让出售价格也是一种预期值，按照股利折现法，评估值应根据出售转让时点以后的预期股利折现确定。由此上述公式可演变为：

$$P=\sum_{t=1}^{\infty}D_t(1+r)^{-t}$$

根据股利收益的变动趋势，通常将股票评估模型分为三种：固定股利模型、股利增长模型和阶段性成长模型。

（1）固定股利模型

如果公司经营稳定，分配股利固定，并且今后也能保持固定水平。在这种前提下，股利收入构成永续年金，因此股票评估值的计算公式为：

$$P=\sum_{t=1}^{\infty}\frac{D}{(1+r)^t}=\frac{D}{r}$$

式中：P ——股票的评估价值；

　　　D ——股票年固定的预期股利；

　　　r ——适用的折现率。

【例 6.5】某企业进行评估，其拥有 A 公司发行的法人股 1 万股，每股面值 100 元，A 公司前三年的股票收益率分别为 15%、17%、18%。评估人员经过分析调查了解到，A 公司经过三年的发展目前生产经营情况比较稳定，预计今后能保持每年平均 16%的收益率。评估人员根据发行企业行业的特点及宏观经济情况，确定无风险利率为 6%（国库券利率），通货膨胀率为 2%，风险利率为 4%。根据上述资料，确定该股票评估值。

$$r=6\%+2\%+4\%=12\%$$

$$P=\frac{D}{r}=\frac{10\,000\times100\times16\%}{12\%}=1\,333\,333.3（元）$$

（2）股利增长模型

股票的股利收入取决于股份公司的盈利水平和股利支付率。由于公司每年的盈利水平不尽相同，每年的股利收入也不完全一样。因此，在评估普通股的价值时，假定每年的股利固定不变是不现实的。实际上，对于大多数公司而言，收益与股利并非固定不变，而是呈不断增长之势。如果预计某股票的每股股利在未来以某一固定的增长率 g 增长，那么这种股票就被称为股利增长型股票。股利增长型股票评估值的计算公式为：

$$P=\sum_{t=1}^{\infty}\frac{D_t}{(1+r)^t}=\sum_{t=1}^{\infty}\frac{D_0(1+g)^t}{(1+r)^t}$$

该式为无穷等比数列求和，其公比为 $\frac{1+g}{1+r}$，当 $r>g$ 时，运用等比数列求和公式可得出股利增长模型的简化形式为：

$$P=\frac{D_0(1+g)}{r-g}=\frac{D_1}{r-g}$$

式中：P ——股票的评估值；

D_1 ——股票下一年的股利额；

r ——折现率；

g ——股利年增长率。

根据这一模型，如果 g 不变，D_1 不变，则 r 越高，股票的内在价值越小；如果 r 不变，D_1 不变，则 g 越高，股票的内在价值越大；当然如果其他因素不变，D_1 越大，股票的内在价值越大。但是无论如何，这里都不可以出现 $g>r$ 的情况，因为这意味着股票的价值会无穷大，这在现实中是不可能存在的。

股利年增长率 g 的计算方法：一是历史数据分析法，它在对历年股利分析的基础上，利用统计学方法计算出历史平均增长速度，以此确定股利增长率。二是发展趋势分析法，主要依据发行公司股利分配政策，以公司剩余收益中用于再投资的比率与公司净资产利润率相乘确定股利增长率。

【例 6.6】甲公司持有乙公司股票 200 000 股，乙公司上年支付的股利为每股 2 元。评估人员调查了解到：乙公司每年只用 75%的税后利润用于股利发放，另 25%用于扩大再生产。经过分析，从总体的趋势看，今后几年乙公司净资产利润率将保持在 15%左右，风险报酬率为 2%，无风险报酬率以国库券利率 8%为依据，试确定该股票的评估值。

$$g=(1-75\%)\times15\%=3.75\%$$

$$r=8\%+2\%=10\%$$

$$P=\frac{200\,000\times2\times(1+3.75\%)}{10\%-3.75\%}=6\,640\,000（元）$$

（3）阶段性成长模型

在前面的分析中，我们假设公司股利或固定不变或固定成长，处于非常理想的情况。

而在现实生活中，大多数公司的股利既不是长期固定不变，也不是长期固定成长，而会随着公司生命周期的变化呈现一定的阶段性。对于这种股票，由于在不同时期有不同的增长率，未来股利的预期增长率不是一个，而是多个，在这种情况下，评估人员只有分段计算，采用阶段性成长模型才能确定股票的价值。现以两阶段增长为例，说明股票价值的评估模型。

以股利增长率变化的时间点第 m 年为分界点，分解为两个阶段，即可得到两阶段增长模型的基本形式：

$$p=\sum_{t=1}^{m}\frac{D_t}{(1+r)^t}+\sum_{t=m+1}^{\infty}\frac{D_t}{(1+r)^t}$$

假设从第 $m+1$ 年开始，在第二个阶段股利以固定增长率 g_2 增长，上式可以写成：

$$p=\sum_{t=1}^{m}\frac{D_t}{(1+r)^t}+\frac{1}{(1+r)^m}\times\frac{D_{m+1}}{r-g_2}$$

这种模型的估价步骤如下。

① 区分出股利在有限期间内的变化特征与固定成长期间内的增长率。

② 计算在有限期间内的预期股利现金流量的贴现值 p'。在有限期间内股利的变化可能会有三种情况：一是没有任何规律，二是股利固定不变，三是股利以固定的增长率 g_1 增长。

若股利变化没有任何规律，则：

$$p'=\sum_{t=1}^{m}\frac{D_t}{(1+r)^t}$$

若股利固定不变，各年的股利均为 D，各年的现金流量构成普通年金，根据普通年金现值计算公式，有：

$$p'=D\times\frac{1-(1+r)^{-m}}{r}$$

若股利以固定的增长率 g_1 增长，则：

$$p'=\frac{D_1}{r-g_1}-\frac{D_1(1+g_1)^{m+1}}{r-g_1}\times\frac{1}{(1+r)^m}$$

③ 计算固定增长期间股利现值 p''。在此期间由于股利的增长率保持不变，因此可以利用固定成长模型先行计算出有限期间结束时的股价，再将其贴现到第零期。

以 p_m 表示有限期间结束即第 m 年年末股票价值：

$$p_m=\frac{D_m(1+g_2)}{r-g_2}=\frac{D_{m+1}}{r-g_2}$$

再以必要报酬率 r 将 p_m 折现到第零期：

$$p''=\frac{D_{m+1}}{r-g_2}\times\frac{1}{(1+r)^m}$$

④ 将两阶段的股利现值 p' 和 p'' 加总求和，即可得到两阶段增长情形下的股票价值：

$$p=p'+p''$$

【例 6.7】 某公司进行评估，其拥有另一股份公司非上市普通股股票 10 万股，每股面值 1 元。在持有期间，每年股利收益率均在 15%左右。评估人员对该股份公司进行调查分析，认为前 3 年保持 15%收益率是有把握的；第 4 年一套大型先进生产线交付使用，可使收益率按 5%的增长率增长，并将持续下去。评估时国库券利率为 10%，因为该股份公司是公用事业企业，所以风险利率确定为 2%，折现率为 12%，确定该股票评估值。

前三年股利现值 $p' = 100\,000 \times 1 \times 15\% \dfrac{1-(1+12\%)^{-3}}{12\%} = 36\,026.47$ （元）

第四年后股利现值 $p'' = \dfrac{100\,000 \times 1 \times 15\% \times (1+5\%)}{12\%-5\%} \times (1+12\%)^{-3} = 160\,150.56$ （元）

该股票评估值 $P = 36\,026.47 + 160\,150.56 = 196\,177.03$（元）

与两阶段增长模型相类似，我们还可建立三阶段、四阶段甚至更多阶段的增长模型，其原理和计算方法与两阶段增长模型类似。增长阶段划分得越细，股利就越接近于实际，评估人员可以根据自己的实际需要加以考虑。

3．其他评估方法

（1）市盈率法

在股票的估价中常常还会用到的一种方法是市盈率法。所谓市盈率，就是每股价格与每股收益的比，其计算公式为：

$$市盈率 = \frac{每股价格}{每股收益} = \frac{P}{E}$$

式中，P 为每股价格；E 为每股收益；P/E 为市盈率。

反过来，当我们利用"市盈率"评估股票价值时，则有：

$$股票价格（V）= 市盈率（P/E）\times 每股收益（E）$$

如果我们能分别估计出股票的市盈率和每股收益，那么就能由此公式估算出股票价值。

在评估股票价值时，评估人员要研究拟投资股票市盈率的长期变化，估计其正常值，作为分析的基础。市盈率的确定，应考虑以下几个因素。

① 经济周期。一般来说，经济高涨时期要比经济衰退时期的市盈率高些。

② 企业周期。当公司处于增长阶段，预期公司的发展前景良好，利润增长较快，则其市盈率可相对高一些；而处于饱和或衰退阶段的公司的市盈率则要低一些。

③ 历史水平。有些公司的市盈率虽高，但却能长期维持，这样的股票股价即使下跌，一般来说也是短暂的，它会很快弹回；而市盈率一贯较低的股票，其股价在高位是不会长久的。

（2）清算价格法

利用清算价格法评估股票的内在价值的计算公式为：

$$普通股每股净值 = \frac{股东权益}{流通在外的普通股股数}$$

【例6.8】现对某企业投资于A公司的2万股股票进行评估，A公司由于经营不善，连年亏损，无力偿还到期债务，已由债权人申请破产，并进入破产程序。A公司可供分配的普通股股东权益为5 000万元，而流通在外的普通股股数为10万股，确定其评估值。

普通股每股净值＝5 000/10＝500（元/股）

A公司持有股票的评估值＝2×500＝1 000（万元）

思考题

1．金融资产评估具有哪些特点？

2．金融资产评估的主要方法有哪些？

3．股票的内在价值是什么？

4．股利增长模型的假设前提是什么？

5．对普通股评估时需对发行企业了解的内容主要有哪些？

练习题

一、单项选择题

1. 股票的内在价值属于股票的（　　）。
   A. 账面价值　　　B. 理论价格　　　C. 无面额价值　　　D. 发行价格

2. A 评估公司对某企业的长期债权投资进行评估，了解到长期债权投资账面余额为 115 万元（购买债券 11 500 张，面值为 100 元/张），年利率为 12%，期限为 5 年，已上市交易。在评估前，该债券未计提减值准备。根据市场调查，评估基准日的开盘价为 155 元/张，收盘价为 165 元/张。则该长期债权的评估价值为（　　）元。
   A. 1 782 500　　　B. 1 150 000　　　C. 1 840 000　　　D. 1 897 500

3. 被评估债券为非上市企业债券，3 年期，年利率为 17%，单利计算，按年付息，到期还本，面值 100 元，共 1 000 张。评估时债券购入已满 1 年，第 1 年利息已经收账，若折现率为 10%，该被估企业债券的评估值最接近于（　　）元。
   A. 112 159　　　B. 117 000　　　C. 134 000　　　D. 115 470

4. 固定股利模型是评估人员对被评估股票（　　）。
   A. 预期收益的一种假设　　　　　　B. 预期收益的客观认定
   C. 历史收益的一种客观认定　　　　D. 预期收益的一种估计

5. 对于到期后一次性还本付息债券的评估，其评估的标的是（　　）。
   A. 债券本金　　　　　　　　　　　B. 债券本金加利息
   C. 债券利息　　　　　　　　　　　D. 债券本金减利息

6. 股票的内在价值是由（　　）决定的。
   A. 股票的净资产额　　　　　　　　B. 股票的总资产额
   C. 股票未来收益折现值　　　　　　D. 股票的利润总额

7. 从资产评估的角度来说，在股市发育不全、交易不规范的情况下，股票的评估值应以股票的（　　）为基本依据。
   A. 市场价格　　　B. 发行价格　　　C. 内在价值　　　D. 票面价格

8. 下列融资工具按其风险由小到大排列，正确的排列顺序是（　　）。
   A. 股票、国家债券、金融债券、企业债券
   B. 国家债券、金融债券、企业债券、股票
   C. 企业债券、股票、国家债券、金融债券
   D. 股票、企业债券、金融债券、国家债券

9. 被评估债券为 4 年期一次性还本付息债券 10 000 元，年利率 18%，不计复利，评估时债券的购入时间已满 3 年，当年的国库券利率为 10%，评估人员通过对债券发行企业的了解认为应该考虑 2%的风险报酬率，则该被评估债券的评估值最有可能是（　　）元。
   A. 15 400　　　B. 17 200　　　C. 15 357　　　D. 15 338

二、多项选择题

1. 非上市债券的评估类型可分为（　　）。
   A. 固定股利模型　　　　　　　　　B. 股利增长模型
   C. 每年支付利息，到期还本型　　　D. 分段模型
   E. 到期后一次性还本付息型

2. 按股票持有人享有的权利和承担责任的角度不同，股票可分为（　　）。
   A. 无面额股票　　　B. 面额股票　　　C. 优先股　　　D. 普通股

3. 非上市股票评估的类型有（　　　）。

  A. 到期一次还本型   B. 股利增长型

  C. 固定股利型   D. 逐期分红、到期还本型

  E. 分段型

4. 股票的价值评估通常与股票的（　　　）有较密切的联系。

  A. 发行价格   B. 内在价值   C. 清算价格

  D. 市场价格   E. 账面价格

5. 下列哪些因素会影响债券的评估价值？（　　　）

  A. 票面价值   B. 票面利率   C. 折现率   D. 付息方式

6. 债券评估时的风险报酬率的高低与（　　　）有关。

  A. 投资者的竞争能力   B. 发行者的竞争能力

  C. 投资者的财务状况   D. 发行者的竞争状况

三、计算与分析题

1. 被评估企业拥有 A 公司面值共 90 万元的非上市股票，从持股期间来看，每年股利分派相当于票面值的 10%，评估人员通过调查了解到 A 公司只把税后利润的 80%用于股利分配，另 20%用于公司扩大再生产，公司有很强的发展后劲，公司的净资产利润率保持在 15%的水平上，折现率设定为 12%。

  要求：试运用股利增长模型评估被评估企业拥有的 A 公司股票。

2. 评估机构于 2020 年 1 月 1 日对某公司进行评估，该公司拥有甲企业发行的非上市股票 100 万股，每股面值 1 元。经调查，由于甲企业产品老化，在评估基准日以前的几年内，该股票的收益率每年都在前一年的基础上下降 2%，2019 年度的收益率为 10%，如果甲企业没有新产品投放市场，预计该股票的收益率仍将保持每年在前一年的基础上下降 2%。已知甲企业正在开发研制一种新产品，预计两年后新产品即可投放市场，并从投产当年起可使收益率提高并保持在 15%左右，而且从投产后第 3 年起，甲企业将以净利润的 75%发放股利，其余的 25%用于企业追加投资，净资产利润率将保持在 20%的水平上。折现率为 15%。

  要求：计算被评估公司所持甲企业股票 2020 年 1 月 1 日的评估值。

第7章　无形资产评估

学习目标

　　本章主要阐述无形资产评估的基本理论和方法，以及几种重要的具体无形资产的评估方法。通过本章的学习，读者应了解无形资产的概念、特征及类别，理解影响无形资产价值的主要因素，掌握无形资产评估的基本方法，重点掌握收益法在无形资产评估中的应用，掌握专利权、非专利技术、商标权、商誉等主要无形资产的评估方法。

第七章

本章关键词

　　无形资产；无形资产评估；超额收益；专利权；非专利技术；商标权；商誉。

7.1　无形资产评估概述

　　纵观世界经济的发展进程，在微观经济活动中，无形资产表现出了远比有形资产更为强劲的活力，企业拥有无形资产的多少，反映了其所具有的科技能力和水平。在科学技术飞速发展的今天，无形资产已经成为企业生产经营中最为重要的生产要素。随着无形资产在企业发展中重要性的增强，无形资产交易也越来越活跃，无形资产评估将成为资产评估中日益重要且具有发展空间的部分。

7.1.1　无形资产及其分类

1. 无形资产的概念与特征

　　无形资产是一个在会计学、经济学、资产评估等学科和专业里均被广泛使用的概念。不同专业领域对无形资产有不同的说明和范围界定。关于无形资产的定义，尽管表述各有所异，但对其实质的认识已趋于一致。一般认为，无形资产是被特定主体控制或拥有的，没有实物形态且对生产经营持续发挥作用，并能够在将来带来额外经济利益的资源。我国资产评估准则《资产评估执业准则——无形资产》（中评协〔2017〕37号）将无形资产定义为"特定主体拥有或者控制的，不具有实物形态，能持续发挥作用并且能带来经济利益的资源"，包括专利权、商标权、著作权、专有技术、销售网络、客户关系、特许经营权、合同权益、域名等可辨认无形资产和商誉这一不可辨认无形资产。《国际评估准则》将无形资产定义为"一种能通过经济属性来证明其自身价值的非货币性资产。它不具有实物形态，但能为所有者产生经济利益"，包括营销相关类、客户或供应商相关类、技术相关类、艺术相关类等可辨认无形资产和商誉这一不可辨认无形资产。二者均强调了无形资产不具实物形态和能给其拥有者带来经济利益这两个显著特征。

　　无形资产作为一类特殊的资产，有其自身的特殊性，归纳起来可以概括为无形资产的形式特征和功能特征两个方面。

　　（1）无形资产的形式特征

　　① 非实体性。无形资产没有物质实体形态，是隐形存在的资产，因此也就不像有形资产

那样，存在价值的有形损耗，而只存在无形损耗。虽然无形资产不具有实体形态，但也有其一定的表现形式，如专利文件、商标标记、技术图纸、工艺文件、程序等。

② 垄断性。无形资产往往是由特定主体垄断占有的，凡不能垄断或者不需要任何代价即能获得的，都不是无形资产。无形资产的这种垄断性可以分别通过特定主体自身保护取得、获得法律保护取得和获取社会公认的信誉取得。

③ 效益性。并非任何无形的事物都是无形资产，成为无形资产的前提是其必须能够以一定的方式，直接或间接地为投资者创造效益。而且必须能够在较长时期内持续产生经济效益。作为企业整体资产的组成部分，无形资产的存在，在一般或正常情况下，一定会表现出企业超常的收益能力，即无形资产所带来的超额收益。它表现为企业的超额利润，或者表现为企业的垄断利润。

④ 不确定性。无形资产能为所有者或占有者带来的未来经济利益具有一定的不确定性。这种不确定性与企业有形资产的规模和状况、市场竞争状况、国家宏观调控政策、技术与经营服务更新、产品性能与质量等诸多因素直接有关。

（2）无形资产的功能特征

无形资产发挥作用的方式明显区别于有形资产，因而评估人员在评估时需要特别注意。

① 共益性。无形资产区别于有形资产的一个重要特点是，它可以作为共同财富，由不同的主体同时共享。通过合法程序，一项无形资产可以同时为不同的权利主体共同享用，也可以在其所有者继续使用的前提下，多次转让其使用权。因此无形资产价值评估包括所有权价值评估和使用权价值评估。

② 附着性。无形资产的作用是巨大的，但其作用的发挥需借助于有形资产，而且无形资产作用的大小与其依附的有形资产的质量、规模等密切相关。例如，专利权和非专利技术作用的发挥，需借助于专门的设备和生产企业，专门设备的数量和质量以及企业的生产规模都会影响专利权和非专利技术作用的发挥。

③ 积累性。无形资产的积累性体现在两个方面：一是无形资产的形成基于其他无形资产的发展；二是无形资产自身的发展也是一个不断积累和演进的过程。因此，一方面，无形资产总是在企业生产经营的一定范围内发挥作用；另一方面，其作用和获利能力的大小也取决于无形资产的成熟程度。

④ 替代性。在承认无形资产具有积累性的同时，评估人员还要考虑到它的替代性。例如，一项技术被另一项技术取代，其特性不是共存或积累，而是替代和更新。一项无形资产总会被另一项更新的无形资产所取代，因而在评估中必须考虑它的作用期间，尤其是尚可使用年限。

2．无形资产的分类

对无形资产进行分类，不仅有利于把握和识别无形资产，还有利于我们了解无形资产的性质和范围，提高评估的科学性和准确性。无形资产的种类很多，可按不同的标准进行分类。

（1）按取得无形资产的方式分类。按取得无形资产的方式不同，无形资产可分为自创无形资产和外购无形资产。前者是由自己研制创造获得以及由于客观原因形成的，如自创专利、非专利技术、商标权、商誉等；后者则是以一定代价从其他单位或个人购入的，如外购专利权、商标权等。

（2）按无形资产能否独立存在分类。按能否独立存在，无形资产可以分为可确指无形资产和不可确指无形资产。凡是那些具有专门名称，可单独地取得、转让或出售的无形资产，称为可确指无形资产，如专利权、商标权等；那些不可辨认、不可单独取得，离开企业就不复存在的无形资产，称为不可确指无形资产，如商誉。

（3）按有无专门法律保护分类。按有无专门法律保护，无形资产可以分为有专门法律保护的无形资产和无专门法律保护的无形资产。专利权、商标权等均受到国家专门的法律保护，而非专利技术不受法律保护。

此外，对于无形资产还有不同的分类。其从评估角度按其内容分为权利型无形资产（如租赁权）、关系型无形资产（如顾客关系、销售网络等）、组合型无形资产（如商誉）和知识产权（包括专利权、商标权和版权等）。

7.1.2　无形资产评估应考虑的因素

进行无形资产评估，首先要明确影响无形资产评估价值的因素。一般来说，影响无形资产评估价值的因素主要有以下几个。

1. 无形资产本身的状况

作为评估标的物的无形资产，其自身状况如何对其价值高低影响极大。无形资产自身的状况包括以下内容。

（1）技术成熟程度。一般科技成果都有一个"发展——成熟——衰退"的过程。科技成果的成熟程度直接影响评估值的高低。其开发程度越高，技术越成熟，运用该技术成果的风险性越小，评估值就会越高。对一项成熟程度不是很高的无形资产，评估人员在评估时应分析预计其可能的成熟程度，正确估计其风险，从而合理确定其评估值。

（2）使用期限。每一项无形资产，一般都有一定的使用期限。使用期限的长短，一方面取决于该无形资产的先进程度；另一方面取决于其无形损耗的大小。无形资产越先进，其领先水平越高，使用期限越长。同样，其无形损耗程度越低，其使用期限越长。考虑无形资产的期限，除了应考虑法律保护期限外，更主要的是考虑其具有实际获取超额收益的期限。例如，某项发明专利保护期为 20 年，但由于无形损耗较大，拥有该项专利实际能获取超额收益的期限为 10 年，则这 10 年即为评估该项专利时所应考虑的期限。

（3）无形资产的保密性与扩散情况。对于专有技术等无形资产，其保密性与扩散情况，是保证其自身具有交换价值的重要先决条件。

（4）无形资产的成本。无形资产也具有成本，只是相对有形资产而言，其成本不是十分明晰和易于计量。对企业无形资产来说，外购无形资产较易确定成本，自创无形资产的成本计量较为困难。由于无形资产产生的一次性特点，其在创造过程中所耗费的劳动不具有横向比较性。同时，无形资产的创造，与其投入、失败等密切结合，但这部分成本是很难确定的。一般来说，无形资产的成本项目包括创造发明成本、法律保护成本、发行推广成本等。从补偿无形资产产权主体的角度看，无形资产成本是判断无形资产交换价值的重要参考依据。

2. 转让内容与条件

从转让内容看，无形资产转让分为所有权转让和使用权转让。在转让过程中有关条款的规定，会直接影响其评估值。就所有权转让和使用权转让来说，所有权转让的无形资产评估值高于使用权转让的评估值。在技术贸易中，同是使用权转让，其许可程度也影响评估值的高低，如使用权中的独家许可、独占许可和普通许可等。

无形资产的转让条件包括转让方式、已转让次数、已转让地区范围、转让时的附带条件以及转让费支付方式等。无形资产转让条件也会影响无形资产的评估值。

3. 无形资产受让方情况

在许多场合，无形资产的转让价值不仅与无形资产本身的状况及转让主体有关，而且与无形资产受让方关系密切。受让方引进或取得无形资产后的生产经营方案、规划及生产经营规模，受让方利用无形资产的能力和程度，都将在相当大的程度上影响无形资产的效用发挥。受让方利用无形资产的投资利润率、投资回收期等，也会影响无形资产的评估价值。

4. 无形资产转让时的外部因素

无形资产的评估价值与无形资产转让的外部因素也有着密切的联系，这些外部因素主要包括以下几个。

（1）市场供需状况。市场供需状况，一般反映在两个方面：一是无形资产市场需求情况；二是无形资产的适用程度。对于可出售、转让的无形资产，其评估值随市场需求的变动而变动。市场需求大，则评估值就高。市场需求小，且有同类无形资产替代，则其评估值就低。同样，无形资产的适用范围越广，适用程度越高，需求者越多，需求量越大，评估值就越高。

（2）国内外该种无形资产的发展趋势、更新换代情况和速度。无形资产的更新换代越快，损耗越大，其评估值越低。无形资产价值的损耗和贬值，不取决于自身的使用损耗，而取决于本身以外的更新换代情况。

评估无形资产时需要考虑的基本因素，尽管角度和侧重点不同，但是，最终都会通过被评估无形资产的预期效益的计量体现出来。无形资产效益的高低是影响无形资产价值的决定性因素，也是评估者在评估无形资产时需要考虑的最根本因素。

7.1.3　无形资产评估的程序

无形资产评估程序是评估无形资产的操作规程。评估程序既是评估工作规律的体现，也是提高评估工作效率、确保评估结果科学有效的保证。无形资产评估一般按下列程序进行。

1．明确评估目的

同样的无形资产，由于发生的经济行为不同，其评估的价值类型和选择的方法也不一样，评估结果也会不同。评估目的是无形资产评估过程中的关键评估要素。评估目的既可以规范无形资产评估报告的使用，避免无形资产评估报告被误用，又能够直接决定和制约无形资产评估的价值类型与评估方法的选择，还会对无形资产评估其他后续流程产生关键性影响。伴随着无形资产被广泛重视和利用，涉及无形资产的经济活动日益活跃，无形资产评估的目的也就有无形资产出资、交易、质押、法律诉讼、财务报告、税收、保险、管理和租赁等多种。

2．鉴定无形资产

许多无形资产并未在企业财务报表中列示。因此，在对无形资产进行评估时，评估人员应首先对被评估的无形资产进行鉴定。这是进行无形资产评估的基础工作，直接影响评估范围和评估价值的科学性。通过无形资产的鉴定，评估人员可以解决以下问题。

（1）证明无形资产的存在。评估人员可以从以下几个方面进行：第一，查询其技术的内容、国家有关规定、技术人员评价情况、法律文书（如专利证书、技术鉴定书等），核实有关资料的真实性、可靠性和权威性。第二，分析无形资产运用所要求的与之相适应的特定技术条件和经济条件，鉴定其应用能力。第三，确定无形资产是否为委托者所拥有，要考虑其存在的条件和要求，对于剽窃、仿造的无形资产要加以鉴别，对于某些无形资产要分析其历史渊源，看其是否符合国家的有关规定。

（2）确定无形资产的种类。主要是确定无形资产的名称。有些无形资产是由若干无形资产综合构成的，应加以确认和分离，避免重复评估和漏评估。

（3）确定无形资产的有效期限。无形资产有效期限是其存在的前提。某项专利权，如超过法律保护期限，就不能作为专利权评估。有效期限对无形资产评估值具有很大影响，如有的商标，历史越悠久，价值越高；有的商标历史不悠久，也可能具有较高的价值。

3．确定评估方法，搜集相关资料

评估人员应根据所评估无形资产的具体类型、特点、评估目的、评估前提条件、评估原则及外部市场环境等具体情况，选用适当的评估方法。与有形资产一样，无形资产的评估方法主要包括收益法、市场法和成本法。

采用收益法时，评估人员要注意分析超额获利能力和预期收益，注意收益额的计算与被评估无形资产相对应，不要将其他资产带来的收益误算到无形资产收益中；要充分考虑法律法规、宏观经济环境、技术进步、行业发展变化、企业经营管理、产品更新和替代等因素对无形资产收益期、收益率和折现率的影响。

采用市场法评估无形资产时，评估人员要特别注意被评估无形资产必须具备适合运用市场法的前提，注意掌握公开市场原则，充分重视被评估无形资产的特点。当类似无形资产之间具有可比性时，可根据它们的交易条件、交易时间、交易地点和影响价值等因素的差异，调整确定评估值；当被评估无形资产曾向多个使用者转让使用权时，可结合受让者的具体情况调整确定评估值。

当被评估无形资产不宜采用收益法和市场法时，也可采用成本法进行评估。采用成本法进行评估时，评估人员要注意根据现行条件下重新形成或取得该项无形资产所需的全部费用确定评估值；在评估中要注意扣除实际存在的功能性贬值和经济性贬值。

4．整理并撰写报告，得出评估结论

无形资产评估报告书，是对无形资产评估过程的总结，也是评估者履行评估义务、承担法律责任的依据。评估报告书要简洁、明确，避免误导，要符合资产评估准则的相关要求。

7.2 无形资产的评估方法

从理论上讲，无形资产评估所运用的方法与有形资产评估的一样，包括收益法、市场法和成本法。但是根据无形资产自身的特点，选择恰当的评估方法评估无形资产，在无形资产评估中具有重要意义。

7.2.1 无形资产评估的收益法

由于无形资产的存在主要是通过额外获利能力体现出来的，运用收益法衡量其价值符合大多数无形资产评估目的的要求。收益法是从无形资产的收益入手的，在无形资产评估中，收益被界定为无形资产带来的超额收益。将无形资产收益资本化或折成现值作为无形资产评估价值是收益法的基本思路。其基本公式为：

$$\frac{无形资产}{评估价值} = \sum_{i=1}^{n} \frac{R_i}{(1+r)^i}$$

式中：R_i——被评估无形资产第 i 年获得的收益；

r ——折现率；

n ——收益期限。

收益法的运用涉及三个基本参数，即收益额、折现率和收益期限。合理确定以上参数是有效评估无形资产价值的重要前提。

1．无形资产收益额的确定

无形资产收益额的测算，是采用收益法评估无形资产的关键步骤。如前所述，无形资产往往是附着于有形资产而发挥其功能，因此无形资产一般不会通过独立运营给持有者带来收益，而是通过提高有形资产的功能和运营效率，给持有者带来超出一般或社会平均水平的收益。无形资产收益额就是由无形资产带来的超额收益。评估人员在估算无形资产的收益额时，应注意区分并扣除无形资产以外的其他因素对收益的贡献。下面介绍几种常用的估算无形资产收益额的方法。

（1）直接估算法

无形资产带来的超额收益无外乎通过以下渠道形成：一是由于无形资产的存在使企业相

关产品的产销量增加或产品价格提高，这种以扩张型或外延型方式体现其功能的无形资产被称为收入增长型无形资产；二是由于无形资产的存在降低了企业的生产经营成本，形成了生产经营费用的节约。这种以内涵型或节约型方式体现其功能的无形资产被称为成本节约型无形资产。通过对比分析无形资产使用前后企业产销量、价格和成本的变动，进而计算无形资产带来的收益额的估算方法即直接估算法。直接估算法的一般计算公式为：

$$R=(P_2-C_2) \times Q_2 \times (1-T)-(P_1-C_1) \times Q_1 \times (1-T)$$

式中：R——收益额（超额收益）；

P_2——使用被评估无形资产后单位产品的价格；

P_1——使用被评估无形资产前单位产品的价格；

Q_2——使用被评估无形资产后产品的销售量；

Q_1——使用被评估无形资产前产品的销售量；

C_2——使用被评估无形资产后单位产品成本；

C_1——使用被评估无形资产前单位产品成本；

T——所得税税率。

① 收入增加型无形资产收益额估算。根据收入增加的具体途径不同，该估算可分为以下几种情况。

a. 产销量不变、单位成本不变，价格提高时，超额收益的计算公式为：

$$R=(P_2-P_1) \times Q \times (1-T)$$

式中：Q——不变的产品销售量。

b. 单位成本和价格不变，产销量提高时，超额收益的计算公式为：

$$R=(Q_2-Q_1) \times (P-C) \times (1-T)$$

式中：P——不变的产品价格；

C——不变的单位产品成本。

② 成本节约型无形资产收益额估算。当销售量和价格不变，单位产品成本降低时，超额收益计算公式为：

$$R=(C_1-C_2) \times Q \times (1-T)$$

式中：Q——不变的产品销售量。

无形资产的超额收益，有时可能是收入增加和成本节约共同形成的，对于这种情况，评估人员可按一般公式计算无形资产收益额。

采用直接估算法估算无形资产收益额应注意两个问题：一是无形资产的作用空间，只有受被评估无形资产作用的产品才是确定超额收益的范畴；二是要有效地预计无形资产评估后相关产品的单价、销售量、单位成本的变动情况。

（2）间接估算法

有些无形资产，如商誉等不可确指无形资产，无法脱离企业而独立存在。对于这类无形资产，评估人员无法将使用了无形资产和没有使用无形资产的收益情况进行对比，此时可采用间接估算法来估算无形资产收益额。所谓间接估算法，即从总收益中扣除可辨认资产（包括有形资产和无形资产）按行业平均资产利润率水平计算的贡献，将其余额视为不可辨认无形资产获得的收益的方法，又称为剩余法或差额法。计算公式为：

$$\text{被评估无形资产收益额}=\text{企业利润总额（或净利润）}-\text{固定资产} \times \text{适当的投资报酬率}-\text{流动资产} \times \text{适当的投资报酬率}-\text{其他可辨认资产} \times \text{适当的投资报酬率}$$

具体步骤如下。

① 收集有关使用无形资产的产品生产经营活动的财务资料，进行盈利分析，得到经营利

润和销售利润等基本数据。

② 对上述生产经营活动中的资金占用情况（固定资产、流动资产和已有账面价值的其他无形资产）进行统计。

③ 收集各类资产的行业平均收益率指标。

④ 计算无形资产带来的超额收益。

间接估算法主要适用于企业不可辨认的无形资产，即商誉的评估，对于其他可辨认的无形资产的评估有一定困难，这是其应用的局限所在；再者利用间接估算法评估无形资产收益的前提是假定企业超额收益均来自被评估的无形资产，其他资产（包括有形资产和无形资产）只提供平均水平的收益，这显然不具有说服力。

（3）分成率法

分成率法即通过分成率来获得无形资产收益额的方法，是目前国际和国内技术交易中常见的一种实用方法。分成率包括销售收入分成率和销售利润分成率两种。其基本公式为：

无形资产收益额＝受让方实现的销售收入×销售收入分成率

或

无形资产收益额＝受让方实现的销售利润×销售利润分成率

对于销售收入或销售利润的测算已不是困难的问题，重要的是确定无形资产分成率。既然分成对象既可以是销售收入也可以是销售利润，因而，就有两个不同的分成率。由于销售收入和销售利润具有内在联系，评估人员可以根据销售收入分成率推算销售利润分成率，反之亦然。因为：

收益额＝销售收入×销售收入分成率
　　　　＝销售利润×销售利润分成率

所以：

销售收入分成率＝销售利润分成率×销售利润率
销售利润分成率＝销售收入分成率÷销售利润率

关于无形资产分成率的选择，可考虑按同行业约定俗成的无形资产收入分成率或利润分成率确定，如行业技术分成率、特许使用权分成率、商标分成率等。在无形资产转让实务中，一般是确定一定的销售收入分成率，俗称"抽头"。例如，在国际市场上一般技术转让费不超过销售收入的 1%～10%，如果按社会平均销售利润率 10%计算，当技术转让费为销售收入的 3%时，则销售利润分成率为 30%。评估人员通过销售收入分成率很难看出转让价格是否合理，但是将其换算成销售利润分成率，则可加以判断。在没有现成的行业约定俗成的分成率的情况下，评估人员可参考以下几种方法确定无形资产转让的利润分成率。

① 约当投资分成法。约当投资分成法又称为约当投资量法，它是根据等量资本获得等量报酬的思想，将共同发挥作用的有形资产和无形资产换算成相应的投资额，即约当投资量，再按无形资产的约当投资量占总约当投资量的比例确定无形资产的利润分成率。相关计算公式如下：

$$无形资产利润分成率＝\frac{无形资产约当投资量}{无形资产约当投资量＋受让方其他资产约当投资量}×100\%$$

无形资产约当投资量＝无形资产的重置成本×（1＋适用的成本利润率）

受让方其他资产约当投资量＝受让方其他资产重置成本×（1＋适用的成本利润率）

无形资产的约当投资量，按以转让方无形资产带来的利润与其成本之比计算的成本利润率水平测算，没有企业的实际数时按社会平均水平确定。受让方其他资产约当投资量，按受让方现有的资产成本利润率水平测算。

【**例 7.1**】A 企业以某项专利技术与 B 企业合资建立一个新企业，该技术的重置成本为 60 万元，A 企业专利技术成本利润率为 300%，B 企业拟投入有形资产的重置成本为 3 000 万元，B 企业资产成本利润率为 15%，试确定专利技术投资的分成率。

无形资产约当投资量＝60×(1＋300%)＝240（万元）

有形资产约当投资量＝3 000×(1＋15%)＝3 450（万元）

无形资产利润分成率＝240/(240＋3 450)＝6.5%

约当投资分成法应用的关键在于确定无形资产约当投资量，由于无形资产的种类繁多，既有高技术含量的无形资产，也有普通的无形资产，其重置成本和适用的成本利润率都不易准确把握。因此，在使用约当投资量法确定无形资产分成率时，评估人员应充分占有相关数据资料。

② 边际比率法。边际比率法是根据受让方使用无形资产后所形成的增量收益现值占总收益现值的比率，确定无形资产分成率的一种方法。具体步骤如下。

a. 测算使用无形资产后受让方可以实现的利润；

b. 用第一步测算的利润减去未使用无形资产时受让方能够实现的利润，得到受让方使用无形资产产生的利润增量；

c. 将无形资产剩余使用年限或设定年限内各年新增利润与总利润分别折现求和，得到新增利润现值之和与总利润现值之和；

d. 以新增利润现值之和与总利润现值之和的比率作为无形资产分成率。其公式为：

$$无形资产利润分成率＝（\sum 无形资产使用后新增利润现值之和 \div$$

$$\sum 无形资产使用后总利润现值之和）\times 100\%$$

【**例 7.2**】某企业转让一项专利技术，购买方用于改选现有生产线可大大节约原材料，经估算专利技术剩余经济寿命为 5 年，各年可分别带来的追加利润为 80 万元、100 万元、100 万元、60 万元、70 万元，分别占当年利润总额的 30%、25%、20%、20%、15%。确定折现率为 10%，试评估该项专利技术的利润分成率。

各年度总利润现值之和＝80/30%×0.909 1＋100/25%×0.826 4＋100/20%×0.751 3＋60/20%×0.683 0＋70/15%×0.620 9＝1 443.29（万元）

各年新增利润现值之和＝80×0.909 1＋100×0.826 4＋100×0.751 3＋60×0.683 0＋70×0.620 9＝314.94（万元）

利润分成率＝314.94/1 443.29×100%＝22%

③ 经验数据法。经验数据法是常被采用的一种方法，一般根据"三分"分成法、"四分"分成法或其他经验比例等原则估计无形资产的利润分成率。以"三分"分成法、"四分"分成法为例，在无形资产许可中，许可方会得到被许可方因使用无形资产所获得总利润的 33%或 25%。其中，"三分"分成法假设企业的收益是资金、劳动力和技术三项因素共同创造的，技术占比 33%，因此分成率为 33%；"四分"分成法假设企业的收益是资金、劳动力、技术和管理四项因素共同创造的，技术占比 25%，因此分成率为 25%。特别需要注意的是，经验数据法中的"三分"（33%）和"四分"（25%）都是基于利润计算的分成率。在实务中也可以通过计算转换为收入分成率。

经验数据法作为一种基准，体现了过去的许可惯例和行业平均水平，具有一定的经验可信性和参考性，可用于对无形资产利润分成率的粗略估计。但是，在现代企业中，技术已不再是唯一的无形资产，因此，采用该方法获得的"分成"收益应当被理解为企业全部无形资产所创造的收益，而不能简单地视为技术无形资产所创造的收益。经验数据法的优势在于测算简单，容易理解，比较适合传统行业的评估；劣势则在于理论基础薄弱，在对部分单项无形资产进行评估时需要进行修正。

④ 要素贡献法。要素贡献法可视为经验数据法的一种特殊表现形式。与经验数据法的适用情形类似，由于部分无形资产已经成为生产经营的必要条件，因某些原因不可能或很难确定超额收益，这时评估人员可衡量生产经营要素在生产经营活动中的贡献，利用经验估计无形资产带来的超额收益。我国通常将企业生产经营活动分成资金、技术和管理三大要素的贡献，企业总收益由资金收益、技术收益以及管理收益组成。通常认为，技术收益是由企业无形资产的运用所产生的。在不同行业，这三个要素的贡献程度也有差别。一般认为，在资金密集型行业，三者的贡献程度依次是 50%、30%、20%；在技术密集型行业，三者的贡献程度依次是40%、40%、20%；在一般行业，三者的贡献程度依次是 30%、40%、30%；在高科技行业，三者的贡献程度依次是 30%、50%、20%。要素贡献法在普通的"三分"分成法的基础上，进一步考虑了无形资产所属行业的差异。

2．无形资产评估中折现率的确定

折现率的内涵是指与投资于该无形资产相适应的投资报酬率。它的高低取决于无形资产投资的风险和社会正常的投资收益率。从理论上讲，无形资产评估中的折现率是社会正常投资报酬率（无风险报酬率）与无形资产的投资风险报酬率之和，即：

无形资产评估中的折现率＝无风险报酬率＋无形资产投资风险报酬率

无风险报酬率，在市场经济比较发达的国家，大多为政府债券利率，从我国目前的情况看，可以为短期国债利率。无形资产投资风险报酬率是无形资产投资风险补偿额占无形资产投资额的比例，它的选择和量化主要取决于无形资产本身的状况以及运用和实施无形资产的外部环境。因此，无形资产的投资风险报酬率要根据具体评估对象的具体情况判断而定。在无形资产评估中，投资风险报酬率的确定是一个比较复杂的过程，它受诸多因素的影响和制约，评估人员一定要抓住影响无形资产风险的主要因素，在认真调查研究的基础上，经过充分地分析予以量化。

另外，折现率的口径应与评估中采用的收益额口径保持一致。如果收益额采用净利润指标，则折现率应选择资产收益率；如果收益额采用净现金流量指标，则折现率应选择投资回收率，即净现金流量与资产总额的比值。

3．无形资产收益期限的确定

无形资产收益期限或称有效期限，是指无形资产发挥作用并具有超额获利能力的时间。无形资产在发挥作用的过程中，其损耗是客观存在的。无形资产损耗的价值量，是确定无形资产有效期限的前提。无形资产因为没有物质实体，所以，它的价值不会由于它的使用期的延长发生实体上的变化，即它不像有形资产那样存在由于使用或自然力作用形成的有形损耗。然而，无形资产价值降低是无形损耗造成的，即由于科学技术进步而引起价值减少。具体来说，主要由下列三种情况决定产生：一是新的、更先进、更经济的无形资产出现，采用原无形资产无利可图，价值丧失；二是因为无形资产传播面扩大，其他企业普遍掌握这种无形资产，获得这项无形资产已不需要任何成本，拥有这种无形资产的企业不再具有获取超额收益的能力，其价值大幅度贬低或丧失；三是无形资产所生产的产品市场需求大幅下降，销售量骤减，使无形资产价值减少，以至完全丧失。

以上说明的是确定无形资产有效期限的理论依据。需要强调的是，无形资产具有获得超额收益能力的时间才是真正的无形资产的有效期限。在资产评估实践中，评估人员预计和确定无形资产的有效期限，可依照下列方法进行。

（1）法律或合同、企业申请书分别规定法定有效期限和受益年限的，可按照法定有效期限与受益年限孰短的原则确定。

（2）法律未规定有效期限，企业合同或企业申请书中规定有受益年限的，可按照受益年限确定。

（3）法律和企业合同或申请书中均未规定有效期限和受益年限的，按预计受益期限确定。预计受益期限可以采用统计分析或与同类资产比较得出。

同时应该注意的是，无形资产的有效期限要比它们的法定保护期限短得多，因为它们受许多因素的影响，如废弃不用、人们爱好的转变以及经济形势变化等。特别是在科学技术高度发达的今天，无形资产更新周期加快，使其有效期限越来越短，对此，评估人员在评估时应给予重视。

7.2.2　无形资产评估的成本法

当被评估无形资产的确具有超额获利能力，但不宜采用市场法和收益法时，可采用成本法进行评估，但应注意结合无形资产的成本特性和贬值特点。

1. 无形资产成本特性

采用成本法评估无形资产价值的前提是了解无形资产成本所具有的特殊属性。无形资产成本包括研制或取得、持有期间的全部物化劳动和活劳动的费用支出。其成本特性，尤其就研制、形成费用而言，明显区别于有形资产。具体来说，无形资产成本具有以下特性。

（1）不完整性。与购建无形资产相对应的各项费用是否计入无形资产的成本，是以费用支出资本化条件为判别标准的。在企业生产经营过程中，科研费用一般都是比较均衡地发生的，并且比较稳定地为生产经营服务，因而我国现行财务制度一般把科研费用列入当期生产经营费用，而不是先对科研成果进行费用资本化处理，再按无形资产折旧或摊销的办法从生产经营费用中补偿。这种办法简便易行，大体上符合实际，并不影响无形资产的再生产。但这样一来，企业账簿上反映的无形资产成本就是不完整的，大量的账外无形资产的存在是不可忽视的事实。另外，即使是按国家规定进行费用支出资本化的无形资产的成本核算一般也是不完整的。因为知识资产的创立具有特殊性，有大量的前期费用，如培训、基础开发或相关试验等往往不计入该知识资产的成本，而是通过其他途径进行补偿。

（2）弱对应性。知识资产的创建经历基础研究、应用研究和工艺生产开发等漫长过程，成果的出现带有较大的随机性、偶然性和关联性。有时在一系列的研究失败之后偶尔出现一些成果，但由其承担所有的研究费用显然不够合理。而在大量的先行研究（无论是成功，还是失败）成果的积累之上，一系列的知识资产往往可能产生，然而，继起的这些研究成果是否应该以及如何承担先行研究的费用也很难明断。因而，对开发无形资产的费用一一对应计算是比较困难的。

（3）虚拟性。无形资产的成本具有不完整性、弱对应性的特点，因而无形资产的成本往往是相对的。特别是一些无形资产的内涵已经远远超出了它的外在形式的含义，这种无形资产的成本只具有象征意义。例如商标，其成本核算的是商标设计费、登记注册费、广告费等。而商标的内涵是标示商品内在质量信誉。这种无形资产实际上包括了该商品使用的特种技术、配方和多年的经验积累，而商标形式本身所花费的成本只具有象征性（或称虚拟性）。

2. 成本法的具体应用

成本法在确信无形资产具有现实或潜在的获利能力，但不易量化的情况下，根据替代原则，以无形资产的现行重置成本为基础判断其价值。采用成本法评估无形资产，其基本公式为：

$$无形资产评估值＝无形资产重置成本×（1-贬值率）$$

从这一公式可看出，估算无形资产重置成本（或称重置完全成本）和贬值率，从而科学确定无形资产评估值，是评估人员所面临的重要工作。

就无形资产重置成本而言，它是指在现时市场条件下重新创造或购置一项全新无形资产所耗费的全部货币总额。根据企业取得无形资产的来源情况，无形资产可以划分为自创无形资产和外购无形资产。不同类型的无形资产，其重置成本构成和评估方式不同，需要分别进行估算。

① 自创无形资产重置成本估算。根据前面有关无形资产成本特性的分析，自创无形资产的账面价值是不完整的。评估人员直接对账面价值进行调整确定无形资产的重置成本难以得到正确的评估结果，需要根据无形资产研制开发的基础资料，对所消耗的物化劳动和活劳动进行分析测算确定重置成本。具体测算方法有以下几种。

a. 财务核算法。财务核算法的基本公式为：

$$无形资产重置成本＝研制成本＋合理利润$$

计算自创无形资产重置成本一般需要考虑合理利润，合理利润源自自创无形资产的成本与外购同样无形资产平均市场价格之间的差额，基于一些特定评估目的时，计算无形资产重置成本可以不考虑合理利润。

研制成本是指无形资产在创制过程中耗用的成本，从财务核算的角度来看包括直接成本和间接成本，从费用要素的构成来看包括材料消耗成本、人工成本及其他费用。

在测算重置成本时一般根据无形资产在创制过程中的实际耗用材料数量、实际耗用工时，按现行价格和费用标准进行估算。即：

$$无形资产研制成本＝\sum（实际耗用材料数量×现行价格）＋\sum（实际耗用工时×现行费用标准）$$

这里之所以不按现行消耗量而是按实际消耗量来计算，其原因一是无形资产是创造性的成果，一般不能原样复制，从而不能模拟在现有生产条件下再生产的消耗量。二是无形资产生产过程是创造性智力劳动过程，受技术进步的影响，如果按模拟现有条件下的复制消耗量来估计重置成本，必然影响无形资产的价值形态的补偿，从而影响知识资产的创制。

b. 倍加系数法。对于投入智力比较多的自创无形资产，考虑到科研劳动的复杂性和风险，可用以下公式估算无形资产重置成本：

$$无形资产重置成本＝\frac{C+\beta_1 V}{1-\beta_2}×(1+r)$$

式中：C——无形资产研制开发中的物化劳动消耗；

V——无形资产研制开发中的活劳动消耗；

β_1——科研人员创造性劳动的倍加系数；

β_2——科研的平均风险系数；

r——无形资产投资报酬率。

【例 7.3】某企业研制出一种新型材料生产技术，在研制过程中消耗物料及其他费用 60 万元，人工费用开支 15 万元，确定科研人员创造性劳动的倍加系数为 2，科研平均风险系数为 0.5，该无形资产的投资报酬率为 40%，采用倍加系数法估算其重置成本。

无形资产的重置成本＝$(60+2×15)/(1-0.5)×(1+40\%)=252$（万元）

② 外购无形资产重置成本估算。外购无形资产由于其原始购入成本在企业账簿上有记录，其重置成本估算相对于自创无形资产重置成本的估算要容易一些，一般以其账面原始成本为依据，进行适当的价格指数调整。账面原始成本包括无形资产的购买价和有关税费。其公式为：

$$无形资产重置成本＝账面原始成本×价格变动指数$$

无形资产涉及两类费用，一类是物质消耗费用，另一类是人工消耗费用，前者与生产资料物价指数相关度较高，后者与生活资料物价指数相关度较高，并且最终通过工资、福利标准的调整体现出来。不同的无形资产的两类费用的比重可能有较大差别。评估人员应根据被评估无形资产的种类及可能投入的物化劳动和活劳动的情况，确定生产资料价格指数和消费资料价格指数的权重。当两种价格指数比较接近，且两类费用的比重有较大倾斜时，可按比重较大费用类别适用的物价指数来估算。

【例7.4】某企业2018年外购的一项无形资产账面价值为80万元，2020年进行评估，经鉴定，该无形资产系运用现代先进的实验仪器经反复试验研制而成，物化劳动耗费的比重较大，占80%左右。根据资料，无形资产购置和评估时，生产资料物价指数分别为120%和150%，消费资料物价指数分别为125%和160%。试按物价指数法估算其重置完全成本。

无形资产重置成本 $= 80 \times [(80\% \times 150\%/120\%) + (20\% \times 160\%/125\%)] = 100.48$（万元）

（2）无形资产贬值率的估算

资产的价值损失分为有形损耗、功能性损耗和经济性损耗三种，由于无形资产没有实物形态，因此也就没有有形损耗，它的价值损失主要体现在其功能性损耗和经济性损耗方面。功能性贬值表现为由于科学技术进步，使拥有该项无形资产的单位或个人的垄断性减弱，降低了获取垄断利润的能力而引致的贬值。经济性贬值源于无形资产外部环境因素的变化，如对某项技术的使用，尽管目前技术水平很高，但使用该项技术生产的产品可能会导致环境污染，因此国家有关法规禁止该项技术产品的生产。这就使该项无形资产报废。通常无形资产贬值率的确定，可采用专家鉴定法和剩余经济寿命预测法进行。

① 专家鉴定法。该方法是指邀请有关技术领域的专家，对被评估无形资产的先进性、适用性做出判断，从而确定其贬值率的方法。

② 剩余经济寿命预测法。该方法是由评估人员通过对无形资产剩余经济寿命的预测和判断，从而确定其贬值率的方法。计算公式为：

$$无形资产贬值率 = \frac{已使用年限}{已使用年限 + 剩余使用年限} \times 100\%$$

公式中的已使用年限比较容易确定，剩余使用年限应由评估人员根据无形资产的特征分析判断得出。

在确定适用的贬值率时应注意无形资产使用效用与时间的关系，这种关系往往是非线性的。有的无形资产的效用呈非线性递减（如技术型无形资产），有的无形资产的效用在一定时间内呈非线性递增（如商标、商誉等）。评估人员应对这种变化趋势进行分析并予以说明。

7.2.3 无形资产评估的市场法

从理论上讲，市场法是资产评估的首选方法。但是，由于无形资产的个别性、垄断性、保密性等特点决定了无形资产的市场透明度较低；同时，由于我国无形资产市场不发达，交易不频繁，运用市场法评估无形资产存在一定困难。因此，从我国目前的实际情况看，运用市场法的情况并不普遍。当然，如果条件具备，也可以采用市场法评估，其基本程序和方法与有形资产评估的市场法基本相同，评估人员在评估时还应注意以下几点。

（1）所选择的参照物应与被评估无形资产在功能、性质、适用范围等方面相同或基本相同；

（2）参照物的成交时间应尽可能接近评估基准日，或其价格可调整为评估基准日的价格；

（3）参照物的价格类型要与被评估无形资产要求的价格类型相同或接近；

（4）由于无形资产个别性强，每项无形资产之间的差别较大，所以至少要寻找三个参照物进行比较。

7.3 专利权与非专利技术评估

7.3.1 专利权评估

1.专利权的概念与特征

专利权是经过政府的专门机构认定，根据国家法律批准授予专利所有人在一定期限内对其发明创造所享有的独占使用权、转让权、许可权、标记权和放弃权。任何人如果要利用该项专利进行生产经营活动或出售使用该项专利制造的产品，需事先征得专利权所有者的许可，并付给报酬。专利权一般包括发明专利、实用新型专利和外观设计专利。专利权具有以下特征。

（1）独占性，也称排他性。同一内容的技术发明只授予一次专利，而且专利的拥有者具有在专利的有效期内，排他性地运用专利的权利，任何单位和个人未经专利拥有者许可，都不得以营利为目的使用其专利。

（2）地域性。任何一项专利只在其授权的国家范围内或该国所参加的国际专利联盟的成员方范围内有效，超出这个范围，专利权就失去了法律保护。

（3）时间性。依法取得的专利权在法定期限内有效，受法律保护。期满后，专利拥有者的权利自行终止。我国专利法规定，发明专利的保护期限为 20 年，实用新型和外观设计的保护期限为 10 年，法定有效时间自专利申请之日起计算。

（4）可转让性。专利权可以转让，由当事人订立合同，并经原专利登记机关或相应机构登记和公告后生效。专利权一经转让，原发明者不再拥有专利权，购入者继承专利权。

2.专利权评估目的

专利权的评估目的包括一般转让、投资、清算、法律诉讼等。这里主要阐述专利权的转让。

专利权转让的形式很多，但总的来说，可以分为全权转让和使用权转让。全权转让即将专利的所有权通过合同转让给受让方所有。使用权转让往往通过技术许可贸易形式进行，这种使用权的使用权限、时间期限、地域范围和处理纠纷的法律和仲裁程序都是在许可证合同中加以确认的。具体包括以下几个部分。

（1）使用权限。使用权限按技术使用权限的大小可分为：①独家使用权，是指在许可合同所规定的时间和地域范围内卖方只把技术转让给某一特定买方，不得再转让给第三方的权利。同时卖方自己也不得在合同规定范围内使用该技术和销售利用该技术生产的产品。显然，这种转让的卖方索价会比较高。②排他使用权，指卖方在合同规定的时间和地域范围内把技术授予买方使用，同时卖方自己保留使用权和产品销售权，但不再将该技术转让给第三方的权利。③普通使用权，是指卖方在合同规定的时间和地域范围内可以向多个买方转让技术，同时卖方自己也保留技术使用权和产品销售权的权利。④回馈转让权，是指卖方要求买方在使用过程中对转让技术的改进和发展反馈给卖方的权利。

（2）地域范围。技术许可合同大多数都规定明确的地域范围，如某个国家或地区，买方的使用权不得超过这个地域范围。

（3）时间期限。技术许可合同一般都规定有效期限，时间的长短因技术而异。一项专利技术的许可期限一般要和该专利的法律保护期相适应。

（4）法律和仲裁。技术许可合同是法律文件，是依照参与双方所在国的法律来制定的，因此受法律保护。当一方毁约时，另一方可依法享有追回损失的权益。

3.专利权的评估方法

（1）收益法

收益法是专利权评估最常用的方法。运用收益法评估，评估人员需要测算专利权发挥作用所产生的收益额（或追加利润）、折现率、收益期限等指标。

对于收益额，一般可通过直接估算法或利润分成率法测算获得。

直接估算超额收益时，应对技术功能和技术收益之间的关系进行研究，按照超额收益产生的原因，将专利权划分为收入增长型和费用节约型两种。对于收入增长型和费用节约型专利权，分别采用本章第二节介绍的方法测算超额收益。

采用利润分成率法测算专利权收益额，即以技术投资产生的收益为基础，按一定比例分成确定专利权的收益。利润分成率反映专利权对整个利润额的贡献程度。利润分成率确定为多少才合适？联合国工业发展组织对印度等发展中国家引进技术价格进行分析，认为利润分成率在 16%～27%是合理的。在挪威召开的许可贸易执行协会上，多数代表提出利润分成率在25%～30%较为合理。美国一般认为 10%～30%是合理的。我国理论工作者和评估人员通常认为利润分成率在 25%～33%较合适。这些基本分析在实际评估业务过程中具有参考价值，但更重要的是对被评估技术进行切合实际的分析，确定合理的、准确的利润分成率。

利润分成是将资产组合中专利权对利润的贡献分割出来的，在实际操作过程中通常采用一种变通的方法，即以销售收入分成率替代利润分成率，如此相应的分成基础也就由利润变成销售收入了。由于销售收入分成率和利润分成率之间存在一定关系，并可以通过数学关系进行互换，因此销售收入分成率的合理性可以通过换算的利润分成率加以判断。

专利评估中折现率和收益期限的确定方法在本章第二节中已经说明，在此不再重复。

【例 7.5】甲企业 5 年前通过普通许可的方式从国外引进一项产品生产的专利技术，许可规定的年限为 12 年，该引进技术在企业生产中产生了明显的效益。目前甲企业准备以全部资产同国内乙企业联营，因此在对企业整体资产进行评估时，需要对这项无形资产进行评估。评估过程如下。

（1）评估对象的确定。甲企业只拥有在合同规定的时间、地域内使用该引进技术的权利。此次评估的对象是被评估专利技术使用权的价值。

（2）技术功能鉴定。根据甲企业提供的资料，采用该引进技术生产的产品较同类产品在价格上占有明显的优势，平均高出同类产品 12%左右。评估人员在市场上做了相应调查，情况属实。因此，可以认定该项专利技术的经济效益是明显的。

（3）评估方法选择。利用该项技术生产产品的价格明显高于市场同类产品的价格，可直接测算超额收益。因此，决定采用收益法进行评估。

（4）判断确定评估参数。①收益期限分析。该项专利技术的许可合同限定的期限是 12 年，在评估时已使用了 5 年，合同的剩余期限为 7 年。经调查了解，目前国内市场上无其他企业使用该项专利技术，该项专利技术在使用初期需花费较大的资金和较长的时间进行消化吸收。该产品市场需求相对稳定，甲企业占有较大的市场份额。估计该项技术获得超额收益可再持续 7 年以上，但从第四年起将会出现竞争产品，引起超额收益逐年下降。②收益额分析。市场上同类产品的售价为 2 000 元，利用该技术生产产品的售价为 2 200 元，单位产品收入高出200 元。甲企业前 5 年产品销量为 1 万件、1.2 万件、1.3 万件、1.5 万件，企业生产能力为 1.5万件，经分析今后 1～3 年产品销量为 1.5 万件，由于第四年以后竞争产品出现，第 4 年～第 5年产品销量为 1.3 万件，第 6 年～第 7 年产品销量为 1 万件，并且在竞争产品出现的年份，企业需每年追加 30 万元的销售费用以确保产品的市场份额。③折现率确定。由于该项技术已经在甲企业使用了 5 年，在今后的使用期内，不会再发生特殊风险。因此，以行业年平均收益率15%作为折现率。

（5）计算评估值。预期超额收益估算表如表 7.1 所示。

表 7.1 预期超额收益估算表 单位：万元

年份	销售收入增加	销售成本费用增加	超额收益	收益现值
第1年	200×1.5＝300	0	300	260.88
第2年	200×1.5＝300	0	300	226.83
第3年	200×1.5＝300	0	300	197.25
第4年	200×1.3＝260	30	230	131.51
第5年	200×1.3＝260	30	230	114.36
第6年	200×1.0＝200	30	170	73.49
第7年	200×1.0＝200	30	170	63.90
合计				1 068.22

假设合并后企业所得税税率为 25%，则该项非专利技术的评估值为：

1 068.22×(1－25%)＝801.17（万元）

【例 7.6】某科技发展公司五年前自行开发了一项大功率电热转换体及其处理技术，并获得发明专利证书，专利保护期为 20 年。现在，该公司准备将该专利技术出售给京郊某乡镇企业。现需要对该项专利技术进行评估。

评估分析和计算过程如下。

（1）评估对象和评估目的。由于该科技发展公司要出售该项技术，因此，转让的是专利技术的所有权。

（2）专利技术鉴定。该技术已申请专利，该技术所具备的基本功能可以从专利说明书以及有关专家鉴定书中得到。此外，该项技术已在该公司使用了 5 年，由其生产的产品已进入市场，并深受消费者欢迎，市场潜力较大。因此，该项专利技术的效益较好。

（3）评估方法选择。该项专利技术具有较强的获利能力，而且，同类型技术在市场上被授权使用情况较多，分成率容易获得，从而为测算收益额提供了保证。因此，决定采用收益法进行评估。

（4）判断确定评估参数。根据对该类专利技术的更新周期以及市场上产品更新周期的分析，确定该专利技术的剩余使用期限为四年。根据对该类技术的交易实例的分析，以及该技术对产品生产的贡献性分析，确定销售收入的分成率为 3%，根据过去经营绩效以及对未来市场需求的分析，评估人员对未来四年的销售收入进行预测，结果如表 7.2 所示。

表 7.2 预期销售收入测算结果

年度	销售收入（万元）
第1年	600
第2年	750
第3年	900
第4年	900

根据当期的市场投资收益率，确定该专利技术评估中采用的折现率为 15%。

（5）计算评估值，得出的结论如表 7.3 所示。

表 7.3 评估值计算表 单位：万元

年度	销售收入	分成额	收益现值
第1年	600	18	15.65
第2年	750	22.5	16.63
第3年	900	27	17.75
第4年	900	27	15.44
合计			65.47

因此，该专利技术的评估值为 65.47 万元。

（2）成本法

成本法是一种以研制开发或取得、持有专利权资产所耗费的各项费用为主要依据来确定被评估资产价值的评估方法。成本法评估的基本公式如下：

$$专利技术的评估值＝专利技术的重置成本×（1－贬值率）$$

成本法应用于专利技术评估，重要的是分析计算其重置成本的构成、数额以及相应的贬值率。

① 重置成本的测算。专利技术分为外购和自创两种，确定外购专利技术的重置成本比较容易，自创专利技术的成本一般由下列因素组成。

a. 研制成本。研制成本包括直接成本和间接成本两大类。直接成本是指研制过程中直接投入发生的费用，间接成本是指与研制开发有关的费用。

直接成本一般包括以下几个方面。

- 材料费：为完成技术研制所耗费的各种原材料、辅助材料、燃料及其他能源等费用。
- 工资及福利费用：参与研制技术的科研人员和相关人员的费用。
- 仪器设备费用：为研制开发技术所购置或租用仪器仪表和其他设备需要支出的费用。
- 外协费用：在技术研制开发过程中，与大专院校或研究所进行合作，支付给协作单位的研究费用。
- 资料费：研制开发技术所需的图书、资料、文献、印刷等费用。
- 咨询鉴定费：为完成该项目发生的技术咨询、技术鉴定费用。
- 培训费：为完成本项目，委派有关人员接受技术培训的各种费用。
- 差旅费：为完成本项目发生的差旅费用。
- 其他费用。

间接成本主要包括以下几个方面。

- 管理费：即为管理、组织本项目开发所负担的管理费用。
- 非专用设备折旧费：即采用通用设备、其他设备所负担的折旧费。
- 应分摊的公共费用及能源费用。

在测算间接费用时，往往以直接费用的一定比例来计算。

b. 交易成本。专利权等技术性无形资产在交易过程中还会发生一定的费用支出，即交易费用，主要包括以下几个方面。

- 技术服务费：是指卖方为买方提供专家指导、技术培训、设备安装调试的费用及市场开拓费。
- 交易过程中的差旅费及管理费：是指谈判人员和管理人员参加技术洽谈会及在交易过程中发生的食宿及交通费等。
- 手续费：是指有关的公证费、审查注册费、法律咨询费等。
- 税金：是指在无形资产交易、转让过程中应缴纳的税金。

由于评估目的不同，其成本构成也不一样，评估人员在评估时应视不同情形考虑以上成本的全部或部分。

② 贬值率的测算。在实际操作中，我们可以使用剩余经济寿命来计算专利技术的贬值率。其公式为：

$$专利技术贬值率＝\frac{已使用年限}{已使用年限＋剩余使用年限}×100\%$$

【例 7.7】A 公司由于经营管理不善，企业经济效益不佳，亏损严重，将要被同行业的 B 公司兼并，B 公司需要对被兼并的 A 公司全部资产进行评估。该公司有一项专利技术（实用新型），三年前自行研制开发并获得专利证书。现需要对该专利技术进行评估。

评估分析和计算过程如下。

（1）确定评估对象。该项专利技术系 A 公司自行研制开发并申请的，该公司对其拥有所有权。目前 A 公司即将被 B 公司兼并，该项无形资产也在兼并范围内。因此，确定的评估对象是专利技术所有权。

（2）技术功能鉴定。该专利技术的专利证书、技术检验报告书均齐全。根据专家鉴定和现场勘察，该项专利技术对于提高产品质量、降低产品成本均有很大作用，效果良好，与同行业同类技术相比较，处于领先水平。而公司经济效益不佳，产品滞销的原因是公司管理人员素质较低，管理混乱。

（3）评估方法选择。由于该公司经济效益欠佳，很难确切地预计该项专利技术的超额收益；同类技术在市场上尚未发现有交易案例，因此，决定选用成本法。

（4）各项评估参数的估算。

① 分析测算其重置完全成本。该项专利技术系自创形成，其开发形成过程中的成本资料可从公司中获得。具体如表 7.4 所示。

表 7.4　自创专利技术账面成本　　　　　　单位：元

材料费用	45 000
工资费用	10 000
专用设备费	6 000
资料费	1 000
咨询鉴定费	5 000
专利申请费	3 600
培训费	2 500
差旅费	3 100
管理费分摊	2 000
非专用设备折旧费分摊	9 600
合计	87 800

因为专利技术难以复制，各类消耗仍按过去实际发生定额计算，对其价格可按现行价格计算。根据考察、分析和测算，近三年生产资料价格上涨指数分别为 5%、8%和 9%。因生活资料物价指数资料难以获得，该专利技术开发中工资费用所占份额很少。因此，可以将全部成本按生产资料价格指数调整，即可估算出重置完全成本。

重置完全成本＝87 800×(1＋5%)×(1＋8%)×(1＋9%)＝108 526.07（元）

② 确定该项专利技术的成新率。该项实用新型专利技术的法律保护期限为 10 年。尽管还有 7 年的保护期限，但根据专家鉴定分析和预测，该项专利技术的剩余使用期限仅为 5 年，由此可以计算贬值率为：

贬值率＝3/(3＋5)×100%＝37.5%

（5）计算评估值，得出评估结论。

评估值＝108 526.07×(1－37.5%)＝67 828.79（元）

由此确定该项专利技术的评估值为 67 828.79 元。

7.3.2　非专利技术评估

1. 非专利技术的概念与特征

非专利技术，又称专有技术、技术秘密，是指未经公开、未申请专利的知识和技巧，主要包括设计资料、技术规范、工艺流程、材料配方、经营诀窍和图纸、数据等技术资料。非专利技术与专利权不同，从法律角度讲，它不是一种法定的权利，而仅仅是一种自然的权利，是一项收益性的无形资产。从这一角度来说，进行非专利技术的评估，首先应该鉴定非专利技术，分析、判断其存在的客观性。这一判断要比专利权的判断略复杂些。

一般来说，企业中的某些设计资料、技术规范、工艺流程、配方等之所以能作为非专利技术存在，是因为具有以下特征。

（1）实用性。非专利技术必须能够在生产实践过程中应用，如此它才有存在的价值，不能应用的技术不能称为非专利技术。

（2）新颖性。非专利技术所要求的新颖性与专利技术的新颖性不同，非专利技术并非要具备独一无二的特性，但它也决不能是任何人都可以随意得到的。

（3）价值性。非专利技术必须有价值，能为企业带来超额利润。价值是非专利技术能够转让的基础。

（4）保密性。保密性是非专利技术的最主要特征。如前所述，非专利技术不是一种法定的权利，其自我保护是通过保密性实现的。如果被泄密和公开，这项非专利技术也就不存在了。

2．专利权与非专利技术的区别

（1）两者的公开程度不同。专利权按专利法规定必须在专利说明书中全部阐明，并在专利法规定范围内公开。一项技术一经公开，则获取它所耗费的时间与投资远远小于研制它所耗费的时间和投资。因此，必须要有法律手段保护发明者的所有权。而非专利技术是不公开的，是竞争对手和社会公众所不了解的。所有者通过保密手段进行自我保护。

（2）两者的范围不同。专利权的领域是有限制的，一般包括发明、外观设计和实用新型三种。而非专利技术的领域很广，包括设计资料、技术规范、工艺流程、材料配方、经营诀窍和图纸等。

（3）两者的保护方式和期限不同。专利权是通过专利法保护的，有规定的保护期，超出保护期，法律保护自然失效。而非专利技术通过保密的方式进行自我保护，可引用的法律主要有《中华人民共和国民法典》《中华人民共和国反不正当竞争法》，非专利技术没有明确的保护期，只要不泄密就一直存在。但若有人独立进行研制，将与现有内容相同的发明创造申请专利，则原非专利技术所有人也不能任意使用该项非专利技术。

（4）两者的提供方式不同。非专利技术既可以用有形的方式提供，如文件、图片、蓝图、计算机存储介质及微缩胶卷等，也可用无形方式提供，如工程技术人员的口传身教和现场观摩等。

3．非专利技术的评估方法

非专利技术的评估方法与专利权评估的方法基本相同，这里不再赘述。下面举例说明非专利技术评估的方法与过程。

【例 7.8】 甲公司将一啤酒生产配方转让给乙公司。由于该配方有一定的技术先进性，生产的啤酒销路很好，预计今后 3 年乙公司新增利润分别为 200 万元、270 万元、180 万元。双方在合同中约定，乙公司从使用该配方生产啤酒的新增利润中提成 30%给甲公司作为技术转让费，时间为 3 年，按行业收益率水平确定折现率为 12%，试确定该配方的评估价值。

该配方的评估价值＝30%×(200×0.892 9＋270×0.797 2＋180×0.711 8)
＝30%×521.948＝156.6（万元）

【例 7.9】 某机械制造厂有一批零部件的工程设计图纸，已使用 4 年，经专家鉴定，具有一定的先进性，该厂的保密工作做得比较好。企业进行股份制改造时，准备将这批图纸作为有效的非专利技术作价，因而需要对其进行价值评估。据分析，预计剩余经济寿命为 6 年，按该类图纸的设计、制作耗费估算，当前这批图纸的重置成本为 80 万元。

该批图纸的贬值率＝4÷(4＋6)＝40%

该批图纸的评估价值＝80×(1－40%)＝48（万元）

7.4 商标权评估

7.4.1 商标及其分类

1. 商标的定义

商标是商品或服务的标记，是生产者或经营者为了把自己的商品或服务与他人的同类商品或服务区别开来，在商品上或服务中使用的一种特殊标记。这种标记一般是由文字、图案或两者组合而成。

商标的作用表现在：商标表明商品或服务的来源，说明该商品或服务来自何企业；商标能把一个企业提供的商品或服务与其他企业的同一类商品或服务相区别；商标标志一定的商品或服务的质量；商标反映向市场提供某种商品或服务的特定企业的声誉。消费者通过商标可以了解这个企业的形象，企业也可以通过商标宣传自己的商品或服务，提高企业的知名度。

从经济学角度来说，商标最终能为企业带来超额收益。从法律角度来说，保护商标也就是保护企业获取超额收益的权利。

2. 商标的分类

商标的种类很多，可依照不同标准予以分类。

（1）按商标是否具有法律保护的专用权，商标可以分为注册商标和未注册商标。我国商标法规定："经商标局核准注册的商标为注册商标，商标注册人享有商标专用权，受法律保护。"我们所说的商标权的评估，指的是注册商标专用权的评估。

（2）按照商标的构成，商标可分为文字商标、图形商标、符号商标、文字图形组合商标、色彩商标、声音商标、三维标志商标等。

（3）按商标的不同作用，商标可分为商品商标、服务商标、集体商标和证明商标等。其中，集体商标是指以团体、协会或者其他组织名义注册，供该组织成员在商事活动中使用，以表明使用者在该组织中的成员资格的标志；证明商标是指由对某种商品或者服务具有监督能力的组织所控制，而由该组织以外的单位或者个人使用于其商品或服务，用以证明该商品或服务的原产地、原料、制造方法、质量或者其他特定品质的标志。

（4）按商标的来源不同，商标可分为自创商标和外购商标。自创商标是企业自己创立并注册的商标；外购商标是企业通过市场交易从其他企业买入的商标或商标使用权。

（5）按商标的功能不同，商标可以分为经常使用的商标、防御商标、联合商标、扩展商标、备用商标。经常使用的商标是指单位在生产经营中经常使用的商标；防御商标是为了防止他人侵犯而申请使用的一系列与自己商标近似而又相互联系的商标；联合商标是将同一商标在不同商品上注册，阻止别人在其他商品上使用自己已经注册的商标；扩展商标是指在同一商标的基础上，进行一系列的扩展注册，如注册汉字商标后，还注册英文的意译商标、音译商标。

（6）按商标的享誉程度分类，商标可以分为普通商标和驰名商标。普通商标是相对于驰名商标的一种对商标的称谓，通常是指没有特别的市场影响力及公众知晓程度不是很高的商标；驰名商标一般是指具有较大市场影响力、广为公众知晓并享有较高声誉的商标。在我国，驰名商标是国家工商总局根据企业的申请而认定的。

7.4.2 商标权及其特征

商标权是商标注册后，商标所有者依法享有的权益，它受到法律保护，未注册商标不受法律保护。根据《中华人民共和国商标法》的规定，商标权一般包括排他专用权（或独占权）、转让权、许可使用权、继承权等。商标权具有如下特征。

（1）专用性。它是一种排他性的占有权，经注册登记的商标享有专有权，受到国家法律保护，商标所有人可以向任何侵权人要求停止侵权行为并赔偿损失。

（2）可转让性。商标所有人可以将商标转让给他人，也可以通过签订许可合同，许可他人使用其注册商标。

（3）价值的依附性。商标权本身并没有实体价值，它必须和特定的商品相匹配才能为其持有者带来经济利益，因此它的匹配对象是特定商品。例如，德芙的商标必须和巧克力这样特定的商品匹配才能产生效益，没有实体商品或相匹配的商品，这样的商标就没有价值。假如某厂购买了德芙商标但并没有与实体商品联系起来，即未使用这种商标，就不能产生经济效益。或者，把该商标与其他商品如化妆品相匹配，同样不能发挥应有的作用。

（4）地域性。地域性是指商标权只在法律认可的一定地域范围内有效力，超出这一范围不受法律保护。

（5）时间性。商标权的时间性是指商标权受法律保护的年限。原则上讲，商标权不存在经济寿命问题，因此商标权的保护在时间上是不受限制的，我国商标法规定，商标注册的有效期限为 10 年，并可按每一期 10 年无限续展。但是商标法也规定，若注册商标连续三年未使用，商标所有人将丧失商标权。因此只有连续依法使用的商标，其商标权的寿命才是无限的。

7.4.3 商标权评估的目的与方法

1．商标权评估的目的

商标权评估的目的即商标权发生的经济行为。从企业商标权评估的情况来看，一般包括投资入股和转让。从转让方式来说，转让可以分为商标权转让和商标使用权转让（商标权许可使用）。商标权转让是指转让方放弃商标权，转归受让方所有，实际上是商标所有权出售。商标使用权转让则是指商标所有权人在不放弃商标所有权的前提下，特许他人按照许可合同规定的条款使用商标。商标的转让方式不同，评估价值也不一样。一般来说，商标权转让的评估值高于商标使用权的评估值。

2．商标权评估的方法

表面上看，商标权价值来自于设计和广告宣传，但实际并非如此。尽管在商标设计、制作、注册和保护等方面都需要耗费一定的费用，广告宣传有利于提高商标知名度，为此需支付很高的费用，但这些花费只对商标权价值起影响作用，而不是决定作用，起决定作用的是商标权所能带来的收益。带来的收益越多，商标权价值就越高，反之则低。而商标权带来收益的原因，在于它代表的企业的产品质量、信誉、经营状况的提高。基于此，商标权评估较多采用收益法。

由于商标权的单一性，同类商标权价格获取的难度，使市场法应用受到限制。商标权的投入与产出具有弱对应性，有时设计创造商标的成本费用较低，其带来的收益却很大。相反，有时为设计、创造某种商标成本费用较高，如为宣传商标投入了巨额的广告费，但带来的收益却不高。因此，采用成本法评估商标权时必须慎重。

7.4.4 收益法在商标权评估中的运用

以收益法评估商标权主要是分析确定收益额、折现率和收益期限三项指标。收益额、折现率的分析测算在本章第二节中已述及，不再赘述。收益期限的确定是商标权评估时十分重要的问题。按照《中华人民共和国商标法》的规定，商标权法律保护期限是 10 年，到期后可以续展。因此，在评估实践中，有人主张商标权收益期限为 10 年，有人则认为商标权收益期限应为无限长。其实，上述两种观点都是欠妥的。商标权之所以有价值，是因为它能够带来超额收益。如果注册商标所代表的产品并不能带来超额收益，该商标同样不值钱。因此，确定商标权未来获利期限的依据是其获得超额收益的时间，注册年限仅供分析参考，不应作为直接依据。下面主要介绍收益法在商标权评估中的应用。

1. 商标权转让的评估

【例 7.10】某企业将一种已经使用 10 年的注册商标转让。根据历史资料，该企业近 5 年使用这一商标的产品比同类产品的价格每件高 0.7 元，该企业每年生产 100 万件产品。该商标目前在市场上有良好的发展趋势，用其生产的产品基本供不应求。根据预测估计，如果在生产能力足够的情况下，这种商标产品每年生产 150 万件，预计该商标能够继续获取超额利润的时间是 10 年。前 5 年保持目前的超额利润水平，后 5 年由于市场竞争加剧，产品价格相对下调 0.2 元，经分析测算，折现率定为 16%，适用的所得税税率为 25%。评估这项商标权的价值，相关数据如表 7.5 所示。

表 7.5 商标权评估计算表　　　　　　　　　　　　单位：万元

年份	产销量/万件	单位产品超额利润	超额利润	超额净利润	现值
1	150	0.7	105	78.75	67.89
2	150	0.7	105	78.75	58.53
3	150	0.7	105	78.75	50.46
4	150	0.7	105	78.75	43.49
5	150	0.7	105	78.75	37.49
6	150	0.5	75	56.25	23.09
7	150	0.5	75	56.25	19.90
8	150	0.5	75	56.25	17.16
9	150	0.5	75	56.25	14.79
10	150	0.5	75	56.25	12.75
合计	1 500		900	675	345.55

由此确定商标权转让评估值为 345.55 万元。

2. 商标使用权的评估

【例 7.11】甲自行车厂将红鸟牌自行车的注册商标使用权通过许可使用合同交给乙厂使用，使用时间为 5 年。双方约定由乙厂每年按使用该商标销售收入的 3%支付商标使用费给甲厂，试评估该商标使用权价值。

评估过程如下。

首先，预测使用期限内的销售收入，评估人员根据对现有市场的调查，预测 1~5 年的销售量为 15 万台、17 万台、20 万台、22 万台和 25 万台，按目前市价每台售价 200 元。然后，按同行业平均利润率确定折现率15%，企业所得税税率为25%。按合同确定的销售收入提成率为3%。

评估计算表如表7.6所示。

表7.6　评估计算表

序号	销售量（万台）	销售收入（万元）	提成额（万元）	净提成额（万元）	现值（万元）
1	15	3 000	90	67.5	58.70
2	17	3 400	102	76.5	57.84
3	20	4 000	120	90	59.18
4	22	4 400	132	99	56.61
5	25	5 000	150	112.5	55.94
合计	99	19 800	594	445.5	288.27

该商标使用权的评估值为288.27万元。

7.5　商誉评估

7.5.1　商誉及其特点

商誉通常是指企业在一定条件下，能获取高于正常投资报酬率所形成的价值。这是由于企业所处地理位置的优势，或由于经营效率高、管理基础好、生产历史悠久、人员素质高等多种原因，与同行业企业相比较，可获得超额利润。商誉具有如下特点。

（1）依附性。商誉是企业所有资产共同起作用的结果，离开了企业的各项资产，也就无商誉可言。商誉也不像商标、专利那样可分割，且分割后不影响其使用价值。因此，必须把商誉看成一种组合成的无形资产，并且只有在企业持续经营的条件下，商誉才具有价值，如企业不再经营，商誉的价值也就不复存在。

（2）积累性。企业的商誉不是短时间内形成的，而是企业长期经营管理积累起来的一项价值。一般存在于经济效益高于同行业或社会平均水平的企业。

（3）不确指性。商誉的形成原因以及组成成分十分复杂，很难一一分辨，加以确认。商誉是否存在的判断标准是唯一的，其评估结果是对企业未来超额收益按现值价格的反映，这就决定了商誉评估方法的局限性。

（4）复杂性。商誉是多种因素共同作用形成的结果，这些因素包括企业经营环境、企业战略、经营管理、企业家和企业文化等，同时形成商誉的个别因素，又不能以任何方法单独计价。

（5）动态变化性。专利等无形资产由于可确指，从而逐渐从商誉中独立出来。现在不可确指而仍留存商誉之中的无形资产，以后可能成为可确指的无形资产而独立出来。随着人类知识水平和认知方法的提高，会有越来越多的新的无形资产原先不可确指，将来可确指而从商誉中独立出来。但商誉不会消失，因为随着科学技术的进步，会有越来越多的新的无形资产形成，而这些无形资产不可能全部可确指，因为管理中有许多因素是永远无法确指的。

7.5.2　商誉评估的方法

按情况不同，评估商誉可选用超额收益法，也可选用割差法。

1．超额收益法

超额收益是判断企业商誉价值存在的依据，将企业超额收益作为评估对象进行商誉评估的方法称为超额收益法。按照企业的经营状况和超额收益的稳定性，超额收益法又可分为超额收益本金化价格法和超额收益折现法两种。

（1）超额收益本金化价格法。超额收益本金化价格法是把被评估企业的超额收益经本金化还原来确定该企业商誉价值的一种方法。基本公式为：

$$商誉的价值 = \frac{企业预期年收益额 - 行业平均收益率 \times 该企业各项可确指资产评估值之和}{适用的资本化率}$$

【例 7.12】某企业准备出售，对企业整体价值及各单项资产价值进行评估。在企业持续经营的前提下，评估人员估测企业年收益额为 770 万元，经过评估，得出企业各类单项资产评估值之和为 2 000 万元，评估人员经调查发现，该行业资产收益率水平平均为 25%，根据企业现有情况分析，确定商誉的资本化率为 28%。试确定该企业的商誉价值。

$$商誉的价值 = \frac{770 - 25\% \times 2\,000}{28\%} = 964（万元）$$

超额收益本金化价格法主要适用于经营状况一直较好、超额收益比较稳定的企业。如果在预测企业预期收益时，发现企业的超额收益只能维持有限期的若干年，则这类企业的商誉评估不宜采用超额收益本金化价格法，而应改按超额收益折现法进行评估。

（2）超额收益折现法。超额收益折现法是把企业可预测的若干年预期超额收益进行折现，将其折现值确定为企业商誉价值的一种方法。其计算公式为：

$$商誉的价值 = \sum_{i=1}^{n} R_i (1+r)^{-i}$$

式中：R_i——第 i 年企业预期超额收益；

　　　r ——折现率；

　　　n ——收益年限。

【例 7.13】某企业经预测在今后五年内具有超额收益能力，预期超额收益分别为 90 万元、120 万元、140 万元、110 万元和 100 万元，该企业所在行业的折现率为 12%，则

商誉的价值 $= 90 \times 0.892\,9 + 120 \times 0.797\,2 + 140 \times 0.711\,8 + 110 \times 0.635\,5 + 100 \times 0.567\,4$
$= 402.30（万元）$

2．割差法

割差法是根据企业整体评估价值与各项可确指资产评估值之和进行比较确定商誉评估值的方法。用割差法对企业的商誉进行评估的步骤如下。

首先，通过整体评估的方法，评估企业整体资产的价值。企业整体资产评估值可以通过预测企业未来预期收益并进行折现或资本化获取；上市公司也可以按股票市价总额确定。

其次，通过单项资产评估方法，求出各项可确指资产的价值。

最后，在企业整体资产价值中扣除各单项可确指资产价值之和，所剩余值即企业商誉的评估值。

基本公式为：

商誉的评估值 ＝企业整体资产价值－企业各单项资产价值之和（含可确指无形资产）

采取上述评估方法的理论依据是，企业价值与企业可确指的各单项资产价值之和是两个不同的概念。如果有两个企业，可确指单项资产价值之和大体相当，但经营业绩悬殊，预期收益悬殊，其企业价值自然悬殊。企业的各项可确指资产，包括有形资产和可确指的无形资产，

由于其可以独立存在和转让，其评估价值在不同企业中趋同。但它们在不同的企业通过不同的组合、不同的使用和管理，运行效果大不相同，这导致其组合的企业价值不同。各类资产组合后产生的超过各项单项资产价值之和的价值，即为商誉。

商誉的评估值可能是正值，也可能是负值。当商誉为负值时，有两种可能：一种是企业亏损，另一种是企业收益水平低于行业或社会平均收益水平。

【例 7.14】 某企业准备以整体资产与其他企业合资经营，需要了解企业商誉的价值。根据企业过去经营情况和未来市场形势，预测其未来 4 年的净利润分别是 11 万元、12 万元、14 万元和 13 万元，并假定从第 5 年开始，以后各年净利润均为 15 万元。根据银行利率及企业经营风险情况确定的折现率和本金化率均为 10%。并且，采用单项资产评估方法，评估确定该企业各单项资产价值之和（包括有形资产和可确指的无形资产）为 90 万元。试确定该企业商誉评估值。

企业整体评估值＝11×0.909 1＋12×0.826 4＋14×0.751 3＋13×0.683 0＋15÷10%×0.683 0
＝141.76（万元）

商誉的价值＝141.76－90＝51.76（万元）

7.5.3 商誉评估应注意的问题

商誉本身的特性，决定了商誉评估的困难性。有关商誉评估理论和操作方法的争议较大，在评估中，评估人员应注意以下几个问题。

（1）商誉评估必须在产权变动或经营主体变动的前提下才可进行。在企业持续经营情况下，如不发生产权或经营主体的变动，尽管该企业具有商誉，也无须评估商誉以显示其价值。

（2）商誉价值取决于企业所具有的超额收益水平。一个企业在同类型企业中超额收益越高，商誉评估值越大。这里所说的超额收益指的是企业未来的预期超额收益，并不是企业过去或现在的超额收益。

（3）商誉价值的形成既然建立在企业预期超额收益基础之上，那么，商誉评估值与企业中为形成商誉投入的费用没有直接联系。尽管这些费用的投入会影响商誉评估值，但它是通过未来预期收益的增加得以体现的。因此，评估商誉不宜采用成本法。

（4）评估商誉也不能采用市场法。因为商誉尽管是由众多因素共同作用形成的，但形成商誉的个别因素不能单独计量，各因素的定量差异也难以调整。当然，完全相同的商誉更为鲜见。

（5）企业负债与否、负债规模大小与企业商誉没有直接关系。有观点认为，企业负债累累，不可能有商誉。这种认识是偏颇的。在市场经济条件下，负债经营是企业的融资策略之一。根据财务学分析，企业负债不影响资产收益率，资产收益率高低受制于投资方向、规模以及投资过程中的组织管理措施。企业负债只影响投资者收益率，即资本金收益率。资本金收益率与资产收益率的关系可以表述为：

$$资本金收益率＝\frac{资产收益率}{1-资产负债率}$$

在资产收益率一定且超过负债资金成本的条件下，增大负债比例，可以增加资本金收益率，并不直接影响资产收益率。当然，资产负债率应保持在一定的限度内，负债比例增大会增大企业风险，最终会对资产收益率产生影响。这在商誉评估时应有所考虑，但不能因此得出负债企业就没有商誉的结论。

（6）商誉与商标是有区别的，反映两个不同的价值内涵。企业中拥有某项评估值很高的知名商标，并不意味着该企业一定就有商誉。商誉与商标的区别主要在于以下几个方面。

① 商标是某类产品或服务的标志，而商誉则是整个企业的声誉。商标与产品结合，所代表的产品质量越好，商标信誉越高，其价值越大；商誉与一个企业密切相关，企业的经济效益越高，信誉越好，商誉价值越大。

② 商誉是不可确指的无形资产，与整个企业所具有的超额收益潜力相联系，具有整体性和附着性，不能单独转让；商标是可确指的无形资产，企业可单独转让商标的所有权和使用权给其他企业。

③ 商标有法定的时间限制；而商誉没有法定的时间限制，它是企业长期积累起来的一种价值，可以无限期存在，也可能毁于一旦。

④ 商标可以转让其所有权，也可以转让其使用权。而商誉只能随企业整体变动行为的发生实现其转移或转让，没有所有权与使用权之分。

尽管商誉与商标的区别有很多，但商誉与商标在许多方面是密切关联的，二者之间有时存在相互包含的因素。例如，与商誉相对应的企业超额收益中包含有商标作用的因素，这也是需要在评估中必须加以分析确定的。

思考题

1. 什么是无形资产？无形资产的特征有哪些？
2. 影响无形资产评估价值的因素有哪些？
3. 用市场法评估无形资产应注意哪些问题？
4. 如何采用收益法评估无形资产？
5. 如何采用成本法评估无形资产？
6. 专利权有什么特点？如何评估专利权？
7. 如何评估商标权？
8. 商誉的含义是什么？评估商誉的方法有几种？

练习题

一、单项选择题

1. 无形资产包括法定无形资产和收益性无形资产，这种分类是按（　　）标准进行的。
    A. 可辨识程度　　　　B. 取得渠道　　　　C. 有无法律保护　　　D. 内容构成
2. 在下列无形资产中，不可确指的无形资产是（　　）。
    A. 商标权　　　　　　B. 土地使用权　　　C. 专营权　　　　　　D. 商誉
3. 下列公式能够成立的是（　　）。
    A. 销售收入分成率＝销售利润分成率/销售利润
    B. 销售利润分成率＝销售收入分成率/销售利润率
    C. 销售利润分成率＝销售收入分成率×销售利润率
    D. 销售收入分成率＝1－销售利润分成率
4. 某发明专利权已使用 4 年，尚可使用 2 年，目前该无形资产的贬值率为（　　）。
    A. 25%　　　　　　　B. 66.7%　　　　　　C. 33.3%　　　　　　D. 50%
5. 我国现行财务制度一般把科研费用在当期生产经营费用中列支。因此，账簿上反映的无形资产成本是（　　）的。
    A. 不完整　　　　　　B. 全面　　　　　　C. 定额　　　　　　　D. 较完整

6. 对占有单位外购的无形资产，可以根据（　　　）及该项资产具有的获利能力评定重估价值。

    A. 购入成本   B. 形成时所需实际成本

    C. 市场价格   D. 收益现值

7. （　　　）是评估无形资产使用频率最高的方法。

    A. 成本法   B. 市场法

    C. 收益法   D. 市场法和成本法

8. 从资产评估角度，驰名商标权一般能为企业带来（　　　）。

    A. 正常利润   B. 超额利润   C. 垄断利润   D. 超额垄断利润

9. 从本质上讲，商标权的价值主要取决于（　　　）。

    A. 取得成本   B. 设计和宣传费用

    C. 商标所能带来的收益   D. 新颖性和创造性

10. 某企业的预期年收益额为 16 万元，该企业的各单项资产的重估价值之和为 60 万元，企业所在行业的平均收益率为 20%，以此作为适用本金化率计算出的商誉的价值为（　　　）。

    A. 10 万元   B. 20 万元   C. 30 万元   D. 40 万元

二、多项选择题

1. 无形资产作为独立的转让对象评估的前提包括（　　　）。

    A. 能带来正常利润 B. 能带来超额利润 C. 能带来垄断利润 D. 能带来潜在利润

2. 通过无形资产评估前的鉴定，可以解决的问题有（　　　）。

    A. 证明无形资产存在   B. 确定无形资产种类

    C. 确定其活力能力   D. 确定其有效期限

3. 知识产权通常包括（　　　）。

    A. 专利权   B. 商誉   C. 商标权   D. 版权

4. 适用于无形资产评估的方法有（　　　）。

    A. 市场法   B. 成本法   C. 收益法   D. 路线价法

5. 商誉的特征包括（　　　）。

    A. 形成商誉的个别因素不能单独计价

    B. 商誉是企业整体价值扣除全部有形资产以后的差额

    C. 商誉不能与企业可确指的资产分开出售

    D. 商誉是企业长期积累起来的一项价值

6. 无形资产评估目的有（　　　）。

    A. 无形资产转让   B. 无形资产投资

    C. 无形资产摊销   D. 核算产品生产成本

7. 无形资产转让时的最低收费额的决定因素包括（　　　）。

    A. 重置成本   B. 历史成本   C. 机会成本   D. 生产产品的成本

8. 无形资产的功能特征有（　　　）。

    A. 不完整性   B. 替代性   C. 积累性   D. 共益性

9. 商誉与商标的关系表现为（　　　）。

    A. 商誉与商标是含义相同的无形资产

    B. 企业全部商标价值之和等于商誉

    C. 商誉与企业相联系，商标与产品相联系

    D. 商誉是不可确指资产，商标是可确指资产

10. 专利权的特点有（　　　）。

    A. 独占性   B. 地域性   C. 通用性   D. 可转让性

三、计算与分析题

1. 试用超额收益法评估一项技术：该技术为一项新产品设计及工艺技术，已使用 3 年，证明技术可靠，用其生产的产品比同类产品性能优越。经了解，同类产品平均价格为 150 元/件，该产品价格为 180 元/件。目前该产品年销量为 2 万件。经分析，产品寿命还有 8 年，但竞争者将会介入。由于该企业已较稳固地占领了市场，竞争者估计将采取扩大市场范围的市场策略，预计该企业将会维持目前的市场占有率，但价格将呈下降趋势。产品价格预计为：今后 1~3 年维持现价；4~5 年降为 170 元/件；6~8 年降为 160 元/件，估计成本变化不大，故不考虑其变化（折现率为 12%，所得税税率为 15%）。

2. 某企业拟转让其拥有的某产品的商标权，该商标产品单位市场售价为 1 000 元/台，比普通商标同类产品单位售价高 100 元/台，拟购买商标权企业年生产能力 100 000 台，双方商定商标权使用许可期为 3 年，被许可方按使用该商标的产品年销售利润的 30%作为商标特许权使用费，每年支付一次，3 年支付完价款。被许可方的正常销售利润率为 10%，所得税税率为 25%，折现率按 10%计算。

要求：根据上述条件计算该商标权的价值。

3. 企业转让彩电显像管新技术，购买方用于改造年产 10 万只彩电显像管生产线。经对无形资产边际贡献因素的分析，测算在其可使用期间各年度分别可带来追加利润 100 万元、120 万元、90 万元和 70 万元，分别占当年利润总额的 40%、30%、20%和 15%，假定折现率为 10%。

要求：试评估无形资产利润分成率。

第8章 企业价值评估

 学习目标

本章主要介绍了企业价值评估中涉及的基本概念、基本原则和基本评估方法。通过本章的学习，读者需要理解企业价值的内涵，进而把握企业价值评估的特点，明确企业价值评估的目的、对象和范围，掌握收益法、市场法、资产基础法在企业价值评估中的应用，重点理解和掌握收益法及其相关因素的确定。

第八章

 本章关键词

企业价值；企业价值评估；企业整体价值；股东权益价值；投资资本价值；企业自由现金流量；股权自由现金流量；价值比率；市盈率乘数法；资产基础法。

8.1 企业价值评估概述

8.1.1 企业与企业价值

1. 企业及其特点

企业是以盈利为目的，按照法律程序建立起来的经济实体，在形式上体现为由各种要素资产组成并具有持续经营能力的自负盈亏的经济实体。进一步说，企业是由各个要素资产围绕着一个系统目标，发挥各自特定功能，共同构成一个有机的生产经营能力和获利能力的载体及其相关权益的集合或总称。企业作为一类特殊的资产，有其自身的特点，具体如下。

（1）盈利性。企业作为一类特殊的资产，其经营目的就是盈利。为了达到盈利的目的，企业需具备相应的功能。企业的功能以企业的生产经营范围为依据，以其生产工艺为主线，将若干要素资产有机组合并形成相应的生产经营结构和功能。

（2）持续经营性。企业要获取利润，必须进行经营，而且要在经营过程中努力降低成本和费用。为此，企业要对各种生产经营要素进行有效组合并保持最佳利用状态。影响生产经营要素最佳利用的因素有很多，持续经营是保证正常盈利的一个重要方面。如果企业生产经营断断续续，由于其固定费用不会因经营间断而减少，必然相对加大经营费用，影响盈利。所以，持续经营就成为企业的一个重要特征。

（3）整体性。构成企业的各个要素资产虽然各具不同性能，但它们是在服从特定系统目标前提下而构成企业整体的。构成企业的各个要素资产功能可能不会个个都很健全，但它们可以综合在一起，成为具有良好整体功能的资产综合体。当然，即便构成企业的各个要素资产的个体功能良好，但如果它们之间的功能不匹配，由此组合而成的企业整体功能也未必很好。因此，整体性是企业区别于其他资产的一个重要特征。

（4）权益可分性。作为生产经营能力载体和获利能力载体的企业具有整体性的特点，而与载体相对应的企业权益却具有可分性的特点。企业的权益可分为股东全部权益和股东部分权益。

2. 企业价值及其特点

企业价值是企业获利能力的货币化体现。企业价值是企业在遵循价值规律的基础上，通过以价值为核心的管理，使企业利益相关者均能获得满意回报的能力。企业给予其利益相关者回报的能力越高，企业价值就越高，而这个价值是可以通过其经济学定义加以计量的。

在资产评估中，对企业价值的界定主要从两个方面进行考虑：第一，资产评估揭示的是评估对象的公允价值，企业是资产评估中的一类评估对象，在评估中其价值也应该是公允价值；第二，企业又是一类特殊的评估对象，其价值取决于要素资产组合的整体盈利能力。不具备现实或潜在盈利能力的企业就不存在企业价值。企业价值具有如下特点。

（1）企业价值是企业的公允价值。这不仅由企业作为资产评估的对象所决定，而且由对企业进行价值评估的目的所决定。企业价值评估的主要目的是为企业产权交易提供服务，是交易双方对拟交易企业的价值有一个较为清晰的认识。所以企业价值评估应建立在公允市场假设之上，其揭示的是企业的公允价值。

（2）企业价值基于企业的盈利能力。人们创立企业或收购企业的目的不在于获得企业本身具有的物质资产或企业生产的具体产品，而在于获得企业生产利润（现金流）的能力并从中受益。因此，企业之所以能够存在价值并且能够进行交易是由于它们具有产生利润（现金流）的能力。

（3）企业价值的表现形式具有虚拟性。金融制度的变迁导致了企业的实体价值与虚拟价值并存，它们分别依托实体经济和虚拟经济而存在。实体经济是指在商品市场上进行生产、流通和消费活动以及自给自足等非商品的经济活动。企业的实体价值表现为企业在商品市场上的交易价值或资产价值（包括有形资产价值和无形资产价值）。虚拟经济是指金融市场上金融资产的形成和交易活动。企业的虚拟价值是指在金融市场上（特别是股票市场）形成的企业虚拟资产（股票）的市场价值。在实体价值与虚拟价值并存的情况下，对企业价值的判断和评估应综合考虑企业实体价值和虚拟价值的影响。

8.1.2 企业价值评估及其特点

根据《资产评估执业准则——企业价值》，企业价值评估是指资产评估机构及其资产评估专业人员遵守法律、行政法规和资产评估准则，根据委托对评估基准日特定目的下的企业整体价值、股东全部权益价值或者股东部分权益价值等进行评定和估算，并出具资产评估报告的专业服务行为。

企业价值评估具有以下特点。

（1）评估对象载体是由多个或多种单项资产组成的资产综合体。企业是多种要素资产围绕盈利目标，发挥各自特定功能，共同构成一个有机的生产经营能力和获利能力的载体及其相关权益的集合或总称。企业价值评估的范围涵盖了被评估企业所拥有的全部资产，包括流动资产、固定资产、无形资产以及其他所拥有的资产，但企业价值的评估对象是这些资产有机结合形成的综合体所反映的企业整体价值或权益价值，而不是各项资产的简单集合。因此，无论是企业整体价值的评估，还是股东全部权益价值或股东部分权益价值的评估，评估对象载体均是由多个或多种单项资产组成的资产综合体。

（2）企业价值评估的关键是分析判断企业的整体获利能力。影响企业价值高低的因素有很多，既包括外在的宏观环境因素和行业发展状况，也包括企业自身经营能力和竞争能力等，但决定企业价值高低的核心因素是企业的获利能力。企业价值本质上是以企业未来的收益能力为标准的内在价值。因此，评估人员在评估企业价值的过程中要考虑企业未来的获利能力。企业的获利能力通常是指企业在一定时期内获取利润或现金流量的能力，是企业生产能力、营销能力、经营能力等各种能力的综合体。从企业的角度看，企业从事经营活动，其直接目的是最大限度地获取收益并维持企业持续稳定发展，而企业未来所能获得的收益将直接影响企业的现时价值。企业的获利能力是指考虑了企业收益期因素的客观获利能力，而非局限于企业短期的实际获利能力。因此，评估人员进行企业价值评估时，要在充分分析宏观环境因素、行业发展状况以及企业自身状况的基础上，判断企业的获利能力，选择合适的评估方法进行评估。

（3）企业价值评估是一种整体性评估。整体性是企业价值评估与其他资产评估的本质区别。企业价值评估将企业作为一个经营整体并依据其未来获利能力进行评估。因此，企业价值评估强调的是从整体上计量企业全部资产形成的整体价值，而不是简单估计单项资产的收益或估计单项资产的价值。也就是说，企业价值不是企业各项单项资产的简单相加，企业单项资产的价值之和也并不一定是企业价值。构成企业的各个要素资产虽然具有不同性能，但只有在服从特定系统目标的前提下，以恰当的方式形成有机联系构成企业整体，其要素资产的功能才能充分发挥。企业是整体与部分的统一，部分只有在整体中才能体现其价值。因此，整体性是企业价值评估区别于其他资产评估的一个重要特征。

8.1.3 企业价值评估的目的

企业价值评估的目的，是导致企业价值评估的经济行为。随着社会经济的发展，人们对企业价值评估提出了越来越广泛的需求，企业价值评估目的也呈现多样化特征。目前，企业价值评估的目的主要有以下几个。

1. 企业改制

企业改制是企业体制改革的简称。企业改制涉及的具体形式众多，不仅包括国有企业改制、集体企业改制和其他企业改制，也包括非公司制企业按照《中华人民共和国公司法》要求改建的有限责任公司或股份有限公司、经批准有限责任公司变更为股份有限公司等形式。

企业改制通常围绕着企业的产权进行，因而企业改制一般通过重组、联合、兼并、租赁、承包经营、合资、转让产权和股份制、股份合作制等方式来完成。在企业改制过程中，不论是哪种形式的企业改制，也不论具体采用哪种方式来完成企业改制，凡涉及企业产权变动、需要了解股权价值或企业整体价值的，均属于企业价值评估的范畴。

2. 企业并购

企业并购是企业兼并与收购的简称，是企业在平等自愿、等价有偿基础上，以一定的经济方式取得其他企业产权的行为。企业并购通常包括企业合并、股权收购以及资产收购等形式。其中，企业合并又可进一步分为吸收合并、新设合并和控股合并三种方式。合并或购买方通过企业合并取得被合并方或被购买方的全部净资产，合并后注销被合并方或被购买方的法人资格，被合并方或被购买方原持有的资产、负债，在合并后变更为合并方或购买方的资产、负债的，为吸收合并。参与合并的各方在合并后法人资格均被注销，重新注册成立一家新的企业的，为新设合并。合并方或购买方在企业合并中取得对被合并方或被购买方的控制权，被合并方或被购买方在合并后仍保持其独立的法人资格并继续经营，合并方或购买方应确认企业合并形成的对被合并方或被购买方的投资的，为控股合并。在企业并购活动中，通常需要进行企业价值评估。当然，也有一些例外，如在资产收购行为中，通常只需对被收购的资产进行评估，而不需要对被收购资产对应的企业价值进行评估。

3. 企业清算

企业清算包括以下三种类型：一是依据《中华人民共和国企业破产法》的规定，在企业破产时进行清算；二是依照国家有关规定对改组、合并、撤销法人资格的企业资产进行清算；三是企业按照合同、契约、协议规定终止经营活动的清算。在上述企业清算过程中，通常需要进行企业价值评估。不过，为变价出售破产财产提供价值参考而对破产财产中的各单项资产分别进行评估的，并不属于企业价值评估范畴。

4．财务报告

随着公允价值在会计计量中的运用逐渐增多，以及公允价值计量对专业性和独立性的要求，以财务报告为目的的资产评估也日益增多。在以财务报告为目的的评估中，涉及企业价值评估的情形主要包括：因对企业合并过程中产生的商誉进行减值测试，而需要对被合并企业的企业价值进行评估；在确定权益工具的公允价值过程中，可能需要对权益工具对应的企业价值进行评估；协助企业确定、判断企业获利能力和未来收益。

5．法律诉讼

企业股东与股东之间、股东与管理层之间、股东与债权人之间以及企业的利益相关者之间，常常会发生因企业价值变化而引起的法律诉讼，在这种情况下，企业价值评估结论就成为这些法律案件裁决的重要依据之一。

6．税收

投资于企业的股权投资作为一项财产，是各种财产税的课税基础。因此，在股权的保有、交易、赠予、继承等环节，股权投资者就需要根据相关税法的规定，针对特定经济行为，缴纳相应的财产税。股权财产税的税基一般是股权的市场价值，如果股权投资对象为上市公司，其市场价值可以根据市场交易价格很方便地加以确定；但对于非上市公司的股权，其市场价值通常需要评估人员进行评估后确定。因此，在我国推进税制改革的进程中，由资产评估人员向税收征管部门提供价值尺度，已逐渐成为资产评估实践领域的重要方面。

7．财务管理

企业价值与财务管理密切相关，科学的财务管理将有效提升企业价值。通过科学合理的企业价值评估，管理者可以将企业经营的环境因素与企业价值预期相结合。在企业的财务管理活动中，投资决策、融资决策、经营决策以及股利分配政策均是影响企业价值的重要因素，通过对企业价值进行评估，企业可以对已制定的财务决策进行验证和评价，也能对未来财务决策提供参考。企业价值提高与否是一项财务决策是否制定的决策依据，增加企业价值是制定一项财务决策所追求的目标。因此，企业价值评估在财务管理中发挥着越来越重要的作用，在财务管理中开展企业价值评估，有助于企业树立以价值为导向的企业活动观，以价值规律指导财务管理工作。

8．考核评价

所有权和经营权分离是公司制的一大特征，若企业的所有者不再经营企业，企业的经营活动由职业经理人承担，则企业所有者和经营者之间会形成代理问题。企业经营者是否履行职责、是否为企业所有者创造价值，则需要通过绩效评价机制来判断。传统的以净利润作为评价指标的做法存在诸多弊端，如可能会出现损害企业价值的短期行为，或评价指标被人为操纵，失去评价意义。相对于会计利润，企业价值指标几乎不受会计政策的影响，且契合了企业所有者的企业价值最大化目标。因此，通过企业价值评估对经营者的绩效进行考核评价已越来越得到社会的认可。

9．其他目的

除以上几种常见的经济行为以外，还有许多其他经济行为，如股票公开发行、企业股利政策的制定、企业员工持股计划的制订、企业投资项目决策、企业租赁、股权的质押和担保以及债务重组等，都可能涉及企业价值评估。

8.1.4 企业价值评估的对象和范围

1．评估对象

企业价值评估的对象通常包括整体企业权益、股东全部权益和股东部分权益三种。

（1）整体企业权益

整体企业权益是企业所有出资人（包括股东、债权人）共同拥有的企业运营所产生的价值，即所有资本（付息债务和股东权益）通过运营形成的价值。整体企业权益价值（也称企业整体价值）并不必然等于资产负债表中的资产价值的合计数，主要理由有两个：一是企业整体价值的评估范围包括了企业所拥有全部资产、负债，包括表内和表外的资产、负债，但资产负债表中的资产总计不是构成企业整体价值的全部。二是企业整体价值反映了其作为一个有机整体的整体获利能力，但资产负债表上的各项资产的合计数仅仅是各单项资产价值的简单相加，无法反映企业作为资产综合体的整体获利能力。

在反映了各单项资产对企业整体获利能力影响的前提下，企业表内、表外全部资产价值的合计数称为企业的总资产价值。整体企业权益价值也不等于企业的总资产价值。因为从资本的运用角度看，整体企业权益价值等于企业的总资产价值减去企业负债中的非付息债务价值后的余额；从资本的来源角度看，整体企业权益价值等于股东全部权益价值加上企业的全部付息债务的价值。

在企业价值评估实务中，评估得出整体企业权益价值通常并非最终要达到的目的，而是为评估股东全部权益价值而采用的中间过程。

（2）股东全部权益

股东权益代表了股东对企业净资产的所有权，反映了股东在企业资产中享有的经济利益。因此，企业股东全部权益价值就是企业的所有者权益或净资产价值。对企业价值进行评估，得出股东全部权益价值的方式有两种：一是直接评估得出股东全部权益价值。例如，在运用收益法评估企业价值时，通过对股权自由现金流量采用股权资本成本进行折现，求取股东全部权益价值；二是先评估得出整体企业权益价值，再将整体企业权益价值减去全部付息债务价值，得出股东全部权益价值。同企业整体价值一样，资产负债表上的股东权益或净资产数额并不能代表企业价值评估实务中的股东全部权益价值，评估人员同样需要基于特定的评估目的，在一定假设条件下，综合分析影响股东权益价值的各种因素，选择合适的估值方法，估算被评估企业股东全部权益在某一时点的客观的、公允的价值。由于企业整体价值等于股东全部权益价值加上全部付息债务价值，因此企业整体价值和股东全部权益价值之间的关系，可以通过表8.1做简单说明。

表8.1　简化资产负债表

资产	负债和股东权益
流动资产价值（A）	非付息债务价值（C）
固定资产和无形资产价值（B）	付息债务价值（D）
其他资产价值（F）	股东全部权益价值（E）

表8.1所示为对某企业的全部资产和负债进行评估后的简化资产负债表，流动资产价值、固定资产和无形资产价值以及其他资产价值构成了企业总资产的价值，即企业总资产的价值＝$A+B+F$；流动负债和长期负债中的非付息债务价值、付息债务价值和股东全部权益价值构成了全部负债和权益价值，即全部负债和权益价值＝$C+D+E$。企业整体价值等于企业总资产价值减去企业负债中的非付息债务价值，即企业整体价值＝$(A+B+F)-C$；或企业股东全部权益价值加上企业的全部付息债务的价值，即企业整体价值＝$D+E$。因此，等式$(A+B+F)-C=D+E$成立。根据该等式，股东全部权益价值（E）＝$(A+B+F)-(C+D)$，即企业整体价值与股东全部权益价值是包含与被包含的关系。

（3）股东部分权益

股东部分权益价值其实就是企业一部分股权的价值，或股东全部权益价值的一部分。股东部分权益价值的评估，通常也有两种途径：一是直接评估得出股东部分权益价值，如采用股利折现模型求取少数股权的价值；二是先评估得出股东全部权益价值，再乘以持股比例或持股数量，并考虑必要的溢价或折价因素后得出股东部分权益价值。股东部分权益价值的概念并不难理解，但由于存在着控股权溢价和少数股权折价因素，评估人员应当知晓股东部分权益价值并不必然等于股东全部权益价值与股权比例的乘积。因为在某些情况下，同一企业内不同股东的单位股权价值可能会不相等。这种价值的不相等很多时候来源于对股权的控制支配程度，即存在控股权溢价或少数股权折价。

控股权溢价是指一个投资者为了获得企业普通股里的控股权益而愿意付出比市场流通的少数权益（流动的公开交易股票价格）价值更高价格的这部分附加价值。控股分为绝对控股和相对控股，绝对控股是指股份占比在50%以上，相对控股是指虽然拥有的股份未达到总数的50%，但在众多股东中是相对多数股。单位控股股权被认为比少数股权有更多的价值，是因为购买者有能力引起整个企业的结构变化以及影响企业的方针政策，进而能够在一定程度上对企业价值产生影响。

在资产评估实务中，股东部分权益价值的评估通常是在得到股东全部权益价值的基础上进行的，评估人员应当在适当及切实可行的情况下考虑由于控股权或少数股权等因素产生的溢价或折价，并且应当在评估报告中对相关情况予以披露。

由于企业价值评估的对象是多层次的，评估人员在评估企业价值时，应当根据评估目的及委托方的要求等谨慎区分本次评估的是企业整体价值、股东全部权益价值还是股东部分权益价值，并在评估报告中予以明确说明。

2．评估范围

（1）评估范围的界定

企业价值评估范围是在对评估对象价值进行评定估算的工作过程中所涉及的企业资产和负债的范围。企业价值评估范围应当服务评估对象的选择，不论是进行整体企业权益价值评估、股东全部权益价值评估，还是股东部分权益价值评估，一般要求对企业进行整体性评估。其中，整体企业权益价值评估范围包括企业产权涉及的全部资产及非付息负债，股东全部权益和股东部分权益价值评估范围包括企业产权涉及的资产及负债。企业产权涉及的资产和负债，按财务报表记录情况可分为资产负债表表内部分和资产负债表表外部分，按资产配置和使用情况可分为经营部分和非经营部分，按产权主体自身占用情况可分为产权主体自身占用及经营部分以及虽不为企业产权主体自身占有及经营但可以由企业产权主体控制的部分。企业拥有的非法人资格的分公司、办事处、分部及其他派出机构，属于产权主体自身占用及经营部分；企业拥有的全资子公司、控股子公司以及非控股公司中的投资，属于虽不为企业产权主体自身占有及经营但可以由企业产权主体控制的部分。

评估人员在具体界定企业价值评估范围时，应根据有关文件资料进行，如企业价值评估申请报告及上级主管部门批复文件所规定的评估范围；企业有关产权转让或产权变动的协议、合同、章程中规定的企业资产变动的范围；企业有关资产产权证明、账簿、投资协议、财务报表及其他相关资料等。企业价值评估范围的界定，应与评估对象的口径相匹配。

（2）企业各项资产、负债的识别

受会计准则或会计制度关于资产的定义及资产确认标准的影响和制约，会计列报的资产负债表所反映的资产、负债可能并非企业的全部资产和负债，不符合会计资产定义、不能准确计量的资产均未在资产负债表中反映。对企业各项资产、负债进行识别，不仅包括资产负债表表内资产、负债，还包括资产负债表表外资产、负债。对企业资产负债表表内资产、负债，主要根据企业的账簿、会计报表、审计报告等进行识别和判断。

表外资产通常包括著作权、专利权、专有技术、商标专用权、销售网络、客户关系、特许经营权、合同权益、域名和商誉等账面未记录或未进行资本化处理的资产。表外负债主要包括法律明确规定的未来义务和合同约定的未来义务。

（3）企业资产配置和使用情况的分析

企业价值的形成基于企业整体盈利能力，评估人员判断估计企业价值，就是要正确分析和判断企业的盈利能力。但是，企业是由各类单项资产和单项负债组合而成的综合体，这些单项资产和单项负债对企业盈利能力的形成具有不同的作用，对企业价值的形成具有不同的贡献。因此，评估人员在界定企业价值的评估范围基础上，需要对企业价值评估范围的资产和负债的配置及使用情况进行必要的分析。

① 根据资产和负债的经营属性进行区分。根据资产的经营属性，企业的资产分为经营性资产和非经营性资产。经营性资产对企业盈利能力的形成过程产生直接或间接贡献。非经营性资产对企业盈利能力的形成过程不产生直接或间接贡献。在评估实务中，检验某项资产是否属于非经营性资产，可运用模拟抽离法，即在企业盈利能力的形成过程中，将某项资产模拟抽离该企业，分析抽离行为是否会影响企业的盈利能力，若抽离该资产对企业盈利能力的形成不产生任何影响，则该项资产属于非经营性资产，否则为经营性资产。

根据负债的经营属性，企业的负债分为经营性负债和非经营性负债。若在企业盈利能力的形成过程中，已考虑了某项负债的偿还义务对企业盈利能力的影响，则该项负债为经营性负债，否则为非经营性负债。

同一类资产、负债在不同行业或不同企业中的经营属性可能存在差异。独立于企业的单项资产、负债本身并没有经营性和非经营性的区别，资产、负债的经营性或非经营性的区分，取决于资产、负债在具体企业中的具体配置和利用情况。不同行业或不同企业对资产负债的配置和使用往往存在差异，同一类资产在某些行业中可能是经营性资产，而在其他行业中可能是非经营性资产。例如，对于一般的工业企业而言，投资性房地产通常是非经营性资产，但对于以经营管理持有型物业为主营业务的企业来说，投资性房地产是经营性资产。

对资产、负债的经营属性进行区分，不能仅根据资产、负债与主营业务收入、其他业务收入的关系进行判断。按照企业所从事日常活动的重要性，收入分为主营业务收入、其他业务收入等，但其他业务收入所形成的资产或为开展其他业务而准备的资产并非全部为非经营性资产。企业的其他业务收入可进一步区分为经常性收入和偶然性收入，经常性收入对应的资产通常可界定为经营性资产，而偶然性收入对应的资产一般应界定为非经营性资产。

② 根据资产的配置属性进行区分。根据资产的配置属性，企业的资产分为必备资产和溢余资产。根据资产规模与企业经营规模的配置关系，经营性资产可细分为必备的经营性资产和溢余的经营性资产。必备的经营性资产是形成企业盈利能力所必需的资产，溢余的经营性资产是超过了企业盈利能力形成的必备规模的资产。对于非经营性资产，因其与企业盈利能力的形成过程无关，对其按配置属性进行区分并无现实意义。

将企业的资产、负债根据经营属性和配置属性进行区分，目的在于正确揭示企业价值。企业盈利能力是企业必备的经营性资产共同作用的结果，也决定着必备的经营性资产的价值。非经营性资产和溢余的经营性资产虽然也可能有交换价值，但其交换价值与必备的经营性资产的决定因素、形成路径是有差别的。要正确揭示和评估企业价值，评估人员就需要将企业价值评估范围内的资产、负债根据经营属性和配置属性进行区分，并选择恰当的评估方法和技术路径分别对必备的经营性资产、溢余的经营性资产、非经营性资产进行评估。必备的经营性资产的评估方法，与溢余的经营性资产、非经营性资产的评估方法可能存在差异。必备的经营性资产和经营性负债的评估价值，与非经营性资产和溢余的经营性资产的评估价值相加，得出企业整体价值。企业资产、负债根据经营属性和配置属性划分得是否合理，将直接影响运用不同评估途径与评估方法评估企业价值的结果合理性与可信度。

8.2　企业价值评估的收益法

收益法适用于持续经营假设前提下的企业价值评估。持续经营假设是指在企业评估时，假定企业将按照原来的经营目的、经营方式持续地经营下去。持续经营假设尽管是一种假设，但是，这种假设也不是可以随便运用的，它需要建立在对企业能够持续经营的专业判断之上。只有当企业具有持续的盈利能力时，运用收益法对企业进行价值评估才具有意义。

8.2.1 收益法的计算公式及其说明

1. 企业持续经营假设前提下的收益法

（1）年金法。年金法是将已处于均衡状态，其未来收益具有充分的稳定性和可预测性的企业的收益进行年金化处理，然后再把已年金化的企业预期收益进行收益还原，估测企业价值的方法。数学公式为：

$$P = A / r$$

式中：P——企业评估价值；

A——企业每年的年金收益；

r——折现率及资本化率。

由于企业预期收益并不能变现为年金形式，评估人员如果要运用年金法评估企业价值，还需要对被评估企业的预期收益进行综合分析，确定被评估企业的预期年金收益。即将企业未来若干年的预期收益进行年金化处理而得到企业年金。如果采用将企业未来若干年的预期收益进行年金化处理而得到企业年金的方法，则年金法的数学公式又可以写成：

$$P = \sum_{i=1}^{n} \left[R_i \times (1+r)^{-i} \right] \div \sum_{i=1}^{n} \left[(1+r)^{-i} \right] \div r$$

式中：$\sum_{i=1}^{n} \left[R_i \times (1+r)^{-i} \right]$——企业前 n 年预期收益折现值之和；

$\sum_{i=1}^{n} \left[(1+r)^{-i} \right]$——年金现值系数；

r——折现率及资本化率。

【例 8.1】 待估企业预计未来五年的预期收益为 10 万元、11 万元、12 万元、12 万元和 13 万元，假定资本化率为 10%，试用年金法估测该企业持续经营条件下的企业价值。

$$P = \sum_{i=1}^{n} \left[R_i \times (1+r)^{-i} \right] \div \sum_{i=1}^{n} \left[(1+r)^{-i} \right] \div r$$

$= (10 \times 0.909\,1 + 11 \times 0.826\,4 + 12 \times 0.751\,3 + 12 \times 0.683\,0 + 13 \times 0.620\,9) \div (0.909\,1 + 0.826\,4 + 0.751\,3 + 0.683\,0 + 0.620\,9) \div 10\%$

$= 114.66$（万元）

（2）分段法。分段法将持续经营的企业的收益预测分为前后段。对于前段企业的预期收益采取逐年预测折现累加的方法。而对于后段的企业收益，则针对企业的具体情况假设它按某一规律变化，并按企业收益变化规律，对企业后段预期收益进行还原及折现处理。将企业前后两段收益现值加在一起便构成了整体企业的收益现值。

① 假设以前段最后一年的收益作为后段各年的年金收益，分段法的公式可写成：

$$P = \sum_{i=1}^{n} \left[R_i \times (1+r)^{-i} \right] + \frac{R_n}{r} \times (1+r)^{-n}$$

式中：P——企业评估价值；

i——年序号；

n——收益年期；

R_i——企业第 i 年的收益；

r——折现率及资本化率。

② 假设在从$(n+1)$年起的后段，企业预期年收益将按一固定比率(g)增长，则分段法的公式可写成：

$$P=\sum_{i=1}^{n}\left[R_i\times\left(1+r\right)^{-i}\right]+\frac{R_n(1+g)}{(r-g)}\times\left(1+r\right)^{-n}$$

【例8.2】待评估企业预计未来5年的预期收益额为100万元、120万元、150万元、160万元和200万元，并根据企业的实际情况推断，从第6年开始，企业的年预期收益额将维持在200万元的水平上，假定本金化率为10%，试用分段法估测待评估企业的整体价值。

根据以上公式，评估企业价值为：

$$P=\sum_{i=1}^{n}\left[R_i\times\left(1+r\right)^{-i}\right]+\frac{R_n}{r}\times\left(1+r\right)^{-n}$$

$$=(100\times0.909\ 1+120\times0.826\ 4+150\times0.751\ 3+160\times0.683\ 0+200\times0.620\ 9)+200\div10\%\times0.620\ 9$$

$$=1\ 778（万元）$$

【例8.3】承上例资料，假如评估人员根据企业的实际情况推断，企业从第6年起，收益额将在第5年的水平上以7%的增长率保持增长，其他条件不变，试估测待评估企业的整体价值。

$$P=\sum_{i=1}^{n}\left[R_i\times\left(1+r\right)^{-i}\right]+\frac{R_n(1+g)}{(r-g)}\times\left(1+r\right)^{-n}$$

$$=(100\times0.909\ 1+120\times0.826\ 4+150\times0.751\ 3+160\times0.683\ 0+200\times0.620\ 9)+$$

$$200\times(1+7\%)\div(10\%-7\%)\times0.620\ 9$$

$$=2\ 129（万元）$$

2．企业非持续经营假设前提下的收益法

企业非持续经营假设是从最有利回收企业投资的角度，争取在不追加资本性投资的前提下，充分利用企业现有的资源，最大限度地获取投资收益，直至企业丧失生产经营能力为止。在非持续经营假设前提下，企业价值评估适宜采用分段法进行，其公式为：

$$P=\sum_{i=1}^{n}\left[R_i\times\left(1+r\right)^{-i}\right]+P_n\times\left(1+r\right)^{-n}$$

式中：P_n为第n年企业资产的变现值；其他符号含义同前。

8.2.2　企业收益及其预测

收益是运用收益现值法评估企业价值的基本参数之一。在企业价值评估中，收益是指企业在正常条件下获得的归企业所有的所得额。

1．企业收益的界定与选择

在对企业收益进行具体界定时，评估人员应首先注意以下两个方面：第一，不归企业权益主体所有的企业纯收入，不能作为企业价值评估中的企业收益，如税收，不论是流转税还是所得税都不能视为企业收益。第二，凡是归企业权益主体所有的企业收支净额，可视为企业收益。无论是营业收支、资产收支，还是投资收支，只要形成净现金流入量，就应视同为企业收益。

企业收益有两种基本表现形式：企业净利润和企业净现金流量。选择净利润还是净现金流量作为企业价值评估的收益基础对企业的最终评估值存在一定的影响。就企业价值与收益的关系而言，实证研究表明，企业的利润虽然与企业价值高度相关，但企业价值最终由其现金流量决定而非由其利润决定。经济学家认为，企业的价值基础是现金流量。当现金流量的变动与利润的变动不一致时，企业的价值变化与现金流量的变化更为一致。对西方资本市场的研究表明，企业的现金流量是企业价值的最终决定因素而非权责发生制的会计收益。因此，一般而言，应选择企业的净现金流量作为用收益法进行企业价值评估的收益基础。

企业收益能以多种形式出现，包括净利润、净现金流量（股权自由现金流量）、息前净现金流量（企业自由现金流量）、股利、经济利润（经济增加值）等。相应地，在评估实践中，企业价值评估的收益法也有股利折现模型、股权自由现金流量折现模型、企业自由现金流量折现模型以及经济利润折现模型等多种常用的评估模型。

股权自由现金流量（Free Cash Flow of Equity，FCFE）可被理解为股东可自由支配的现金流量。股东是企业股权资本的所有者，拥有企业产生的全部现金流量的剩余要求权，即拥有企业在满足了全部财务要求和投资要求后的剩余现金流量。股权自由现金流量就是在扣除经营费用、偿还债务资本对应的本息支付和为保持预定现金流量增长所需的全部资本性支出后的现金流量。

根据股权自由现金流量的概念，股权自由现金流量的计算公式如下：

$$股权自由现金流量＝（税后净营业利润＋折旧及摊销）－（资本性支出＋营运资金增加）－税后利息费用－付息债务的净偿还$$

其中：

$$税后净营业利润＝息税前利润×（1－所得税税率）$$
$$＝净利润＋利息费用×（1－所得税税率）$$
$$税后利息费用＝利息费用×（1－所得税税率）$$
$$付息债务的净偿还＝偿还付息债务本金－新借付息债务$$

因此，股权自由现金流量的计算公式可表示为：

$$股权自由现金流量＝净利润＋折旧及摊销－资本性支出－营运资金增加－偿还付息债务本金＋新借付息债务$$

由此可见，股权自由现金流量可以由净利润调整得出。股权自由现金流量与净利润均属于权益口径收益指标，均可反映权益资本的收益能力，但两者存在较为明显的差异。股权自由现金流量是收付实现制的一种体现，而净利润的核算则遵循了权责发生制原则。在衡量权益资本收益能力方面，股权自由现金流量往往优于净利润，主要表现在两个方面：一是净利润受会计政策影响较大，如固定资产折旧存在多种方法，折旧年限的选择也有一定的主观性，选择不同的折旧方法或折旧年限，会产生不同的净利润；二是净利润比较容易受到人为操纵，被人为管理或操纵的净利润金额并不能衡量和反映企业的收益能力。

企业自由现金流量（Free Cash Flow of Firm，FCFF）可理解为全部资本投资者共同支配的现金流量。全部资本提供者包括普通股股东、优先股股东和付息债务的债权人。企业自由现金流量也称为实体自由现金流量。

企业自由现金流量的计算方法主要有以下三种。

第一种方法是在股权自由现金流量的基础上进行计算，其计算公式为：

$$企业自由现金流量＝股权自由现金流量＋债权现金流量，又因为：$$
$$债权现金流量＝税后利息支出＋偿还债务本金－新借付息债务，则$$
$$企业自由现金流量＝股权自由现金流量＋税后利息支出＋偿还债务本金－新借付息债务$$

第二种方法是在净利润基础上进行计算，其计算公式如下：

$$企业自由现金流量＝净利润＋利息费用×（1－所得税税率）＋折旧及摊销－资本性支出－营运资金增加$$

第三种方法是在企业经营活动产生的现金净流量基础上进行计算。企业自由现金流量可以近似地认为是经营活动产生的现金净流量与资本性支出之差，即：

$$企业自由现金流量＝经营活动产生的现金净流量－资本性支出$$

企业自由现金流量是可由企业资本的全部提供者自由支配的现金流量，等于股权自由现金流量和债权现金流量的合计值。因此，企业自由现金流量与股权自由现金流量可通过债权现金流量进行相互计算。虽然如此，企业自由现金流量与股权自由现金流量的计算难易程度存在差异。在股权自由现金流量计算过程中，评估人员不论是以净利润还是以企业自由现金流量为基础，均需要计算债权现金流量，才能得出股权自由现金流量；在企业自由现金流量计算过程中，若是以净利润为基础进行计算，只需在净利润基础上加上税后利息费用和折旧摊销金额，再减去营运资金增加额和资本性支出，即可得出企业自由现金流量，这一过程并不需要计算债权现金流量。

企业自由现金流量与股权自由现金流量均是企业收益的一种形式，但两者归属的资本投资者不同。企业自由现金流量是归属于企业全部资本提供方的收益指标，根据企业自由现金流量可直接计算企业整体价值；而股权自由现金流量是归属于企业权益资本提供方的收益指标，根据股权自由现金流量可直接计算股东全部权益价值。

此外，与企业自由现金流量相比，股权自由现金流量显得更为直观，因为人们一般会站在企业所有者的角度来考虑问题，将付息负债本金的偿还和利息支出理解为现金流的支出。企业自由现金流量还可能使人们忽略企业所面临的生存困境，如果企业当期需要偿还一笔大额的到期债务，虽然企业自由现金流量是正数，但股权自由现金流量可能是负值，在这种情况下，股权自由现金流量能够提示企业关注资金链问题。

选择以何种形式的收益作为收益法中的企业收益，在一定程度上会直接或间接地影响评估人员对企业价值的最终判断。从投资回报的角度，企业收益的边界是可以明确的。企业净利润是所有者的权益，利息是债权人的收益。针对企业发生产权变动而进行企业资产评估这一特定目的，企业产权转让的是企业所有者权益，即企业只更换业主而并不更换债主。因此，企业价值的评估值应该是企业的所有者权益的公开市场价值。在企业价值的具体评估中，评估人员需要根据评估目标的不同，对不同口径的收益做出选择。在假设折现率口径与收益额口径保持一致的前提下，净利润（或净现金流量）折现或资本化为企业股东全部权益价值（净资产价值或所有者权益价值）；净利润（或净现金流量）加上扣税后的长期负债利息折现或资本化为企业投资资本价值（所有者权益＋长期负债）；净利润（或净现金流量）加上扣税后的全部利息折现或资本化为企业整体价值（所有者权益＋付息债务）。在企业价值评估中，资产构成、评估值内含及收益形式之间的对应关系如表 8.2 所示。

表 8.2　资产构成、评估值内含及收益形式关系表

资产构成	评估值内含	收益形式
企业整体价值扣减全部付息债务价值	股东权益价值	净利润（或净现金流量）
企业整体价值扣减短期付息债务价值	企业投资资本价值	净利润（或净现金流量）＋长期负债利息×（1－所得税税率）
企业总资产价值减去负债中的非付息债务价值	企业整体价值	净利润（或净现金流量）＋全部负债利息×（1－所得税税率）

选择什么口径的企业收益作为收益法评估企业价值的基础，首先应服从于企业价值评估的目标，即企业价值评估的目的是评估反映企业所有者权益的净资产价值还是反映企业所有者权益及长期债权人权益之和的投资资本价值，或企业整体价值（所有者权益价值和付息债务之和）。其次，对企业收益口径的选择，应在不影响企业价值评估目标的前提下，选择最能客观反映企业正常获利能力的收益额作为对企业进行价值评估的收益基础。对于某些企业，净现金流量（股权自由现金流量）就能客观地反映企业的获利能力，而另一些企业可能采用息前净现金流量（企业自由现金流量）更能客观反映企业的获利能力。如果企业评估的目标是企业股东全部权益价值（净资产价值），使用净现金流量（股权自由现金流量）最为直接，即评估人员直接利用企业的净现金流量（股权自由现金流量）评估企业的股东全部权益价值。此种评估方式也被称作企业价值评估的"直接法"。当然，评估人员也可以利用企业的息前净现金流量（企业自

由现金流量），先估算出企业的整体价值（所有者权益价值和付息债务之和），然后再从企业整体价值中扣减企业的付息债务后得到股东全部权益价值。此种评估方式也被称作企业价值评估的"间接法"。评估人员是运用企业的净现金流量（股权自由现金流量）直接估算企业的股东全部权益价值（净资产价值），还是采用间接法先估算企业的整体价值，再估算企业的股东全部权益价值（净资产价值），取决于企业的净现金流量或是企业的息前净现金流量更能客观地反映企业的获利能力。当然，在估算现金流量时，还应遵循现金流量与折现率必须保持一致原则，即股权自由现金流量对应股权资本成本，企业自由现金流量对应加权平均资本成本。

2．企业收益预测

企业收益预测大致分为以下几个基本步骤。

第一步，企业收益现状的分析和判断。企业收益现状的分析和判断的着重点是了解和掌握企业正常获利能力现状，为企业预期收益预测创造一个工作平台。了解和判断一个企业的获利能力现状，可以通过一系列财务数据并结合对企业生产经营的实际情况加以综合分析判断。在必要时评估人员还应对企业以前年度的获利能力情况做出考察，以确定企业现时的正常获利能力。要想较为客观地把握企业的正常获利能力，评估人员还必须结合企业内部及外部的各种因素进行综合分析。

第二步，评估基准日企业收益的审计和调整。评估基准日企业收益的审计和调整包括两部分工作。其一是对评估基准日企业收益的审计。按照国家的财务通则、会计准则以及现行会计制度，对企业于评估基准日的收益进行审核，并按审核结果编制评估基准日企业资产负债表、损益表和现金流量表。其二是对审核后的重编财务报表进行非正常因素调整，主要是损益表和现金流量表的调整。对于一次性、偶发性，或以后不再发生的收入或费用进行剔除，把企业评估基准日的利润和现金流量调整到正常状态下的数量，为企业预期收益的趋势分析打好基础。

第三步，企业预期收益趋势的总体分析和判断。这是在对企业评估基准日实际收益的审计和调整的基础上，结合企业提供的预期收益预测和评估机构调查搜集的有关信息资料进行的。这里需要强调指出：①对企业评估基准日的财务报表的审计，尤其是客观收益的调整作为评估人员进行企业预期收益预测的参考依据，不能用于其他目的。②企业提供的关于预期收益的预测是评估人员预测企业未来预期收益的重要参考资料。但是，评估人员不可以仅凭企业提供的收益预测作为对企业未来预期收益预测的唯一根据。③尽管对企业在评估基准日的财务报表进行了必要的调整，并掌握了企业提供的收益预测，评估人员还必须深入企业现场进行实地考察和现场调研，充分了解企业的生产工艺过程、设备状况、生产能力和经营管理水平，再辅以其他数据资料对企业未来收益趋势做出合乎逻辑的总体判断。

第四步，企业预期收益预测。企业预期收益的预测是在前几个步骤完成的前提下，运用具体的技术方法和手段进行的。在一般情况下，企业的收益预测也分两个时间段。一是对企业未来3～5年的收益预测；二是对企业未来3～5年后的各年收益的预测。

企业未来3～5年的收益预测是利用评估基准日被调整的企业收益，结合影响企业收益实现的主要因素在未来预期变化的情况，采用适当的方法进行的。不论采用何种预测方法，评估人员首先都应进行预测前提条件的设定，因为无论如何，企业未来可能面临的各种不确定性因素是无法一项不漏地纳入评估参数的。科学合理地设定预测企业预期收益的前提条件是必需的，这些前提条件包括：①假定国家的政治、经济等政策变化不会对企业预期收益构成重大影响；②不可抗拒的自然灾害或其他无法预测的突发事件，不作为预测企业收益的相关因素考虑；③企业经营管理者的某些个人行为也未在预测企业预期收益时考虑等。当然，根据评估对象、评估目的和评估时的条件，评估人员还可以对评估的前提做出必要的限定。但是，评估人员对企业预期收益预测的前提条件设定必需合情合理。否则，这些前提条件不能构成合理预测企业预期收益的前提和基础。

在明确了企业收益预测前提条件的基础上，评估人员就可以着手对企业未来 3～5 年的预期收益进行预测。预测的主要内容有：对影响被评估企业及所属行业的特定经济及竞争因素的估计；未来 3～5 年市场的产品或服务的需求量或被评估企业市场占有份额的估计；未来 3～5 年销售收入的估计；未来 3～5 年成本费用及税金的估计；完成上述生产经营目标需追加投资及技术、设备更新改造因素的估计；未来 3～5 年预期收益的估计等。关于企业的收益预测，评估人员不得不加分析地直接引用企业或其他机构提供的方法和数据，应把企业或其他机构提供有关资料作为参考，根据可搜集到的数据资料，在经过充分分析论证的基础上做出独立的预测判断。

评估人员在具体运用预测技术和方法测算企业收益时，大多采用财务报表格式予以表现，如利用损益表或采用现金流量表的形式表现。运用损益表或现金流量表的形式表现预测企业收益的结果通俗易懂，便于理解和掌握。需要说明的是，用企业损益表或现金流量表来表现企业预期收益的结果，并不等于说企业预期收益预测就相当于企业损益表或现金流量表的编制。企业收益预测的过程是一个比较具体、需要大量数据并运用科学方法的运作过程。用损益表或现金流量表表现的仅仅是这个过程的结果。所以，企业收益预测不能简单地等同于企业损益表或现金流量表的编制，而是利用损益表或现金流量表的已有栏目或项目，通过对影响企业收益的各种因素变动情况的分析，在评估基准日企业收益水平的基础上，对应表内各项目（栏目）进行合理地测算、汇总分析得到所测年份的各年企业收益。表 8.3 所示是一张可供借鉴的收益预测表。如测算的收益层次和口径与本表有差异，评估人员可在本表的基础上进行适当地调整。如采用其他方式测算企业收益，评估人员可自行设计企业收益预测表。

表 8.3　企业 20××—20××年收益预测表　　　　　　单位：万元

项目	20××年	20××年	20××年	20××年
一、产品销售收入 减：产品销售税金 　　　产品销售成本 其中：折旧				
二、产品销售利润 加：其他业务利润 减：管理费用 　　　财务费用				
三、营业利润 加：投资收益 　　　营业外收入 减：营业外支出				
四、利润总额 减：所得税				
五、净利润 加：折旧和无形资产摊销 减：追加资本性支出				
六、净现金流量				

企业未来 3～5 年的预期收益测算可以通过一些具体的方法进行。而对于企业未来更久远的年份的预期收益，则难以用具体的测算方法测算。可行的方法是，在企业未来 3～5 年预期收益测算的基础上，从中找出企业收益变化的取向和趋势，并借助某些手段，如采用假设的方式来把握企业未来长期收益的变化区间和趋势。比较常用的假设是保持假设，即假定企业未来若干年以后各年的收益水平维持在一个相对稳定的水平上不变。当然也可以根据企业的具体情况，假定企业收益在未来若干年以后将在某个收益水平上，每年保持一个递增比率等。但是，

不论何种假设，都必须建立在合乎逻辑、符合客观实际的基础上，以保证企业预期收益预测的相对合理性和准确性。

8.2.3 折现率和资本化率及其估测

折现率是将未来有限期收益还原或转换为现值的比率。资本化率是将未来无限期收益转换为现值的比率。资本化率在资产评估业务中有着不同的称谓：资本化率、本金化率、还原利率等。折现率和资本化率在本质上是相同的，都属于投资报酬率。投资报酬率通常由两部分组成：一是正常报酬率；二是风险报酬率。正常报酬率亦称为无风险报酬率，它取决于资金的机会成本，即正常报酬率不能低于该投资的机会成本。这个机会成本通常以政府发行的国库券利率和银行储蓄利率作为参照依据。风险报酬率的高低主要取决于投资风险的大小，风险大的投资，要求的风险报酬率就高。

1．企业价值评估中选择折现率的基本原则

在运用收益法评估企业价值时，折现率起着至关重要的作用，它的微小变化会对评估结果产生较大的影响。因此，在选择和确定折现率时，一般应遵循以下原则。

（1）折现率不低于投资的机会成本。在存在着正常的资本市场和产权市场的条件下，任何一项投资的回报率不应低于该投资的机会成本。在现实生活中，政府发行的国库券利率和银行储蓄率可以称为投资者进行其他投资的机会成本。由于国库券的发行主体是政府，几乎没有破产或无力偿付的可能，投资的安全系数大。银行虽然大多属于商业银行，但我国的银行仍属于国家垄断或严格监控中，其信誉也非常高，因此储蓄自然是一种风险极小的投资。因此，国库券和银行储蓄利率不仅是其他投资的机会成本，也是一种无风险投资报酬率。

（2）行业基准收益率不宜直接作为折现率。我国的行业基准收益率是基本建设投资管理部门为筛选建设项目，从拟建项目对国民经济的净贡献方面，按照行业统一制定的最低收益率标准。凡是投资收益率低于行业基准收益率的拟建项目不得上马。只有投资收益率高于行业基准收益率的拟建项目才有可能得到批准进行建设。行业基准收益率着眼于拟建项目对国民经济的净贡献的高低，包括拟建项目可能提供的税收收入和利润，而不是对投资者的净贡献。因此，不宜直接作为企业产权变动时价值评估的折现率。再者，行业基准收益率的高低也体现着国家的产业政策。在一定时期，对于属于国家鼓励发展的行业，其行业基准收益率可以相对低一些；对于属于国家控制发展的行业，国家就可以适当调高其行业基准收益率，达到限制项目建设的目的。因此，行业基准收益率不宜直接作为企业价值评估中的折现率。

（3）贴现率不宜直接作为折现率。贴现率是商业银行对未到期票据提前兑现所扣金额（贴现息）与期票票面金额的比率。贴现率虽然也是将未来值换算成现值的比率，但贴现率通常是银行根据市场利率和要贴现的票据的信誉程度来确定的。且票据贴现大多数是短期的，并无固定期间周期。从本质上讲，贴现率接近于市场利率。而折现率是针对具体评估对象的风险而生成的期望投资报酬率。从内容上讲，折现率与贴现率并不一致，简单地把银行贴现率直接作为企业价值评估的折现率是不妥当的。

2．风险报酬率的估测

在折现率的测算过程中，无风险报酬率的选择相对比较容易一些，通常是以政府债券利率和银行储蓄利率为参考依据。而风险报酬率的测算相对比较困难。它因评估对象、评估时点的不同而不同。就企业而言，在未来的经营过程中要面临经营风险、财务风险、行业风险、通货膨胀风险等。从投资者的角度，要投资者承担一定的风险，就要有相对应的风险补偿。风险越大，要求补偿的数额也就越大。风险补偿额相对于风险投资额的比率就是风险报酬率。在测算风险报酬率的时候，评估人员应注意以下因素：①国民经济增长率及被评估企业所在行业在国民经济中的地位；②被评估企业所在行业的发展状况及被评估企业在行业中的地位；③被评

估企业所在行业的投资风险；④企业在未来的经营中可能承担的风险等。在充分考虑和分析了以上各因素以后，风险报酬率可通过以下两种方法估测。

（1）风险累加法。企业在其持续经营过程中可能要面临许多风险，像前面已经提到的行业风险、经营风险、财务风险、通货膨胀风险等。将企业可能面临的风险对回报率的要求予以量化并累加，便可得到企业评估折现率中的风险报酬率。用数学公式表示：

$$风险报酬率＝行业风险报酬率＋经营风险报酬率＋财务风险报酬率＋其他风险报酬率$$

行业风险主要指企业所在行业的市场特点、投资开发特点，以及国家产业政策调整等因素造成的行业发展不确定性给企业预期收益带来的影响。经营风险是指企业在经营过程中，由于市场需求变化、生产要素供给条件变化以及同类企业间的竞争给企业的未来预期收益带来的不确定性影响。财务风险是指企业在经营过程中的资金融通、资金调度、资金周转可能出现的不确定性因素影响企业的预期收益。其他风险包括了国民经济景气状况、通货膨胀等因素的变化可能对企业预期收益的影响。

量化上述各种风险所要求的回报率，主要是采取经验判断。它要求评估人员充分了解国民经济的运行态势、行业发展方向、市场状况、同类企业竞争情况等。只有在充分了解和掌握上述数据资料的基础上，对风险报酬率做出的判断才能较为客观合理。

（2）β 系数法。β 系数法的基本思路是，某企业价值评估中的风险报酬率等于社会平均风险报酬率乘以被评估企业所在的行业平均风险与社会平均风险的比率（即 β 系数）。按照这一思路，评估人员可按下列方法求取被评估企业的风险报酬率。首先，将社会平均收益率（R_m）扣除无风险报酬率（R_f），得到社会平均风险报酬率；其次，把企业所在的行业的平均风险与社会平均风险进行对比，即通常采用行业平均收益率变动与社会平均收益率变动之比的数值作为调整系数（β）；最后，用社会平均风险报酬率乘以风险系数（β），得到可用于企业评估的风险报酬率（R_r）。当然，如果再考虑企业的规模以及企业在其所在行业中的地位，关于企业价值评估的风险报酬率，还应加上企业在其行业中的地位系数（α）对企业风险报酬率的影响。上述测算思路用公式表示如下：

$$风险报酬率（R_r）＝[社会平均收益率（R_m）－无风险报酬率（R_f）]×风险系数（\beta）×$$
$$企业在其行业中的地位系数（\alpha）$$

3. 折现率的测算

如果能通过一系列方法测算出风险报酬率，则企业价值评估的折现率的测算就相对简单了。其中，累加法、资本资产定价模型、加权平均资本成本模型是测算企业价值评估中的折现率或资本化率较为常用的方法。

（1）累加法。累加法采用无风险报酬率加风险报酬率的方式确定折现率或资本化率。用公式可表示为：

$$折现率＝无风险报酬率＋风险报酬率$$
$$风险报酬率＝行业风险报酬率＋经营风险报酬率＋财务风险报酬率＋其他风险报酬率$$

（2）资本资产定价模型。资本资产定价模型是用来测算权益资本折现率的一种工具。用公式表示为：

$$折现率＝无风险报酬率＋风险报酬$$
$$＝无风险报酬率＋（社会平均收益率－无风险报酬率）×风险系数（\beta）×$$
$$企业在其行业中的地位系数（\alpha）$$

（3）加权平均资本成本模型。加权平均资本成本模型是以企业的所有者权益和企业负债所构成的全部资本以及全部资本所需求的回报率，经加权平均计算来获得企业评估所需折现率的一种数学模型。用公式表示为：

$$折现率＝权益资本成本×权益资本占全部资本的比重＋债务资本成本×债务资本占全部资本的比重$$

其中：债务资本成本是指扣除了所得税后的资本成本。

当评估企业的整体价值或投资资本价值时，评估人员需使用资本加权平均报酬率进行折现，其与企业的息前现金流量相匹配。例如，使用企业的权益资本和长期负债所构成的投资资本，以及投资资本组成要素各自要求的回报率和它们各自的权重，经加权平均获得企业投资资本价值评估所需要的折现率。用公式表示为：

$$企业投资资本要求的折现率 = 权益资本成本 \times 权益资本占投资资本的比重 + 长期负债成本 \times 长期负债占投资资本的比重$$

其中：权益资本成本＝无风险报酬率＋风险报酬率；

　　　长期负债成本是指扣除了所得税后的长期负债成本。

8.2.4　收益额与折现率口径一致的问题

根据不同的评估价值目标，用于企业价值评估的收益额可以有不同的口径，如净利润、利润总额、息税前利润、净现金流量（股权自由现金流量）、息前净现金流量（企业自由现金流量）等。而折现率是一种期望投资回报率，评估人员要注意折现率的计算口径。收益额可以有税前收益或税后收益口径，也可以有权益收益或全投资收益口径，对于同一项投资来说，不论收益额选择哪一种收益口径，产生收益的投资的现值都是不变的，这也就要求折现率的口径应当与收益额的口径保持一致。有些折现率是从股权投资回报率的角度考虑，有些折现率既考虑了股权投资的回报率，同时又考虑了债权投资的回报率。净利润、净现金流量（股权自由现金流量）是股权收益形式，因此只能用股权投资回报率作为折现率。而息前净利润、息前净现金流量（企业自由现金流量）是股权与债权收益的综合形式。因此，只能运用股权与债权综合投资回报率，即只能运用通过加权平均资本成本模型获得的折现率。所以，在运用收益法评估企业价值时，评估人员必须注意收益额与折现率之间结构与口径上的匹配和协调，以保证评估结果合理且有意义。

8.2.5　收益法评估企业价值的应用举例

【例 8.4】被评估企业是一个以生产出口矿产品为主业的矿山企业，2020 年的收益情况如表 8.4 所示。

表 8.4　利润表　　　　　　　　　　　　　　　　　　　　单位：元

项目	本年累计数
一、主营业务收入	9 500 000
减：主营业务成本	5 500 000
主营业务税金及附加	300 000
二、主营业务利润	3 700 000
加：其他业务利润	0
减：营业费用	200 000
管理费用	1 900 000
财务费用	400 000
三、营业利润	1 200 000
加：投资收益	0
补贴收入	300 000
营业外收入	0
减：营业外支出	150 000
四、利润总额	1 350 000
减：所得税（33%）	445 500
五、净利润	904 500

在表 8.4 中，补贴收入 30 万元中包括了企业增值税出口退税 20 万元和因水灾政府专项补贴 10 万元；营业外支出 15 万元为企业遭受水灾的损失支出。经评估人员调查分析，预计 2021—2024 年企业的净利润将在 2020 年正常净利润水平上每年递增 2%，2025—2040 年企业净利润将保持在 2021—2024 年各年净利润按现值计算的平均水平上（年金）。根据最优原则，企业将在 2040 年年底停止生产实施企业整体变现，预计变现值为 100 万元，假设折现率为 8%，现行的税收政策保持不变。评估 2020 年 12 月 31 日该企业净资产价值的过程如下。

（1）计算企业 2020 年正常净利润。

正常净利润＝904 500＋（150 000－100 000）×（1－33%）＝938 000（元）

（2）计算 2021—2024 年各年净利润。

2021 年净利润＝938 000×（1＋2%）＝956 760（元）

2022 年净利润＝938 000×（1＋2%）^{2}＝956 760×（1＋2%）＝975 895.2（元）≈975 895（元）

或

2023 年净利润＝975 895×（1＋2%）≈995 413（元）

2024 年净利润＝995 413×（1＋2%）≈1 015 321（元）

（3）计算 2025—2040 年的年金收益。

$$A=\sum_{i=1}^{4}R_i(1+r)^{-i}\div\sum_{i=1}^{4}(1+r)^{-i}$$

$$=\left[\frac{956\,760}{1+8\%}+\frac{975\,895}{(1+8\%)^2}+\frac{995\,413}{(1+8\%)^3}+\frac{1\,015\,321}{(1+8\%)^4}\right]\div$$

$$[(1+8\%)^{-1}+(1+8\%)^{-2}+(1+8\%)^{-3}+(1+8\%)^{-4}]$$

$$=3\,258\,919\times0.301\,9$$

$$\approx983\,868$$

（4）计算企业净资产价值。

$$P=\sum_{i=1}^{t}[R_i(1+r)^{-i}]+\frac{A}{r(1+r)^t}\left[1-\frac{1}{(1+r)^{n-t}}\right]+P_n(1+r)^{-n}$$

$$=\left[\frac{956\,760}{1+8\%}+\frac{975\,895}{(1+8\%)^2}+\frac{995\,413}{(1+8\%)^3}+\frac{1\,015\,321}{(1+8\%)^4}\right]+\frac{983\,868}{8\%}\times$$

$$0.735\times\left[1-\frac{1}{(1+8\%)^{20-4}}\right]+1\,000\,000\times(1+8\%)^{-20}$$

$$=3\,258\,919+12\,298\,350\times(1-0.291\,9)\times0.735+1\,000\,000\times0.214\,5$$

$$=3\,258\,919+6\,400\,719+214\,500$$

$$=9\,874\,138（元）$$

【例 8.5】甲公司 2020 年年末拟以并购方式拓展市场，乙公司成为其并购对象。甲公司依据掌握的有关资料对乙公司进行估价。相关资料如下。

（1）甲公司确定的预测期是 5 年，预计 2021—2025 年的销售增长率分别为 8%、7%、5%、4%、3%，2025 年后销售增长率维持在 3%不变。

（2）并购时乙公司的销售收入为 1 200 万元，销售成本率（销售成本占销售收入的比例）为 80%，销售及管理费用率为 10%，所得税税率为 30%，营运资本需求占销售收入的比例为 15%。假定在预测存续期这些比例保持不变。2019 年的营运资金需求是 164 万元。

（3）2020—2025 年的折旧费分别为：18 万元、16 万元、14 万元、12 万元、10 万元、10 万元；各年追加的固定资产投资分别为：20 万元、22 万元、18 万元、15 万元、14 万元、12 万元。

（4）根据测算，预测期的资本成本为 12%，永续期的资本成本为 10%。

（5）假定乙公司自由现金流量在 2025 年以后保持固定速度增长，其增长率与销售收入增长率相同，为 3%。

要求：

（1）对乙公司的价值进行评估；

（2）如果乙公司并购时核实的负债账面价值为 500 万元，计算甲公司愿意支付的最高价格。

评估计算过程如下。

（1）预测乙公司自由现金流量，如表 8.5 所示。

表 8.5　乙公司自由现金流量预测表　　　　　　　　单位：万元

项目	并购时	预测期				
	2020 年	2021 年	2022 年	2023 年	2024 年	2025 年
销售收入	1 200	1 296	1 387	1 456	1 514	1 559
减：销售成本	960	1 037	1 110	1 165	1 211	1 247
减：销售及管理费用	120	130	139	146	151	156
息税前利润	120	129	138	145	152	156
减：所得税	36	39	41	44	46	47
息前税后利润	84	90	97	101	106	109
加：折旧费	18	16	14	12	10	10
营运资金需求额	180	194	208	218	227	234
减：营运资金增量投资	16	14	14	10	9	7
减：固定资产增量投资	20	22	18	15	14	12
企业自由现金流量	66	70	79	88	93	100

第 n 期永续期企业自由现金流量现值＝100×(1＋3%)÷(10%−3%)≈1 471（万元）

乙公司企业整体价值 EV＝70(P/F, 12%, 1)＋79(P/F, 12%, 2)＋88(P/F, 12%, 3)＋

93(P/F, 12%, 4)＋100(P/F, 12%, 5)＋1 471(P/F, 12%, 5)

≈1 139（万元）

（2）甲公司愿支付的最高价格 PV（股东全部权益价值）＝EV（企业整体价值）−D（付息债务）＝1 139−500＝639（万元）

8.3　企业价值评估的市场法和资产基础法

8.3.1　企业价值评估的市场法

1．市场法评估企业价值的基本思路

企业价值评估的市场法就是在市场上找出一个或几个与被评估企业相同或相似的参照企业，分析、比较被评估企业和参照企业的重要指标，在此基础上，修正、调整参照企业的市场价值，最后确定被评估企业的价值。

市场法是基于类似资产应有类似交易价格的理论推断。因此，企业价值评估市场法的技术路线是首先在市场上寻找与被评估企业相类似的企业的交易案例，通过对所寻找到的交易案例中相类似企业交易价格的分析，从而确定被评估企业的交易价格，即被评估企业的公允价值。

运用市场法评估企业价值存在两个障碍：一是企业的个体差异。每一个企业都存在不同的特性，除了所处行业、规模大小等可确认的因素各不相同外，影响企业形成盈利能力的无形因素更是纷繁复杂。因此，评估人员几乎难以寻找到能与被评估企业直接进行比较的类似企业。二是企业交易案例的差异。即使存在能与被评估企业进行直接比较的类似企业，要找到能与被评估企业的产权交易相比较的交易案例也相当困难。一方面，目前我国市场上不存在一个可以共享的企业交易案例资料库，因此，评估人员无法以较低的成本获得可以应用的交易案例；另一方面，即使有渠道能获得一定的案例，但这些交易的发生时间、市场条件和宏观环境又各不相同，评估人员对这些影响因素的分析也会存在主观和客观条件下的障碍。因此，运用市场法对企业价值进行评估，不能基于直接比较的简单思路，而要通过间接比较分析影响企业价值的相关因素，对企业价值进行评估。

2．市场法评估企业价值的具体运用

运用相关因素间接比较的方法评估企业价值的核心问题是确定适当的价值比率，用公式表示为：

$$\frac{V_1}{X_1}=\frac{V_2}{X_2}$$

即

$$V_1=X_1\times\frac{V_2}{X_2}$$

式中：V_1——被评估企业价值；

V_2——可比企业价值；

X_1——被评估企业与企业价值相关的可比指标；

X_2——可比企业与企业价值相关的可比指标。

V/X 称为价值比率，通常又称为可比价值倍数。

价值比率是指以价值或价格作为分子，以财务指标或其他特定非财务指标等作为分母的比率。价值比率是市场法对比分析的基础，由资产价值和一个与资产价值密切相关的指标之间的比率倍数表示，即：价值比率＝资产价值/与资产价值密切相关的指标

按照价值比率分子的计算口径，价值比率可分为权益价值比率与企业整体价值比率。

权益价值比率主要指以权益价值作为分子的价值比率，主要包括市盈率（P/E）、市净率（P/B）等。

企业整体价值比率主要指以企业整体价值作为分子的价值比率，主要包括企业价值与息税前利润比率（EV/EBIT）、企业价值与息税折旧摊销前利润比率（EV/EBITDA）、企业价值与销售收入比率（EV/S）等。

按照价值比率分母的计算口径，价值比率可分为盈利价值比率、资产价值比率、收入价值比率和其他特定价值比率。

盈利价值比率主要有市盈率（P/E）、股权价值与股权自由现金流量比率（P/FCFE）、企业价值与息税前利润比率（EV/EBIT）、企业价值与息税折旧摊销前利润比率（EV/EBITDA）、企业价值与企业自由现金流量比率（EV/FCFF）等。

资产价值比率主要有市净率（P/B）、企业价值与总资产或有形资产账面价值的比率（EV/TBVIC）等。

收入价值比率主要有市销率（P/S）、企业价值与销售收入比率（EV/S）等。

其他特定价值比率主要为资产价值与一些特定的非财务指标之间建立的价值比率，主要包括矿山可开采储量价值比率（EV/可开采储量）、发电厂发电量价值比率（EV/发电厂的发电量）、专业人员数量价值比率（EV/专业人员数量）等。

价值比率可采用某一时点的数据计算，称为"时点型"价值比率，也可采用某一区间时间段内数据的平均值计算，称为"区间型"价值比率。时点型价值比率可以较为充分地反映时点的现实价值，但是也容易受到市场非正常因素的干扰，使其丧失有效性；采用区间型价值

比率可以利用时间区段的均价有效减少市场非正常因素的扰动，更加接近股票的内在价值，但这种计算方式可能会部分失去价值比率的时点性。

采用市场法评估企业价值的关键在于两点：一是可比企业的选择；二是价值比率的选择。

（1）可比企业的选择。市场法作为一种相对估值法，第一步即需要找出市场上公开交易的可比公司或交易案例。选择可比对象的指导思想是力求现金流、成长潜力和风险水平方面的相似，可以从行业因素、规模因素、成长预期、经营风险、财务风险等角度加以考虑，分析比较。判断企业的可比性主要有两个标准：一是行业标准。处于同一行业的企业存在着某种可比性，但在同一行业内选择可比企业时应注意，目前的行业分类过于宽泛，处于同一行业的企业可能所生产的产品和所面临的市场完全不同，评估人员在选择时应加以注意。即使是处于同一市场、生产同一产品的企业，由于其在该行业中的竞争地位不同，规模不同，相互之间的可比性也不同。因此，评估人员在选择时应尽量选择与被评估企业的地位相类似的企业。二是财务标准。既然企业都可以视为是在生产同一种产品——现金流，那么存在相同的盈利能力的企业通常具有相类似的财务结构。因此，评估人员可以利用财务指标和财务结构的分析对企业的可比性进行判断。

市场法常用的两种具体方法是上市公司比较法和交易案例比较法。上市公司比较法是市场法评估的一种具体操作方法。该方法的核心就是选择上市公司作为标的企业的"可比对象"，通过将标的企业与可比上市公司进行对比分析，确定被评估企业的价值。上市公司比较法的关键和难点是选取可比上市公司及选择恰当的价值比率。此外，上市公司比较法涉及的可比企业通常是公开市场上正常交易的上市公司，因此评估结果须考虑流动性对评估对象价值的影响。交易案例比较法是市场法评估的另一种具体操作方法。该方法的核心就是选择交易案例作为标的企业的"可比对象"，通过将标的企业与交易案例进行对比分析，确定被评估企业的价值。运用交易案例比较法时，评估人员应当考虑评估对象与交易案例的差异因素对价值的影响。

（2）价值比率的选择。价值比率的确定是市场法应用的关键。由于各类价值比率都有自身的长处，同时也会存在一些不足，通常评估人员需要选用多类、多个价值比率分别进行计算，然后进行综合对比分析判断才可以更好地选择最适用的价值比率。在选择价值比率时一般需要考虑以下原则：一是在选择价值比率时应当考虑其内涵的一致性，即价值比率的分子、分母应匹配，当分子是权益类时，分母的指标也应当与其对应。如 P/S 指标的分母代表企业整体收入，分子代表权益类，匹配性较差。二是计算价值比率采用的数据口径应保持一致性。可比企业之间可能会存在会计核算方式（如折旧方法）、计量方法（如公允价值计量）、税率、非经常性损益和非经营性资产等方面的差异，评估人员在计算价值比率时应当剔除差异因素的影响。三是计算价值比率的方式应保持一致，因为在不同的时间段，企业的经营绩效必然存在差异。因此，评估人员应当合理区分时点型价值比率与区间型价值比率，保证计算口径上的一致性。四是对于亏损企业，选择资产基础价值比率比选择收益基础价值比率效果可能更好。五是对于可比对象与目标企业资本结构存在重大差异的，一般应选择全投资口径的价值比率。六是对于一些高科技行业或有形资产较少但无形资产较多的企业，收益基础价值比率可能比资产基础价值比率效果好。七是如果企业的各类成本和销售利润水平比较稳定，可能选择收入基础价值比率较好。八是如果可比对象与目标企业税收政策存在较大差异，可能选择税后的收益基础价值比率比选择税前的收益基础价值比率更好。

在企业价值的评估中，现金流量和利润是最主要的候选指标，因为企业的现金流量和利润直接反映了企业的盈利能力，也就与企业的价值直接相关。基于成本和便利的原因，目前运用市场法对企业价值进行评估，主要是在证券市场上寻找与被评估企业可比的上市公司作为可比企业。评估人员通常使用市盈率乘数法对企业价值进行评估。市盈率本来是上市公司每股股票价格与其年收益额之比。市盈率乘数法是利用市盈率作为基本参考依据，经对上市公司与被评估企业的相关因素进行对比分析后得出被评估企业价值的方法。其计算公式为：

被评估企业价值＝被评估企业预期年收益额×参照企业市盈率

市盈率乘数法的基本思路是：首先，从证券市场上搜集与被评估企业相同或相似的上市公司，把上市公司的股票价格按公司不同口径的收益额计算出不同口径的市盈率。其次，分别按各口径市盈率相对应的口径计算被评估企业的各口径收益额。再次，以上市公司各口径的市盈率乘以被评估企业相应口径的收益额，得到一组被评估企业的初步价值。最后，对于该组按不同口径市盈率计算出的企业价值分别给出权重，加权平均计算出被评估企业的价值。

利用上市公司的市盈率作为乘数评估企业价值，还必须做适当的调整，以消除被评估企业与上市公司间的差异。其中，企业变现能力差异是上市公司与被评估企业之间的重要差别。上市公司具有较好的变现能力，而被评估企业相比之下差距较大，变现能力差异必须体现在评估值中。其他的差异也必须做出恰当的调整，以保证评估值趋于合理。

由于企业的个体差异始终存在，把某一个相似企业的某个关键参数作为比较的唯一标准，往往会产生一定的误差。为了降低单一样本、单一参数所带来的误差和变异性，目前国际上比较通用的办法是采用多样本、多参数的综合方法。针对各种价值比率得到的不同评估结果，评估人员应当综合分析其中的差异，合理选择其中一个结果或者对各评估结果进行加权算术平均及简单算术平均，作为评估结论。对于不同价值比率计算结果赋予权重的大小往往依赖于评估人员的评估经验。评估人员在确定评估结果时应当综合考虑各种溢价和折价因素的影响，如对缺乏控制权及缺乏流动性的股权进行折扣调整。

【例8.6】假定评估 W 公司的价值，评估人员从市场上找到了三个（一般为三个以上）相似的公司 A、B、C，然后分别计算各公司的市场价值与销售额的比率、与净利润的比率以及与净现金流量的比率，这里的比率即为可比价值倍数（V/X），得到的结果如表8.6所示。

表8.6　相似公司比率汇总表

项目	A公司	B公司	C公司	平均
市价÷销售额	1.5	1.6	1.4	1.5
市价÷净利润	10	12	14	12
市价÷净现金流量	15	17	19	17

把三个样本公司的各项可比价值倍数分别进行平均，就得到了应用于 W 公司评估的三个倍数。需要注意的是，计算出来的各个公司的比率或倍数在数值上相对接近是十分重要的。如果它们差别很大，就意味着平均数附近的离差是相对较大的，如此所选样本公司与目标公司在某项特征上就存在着较大的差异性，此时的可比性就会受到影响，需要重新筛选样本公司。

如表8.6所示，得出的数值结果具有较强的可比性。此时假设 W 公司的年销售额为8 000万元，净利润为1 200万元，净现金流量为500万元，要求运用市场法评估 W 公司的市场价值。

根据表8.6中得到的三个倍数计算出 W 公司的指标价值，再将三个指标价值进行算术平均，如表8.7所示。

表8.7　W 公司的评估价值

项目	W 公司实际数据（万元）	可比公司平均比率	W 公司指标价值（万元）
销售额	8 000	1.5	12 000
净利润	1 200	12	14 400
净现金流量	500	17	8 500
W 公司的平均价值			11 633

即 W 公司的评估价值为11 633万元。

8.3.2 企业价值评估的资产基础法

1. 资产基础法的基本原理

资产基础法也称成本加和法，是指以被评估单位评估基准日的资产负债表为基础，通过评估企业表内及表外可识别的各项资产、负债的价值，并以资产扣减负债后的净额确定评估对象价值的方法。

资产负债表记录了企业资产和负债的账面价值，将企业资产扣除负债后的净额，就是企业所有者的权益。由于企业资产负债表中的账面价值多是企业拥有资产和负债的历史成本，而非现行取得成本，因此评估人员需要将企业资产和负债的历史成本调整为现行取得成本，进而估算评估对象在评估基准日的价值。评估人员以资产负债表为基础，将企业各项资产的价值逐一评估出来，然后再扣除企业各项负债的价值就可以得到一个净资产的价值，这个净资产的价值就是企业所有者所能享受的权益价值。计算公式为：

$$股东全部权益价值＝表内外各项资产价值－表内外各项负债价值$$

资产基础法实质是一种以成本途径来评估企业价值的估价方法。从经济学的角度看，资产评估的成本途径是建立在古典经济学派的价值理论之上的，古典经济学派将价值归因于生产成本，如劳动价值论认为商品的交换价格反映了该商品所耗费的成本。资产基础法也是建立在这样的假设基础之上的，即投资者在准备购买一家企业时，所能接受的价格通常不会超过重新建设该家企业的现行成本。

2. 资产基础法应用的操作步骤

根据资产基础法的原理，该方法的主要操作步骤如下。

（1）确定评估范围

评估人员首先需要获得企业在评估基准日的财务报表，并根据评估对象所涉及的资产和负债范围，结合企业所采用的会计政策、资产管理情况等，分析判断企业是否存在表外资产和负债。如果存在对评估结论有重要影响的表外资产和负债，如账外无形资产、或有负债，评估人员应当要求企业将其纳入评估范围。评估范围的确定应当遵循以下原则。

① 评估范围与所涉及经济行为的一致性。评估范围的确定从根本上说是由评估目的决定的，评估范围应当与评估目的所涉及经济行为文件的相关决策保持一致。特别是在企业国有资产评估项目中，有的项目涉及资产重组，包括但不限于资产剥离、无偿划转等，此时企业提供的资产负债表可能是按照资产重组方案或者改制方案、发起人协议等材料编制的模拟报表，评估人员应当特别关注纳入评估范围的资产是否与经济行为一致，是否符合经济行为批准文件、重组改制方案、拟剥离资产处置方案等文件要求。

② 重要资产和负债的完整性。从理论上讲，只要是企业价值贡献要素的资产和负债都应当纳入评估范围，即资产基础法评估范围应当涵盖企业表内外的全部资产和负债。但是，从实务操作上看，并非每项资产和负债都可以被识别并用适当的方法单独进行评估。因此，评估人员应当要求企业对资产负债表表内及表外的各项资产和负债进行识别，确保评估范围包含企业表内及表外各项可识别的重要资产和负债。

③ 资产负债表范围的可靠性。依据企业资产负债表确定企业价值评估范围，应当关注资产负债表范围的可靠性。评估人员可以要求委托方提供经独立第三方实施专项审计的资产负债表。如果评估基准日的企业财务报表已经通过符合评估目的的专项独立审计，评估人员可以查阅审计报告及其附注，判断能否根据资产负债表内的资产和负债项目确定评估范围。

（2）现场调查、资料收集整理和核查验证

评估人员应当结合资产基础法评估思路和评估业务具体情况，对评估对象进行现场调查，获取评估所需资料，了解评估对象现状，关注评估对象法律权属。其中，对评估活动中使用的资料应当实施核查验证程序，并进行必要的分析、归纳和整理，形成评定估算和编制资产评估报告的依据。

采用资产基础法评估企业价值，应当对评估范围内的资产和负债进行现场调查。现场调查手段通常包括询问、访谈、核对、监盘、勘察等。评估人员可以根据重要性原则采用逐项或者抽样的方式进行现场调查。

采用资产基础法评估企业价值，评估人员应当根据资产评估业务具体情况，收集、整理评估所需资料，并依法对企业价值评估活动中使用的资料进行核查验证。评估人员应当根据资产评估业务具体情况收集资产评估业务需要的资料，包括委托人或者其他相关当事人提供的涉及评估对象和评估范围等的资料，以及评估人员从政府部门、各类专业机构以及市场等渠道获取的其他资料。核查验证对象不仅包括评估对象企业股东权益的相关资料，也包括评估范围中各单项资产和负债的相关资料。核查验证的方式通常包括观察、询问、书面审查、实地调查、查询、函证、复核等。评估人员可以根据各类资料的特点，选择恰当的方式进行核查验证。

（3）评估各项资产和负债

评估人员在对纳入评估范围的每一项资产和负债进行清查核实的基础上，应当将其视为企业生产经营的构成要素，设定合理的评估假设，并采用适宜的方法分别进行评估。涉及特殊专业知识和经验的资产评估，可能需要使用专门的评估人员或者利用专家工作及相关报告。

企业的资产通常包括流动资产、固定资产和无形资产等。评估人员采用资产基础法进行企业价值评估，对各项资产的价值应当根据具体情况选用适当的方法进行评估。评估方法的选择和应用可能有别于其作为单项资产评估对象时的情形。在对持续经营前提下的企业价值进行评估时，单项资产或者资产组合作为企业资产的组成部分，其价值通常受其对企业贡献程度的影响。需要注意的是，重要的单项资产如果适用于多种评估方法，应采用两种以上适用的方法进行评估，以增强评估结论的可靠性。运用资产基础法评估企业价值时，应关注长期股权投资和资产组的评估。

① 长期股权投资的评估。长期股权投资是一种特殊的单项资产，其本身也反映了一个企业的价值。评估人员采用资产基础法进行企业价值评估，应当对长期股权投资项目进行分析，根据被评估企业对长期股权投资项目的实际控制情况以及对评估对象价值的影响程度等因素，确定是否将其单独评估。这里所说的单独评估，是指履行企业价值评估程序对被投资企业进行整体评估。

在评估实务中，通常对企业长期股权投资项目需要进行单独评估的情形有：对于具有控制权的长期股权投资，应对被投资企业执行完整的企业价值评估程序；对于不具有控制权的长期股权投资，如果该项资产的价值在评估对象价值总量中占比较大，或该项资产的绝对价值量较大，也应该进行单独评估。

通常情况下，满足以下条件的长期股权投资可以不进行单独评估：对被投资企业缺乏控制权；该项投资的相对价值和绝对价值不大。

对于投资时间不长，被投资企业资产账实基本相符，不存在重要的表外资产的，可根据简化的评估程序，如按被投资企业资产负债表上的净资产数额与投资方应占份额确定长期股权投资的评估价值。

② 资产组的评估。根据表内、外资产和负债项目的具体情况，评估人员可以将各项资产和负债采用资产组合、资产负债组合的形式进行评估。例如，企业生产经营的产品单一，超额收益主要来自于企业的专利、专有技术和商标。评估人员采用资产基础法评估企业价值时，可将企业的专利、专有技术和商标作为无形资产组合，并采用超额收益法或利润分成法进行评估。

评估人员执行企业价值评估业务，应当具备企业价值评估的专业知识和实践经验，能够胜任所执行的企业价值评估业务。执行某项特定业务缺乏特定的专业知识和经验时，应当采取弥补措施，包括聘请专家协助工作、利用专业报告和引用单项资产报告等。采用资产基础法评估企业价值，往往涉及利用审计报告或引用土地、矿业权等单项资产评估报告。

（4）评估结论的确定和分析

在评估出企业各项资产和负债的价值之后，评估人员将编制一份新的资产负债表或者评估结果汇总表，进而分析得到股东全部权益价值。

对企业各项资产和负债分别进行评估后，应当按照资产基础法的基本公式分析计算企业价值。在汇总各项资产和负债评估价值的过程中，应当始终坚持将各项资产作为企业价值的组成部分，特别关注不同资产项目之间、资产与负债之间等必要的调整事项，确保股东全部权益价值不重不漏。

对资产基础法评估结论合理性的分析，主要是分析是否较好地识别出表外资产或负债，并用适当的方法得到合理的评估价值。另外，可以结合其他评估方法得出的评估价值，分析、判断资产基础法评估结论的合理性。

① 对表外资产和负债的检验。资产基础法的一个难点是判断表外资产、负债项目。评估人员需要运用相关企业财务和非财务信息，判断表外是否存在企业权益形成的资产或企业义务构成的负债。在采用不同方法评估出企业价值的初步结果后，可以根据资产基础法与其他评估方法的差异分析，回过头来检验表外资产和负债的识别是否完整和充分。

② 与其他评估方法初步结果的比较分析。鉴于资产基础法中表外资产和负债项目往往很难穷尽，同时也并非所有的表外资产和负债都能单独进行评估，因此，对于持续经营的企业，一般不宜只采用资产基础法一种方法评估其价值。采用两种以上的基本评估方法进行评估时，可以对不同评估方法得到的评估价值进行比较，并分析产生差异的原因，进而检验评估结论的合理性。根据企业价值评估准则的相关规定，对同一评估对象采用多种评估方法时，应当结合评估目的、不同评估方法使用数据的质量和数量，采用定性或者定量分析方式形成评估结论。评估结论的确定主要取决于评估人员的判断，不一定是单纯数学方法处理的结果。评估结论可以采用单一评估方法得到，也可以采用加权平均各种评估方法结果的方式得到。

【例8.7】在评估基准日，A公司流动资产账面价值77 000万元；非流动资产账面价值18 000万元，其中固定资产账面价值17 200万元，在建工程账面价值800万元；流动负债账面价值66 000万元；非流动负债账面价值800万元。

经评估，A公司流动资产评估价值为77 400万元；固定资产评估价值为20 200万元，其中房屋建筑物评估价值为8 200万元，机器设备评估价值为12 000万元；流动负债评估价值为66 000万元；非流动负债评估价值为800万元。除此以外，评估人员还发现以下情况。

在评估基准日，A公司在建工程包括1项新厂房建设工程和1项原有生产线的技术改造工程，其中，按照评估基准日实际完工程度评估的在建厂房市场价值为1 100万元，未入账工程欠款500万元。原有生产线技术改造实际投入400万元，评估基准日设备已经改造完毕，未形成新的设备，但整条生产线的市场价值提升为2 000万元。

评估人员调查发现A公司注册了"Z牌"商标，该商标资产虽然在A公司账上没有体现，但是评估基准日市场价值为1 000万元。

根据上述已知条件，在评估基准日，A公司股东全部权益的市场价值计算过程如下。

（1）计算在建工程评估价值。

在不调整负债的情况下，新厂房建设工程评估价值为600（1 100－500）万元。

原有生产线的技术改造工程400万元评估为0。因为固定资产评估价值为现场实际勘察状态下的价值，已经考虑了设备更新改造价值，所以此处不能重复评估。

在建工程评估价值＝600＋0＝600（万元）

（2）计算A公司股东全部权益的市场价值。

商标资产虽然是账外资产，但是对企业价值有贡献，是企业价值的组成部分，应当纳入评估范围，评估值为1 000万元。

股东全部权益价值＝表内外各项资产价值－表内外各项负债价值

$$= 77\,400 + 20\,200 + 600 + 1\,000 - 66\,000 - 800$$
$$= 32\,400（万元）$$

思考题

1. 企业价值评估有哪些特点？
2. 企业价值评估与企业构成要素单项评估加总的区别与联系是什么？
3. 企业价值评估范围如何界定？
4. 市盈率乘数法的基本思路是什么？
5. 简述资产基础法的操作步骤。
6. 如何理解收益额与折现率口径一致的问题？
7. 如何确定企业价值评估中的折现率？

练习题

一、单项选择题

1. 企业价值评估的对象是（ ）。
   A. 全部有形资产　　　　　　　　　　B. 全部无形资产
   C. 全部有形资产和无形资产　　　　　D. 多个或多种单项资产组成的资产综合体

2. 从企业价值评估的角度上看，非上市公司与上市公司的差别主要体现在（ ）。
   A. 盈利能力　　　B. 经营能力　　　C. 投资能力　　　D. 变现能力

3. 从市场交换角度看，企业的价值是由（ ）决定的。
   A. 社会必要劳动时间　　　　　　　　B. 建造企业的原始投资额
   C. 企业获利能力　　　　　　　　　　D. 企业生产能力

4. 运用市场法评估企业价值应遵循（ ）。
   A. 替代原则　　　　　　　　　　　　B. 贡献原则
   C. 企业价值最大化原则　　　　　　　D. 配比原则

5. 从理论层面上讲，运用资产基础法评估企业价值时，各个单项资产的评估，应按（ ）原则确定其价值。
   A. 变现　　　　　B. 预期　　　　　C. 替代　　　　　D. 贡献

6. 当收益额选取企业的净利润，而资本化率选择净资产收益率时，其还原值为企业的（ ）。
   A. 投资资本现值　　B. 资产总额现值　　C. 所有者权益现值　　D. 实收资本现值

7. 根据投资回报的要求，用于企业价值评估的折现率中的无风险报酬率应以（ ）为宜。
   A. 行业销售利润率　　　　　　　　　B. 行业平均成本利润率
   C. 企业债券利率　　　　　　　　　　D. 国库券利率

8. 从资产构成、评估值内涵与纯收入的对应关系的角度来判断（暂不考虑本金化率因素），要获取企业全部资产的评估值应选择的用于还原的企业纯收益应该是（　　）。

  A. 利润总额   B. 净利润

  C. 净利润＋扣税长期负债利息   D. 净利润＋扣税利息

9. 在企业价值评估中，投资资本是指（　　）。

  A. 所有者权益＋负债   B. 所有者权益＋流动负债

  C. 所有者权益＋长期负债   D. 无负债净利润

10. 在企业价值评估预测预期收益过程中，收入与费用指标应体现（　　）。

  A. 配比原则   B. 一致性原则   C. 贡献原则   D. 替代原则

11. 从会计核算的角度，企业价值是由（　　）决定的。

  A. 社会必要劳动时间   B. 企业的获利能力

  C. 企业的生产数量   D. 建造企业的全部支出构成

12. 以下中的（　　）不能作为企业价值评估中的收益。

  A. 净利润   B. 所得税   C. 净现金流量   D. 息前净利润

13. 企业并购重组活动非常频繁，其焦点为企业的产权转让，企业产权转让实际上让渡的是（　　）。

  A. 企业资产   B. 企业负债   C. 企业资产＋负债   D. 企业所有者权益

二、多项选择题

1. 在企业价值评估中，在判断企业能否持续经营时，需要考虑的因素包括（　　）。

  A. 企业产品是否有销路   B. 评估时企业是否停产

  C. 评估目的要求   D. 企业要素的功能和状态

  E. 委托方的要求

2. 下列各项中，不宜直接作为企业产权变动时价值评估的折现率的有（　　）。

  A. 投资报酬率   B. 行业基准收益率   C. 机会成本   D. 贴现率

3. 在对评估基准日企业实际收益进行调整时需调整的项目包括（　　）。

  A. 企业销售产品收入   B. 企业对灾区的捐款、支出

  C. 一次性税收减免   D. 应摊未摊费用

  E. 应提未提费用

4. 企业持续经营假设通常是假定（　　）。

  A. 企业的产权主体或经营主体不变

  B. 企业仍按原先设计及兴建目的使用

  C. 经济资源按原有计划投入

  D. 保持原有的要素资产或根据原有的战略规划做出必要的调整

  E. 保持原有正常的经营方式

5. 下列各项关于不同收益口径与其折现结果的一一对应关系正确的有（　　）。

  A. 净现金流量（净利润）对应所有者权益

  B. 净现金流量（净利润）＋长期负债利息×（1－所得税税率）对应投资资本价值

  C. 净现金流量（净利润）＋长期负债利息×（1－所得税税率）对应所有者权益＋长期负债

  D. 净现金流量（净利润）＋利息×（1－所得税税率）对应所有者权益＋长期负债＋流动负债

6. 下列各项与本金化率本质相同的有（　　）。

  A. 折现率   B. 资本化率   C. 还原利率

  D. 收益年金化率   E. 投资报酬率

7. 企业价值评估对象是企业价值评估必须界定的重要概念，下列选项中，属于企业价值评估对象的有（　　）。

A. 企业整体价值　　B. 长期投资价值　　C. 长期负债价值

D. 股东全部权益价值 E. 股东部分权益价值

8. 具有代表性的正常投资报酬率有（　　）。

A. 一般银行利率　　　　　　　　B. 企业债券利率

C. 政府国债利率　　　　　　　　D. 行业平均资金收益率

三、计算与分析题

1. 假定社会平均资金收益率为 8%，无风险报酬率为 4%，被评估企业所在行业的平均风险与社会平均风险的比率为 1.5，被评估企业长期负债占全部投资资本的 40%，平均利息为 6%，所有者权益占投资资本的 60%。

要求：试求用于评估该企业投资资本价值的资本化率。

2. 评估人员对某一企业进行整体评估，通过对企业历史经营状况的分析及国内外市场的调查了解，收集到下列数据资料。

（1）预计该企业评估基准日后第一年的净利润为 200 万元，以后每年的净利润比上年增长 10%，自第 6 年起企业将进入稳定发展时期，净利润将保持在 300 万元的水平上；

（2）社会平均收益率为 12%，国库券利率为 8%，被评估企业所在行业风险系数为 1.5。

要求：计算确定该企业所有者权益评估值。

3. 有甲、乙两个除资本结构不同外其他特征完全相同的企业，甲企业无负债，权益价值为 1 000 万元，乙企业目前还有 400 万元债务未偿还。假定甲、乙两企业的息税折旧前利润均为 100 万元，折旧为 10 万元，税率为 33%，利率为 5%。甲企业的价值/息税折旧前利润比率等于 10。

要求：分别用价值/息税折旧前利润比率和市盈率对乙企业价值进行评估。

第 9 章 资产评估报告与档案

学习目标

通过本章的学习，学生应掌握资产评估报告的定义、作用、类型及基本要求，系统了解我国资产评估报告的规范过程，重点掌握资产评估报告的内容与编制要求。掌握资产评估档案的概念以及工作底稿的分类、内容和编制要求，掌握资产评估档案的归集和管理。

第九章

本章关键词

资产评估报告；评估报告的基本要求；评估报告的内容；资产评估档案；工作底稿；管理类工作底稿；操作类工作底稿。

9.1 资产评估报告概述

9.1.1 资产评估报告及其规范

1. 资产评估报告的基本概念

资产评估报告是指资产评估机构及其资产评估人员遵守法律、行政法规和资产评估准则，根据委托履行必要的评估程序后，由资产评估机构对评估对象在评估基准日特定目的下的价值出具的专业报告。

资产评估人员应当根据评估业务的具体情况，提供能够满足委托人和其他评估报告使用人合理需求的评估报告，并在评估报告中提供必要信息，使评估报告使用人能够正确理解和使用评估结论。资产评估报告应当按照一定格式和内容进行编写，反映评估目的、假设、程序、标准、依据、方法、结果及适用条件等基本信息。

2. 资产评估报告的规范过程

《国际评估准则》（IVS）、美国《专业评估执业统一准则》（USPAP）以及英国皇家特许测量师学会评估准则（RICS 红皮书）对资产评估报告主要都是从评估报告的要素和内容进行规范。我国 2007 年发布了《资产评估准则——评估报告》，并先后于 2017 年、2018 年两次修订和发布了《资产评估执业准则——资产评估报告》，主要是从基本遵循、报告内容、制作要求等方面对评估报告进行规范。2008 年发布的《企业国有资产评估报告指南》及 2010 年发布的《金融企业国有资产评估报告指南》也均于 2017 年予以修订，从国有资产评估报告的基本内容与格式方面，对评估报告的标题、文号、目录、声明、摘要、正文、附件、评估明细表和评估说明等进行规范。

9.1.2 资产评估报告的作用

资产评估报告作为资产评估业务的成果，其对被评估资产的市场定价、资产评估行业管理、资产评估业务行为的法律规范等都有一定的作用。

（1）为资产市场定价提供了全面客观的专家意见。资产评估报告是经具有资产评估资格的机构根据委托评估资产的特点和要求，组织资产评估人员及相应的专业人员组成评估队伍，遵循评估准则和标准，按照法定的程序，运用科学合理的评估技术和方法，对被评估资产价值进行评定和估算，以书面的形式表达的专业意见。该资产价值意见不代表、不倾向任何当事人的利益，是一种独立的专业人士的估价意见。具有较强的公正性和客观性，因而成为委托方和资产业务当事人在进行被评估资产作价和交易时的重要参考依据。

（2）明确了资产评估报告撰写及使用的相关责任。资产评估报告既是资产评估机构的产品，同时又是反映和体现资产评估机构工作情况，明确委托方、评估机构及有关方面责任的依据。资产评估报告首先是评估机构向委托方提供的产品，它用文字的形式，对受托评估资产的评估目的、背景、范围、依据、程序、方法和评定结果进行说明和揭示，体现了评估机构满足了委托方了解和掌握委托评估资产价值的需要，也反映和体现了受托的资产评估机构和资产评估人员的权利与义务。在资产评估现场工作完成后，资产评估人员就要根据现场工作取得的有关资料和估算数据，撰写评估结果报告，并向委托方报告。负责评估项目的资产评估人员也同时在报告上行使签字的权力。另外，资产评估报告对报告使用的范围和评估结果实现的前提等条款做了明确的说明，也反映了资产评估机构对委托方使用资产评估报告和评估结果的要求，并以此来明确委托方、受托方及有关方面的责任。当然，资产评估报告也是评估机构履行评估协议和向委托方或有关方面收取评估费用的依据。

（3）有助于对资产评估人员及机构的监管。资产评估报告也是行业自律管理组织及有关部门审核资产评估机构执业质量和水平的重要标准和依据。资产评估报告是反映评估机构和资产评估人员职业道德、执业能力水平以及评估质量高低和机构内部管理机制完善程度的重要依据。有关管理部门通过审核资产评估报告，可以有效地对评估机构的业务开展情况进行监督和管理。

（4）有助于资产评估档案的完善。资产评估报告及其形成过程是建立评估档案的重要信息来源。资产评估人员在完成资产评估项目之后，都必须按照档案管理的相关规定，将在评估过程中收集的资料、工作记录以及资产评估过程的工作底稿进行归档，以便进行评估档案的管理和使用。由于资产评估报告是对整个评估过程的工作总结，其内容包括了评估过程的各个具体环节、相关资料的收集整理和评估工作记录。因此，不仅评估报告的工作底稿是评估档案归集的主要内容，撰写资产评估报告过程中采用的各种数据、依据、工作记录和在资产评估报告制度中形成的有关文字记录等都是资产评估档案的重要信息来源。

9.1.3　资产评估报告的类型

资产评估报告的类型是根据资产评估的对象、准则要求、法律定位、评估内容披露的详略程度、评估基准日等划分的。评估机构可以根据委托方的要求、评估机构对评估报告披露信息的程度和规避风险的要求、评估的对象特点及评估的性质用途的需要，选择适宜类型的评估报告。资产评估报告主要有以下几种。

（1）按评估报告披露内容的详尽程度划分，资产评估报告分为完整型评估报告和简明型评估报告。

完整型评估报告是指向客户提供最详尽的信息资料的评估报告。简明型评估报告是指评估机构在保证不误导评估报告使用者的前提下，向委托方或客户提供简明扼要的信息资料的评估报告。完整型评估报告应当包括解决评估问题所需要的所有重要信息的完整描述。简明型评估报告应该包含对解决评估问题具有重要意义的信息的简要说明。简明型评估报告与完整型评估报告的区别，主要是提供的信息资料的详略程度不同，两种报告类型的法律作用是一致的，也不存在报告水准上的差别。简明型评估报告的内容同样需要与评估的预期用途一致，报告结构也与完整型评估报告的完全一致，只是在内容表述上要简明得多。

（2）按符合资产评估准则要求的程度划分，资产评估报告分为正常型评估报告和限制型评估报告。

正常型评估报告是指资产评估机构出具的评估报告完全符合资产评估准则的要求，对评估报告使用者并无额外的特别限制性使用要求的报告。

限制型评估报告是指评估机构对特定评估报告使用人出具的限定使用的评估报告，其中有低于或不同于评估准则或指南要求的内容。限制型评估报告仅限于特定评估客户使用，其他使用限制型评估报告的人都被视为非期望使用者。

（3）按评估业务的法律定位划分，资产评估报告可分为法定评估业务评估报告和非法定评估业务评估报告。

评估机构开展涉及国有资产或者公共利益等事项，法律、行政法规规定需要评估的法定评估业务，所出具的评估报告为法定评估业务评估报告，如国有资产评估报告。除此以外开展的评估业务所出具的评估报告为非法定评估业务评估报告。

（4）按资产评估的对象划分，资产评估报告可分为整体资产评估报告与单项资产评估报告。

整体资产评估报告是指对某一经济实体所拥有的全面资产价值进行整体评估所出具的书面报告，也可称为企业整体价值评估报告。单项资产评估报告是针对经济实体中某一部分或某一项资产进行评估所出具的书面报告。单项资产评估报告又可细划为房地产评估报告、机器设备评估报告、无形资产评估报告等。整体资产评估报告与单项资产评估报告虽然在报告的基本格式上是一样的，但两者的评估内容存在着一些差别。一般情况下，整体资产评估报告的报告内容不仅包括资产，还包括负债和所有者权益，而单项资产评估报告一般不需要考虑负债。

（5）按评估基准日划分，资产评估报告可分为现时性评估报告、预测性评估报告和追溯性评估报告。

例如，某法院委托进行司法诉讼评估，法院欲了解诉讼标的在三年前某一时点的市场价值，委托评估机构进行评估，此时出具的评估报告即追溯性评估报告。又如，某银行发放抵押贷款，银行欲了解抵押物在两年后某一时点的市场价值，委托评估机构进行评估，此时出具的评估报告即预测性评估报告。

在世界范围内，资产评估报告的类型与具体形式是多种多样的，多类型、多形式的资产评估报告为评估人员恰当表达评估过程和评估结果提供了选择空间和载体。多类型、多形式的资产评估报告是各国资产评估报告制度的发展方向。

9.1.4 资产评估报告的基本要求

资产评估报告应满足以下基本要求。

（1）陈述的内容应当清晰、准确，不得有误导性的表述。资产评估人员应当以清楚和准确的方式进行表述，而不致引起报告使用人的误解，资产评估报告不得存在歧义或误导性陈述。由于资产评估报告将提供给委托人、评估委托合同中约定的其他资产评估报告使用人和法律、行政法规规定的使用人使用，除委托人以外，其他资产评估报告使用人可能没有机会与资产评估人员进行充分沟通，而仅能依赖资产评估报告中的文字性表述来理解和使用评估结论，所以资产评估人员必须特别注意资产评估报告的表述方式，不应引起使用者的误解。同时，资产评估报告作为一个具有法律意义的文件，用语必须清晰、准确，不应有意或无意地使用存在歧义或误导性的表述。

（2）应当提供必要信息，使资产评估报告使用人能够正确理解和使用评估结论。资产评估人员应当根据每一个评估项目的具体情况和委托方的合理要求，确定资产评估报告中所提供信息的范围和程度，使资产评估报告使用人能够正确理解和使用报告的结论。判定一份资产评估报告是否提供了必要的信息，就要看资产评估报告使用人（可能具有评估专业知识，也可能不懂评估专业知识）

在阅读资产评估报告后能否对评估结论有正确的理解。这虽然是一个原则性的外部标准，但对于资产评估报告是一个合理的要求。这能体现资产评估人员是否尽到了勤勉尽责的义务。

（3）详略程度可以根据评估对象的复杂程度、委托人的要求合理确定。资产评估报告的详略程度是以资产评估报告中提供的必要信息为前提的。委托人和其他资产评估报告使用人是资产评估报告的服务对象，因此资产评估报告内容的详略程度要考虑报告使用人的合理需求。随着市场经济体制的逐步完善，市场主体对评估专业服务的需求也日趋多样化，这与以往资产评估报告单纯为国有企业和国有资产管理部门服务的状况有较大区别。理性的资产评估报告使用人可能会要求资产评估人员在资产评估报告中不仅提供评估结论，还要提供形成评估结论的详细过程，或者要求在资产评估报告中对某些方面提供更为详细的说明。因此，资产评估报告的详略程度应当根据评估对象的复杂程度、委托人的合理需求来确定。

（4）评估程序受限对资产评估报告出具的影响。资产评估报告是在履行评估程序的基础上完成的。在现实工作中，由于资产的特殊性、客观条件限制等原因，评估程序的履行可能存在障碍，这时资产评估人员需要采取相关的替代程序。因法律法规规定、客观条件限制，无法或者不能完全履行资产评估基本程序，经采取措施弥补程序缺失，且未对评估结论产生重大影响的，可以出具资产评估报告，但应当在资产评估报告中说明资产评估程序受限情况、处理方式及其对评估结论的影响。程序受限对评估结论产生重大影响或者无法判断其影响程度的，不应出具资产评估报告。

（5）签字印章要求。资产评估报告应当由至少两名承办该项业务的资产评估人员签名并加盖资产评估机构印章。法定评估业务的资产评估报告应当由至少两名承办该项业务的资产评估师签名并加盖资产评估机构印章。

（6）语言及汇率要求。资产评估报告应当使用中文撰写。需要同时出具中外文资产评估报告的，以中文资产评估报告为准。资产评估报告一般以人民币为计量币种，使用其他币种计量的，应当注明该币种在评估基准日与人民币的汇率。

（7）评估结论的使用有效期。评估结论反映评估基准日的价值判断，仅在评估基准日成立，所以资产评估报告应当明确评估结论的使用有效期。超过有效期限，评估基准日的评估结论很可能不能反映经济行为发生日的评估结论。在基准日后的某个时期经济行为发生时，若市场环境或资产状况未发生较大变化，评估结论在此期间有效，一旦市场价格标准或资产状况出现较大变动，则评估结论失效。对于现时性资产评估业务，通常只有当评估基准日与经济行为实现日相距不超过一年时，才可以使用资产评估报告。当然，有时评估基准日至经济行为发生日尽管不到一年，但市场条件或资产状况发生了重大变化，评估报告的结论不能反映经济行为实现日价值，这时评估人员应该重新评估。

9.2　资产评估报告的内容与编制

9.2.1　资产评估报告的基本内容

依照中国资产评估协会 2018 年颁布的《资产评估执业准则——资产评估报告》的规定，资产评估报告的内容包括：标题及文号、目录、声明、摘要、正文、附件。

1. 标题及文号、目录

标题及文号放在资产评估报告封面中，资产评估报告封面须载明下列内容：①资产评估报告标题：一般采用"企业名称＋经济行为关键词＋评估对象＋资产评估报告"的形式。②资产评估报告文号：包括评估机构特征字、种类特征字、年份、报告序号，如某某评报字

（20××年）第×号。③资产评估机构全称，如某资产评估有限公司。④资产评估报告提交日期，如×年×月×日。⑤有服务商标的，评估机构可以在报告封面载明其图形标志。

目录应当包括每一部分的标题和相应页码。

2．资产评估报告声明

资产评估报告声明通常包括以下内容：①本资产评估报告依据财政部发布的资产评估基本准则和中国资产评估协会发布的资产评估执业准则和职业道德准则编制。②委托人或者其他资产评估报告使用人应当按照法律、行政法规规定和资产评估报告载明的使用范围使用资产评估报告；委托人或者其他资产评估报告使用人违反前述规定使用资产评估报告的，资产评估机构及其资产评估人员不承担责任。③资产评估报告仅供委托人、资产评估委托合同中约定的其他资产评估报告使用人和法律、行政法规规定的资产评估报告使用人使用；除此之外，其他任何机构和个人不能成为资产评估报告的使用人。④资产评估报告使用人应当正确理解和使用评估结论，评估结论不等同于评估对象可实现价格，评估结论不应当被认为是对评估对象可实现价格的保证。⑤资产评估报告使用人应当关注评估结论成立的假设前提、资产评估报告特别事项说明和使用限制。⑥资产评估机构及其资产评估人员遵守法律、行政法规和资产评估准则，坚持独立、客观、公正的原则，并对所出具的资产评估报告依法承担责任。⑦其他需要声明的内容。

需要注意的是，以上准则的要求仅是一般性声明内容，资产评估人员在执行具体评估业务时，还应根据评估项目的具体情况，调整或细化声明内容。

资产评估报告声明应当置于资产评估报告摘要之前。

3．资产评估报告摘要

资产评估报告摘要通常提供资产评估业务的主要信息及评估结论。每份资产评估报告的正文之前应有表达该报告关键内容的摘要，让资产评估报告使用人在认真阅读报告正文之前，简要了解报告的主要信息。资产评估报告摘要应当简明扼要地反映经济行为、评估目的、评估对象和评估范围、价值类型、评估基准日、评估方法、评估结论及其使用有效期、对评估结论产生影响的特别事项等关键内容。摘要应当与资产评估报告揭示的结果一致，不得有误导性内容。资产评估报告摘要应当采用下述文字提醒资产评估报告使用人阅读全文："以上内容摘自评估报告正文，欲了解本评估项目的详细情况和合理理解评估结论，应当阅读评估报告正文。"

资产评估报告摘要应当在资产评估报告正文的基础上编制。

4．资产评估报告正文

（1）绪言。资产评估报告正文的绪言应写明该评估报告委托方全称、受托评估事项及评估工作整体情况。一般采用包含下列内容的表述格式。

"×××（委托方全称）：

×××（评估机构全称）接受贵单位（公司）的委托，根据有关法律、法规和资产评估准则、资产评估原则，采用×××评估方法（评估方法名称），按照必要的评估程序，对×××（委托方全称）拟实施×××行为（事宜）涉及的×××（资产——单项资产或者资产组合、企业整体价值、股东全部权益、股东部分权益）在××××年××月××日的××价值（价值类型）进行了评估。现将资产评估情况报告如下。"

（2）委托方、被评估单位和资产评估委托合同约定的其他评估报告使用者的概况。报告正文的委托方和资产评估委托合同约定的其他评估报告使用人概况一般包括企业名称、法定住所及经营场所、法定代表人、注册资本及主要经营范围等。企业整体价值评估下，被评估单位（或者产权持有单位）的概况一般包括企业名称、法定住所及经营场所、法定代表人、主要经营范围、注册资本、企业股东及持股比例、股权变更情况及必要的企业产权和经营管理结构、历史情况等；近三年资产、财务、经营状况以及委托方和被评估单位（或者产权持有单位）之间的关系（如产权关系、交易关系）。企业单项资产或者资产组合评估下，被评估单位概况一般包括名称、法定住所及经营场所、法定代表人、注册资本及主要经营范围等。

若委托方与被评估单位为同一企业，可按对被评估单位的要求编写。存在交叉持股的，应当列示交叉持股图并简述交叉持股关系及是否属于同一控制的情形。存在关联交易的，应当说明关联方、交易方式等基本情况。

（3）评估目的。评估目的是指评估委托人要求对评估对象的价值进行评估后所要从事的行为。评估目的要解决的是为什么要进行资产评估的问题，这是资产评估工作进入实质性阶段后首先要考虑的重要因素。资产评估特定目的贯穿资产评估的全过程，影响着资产评估人员对评估对象的界定、价值类型的选择等，是资产专业人员进行具体资产评估时必须首先明确的基本事项。资产评估报告载明的评估目的应当唯一。资产评估报告应当说明本次资产评估的目的及其所对应的经济行为，并说明该经济行为获得批准的相关情况或者其他经济行为依据。报告正文的评估目的应写明本次资产评估是为了满足委托方的何种需要及所对应的经济行为类型，简要、准确地说明该经济行为是否经过批准，若已获批准，应将批准文件的名称、批准单位、批准日期及文号写出。

（4）评估对象和范围。资产评估报告应当对评估对象进行具体描述，以文字、表格的方式说明评估范围。单项资产或者资产组合评估，应当说明委托评估资产的数量（如土地面积、建筑物面积、设备数量、无形资产数量等）、法律权属状况、经济状况和物理状况等。企业价值评估，应当说明下列内容：委托评估对象和评估范围与经济行为涉及的评估对象和评估范围是否一致，不一致的应当说明原因，并说明是否经过审计；企业申报的表外资产的类型、数量；引用其他机构出具的报告结论所涉及的资产类型、数量和账面金额（或者评估值）。

（5）价值类型及其定义。资产评估报告应当说明选择价值类型的理由，并明确其定义。一般情况下可供选择的价值类型包括市场价值、投资价值、在用价值、清算价值和残余价值等。

（6）评估基准日。资产评估报告应写明评估基准日的具体日期，如本项目评估基准日是××××年××月××日；确定评估基准日所考虑的主要因素（如经济行为的实现、会计期末、利率和汇率变化等）。评估基准日应根据经济行为的性质由委托方确定，并尽可能与评估目的实现日接近。资产评估报告载明的评估基准日应当与资产评估委托合同约定的评估基准日保持一致，可以是过去、现在或者未来的时点。

（7）评估依据。资产评估报告应当说明本次评估业务所对应的经济行为、法律法规、评估准则、权属、取价等依据。对评估中采用的特殊依据应做相应的披露。经济行为依据应当为有效批复文件以及可以说明经济行为及其所涉及的评估对象与评估范围的其他文件资料；法律法规依据通常包括与国有资产评估有关的法律、法规等；评估准则依据包括本评估项目中依据的相关资产评估准则和相关规范；权属依据通常包括国有资产产权登记证书，投资人出资权益的证明文件，与不动产、知识产权资产、资源性资产、运输设备等动产相关的权属证书或其他证明文件，债权持有证明文件，从业资质或经营许可证书等；取价依据通常包括企业提供的财务会计、经营方面的资料，国家有关部门发布的统计资料、技术标准和政策性文件，以及评估机构收集的有关询价资料、参数资料等。

（8）评估方法。《中华人民共和国资产评估法》第二十六条规定，"评估专业人员应当恰当选择评估方法，除依据评估执业准则只能选择一种评估方法的外，应当选择两种以上评估方法"。资产评估报告应当说明所选用的评估方法及其理由，因适用性受限或者操作条件受限等原因而选择一种评估方法的，应当在资产评估报告中披露并说明原因。采用两种以上方法进行评估的，还应当说明评估结论确定的方法，即资产评估报告需要说明在两个以上初步结果的基础上是如何得出最终评估结论的。在评估实践中，评估人员通常是在综合考虑不同评估方法和初步评估结果的合理性及所使用数据的质量和数量的基础上，确定其中一个评估结果作为资产评估报告的评估结论。

（9）评估程序实施过程和情况。资产评估报告应当说明自接受资产评估业务委托起至出具资产评估报告的主要评估工作过程，一般包括以下内容：接受委托过程中确定评估目的、评估对象与评估范围，确定评估基准日和拟定评估方案的过程；资产清查中的指导被评估单位清查资产、准备评估资料，核实资产与验证资料的过程；评估估算中的现场检测与鉴定、评估方法选择、市场信息收集与分析过程；评估汇总中的结果汇总、评估结论分析、撰写报告与说明、内部审核的过程，以及提交资产评估报告等过程。

（10）评估假设。资产评估报告应当披露所使用的资产评估假设。资产评估人员应当合理使用评估假设，在具体的评估项目中使用的评估假设，需要与资产评估目的及其对评估市场条件的限定情况、评估对象自身的功能和在评估时点的使用方式与状态、产权变动后评估对象的可能用途及利用方式和利用效果等相联系和匹配。同时，评估人员还应当按照资产评估报告的披露要求，在资产评估报告中披露所使用的资产评估假设，以使评估结论建立在合理的基础上，并使评估报告使用人能够正确理解和使用评估结论。资产评估人员应当在评估报告中说明如果资产评估报告所披露的评估假设不成立，将对评估结论产生重大影响。

（11）评估结论。《资产评估执业准则——资产评估报告》规定，资产评估报告应当以文字和数字形式表述评估结论，并明确评估结论的使用有效期。评估结论通常是确定的数值。经与委托人沟通，评估结论可以是区间值或者其他形式的专业意见。引入区间值或者其他形式专业意见的表达形式考虑了评估行业不断发展的业务多元化需求。其中，境外企业国有资产评估报告的评估结论可以用区间值表达。

具体而言，评估结论的披露应当注意以下内容：采用资产基础法进行企业价值评估，应当以文字形式说明资产、负债、所有者权益（净资产）的账面价值、评估价值及其增减幅度，并同时采用评估结果汇总表反映评估结论；单项资产或者资产组合评估，应当以文字形式说明账面价值、评估价值及其增减幅度；采用两种以上方法进行企业价值评估，除单独说明评估价值和增减变动幅度外，还应当说明两种以上评估方法结果的差异及其原因和最终确定评估结论的理由；存在多家被评估单位的项目，应当分别说明评估价值；评估结论为区间值的，应当在区间之内确定一个最大可能值，并说明确定依据。

（12）特别事项说明。特别事项是指在已确定评估结果的前提下，资产评估人员在评估过程中已发现可能影响评估结果，但非执业水平和能力所能评定估算的有关事项。资产评估报告应当说明评估程序受到的限制、评估特殊处理、评估结论瑕疵等特别事项以及期后事项，应当说明对特别事项的处理方式、特别事项对评估结论可能产生的影响，并重点提示资产评估报告使用人对其予以关注。资产评估报告的特别事项说明包括：权属等主要资料不完整或者存在瑕疵的情形；委托人未提供的其他关键资料情况；未决事项、法律纠纷等不确定因素；重要的利用专家工作及相关报告情况；评估基准日之后发生的重大期后事项；评估程序受限的有关情况、评估机构采取的弥补措施及对评估结论影响的情况；其他需要说明的事项。

（13）资产评估报告使用限制说明。资产评估报告使用限制说明部分应明确资产评估报告的使用范围，写明资产评估报告只能用于资产评估报告载明的评估目的和用途，资产评估报告只能由资产评估报告载明的资产评估报告书使用人使用。除法律、法规规定以及相关当事方另有约定外，其他任何机构和个人不能成为资产评估报告的使用人，在未征得出具资产评估报告的评估机构同意时，资产评估报告的内容不得被摘抄、引用或披露于公开媒体。资产评估报告的使用有效期，以及因评估程序受限造成的资产评估报告的使用限制等一定要说明。资产评估报告使用人应当正确理解和使用评估结论。评估结论不等同于评估对象可实现价格，评估结论不应当被认为是对评估对象可实现价格的保证。

（14）资产评估报告日。资产评估人员应当在评估报告中说明资产评估报告日。资产评估报告载明的资产评估报告日通常为评估结论形成的日期，这一日期可以不同于资产评估报告的签署日。

（15）资产评估人员签名和资产评估机构印章。资产评估报告编制完成后，经过对资产评估人员编制的资产评估报告实施内部审核，至少由两名承办该业务的资产评估人员签名，最后加盖资产评估机构的印章。对于国有资产评估等法定业务资产评估报告，资产评估报告正文应当由至少两名承办该业务的资产评估师签名，并加盖资产评估机构印章。声明、摘要和评估明细表上一般不需要另行签字盖章。

5．资产评估报告附件

资产评估报告附件的内容应当与评估目的、评估方法、评估结论相关联，通常包括下列内容。

（1）与评估目的相对应的经济行为文件。

（2）被评估单位的专项审计报告。《企业国有资产评估报告指南》规定，按照法律、行政法规规定需要进行专项审计的，应当将企业提供的与经济行为相对应的评估基准日专项审计报告（含会计报表和附注）作为资产评估报告附件。按有关规定无须进行专项审计的，应当将企业确认的与经济行为相对应的评估基准日企业财务报表作为资产评估报告附件。

（3）委托方和被评估单位的法人营业执照。

（4）委托方和被评估单位的产权登记证。

（5）评估对象涉及的主要权属证明资料。评估对象所涉及的主要权属证明资料包括：房地产权证、无形资产权利（权属）证明、交通运输设备的行驶证及相关权属证明、重大机器设备的购置发票等。

（6）委托人和其他相关当事人的承诺函。在资产评估中，委托人和其他相关当事人的承诺是资产评估报告附件中不可缺少的一部分。资产评估人员在撰写资产评估报告时应当收集到针对本次评估项目的委托人和其他相关当事人的承诺函。通常情况下，委托人和被评估单位应当承诺如下内容：①资产评估所对应的经济行为符合国家规定；②我方所提供的财务会计及其他资料真实、准确、完整、合规，有关重大事项如实地充分揭示；③我方所提供的企业生产经营管理资料客观、真实、完整、合理；④纳入资产评估范围的资产与经济行为涉及的资产范围一致，不重复、不遗漏；⑤纳入资产评估范围的资产权属明确，出具的资产权属证明文件合法、有效；⑥若纳入资产评估范围的资产在评估基准日期后发生影响评估行为及结果的事项，对其披露及时、完整；⑦不干预评估机构和评估人员独立、客观、公正地执业。

（7）资产评估机构及签名资产评估人员的备案文件或者资格证明文件。资产评估报告应当将评估机构的营业执照复印件、备案公告复印件、证券期货业务资格证书复印件（开展相关资产评估业务时适用），资产评估人员的职业资格证书登记卡复印件以及签字资产评估人员的承诺函作为资产评估报告附件进行装订。

（8）资产评估委托合同。

（9）引用其他机构报告的附件。《企业国有资产评估报告指南》规定，如果引用其他机构出具的报告结论，根据现行有关规定，所引用的报告需要经相应主管部门批准（备案）的，应当将相应主管部门的批准（备案）文件作为资产评估报告的附件。

（10）资产评估汇总表或明细表。为了让委托人和其他资产评估报告使用人更好地了解委托评估资产的构成及具体情况，资产评估人员应当以报告附件的形式提供资产评估汇总表或明细表。

（11）资产账面价值与评估结论存在较大差异的说明。

（12）其他的重要文件。

资产评估报告附件内容及其所涉及的签章应当清晰、完整，相关内容应当与资产评估报告摘要、正文一致。资产评估报告附件为复印件的，应当与原件一致。

9.2.2　评估明细表的基本内容

评估明细表是反映被评估资产评估前后的资产负债明细情况的表格。它是资产评估报告的组成部分，也是资产评估结果得到认可、评估目的的经济行为实现后调整账目的主要依据之一。《资产评估执业准则——资产评估报告》要求资产评估报告的附件包括"资产评估汇总表或明细表",但并未对相关附表的编制提出具体要求,由资产评估机构通过内部业务标准自行规范。实务中通常参考国有资产评估业务的要求提出具体的参考式样。

《企业国有资产评估报告指南》规定,企业国有资产评估报告由标题及文号、目录、声明、摘要、正文、附件、评估明细表和评估说明构成,并对国有资产业务资产评估报告所附的评估明细表的编制提出了如下要求。

（1）评估明细表可以根据本指南的基本要求和企业会计核算所设置的会计科目,结合评估方法特点进行编制。

① 若为单项资产或者资产组合评估或采用资产基础法进行企业价值评估,评估明细表包括按会计科目设置的资产、负债评估明细表和各级汇总表;

② 采用收益法进行企业价值评估,可以根据收益法评估参数和盈利预测项目的构成等具体情况设计评估明细表的格式和内容;

③ 采用市场法进行企业价值评估,可以根据评估技术说明的详略程度决定是否单独编制符合市场法特点的评估明细表。

（2）资产、负债会计科目的评估明细表格式和内容基本要求。

① 表头应当含有资产或负债类型（会计科目）名称、被评估单位、评估基准日、表号、金额单位、页码。

② 表中应当含有资产负债的名称（明细）、经营业务或者事项内容、技术参数、发生（购、建、创）日期、账面价值、评估价值、评估增减幅度等基本内容。必要时,在备注栏对技术参数或者经营业务、事项情况进行注释。

③ 表尾应当标明被评估单位填表人员、填表日期和评估人员。

④ 评估明细表按会计明细科目、一级科目逐级汇总,并编制资产负债表（方式）的评估汇总表及以人民币万元为金额单位的评估结果汇总表。

⑤ 会计计提的减值准备在相应会计科目（资产负债类型）合计项下和相关科目汇总表中列示。

⑥ 评估结果汇总表应当按以下顺序和项目内容列示：流动资产、非流动资产、资产总计、流动负债、非流动负债、负债总计、净资产等类别和项目。

（3）采用收益法中的现金流量折现法进行企业价值评估的评估明细表。

评估明细表通常包括以下内容。

① 资产、负债、利润调整表（如果有调整时）;

② 现金流量测算表;

③ 营业收入预测表;

④ 营业成本预测表;

⑤ 营业税金及附加预测表;

⑥ 销售费用预测表;

⑦ 管理费用预测表;

⑧ 财务费用预测表;

⑨ 营运资金预测表;

⑩ 折旧摊销预测表;

⑪ 资本性支出预测表;

⑫ 折现率计算表;

⑬ 溢余资产和非经营性资产分析表。

收益法下的评估明细表表头应当含有评估参数或预测项目名称、被评估单位、评估基准日、表号、金额单位等。

此外，被评估单位为两家以上时，评估明细表应当按被评估单位分别归集，自成体系。

9.2.3　评估说明的基本内容

评估说明用于描述资产评估人员和资产评估机构对某资产评估项目的评估程序、方法、依据、参数选取和计算过程，充分揭示对资产评估行为和结果构成重大影响的事项，说明评估操作符合相关法律、行政法规和行业规范的要求。评估说明也是资产评估报告的组成部分，在一定程度上决定评估结果的公允性，保护评估行为相关各方的合法利益。

评估说明应当做到内容完整、表述清晰，并充分考虑不同经济行为和不同评估方法的特点。按有关规定，评估说明中所揭示的内容应同资产评估报告正文所阐述的内容一致。评估机构、评估人员及委托方、资产占有方应保证其撰写或提供的构成评估说明各组成部分的内容真实、完整，未做虚假陈述，也未遗漏重大事项。评估说明是针对国有资产评估专门安排和设计的。《企业国有资产评估报告指南》规定，评估说明包括评估说明使用范围声明、委托方和被评估单位编写的《企业关于进行资产评估有关事项的说明》和资产评估人员编写的《资产评估说明》。

（1）评估说明使用范围的声明

评估说明使用范围的声明，应当写明评估说明使用单位或部门的范围及限制条款。声明应当写明，资产评估说明供国有资产监督管理机构（含所出资企业）、相关监管机构和部门使用。除法律、行政法规规定外，材料的全部或者部分内容不得提供给其他任何单位和个人，不得见诸公开媒体。

（2）委托人和被评估单位编写的《企业关于进行资产评估有关事项的说明》

委托人和被评估单位可以共同编写或者分别编写《企业关于进行资产评估有关事项的说明》。委托人单位负责人和被评估单位负责人应当对所编写的说明签名，加盖相应单位公章并签署日期。《企业关于进行资产评估有关事项的说明》包括以下内容。

① 委托人、被评估单位各自概况。委托人概况包括企业名称及简称、住所、注册资本、法定代表人；企业性质、企业历史沿革（包括隶属关系的演变）；经营业务范围及主要经营业绩。

被评估单位概况包括企业名称及简称、住所、注册资本、法定代表人；企业性质、企业历史沿革（包括隶属关系的演变）；经营业务范围及主要经营业绩；近三年来企业的资产、财务、负债状况和经营业绩，已经审计的应当说明注册会计师发表的意见，以往不良资产处置情况；主要产品品种、生产能力，近年实际生产量、销售量，主要市场及其市场占有率，本企业产品在同类产品市场中的地位，主要原材料、能源供应情况，环境污染及治理情况；形成企业主要生产能力的状况，正在或者计划进行的投资项目简况，企业的主要资产状况；执行的主要会计政策，生产经营是否存在国家政策、法规的限制或者优惠，生产经营的优势分析和各种因素风险。

委托人与被评估单位的关系一般包括产权关系、行政隶属关系、交易关系等。存在两家以上被评估单位，应当分别予以介绍。委托人与被评估单位为同一企业，按被评估单位要求的内容与格式编写。存在交叉持股的，还应当列示交叉持股图并简述交叉持股关系以及是否属于同一控制的情形。存在关联交易的，应当说明关联方、交易方式等基本情况。

② 关于经济行为的说明。说明本次资产评估满足何种需要、所对应的经济行为类型及其经济行为获得批准的相关情况，或者其他经济行为依据。获得有关部门批准的，应当载明批件名称、批准日期及文号。

③ 关于评估对象与评估范围的说明。说明委托评估对象，评估范围内资产和负债的类型、账面金额以及审计情况。对于经营租入资产、特许使用的资产，以及没有会计记录的无形资产，应当特别说明是否纳入评估范围及其理由。如果在评估目的实现前有不同的产权持有单位，应当列表载明各产权持有单位待评估资产的类型、账面金额等。账面资产是否根据以往资

产评估结论进行了调账。本次评估前是否存在不良资产核销或者资产剥离行为等。

④ 关于评估基准日的说明。说明所确定的评估基准日，评估基准日表述为：××××年××月××日。说明确定评估基准日的理由，如果评估基准日受特定经济行为文件的约束，应当载明该文件的名称、批准日期及文号。

⑤ 可能影响评估工作的重大事项说明。一般包括下列内容：曾经进行过清产核资或者资产评估的情况，调账情况；影响生产经营活动和财务状况的重大合同、重大诉讼事项；抵（质）押及其或有负债、或有资产的性质、金额及其对应资产负债情况；账面未记录的资产负债的类型及其估计金额。

⑥ 资产负债清查情况、未来经营和收益状况预测说明。资产负债清查情况说明一般包括下列内容：列入清查范围的资产负债的种类、账面金额，产权状况，实物资产分布地点及特点；清查工作的组织，如时间计划、实施方案；清查所采取的措施，待处理、待报废固定资产，"高、精、尖"设备和特殊建筑物以及毁损、变质存货检测或者鉴定的情况；清查中发现的盘盈、盘亏、毁损、变质、报废存货的数量和金额的确定情况、呆坏账损失及无须偿付负债的判断及原因分析。

未来经营和收益状况预测说明一般包括下列内容：所在行业相关经济要素及发展前景、生产经营历史情况、面临的竞争情况及优劣势分析；内部管理制度、人力资源、核心技术、研发状况、无形资产、管理层构成等经营管理状况；近年企业资产、负债、权益、盈利、利润分配、现金流量等资产财务状况；未来主营收入、成本、费用等的预测过程和结果；如果企业存在关联交易，应当说明关联交易性质及定价原则等。

⑦ 资料清单。一般包括下列内容：资产评估申报表（由资产评估机构出具样式）；相关经济行为的批文；审计报告；资产权属证明文件、产权证明文件；重大合同、协议等；生产经营统计资料；其他资料。

（3）资产评估人员编写的《资产评估说明》

《资产评估说明》是申请备案核准资产评估业务的必备材料，是结合国有资产评估业务备案核准的要求，为方便企业国有资产监督管理机构和相关机构全面了解资产评估情况而编写。《资产评估说明》是对评估对象进行核实、评定估算的详细说明，应当包括以下内容。

① 评估对象与评估范围说明。评估对象与评估范围说明应当根据企业价值评估、单项资产或者资产组合评估的不同情况确定内容的详略程度。

a. 对评估对象与评估范围应说明的内容。对评估对象与评估范围应说明的内容包括：说明委托评估的评估对象与评估范围；说明委托评估的资产类型、账面金额；说明委托评估的资产权属状况（含应当评估的相关负债）。

b. 对实物资产的分布情况及特点的说明。对实物资产的分布情况及特点的说明应包括：说明实物资产的类型、数量、分布情况和存放地点；说明实物资产的技术特点、实际使用情况、大修理及改扩建情况等。

c. 企业申报的账面记录或者未记录的无形资产情况。

d. 企业申报的表外资产（如有申报）的类型、数量。

e. 引用其他机构出具的报告的结果所涉及的资产类型、数量和账面金额（或者评估值）。

② 资产核实总体情况说明。资产核实总体情况说明通常包括人员组织、实施时间、核实过程、影响事项及处理方法、核实结论。

资产核实人员组织、实施时间和过程主要说明参加资产评估工作核实的人员情况、人员专业和地域分组情况、时间进度以及核实的总体过程。

影响资产核实的事项一般包括资产性能的限制、存放地点的限制、诉讼保全的限制、技术性能的局限、涉及商业秘密和国家秘密，以及评估基准日时正在进行的大修理、改扩建情况等。对于不能采用现场调查方式直接核实的资产，应当说明原因、涉及范围及处理方法。

核实结论应当说明资产核实结果是否与账面记录存在差异及其程度；权属资料不完善等权属不清晰的资产；企业申报的账外资产的核实结论。

③ 评估技术说明。评估技术说明应当考虑不同经济行为和不同评估方法的特点介绍评估的思路及过程。

评估人员采用成本法评估单项资产或者资产组合、采用资产基础法评估企业价值，应当根据评估业务的具体情况以及资产负债类型编写评估技术说明。各项资产负债评估技术说明应当包含资产负债的内容和金额、核实方法、评估值确定的方法和结论等基本内容。

采用收益法或者市场法评估企业价值的，评估技术说明通常包括以下内容：影响企业经营的宏观、区域经济因素；所在行业现状与发展前景；企业的业务情况；企业的资产、财务分析和调整情况；评估方法的运用过程。

评估人员采用收益法进行企业价值评估，在编写评估技术说明时，还应当根据行业特点、企业经营方式和所确定的预期收益口径以及评估的其他具体情况等，对企业的资产、财务分析和调整情况以及评估方法运用过程进行说明，通常包括以下内容：收益法的应用前提及选择理由和依据；收益预测的假设条件；企业经营、资产、财务分析；收益模型选择理由及基本参数说明；收益期限及预测期的说明；收益预测的说明；折现率的确定说明；预测期后价值确定说明；其他资产和负债评估说明；评估价值。

评估人员采用市场法进行企业价值评估，在编写评估技术说明时，还应当根据行业特点、企业经营方式和所确定的预期收益口径以及评估的其他具体情况等，对企业的资产、财务分析和调整情况以及评估方法运用过程进行说明，通常包括以下内容：具体方法、应用前提及选择理由；企业经营、资产、财务分析；分析选取确定可比企业或者交易案例的说明；价值比率的选择及因素修正说明；评估对象价值比率的测算说明。

④ 评估结论及分析。评估结论及分析通常包括以下内容：采用两种或两种以上方法进行企业价值评估，应当说明不同评估方法结果的差异及其原因和最终确定评估结论的理由；评估价值与账面价值比较变动情况及说明；折价或者溢价情况（如有）。

9.2.4 资产评估报告的编制要求

资产评估报告的编制要求主要有以下几个。

（1）资产评估报告应当使用中文撰写。需要同时出具外文资产评估报告的，以中文资产评估报告为准。

（2）评估结论一般以人民币为计量币种，使用其他币种表示的，应当注明该币种与人民币在评估基准日的汇率。

（3）资产评估报告应当明确评估结论的使用有效期。通常只有当评估基准日与经济行为实现日相距不超过一年时，才可以使用资产评估报告。

（4）资产评估报告封面应当载明资产评估报告标题及文号、资产评估机构全称和资产评估报告日。资产评估报告标题及文号一般在封面上方居中位置，资产评估机构名称及资产评估报告日应当在封面下方居中位置。

（5）资产评估报告应当用A4规格纸张印刷。

（6）资产评估报告一般分册装订，各册应当具有独立的目录。声明、摘要、正文和附件合订成册，其目录中应当含有其他册的目录，但其他册目录的页码不予标注。评估说明和评估明细表一般分别独立成册。必要时附件可以独立成册。单独成册的，其封面格式、标题中的"企业名称＋经济行为关键词＋评估对象"及文号等应当与资产评估报告相关格式和内容保持一致。评估明细表一般按会计科目顺序装订。

（7）资产评估报告封底或者其他适当位置应当标注资产评估机构名称、地址、邮政编码、联系电话、传真、电子邮箱等。

9.3　资产评估档案

9.3.1　资产评估档案概述

1. 资产评估档案的基本概念及作用

资产评估档案，是指资产评估机构开展资产评估业务形成的，反映资产评估程序实施情况、支持评估结论的工作底稿、资产评估报告及其他相关资料。纳入资产评估档案的资产评估报告应当包括初步资产评估报告和正式资产评估报告。工作底稿是资产评估人员在执行评估业务过程中形成的，反映评估程序实施情况、支持评估结论的工作记录和相关资料。工作底稿是判断一个评估项目是否执行了这些基本程序的主要依据，应反映资产评估人员实施现场调查、评定估算等评估程序，支持评估结论。

建立和完善资产评估档案的编制和管理制度，有利于指导和规范资产评估机构操作流程，强化资产评估程序的控制和实施；有利于明确参与资产评估业务的有关人员的责任，树立责任意识，培养专业精神。同时，资产评估档案对于规避和防范资产评估机构及其资产评估专业人员的执业风险，保障各方合法权益有着重要作用。

2. 工作底稿的分类

（1）按工作底稿的内容分类

按照工作底稿的内容，工作底稿可以分为管理类工作底稿和操作类工作底稿。管理类工作底稿是指在执行资产评估业务过程中，为受理、计划、控制和管理资产评估业务所形成的工作记录及相关资料。操作类工作底稿是指在履行现场调查、收集评估资料和评定估算程序时所形成的工作记录及相关资料。

（2）按工作底稿的载体分类

按照工作底稿的载体，工作底稿可以分为纸质文档、电子文档或者其他介质形式的文档。资产评估委托合同、资产评估报告应当形成纸质文档。评估明细表、评估说明可以是纸质文档、电子文档或者其他介质形式的文档。同时以纸质和其他介质形式保存的文档，其内容应当相互匹配，不一致的以纸质文档为准。资产评估机构及其资产评估人员应当根据资产评估业务具体情况和工作底稿介质的理化特性谨慎选择工作底稿的介质形式，并在评估项目归档目录中按照评估准则要求注明文档的介质形式。

3. 工作底稿的编制要求

（1）应当遵守法律、行政法规和资产评估准则。一方面，应当遵守工作底稿编制和管理涉及的法律、行政法规，如《档案法》《资产评估法》《国有资产评估管理办法》《国有资产评估管理若干问题的规定》等；另一方面，应当遵守相关资产评估准则对编制和管理工作底稿的规范要求，如《资产评估基本准则》《资产评估执业准则——资产评估程序》《资产评估执业准则——资产评估档案》等。

（2）应当反映资产评估程序实施情况，支持评估结论。根据《资产评估基本准则》，工作底稿应当真实完整、重点突出、记录清晰，能够反映资产评估程序实施情况、支持评估结论。

工作底稿必须如实反映和记录评估全过程。也就是说，在评估程序实施的各个阶段，如订立评估业务委托合同，编制资产评估计划，进行评估现场调查，收集整理评估资料，评定估算形成结论，编制出具评估报告等各阶段，都应当将工作过程如实记录和反映在工作底稿中。

工作底稿必须支持评估结论。工作底稿是用来反映评估过程有关资料、数据内容的记录，是为最终完成评估业务服务的，其目的是支持评估结论。与评估报告有关或支持评估结论的所有资料均应当形成相应的工作底稿。

（3）应当真实完整、重点突出、记录清晰。工作底稿应当真实完整地反映评估全过程。一方面，工作底稿反映的内容和情况应当是实际存在和实际发生的，强调评估委托事项、评估对象、评估程序实施过程的真实性。另一方面，工作底稿所反映的评估内容应是完整的。这不仅要求工作底稿内容真实，而且要全面反映评估程序实施过程，不能遗漏。例如，评估对象的现场调查和评定估算等都应有真实完整的记录。

工作底稿必须重点突出。工作底稿应当真实完整，并不是说非重点资产的现场调查、评定估算不可以简略。一个企业，可能有几千项设备，采用成本法评估时，不可能、也不必要对数量巨大的同类设备逐一进行现场勘察，摘抄每台设备的名称、规格型号、生产厂家、技术参数，查看每台设备的使用情况、维护保养等情况。《资产评估执业准则——资产评估程序》规定，"资产评估专业人员可以根据重要性原则采用逐项或者抽样的方式进行现场调查"。因此，重点突出是指评估工作底稿应当力求反映对评估结论有重大影响的内容。重点突出是要求对工作底稿中支持评估结论的资料要突出，凡对评估结论有重大影响的文件资料和现场调查、评定估算过程，都应当形成工作底稿。

工作底稿记录清晰有两个方面的含义：一是记录内容要清晰，使审核人员、工作底稿使用者通过查阅对评估过程的描述，对评估过程有清晰的认识。二是记录字迹要清晰。现场调查的工作底稿大都在现场撰写，有些评估人员在现场调查后，所做记录文字不清晰，给审核工作带来较大困难，也难以作为支撑评估结论的依据。所以手写的工作底稿一定要字迹清楚，不能模糊难识。

资产评估机构及其资产评估人员可以根据资产评估业务具体情况，合理确定工作底稿的繁简程度。

（4）委托人和其他相关当事人提供的档案应由提供方确认。在评估中，有相当部分的工作底稿是由委托方和相关当事方提供的，有些是反映委托方基本情况的重要资料，如企业的营业执照、国有资产产权登记证、房地产产权证等，需要提供方进行确认；有些是确定评估范围的，如资产评估明细表，更需要提供方予以确认。确认方式包括签字、盖章或者法律允许的其他方式。对所提供资料确认实际上是责任划分问题，提供资料的一方，原则上应当对资料的真实性、完整性、合法性负责。资产评估人员收集委托人和相关当事人提供的重要资料作为工作底稿，应当由提供方对相关资料进行确认，确认方式包括但不限于签字、盖章、法律允许的其他方式。

（5）工作底稿应当反映内部审核过程。工作底稿一般是评估项目组的成员在评估时编制的，由于种种原因，编制人可能产生差错、遗漏等问题。因此，工作底稿在编制过程中需要经过必要的审核程序，包括对文字、数字、计算过程等内容的审核。

（6）编制目录和索引号。细化的工作底稿种类繁多，不编制索引号和页码将很难查找，利用交叉索引和备注说明等形式能完整地反映工作底稿间的勾稽关系并避免重复。资产评估人员应当根据评估业务特点和工作底稿类别，编制工作底稿目录，建立必要的索引号，以反映工作底稿间的勾稽关系。例如，评估项目中的汇率，在评估基准日，1 美元兑换 7.5 元人民币，在评估过程中，现金、银行存款、应收账款、应付账款等多个科目都要引用，编制工作底稿时，评估人员可以在现金的工作底稿中保存汇率的询价依据，如此在其他科目的评估中只要注明交叉索引就能很方便地找到依据。

4．工作底稿的内容

（1）管理类工作底稿的内容

管理类工作底稿是指在执行资产评估业务过程中，为受理、计划、控制和管理资产评估业务所形成的工作记录及相关资料。管理类工作底稿通常包括以下内容。

① 资产评估业务基本事项的记录。评估业务基本事项的工作底稿应反映以下内容：评估项目的洽谈人，委托人名称、联系人，其他相关当事人（主要是被评估单位）等基本情况；其他相关当事人和委托人的关系；评估报告使用人及与委托人、被评估单位等其他相关当事人的关系；相关经济行为的背景情况及评估目的；评估对象和评估范围；评估范围内的资产状况；价值类型；评估基准日；评估假设、限制条件；评估报告提交期限和方式；评估服务费总额或者支付标准、支付时间及支付方式。

资产评估人员在项目承接洽谈阶段，应尽可能了解以上内容，以更好地控制评估风险。

② 资产评估委托合同。资产评估委托合同的工作底稿应反映评估委托合同签订以及评估目的、评估对象和范围、评估基准日、价值类型、评估服务费、评估报告类型、评估报告提交期限和方式发生变更等的过程。

③ 资产评估计划。资产评估计划的主要内容为：对实施资产评估业务的主要过程及时间进度、人员安排等的安排；在评估过程中根据情况变化做出的调整记录；评估机构对评估计划的审核、批准情况。

④ 资产评估业务执行过程中重大问题处理记录。反映在评估项目实施过程中，资产评估人员遇到重大问题逐级请示、资产评估人员根据批示意见处理的记录。

⑤ 资产评估报告的审核意见。审核是评估机构保证评估质量、降低评估风险的重要手段，是评估机构内部质量控制程序的重要组成部分，管理类工作底稿应反映评估机构内部各级审核情况，明确列示审核意见。此外，委托人提供的反馈意见、管理部门提出的评审意见，以及资产评估人员对相关意见的处理信息等也属于审核意见的内容。

⑥ 资产评估项目所涉及的经济行为需要批准的，应当将批准文件归档。

⑦ 资产评估人员在评估中形成的其他管理类工作底稿。资产评估人员在评估中形成的其他管理类工作底稿应于归档时一并保存，通常包括：与委托人、相关当事人和其他中介机构往来的资料；项目核准或备案文件；专家讨论会记录；资产评估人员认为需要保存的其他相关资料。

（2）操作类工作底稿的内容

操作类工作底稿是指在履行现场调查、收集评估资料和评定估算程序时所形成的工作记录及相关资料。操作类工作底稿产生于评估工作的全过程，由资产评估人员及其助理人员编制，反映资产评估人员在执行具体评估程序时所形成的工作成果。操作类工作底稿的内容因评估目的、评估对象和评估方法等不同而有所差异，通常包括以下内容。

① 现场调查记录与相关资料。通常包括：委托人或者其他相关当事人提供的资料，如资产评估明细表，评估对象的权属证明资料，与评估业务相关的历史、预测、财务、审计等资料，以及相关说明、证明和承诺等；现场勘察记录、书面询问记录、函证记录等；其他相关资料。

② 收集的评估资料。在整个评估工作过程中，收集的与评估工作有关的操作类工作底稿通常包括以下内容：市场调查及数据分析资料；询价记录；其他专家鉴定及专业人士报告；其他相关资料。

③ 评定估算过程记录。在评定估算阶段所做的工作，均需编制相应的工作底稿，以支持评估结论，通常包括以下内容：重要参数的选取和形成过程记录；价值分析、计算、判断过程记录；评估结论形成过程记录；与委托人或者其他相关当事人的沟通记录；其他相关资料。

9.3.2 资产评估档案的归集和管理

资产评估机构应当按照法律、行政法规和评估准则的规定建立健全资产评估档案管理制度。资产评估业务完成后，资产评估人员应将工作底稿与评估报告等归集形成评估档案后及时向档案管理人员移交，并由所在资产评估机构按照国家有关法律、法规及评估准则的规定妥善管理。

1．资产评估档案的归集期限

资产评估人员通常应当在资产评估报告日后 90 日内将工作底稿、资产评估报告及其他相关资料归集形成资产评估档案，并在归档目录中注明文档介质形式。重大或者特殊项目的归档时限为评估结论使用有效期届满后 30 日内，并由所在资产评估机构按照国家有关法律、行政法规和相关资产评估准则的规定妥善管理。

2．资产评估档案的保管期限

根据《资产评估法》的规定，一般评估业务的评估档案保存期限不少于 15 年，法定评估业务的评估档案保管期限不少于 30 年。评估档案的保存期限，自资产评估报告日起算。《资产评估执业准则——资产评估档案》规定，资产评估档案自资产评估报告日起保存期限不少于 15 年；属于法定资产评估业务的，不少于 30 年。资产评估机构应当在法定保存期限内妥善保存资产评估档案，以保证资产评估档案的安全和持续使用。资产评估档案应当由资产评估机构集中统一管理，不得由原制作人单独分散保存。资产评估机构不得对在法定保存期内的资产评估档案进行非法删改或者销毁。

3．资产评估档案的保密与查阅

资产评估档案涉及客户的商业秘密，评估机构、资产评估人员有责任为客户保密。资产评估档案的管理应当严格执行保密制度。除下列情形外，资产评估档案不得对外提供。

（1）国家机关依法调阅的；

（2）资产评估协会依法依规调阅的；

（3）其他依法依规查阅的。

本机构评估人员需要查阅评估档案，应按规定办理借阅手续。

思考题

1．什么是资产评估报告？

2．简述资产评估报告的作用。

3．资产评估报告的基本要求有哪些？

4．简述资产评估报告的基本内容。

5．简述评估明细表的内容要求。

6．《企业国有资产评估报告指南》规定的评估说明包括哪些内容？

7．资产评估人员编写的《资产评估说明》包括哪些内容？

8．简述工作底稿的内容和编制要求。

9．资产评估档案的归集期限和保管期限的规定有哪些？

练习题

一、单项选择题

1．以下不属于资产评估报告文号的是（　　　）。

    A．报告序号   B．评估机构文号说明

    C．评估机构特征字   D．评估机构种类特征字

2．一般情况下，对于现实性资产评估业务，只有当评估基准日与经济行为实现日相距不超过（　　　）时，才可以使用资产评估报告。

    A．一年   B．二年   C．三年   D．半年

3. 国有资产评估报告必须由（　　）名以上资产评估师签字。
    A. 1　　　　　　　B. 2　　　　　　　C. 3　　　　　　　D. 4

4. 下列关于资产评估报告的基本要求，描述错误的是（　　）。
    A. 资产评估报告作为一个具有法律意义的文件，用语必须清晰、准确，不应有意或无意地使用存在歧义或误导性的表述
    B. 判定一份资产评估报告是否包括了足够的信息，就要看资产评估报告使用人在阅读评估报告后能否对评估结论有正确的理解
    C. 资产评估报告的详略程度是以评估报告中提供必要信息为前提的
    D. 程序受限对评估结论产生重大影响或者无法判断其影响程度的，可以出具资产评估报告，但是需要说明情况

5. 下列不是工作底稿编制要求的是（　　）。
    A. 应当遵守法律、行政法规和资产评估准则
    B. 应当真实完整、重点突出、记录清晰
    C. 应当采用纸质文档，装订成册
    D. 委托人和其他相关当事人提供的档案应由提供方确认

6. 国有资产资产评估报告的标题应当简明清晰，一般采用（　　）的形式。
    A. 企业名称＋评估对象＋经济行为关键词＋资产评估报告
    B. 企业名称＋经济行为关键词＋评估对象＋资产评估报告
    C. 经济行为关键词＋评估对象＋企业名称＋资产评估报告
    D. 企业名称＋资产评估报告＋经济行为关键词＋评估对象

7. 国有资产产权登记证书、投资人出资权益的证明等文件属于（　　）依据。
    A. 法律　　　　　　B. 权属　　　　　　C. 取价　　　　　　D. 准则

8. 资产评估报告基本制度规定资产评估机构完成国有资产评估工作后由相关国有资产管理部门对评估报告进行（　　）。
    A. 审核验证　　　　B. 核准备案　　　　C. 结果确认　　　　D. 立项审批

9. 在资产评估档案归集时，重大或者特殊项目的归档时限不晚于评估结论使用有效期届满后（　　）日。
    A. 30　　　　　　　B. 60　　　　　　　C. 90　　　　　　　D. 120

二、多项选择题

1. 按资产评估对象划分，资产评估报告可分为（　　）。
    A. 整体资产评估报告　　　　　　B. 房地产评估报告
    C. 单项资产评估报告　　　　　　D. 土地估价报告

2. 下列有关资产评估报告中评估目的的说法，正确的有（　　）。
    A. 资产评估报告中应说明评估目的所对应的经济行为
    B. 评估目的对应的经济行为一定要经过批准
    C. 评估目的对应的经济行为不一定要经过批准
    D. 无须说明评估目的所对应的经济行为

3. 下列文件中属于资产评估报告附件的有（　　）。
    A. 重要合同文件　　　　　　　　B. 有关经济行为的文件
    C. 评估对象与范围说明　　　　　D. 资产评估委托合同

4. 资产评估报告摘要中通常要披露的内容有（　　）。
    A. 评估目的　　　　　　　　　　B. 价值类型
    C. 评估程序实施过程和情况　　　D. 评估假设
    E. 评估基准日

5. 根据《资产评估执业准则——资产评估报告》，资产评估报告正文应当列示（　　）。
   A. 评估范围和对象　　B. 资产评估说明　　C. 评估基准日　　　　D. 特别事项说明

6. 资产评估报告正文中应阐述的评估依据包括（　　）。
   A. 经济行为依据　　　B. 法律法规依据　　C. 取价依据　　　　D. 权属依据

7. 评估说明中，《企业关于进行资产评估有关事项的说明》具体包括（　　）。
   A. 资产及负债清查情况的说明　　　　　　B. 实物资产分布情况说明
   C. 在建工程评估说明　　　　　　　　　　D. 关于评估基准日的说明

8. 资产评估报告一般性的声明内容包括（　　）。
   A. 资产评估报告的结论
   B. 本资产评估报告依据财政部发布的资产评估基本准则、中国资产评估协会发布的资产评估执业准则和职业道德准则编制
   C. 资产评估报告使用人应当正确理解评估结论
   D. 资产评估报告的使用人
   E. 资产评估报告使用范围

9. 资产评估工作底稿一般分为（　　）。
   A. 管理类工作底稿　　　　　　　　　　　B. 会计类工作底稿
   C. 评估类工作底稿　　　　　　　　　　　D. 审计类工作底稿
   E. 操作类工作底稿

10. 下列属于管理类工作底稿包括的内容的有（　　）。
    A. 资产评估计划
    B. 现场调查记录与相关资料
    C. 评定估算过程记录
    D. 资产评估业务执行过程中重大问题处理记录
    E. 资产评估报告的审核意见

第 10 章　资产评估行业管理

学习目标

　　通过本章的学习，读者应熟知我国资产评估法律制度体系，重点掌握我国资产评估准则体系的结构与特点，熟悉我国资产评估基本准则的主要内容。同时，还要熟悉国际评估界具有较大影响的《国际评估准则》的形成过程及准则要点。

第十章

本章关键词

　　资产评估法；资产评估准则；资产评估基本准则；资产评估执业准则；资产评估职业道德准则；《国际评估准则》。

10.1　我国资产评估法律制度体系

10.1.1　资产评估法概述

　　2016 年 7 月 2 日，第十二届全国人民代表大会常务委员会第二十一次会议审议通过了《中华人民共和国资产评估法》（以下简称《资产评估法》），并从 2016 年 12 月 1 日起施行。《资产评估法》包括总则、评估专业人员、评估机构、评估程序、行业协会、监督管理、法律责任、附则共八章五十五条。《资产评估法》的颁布实施，具有十分重要的意义。

　　一是有利于维护社会主义市场经济秩序。市场经济以生产要素有效配置为根基，资产评估是生产要素实现有效配置过程中的一个重要支撑。《资产评估法》的颁布，有利于更好地发挥资产评估的专业作用，为规范交易行为、提高交易效率、维护市场秩序提供重要的专业服务。

　　二是有利于保护国有资产和公共利益。国有经济在中国经济体系中占有十分重要的地位，涉及国有资产和公共利益的法定评估是评估行业的一项重要业务。《资产评估法》明确只有评估师才能从事法定评估业务，并对法定评估的程序予以规范，有利于保障法定评估业务得以依法规范进行，从而保障国有资产的安全，保障公共利益不受非法侵害。

　　三是有利于保障评估当事人的合法权益。委托人和评估机构及其评估专业人员是评估活动的当事人。《资产评估法》统一规范了评估当事人的权利、义务和责任，既保障了委托人能够获得优质的评估专业服务，又明确了评估机构及评估专业人员依法执业的法律地位，使评估当事人的合法权益能够得到保障。

　　四是有利于促进评估行业健康发展。资产评估是现代高端服务业，为我国社会经济发展做出了重要贡献。但是，资产评估行业也存在着评估行为不规范、机构和人员良莠不齐、法律责任不清晰等突出问题。《资产评估法》通过规范评估从业人员和从业机构的行为，增强行业专业水准和公信力，有利于规范和促进评估行业健康持续发展。

10.1.2　资产评估法律制度体系

　　资产评估行业作为一个独立的社会中介行业，在国外有着上百年的发展历史。我国资产评估行业起步于20世纪80年代末90年代初，经过近30年的发展，我国资产评估行业经历了从无到有、由小到大的快速发展阶段，资产评估行业与律师行业、注册会计师行业已经成为市场经济活动中重要的三大中介服务行业。在国有企业改制、资本市场建设、中外合资合作等经济行为中发挥了重要作用，已经成为我国社会主义市场经济体系建设过程中一个不可缺少的社会中介行业。

随着我国资产评估行业的迅速发展，我国资产评估法律制度体系建设工作也在不断完善，《资产评估法》颁布施行后，相关部门和评估行业积极推进相关配套制度建设，加上以往颁布的与资产评估有关的法律法规，形成了以《资产评估法》为统领，由相关法律、行政法规、部门规章和规范性文件以及行业自律管理制度共同组成的全面、系统、完备的资产评估法律制度体系。从法律法规及制度的层次划分，既有全国人民代表大会及其常务委员会颁布的法律、国务院颁布的行政法规，也有政府部门颁布的部门规章和规范性文件；另外，还有中国资产评估协会发布的行业自律管理文件。从法律法规及制度的内容划分，既有综合性的管理法规，也有单项的专门规定，内容涵盖资产评估综合管理、考试、后续教育、机构审批管理、执业规范、项目管理、财务管理、收费管理、业务监管、违规处罚、清理整顿、体制改革等各个方面。

1．相关法律

目前，我国涉及资产评估相关内容的法律有8部，包括《公司法》《证券法》《刑法》《公路法》《企业国有资产法》《城市房地产管理法》《拍卖法》《政府采购法》，主要规定了涉及国有资产产权转让、抵押、股东出资、股票和债券发行、房地产交易等业务，必须要进行评估，以及相关法律责任。

2．行政法规

我国涉及资产评估的行政法规有16部，包括《国有土地上房屋征收与补偿条例》《国有资产评估管理办法》《社会救助暂行办法》《全民所有制工业企业转换经营机制条例》《土地增值税暂行条例》《森林防火条例》《证券公司监督管理条例》《民办教育促进法实施条例》《金融机构撤销条例》《矿产资源勘查区块登记管理办法》《矿产资源开采登记管理办法》《探矿权采矿权转让管理办法》《国务院关于股份有限公司境内上市外资股的规定》《中外合作经营企业法实施细则》《股权发行与交易管理暂行条例》《全民所有制小型工业企业租赁经营暂行条例》，主要规定对涉及房屋征收补偿、矿产资源开采、金融机构抵押贷款、金融机构撤销等多种业务，必须要进行评估。

3．部门规章和规范性文件

从我国资产评估行业建立以来，资产评估管理的相关部门已经陆续制定了一百多个有关资产评估管理的规章制度，这些部门规章制度构成了我国资产评估法律制度体系的主要内容，涉及资产评估管理的多个方面。按照《资产评估法》的要求，2017年4月21日，财政部出台了《资产评估行业财政监督管理办法》（财政部令第86号），明确了行业监管的对象和内容，规定了行业监管的手段和法律责任。2017年5月，人力资源和社会保障部、财政部修订发布了《资产评估师职业资格制度暂行规定》和《资产评估师职业资格考试实施办法》（人社部规〔2017〕7号），规定中国资产评估协会负责资产评估师职业资格考试组织和实施工作，同时放宽了报考条件，优化了考试科目，建立了适合行业发展和行业特点的资产评估师考试制度。2017年7月，财政部发布了《关于做好资产评估机构备案管理工作的通知》，细化了资产评估机构的备案管理。2017年8月，财政部正式印发了《资产评估基本准则》，对资产评估的基本要求、基本遵循以及资产评估程序、资产评估报告、资产评估档案等做出了明确规定。

4．资产评估行业自律管理制度

根据党中央、国务院一系列关于规范发展市场中介组织和行业协会的精神，经过不断努力，资产评估行业初步建立了较为完备的行业自律管理体系。2016年，经资产评估行业第五次会员代表大会审议通过，并报财政部审查同意、民政部核准，《中国资产评估协会章程》正式生效，进一步完善了协会的职责定位，优化了协会的组织体系，规范了会员管理和理事会的运作机制。随后，中国资产评估协会修订发布了会员管理办法，组织修订发布了职业道德准则和 25 项执业准则等一系列自律管理制度。

10.2　我国资产评估准则体系

准则是一个合成词，准有标准、法则的含义，则有规则、制度、规程的含义，准则的组合含义是规范、标准。资产评估工作具有很强的专业性，资产评估准则就是资产评估活动的行为规范，是约束资产评估从业人员的行为标准。资产评估准则是资产评估机构和资产评估专业人员开展资产评估业务的行为标准，是监管部门评价资产评估业务质量的重要尺度，是评估报告使用人理解资产评估结论的重要依据。本书所称资产评估准则，主要是指财政部制定的资产评估基本准则和中国资产评估协会根据资产评估基本准则制定的资产评估执业准则和资产评估职业道德准则。

10.2.1　我国资产评估准则的发展

资产评估准则是资产评估行业发展到一定阶段的产物，资产评估准则的完善和成熟程度在一定程度上反映了一国评估行业发展的状况。近二十年来，财政部和中国资产评估协会借鉴国际评估行业经验，大力推动我国资产评估准则建设，已经建成较为完善的资产评估准则体系。这些准则规定了评估执业行为和职业道德行为的要求，覆盖了主要市场领域和主要执业流程，实现了与国际评估准则在基本专业理念、主要技术方法、重要专业术语等方面的趋同。这些准则在提升行业公信力、规范执业行为、加强行业监管、促进评估结论使用、增进行业国际交流等方面发挥了重要作用，促进了资产评估行业健康规范发展。

在我国资产评估行业产生之初，财政部、原国资局、中国资产评估协会等先后制定并发布了许多资产评估管理方面的制度、规定和办法，对推动我国资产评估行业的健康发展发挥了重要作用。但由于这些制度、规定和办法都是对某一项业务和工作做出规定或提出要求，缺乏系统性和完整性，大多未以准则的形式发布。2001 年，财政部发布《资产评估准则——无形资产》，这是我国资产评估行业的第一项准则，标志着我国资产评估准则建设迈出了第一步。2004 年，财政部发布《资产评估准则——基本准则》和《资产评估职业道德准则——基本准则》。两项基本准则确立了我国资产评估准则的基本理念和基本要求，奠定了整个资产评估准则体系的基础。2007 年，涉及主要评估程序和主要执业领域的资产评估准则基本建成，初步构建了资产评估准则体系。2007 年 11 月，财政部发布了中国资产评估准则体系。此后，在资产评估准则体系规划下，我国资产评估准则建设继续紧跟市场和执业需求，有序、协调发展。截至 2016 年，资产评估准则体系包括业务准则和职业道德准则两部分，共计 28 项准则。

2016 年《资产评估法》颁布实施，规定了评估准则的制定和实施方式，并对资产评估准则的规范主体、重要术语、评估程序、评估方法以及评估报告等内容做出了规定。为贯彻落实《资产评估法》，财政部和中国资产评估协会于 2017 年对资产评估准则进行了全面修订后重新发布，构建了包括 1 项基本准则、1 项职业道德准则和 25 项执业准则在内的新的资产评估准则体系。2017 年 8 月 23 日，财政部发布《资产评估基本准则》，9 月 8 日，中国资产评估协会发布修订后的职业道德准则和 25 项资产评估执业准则，实现了资产评估准则的与时俱进。

2018 年，中国资产评估协会对资产评估报告、资产评估程序、资产评估档案及企业价值四项执业准则进行了进一步的修订和完善，并重新发布。目前，我国资产评估准则体系已进一步得到了完善，适应了资产评估执业、监管和使用需求，与国际主要评估准则体系实现了趋同。

10.2.2　我国资产评估准则的制定机制

1．制定主体

我国《资产评估法》规定，国务院有关评估行政管理部门组织制定评估基本准则和评估行业监督管理办法；评估行业协会依据评估基本准则制定评估执业准则和职业道德准则。财政部作为资产评估行业的行政管理部门，负责组织制定资产评估基本准则。中国资产评估协会作为资产评估行业的自律管理组织，负责依据资产评估基本准则制定资产评估执业准则和资产评估职业道德准则。

2．咨询组织

为充分调动各方力量参与，保证资产评估准则制定工作的顺利进行，财政部组织成立了资产评估准则委员会，中国资产评估协会组织成立了资产评估准则技术委员会。两个委员会的主要职能包括：审议拟发布的资产评估准则；对资产评估准则的体系、体例、结构、立项等提供咨询意见；对资产评估准则涉及的重大或专业性问题提供咨询意见；对资产评估准则的具体实施提供咨询意见；组织资产评估准则相关专题研究；推动资产评估准则国际交流等。

3．制定程序

为保证资产评估准则质量，增加资产评估准则制定透明度，中国资产评估协会对资产评估准则制定程序做出了规定。资产评估准则的制定过程分为立项、起草、公开征求意见、审议和发布五个阶段。中国资产评估协会根据资产评估业务需要，提出资产评估准则立项意见。立项完成后，由中国资产评估协会组织成立项目起草组开展研究起草工作，在研究、调研等工作基础上，形成征求意见稿。资产评估基本准则由财政部组织公开征求意见，资产评估执业准则和资产评估职业道德准则由中国资产评估协会向相关行政管理部门、业务监督部门、评估机构、资产评估师、评估报告使用人和社会其他各方公开征求意见。项目起草组根据反馈意见对征求意见稿进行修改，形成审议稿。中国资产评估协会将审议稿提交相关准则委员会审议，并根据委员会审议意见修改形成拟发稿。资产评估基本准则报财政部审定后，由财政部发布。资产评估执业准则和资产评估职业道德准则由中国资产评估协会发布。

4．准则更新

为保证资产评估准则的质量，提高资产评估准则的适用性和可操作性，财政部和中国资产评估协会对我国资产评估准则进行了多次修订。目前，已经初步建立了资产评估准则动态更新机制，由中国资产评估协会在财政部的指导下，结合执业需求和监管需求，及时制定新的资产评估准则项目，对已发布的资产评估准则不定期进行修订。

10.2.3　我国资产评估准则体系的结构与特点

1．我国资产评估准则体系的结构

（1）资产评估基本准则。资产评估基本准则是财政部依据《资产评估法》《资产评估行业财政监督管理办法》等制定的资产评估机构及其资产评估专业人员执行各种资产类型、各种评估目的资产评估业务应当共同遵循的基本规范。资产评估基本准则是中国资产评估协会制定资产评估执业准则和资产评估职业道德准则的依据。

（2）资产评估执业准则。资产评估执业准则是中国资产评估协会依据资产评估基本准则制定的资产评估机构及其资产评估专业人员在执行资产评估业务过程中应当遵循的程序规范和技术规范，包括具体准则、评估指南和指导意见三个层次。

第一层次为资产评估具体准则。资产评估具体准则分为程序性准则和实体性准则（专业性准则）两个部分。程序性准则是关于资产评估机构及其资产评估专业人员通过履行一定的专

业程序完成评估业务、保证评估质量的规范。实体性准则是针对不同资产类别的特点，分别对不同类别资产评估业务中的资产评估机构及其资产评估专业人员的技术操作提供指导。

第二层次为资产评估指南。资产评估指南是针对出资、抵押、财务报告、保险等特定评估目的的评估业务，以及某些重要事项制定的规范。

第三层次为资产评估指导意见。该层次较为灵活。已在具体准则层次设置了准则的资产，其细类资产的评估规范，采用指导意见形式；资产评估业务中某些具体问题的指导性文件，采用指导意见形式。

（3）资产评估职业道德准则。资产评估职业道德准则从专业能力、独立性、与委托人和其他相关当事人的关系、与其他资产评估机构及资产评估专业人员的关系等方面对资产评估机构及其资产评估专业人员应当具备的道德品质和体现的道德行为进行了规范。

我国现行资产评估准则体系结构如图 10.1 所示。

2．我国资产评估准则体系的特点

（1）我国的资产评估准则体系是综合性体系。根据《资产评估行业财政监督管理办法》，资产评估机构及其资产评估专业人员从事资产评估业务，评估对象包括单项资产、资产组合、企业价值、金融权益、资产损失或者其他经济权益。适应资产评估行业的业务特点，我国资产评估准则体系涵盖企业价值、无形资产、不动产、机器设备以及其他动产等各主要类别资产和经济权益的评估，体现了综合性的特点。

（2）我国资产评估准则体系专业性准则和程序性准则并重。资产评估准则体系包括

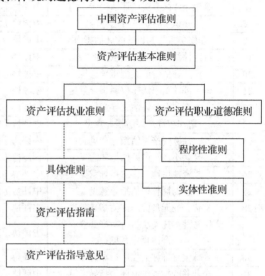

图 10.1　中国资产评估准则体系框架图

针对主要类别资产特点而进行规范的专业性准则，如企业价值评估准则、机器设备评估准则和不动产评估准则等。同时，根据资产评估专业服务的特点，资产评估准则体系对评估程序的履行也非常重视，对重要评估程序设置了相应的准则项目，如评估报告、评估档案、评估程序等，通过履行适当的评估程序，保证资产评估结论的合理性。

10.2.4　我国现已发布实施的资产评估准则

截至 2020 年年底，财政部和中国资产评估协会已经发布实施的资产评估准则累计 31 项，其中包括 1 项基本准则、1 项职业道德准则、12 项具体准则、5 项资产评估指南和 12 项资产评估指导意见（见表 10.1）。

表 10.1　资产评估准则项目发布与实施情况汇总表

序号	准则项目名称	发布文号	发布日期	施行日期
1	资产评估基本准则	财资〔2017〕43 号	2017 年 8 月 23 日	2017 年 10 月 1 日
2	资产评估职业道德准则	中评协〔2017〕30 号	2017 年 9 月 8 日	2017 年 10 月 1 日
3	资产评估执业准则——无形资产	中评协〔2017〕37 号	2017 年 9 月 8 日	2017 年 10 月 1 日
4	资产评估执业准则——不动产	中评协〔2017〕38 号	2017 年 9 月 8 日	2017 年 10 月 1 日
5	资产评估执业准则——机器设备	中评协〔2017〕39 号	2017 年 9 月 8 日	2017 年 10 月 1 日
6	资产评估执业准则——企业价值	中评协〔2018〕38 号	2018 年 10 月 29 日	2019 年 1 月 1 日
7	资产评估执业准则——珠宝首饰	中评协〔2017〕40 号	2017 年 9 月 8 日	2017 年 10 月 1 日

序号	准则项目名称	发布文号	发布日期	施行日期
8	资产评估执业准则——森林资源资产	中评协〔2017〕41 号	2017 年 9 月 8 日	2017 年 10 月 1 日
9	资产评估执业准则——资产评估方法	中评协〔2019〕35 号	2019 年 12 月 4 日	2020 年 3 月 1 日
10	资产评估执业准则——资产评估档案	中评协〔2017〕34 号	2017 年 9 月 8 日	2017 年 10 月 1 日
11	资产评估执业准则——资产评估程序	中评协〔2018〕36 号	2018 年 10 月 29 日	2019 年 1 月 1 日
12	资产评估执业准则——资产评估报告	中评协〔2018〕35 号	2018 年 10 月 29 日	2019 年 1 月 1 日
13	资产评估执业准则——资产评估委托合同	中评协〔2017〕33 号	2017 年 9 月 8 日	2017 年 10 月 1 日
14	资产评估执业准则——利用专家工作及相关报告	中评协〔2017〕35 号	2017 年 9 月 8 日	2017 年 10 月 1 日
15	企业国有资产评估报告指南	中评协〔2017〕42 号	2017 年 9 月 8 日	2017 年 10 月 1 日
16	金融企业国有资产评估报告指南	中评协〔2017〕43 号	2017 年 9 月 8 日	2017 年 10 月 1 日
17	知识产权资产评估指南	中评协〔2017〕44 号	2017 年 9 月 8 日	2017 年 10 月 1 日
18	以财务报告为目的的评估指南	中评协〔2017〕45 号	2017 年 9 月 8 日	2017 年 10 月 1 日
19	资产评估机构业务质量控制指南	中评协〔2017〕46 号	2017 年 9 月 8 日	2017 年 10 月 1 日
20	资产评估价值类型指导意见	中评协〔2017〕47 号	2017 年 9 月 8 日	2017 年 10 月 1 日
21	资产评估对象法律权属指导意见	中评协〔2017〕48 号	2017 年 9 月 8 日	2017 年 10 月 1 日
22	专利资产评估指导意见	中评协〔2017〕49 号	2017 年 9 月 8 日	2017 年 10 月 1 日
23	著作权资产评估指导意见	中评协〔2017〕50 号	2017 年 9 月 8 日	2017 年 10 月 1 日
24	商标资产评估指导意见	中评协〔2017〕51 号	2017 年 9 月 8 日	2017 年 10 月 1 日
25	金融不良资产评估指导意见	中评协〔2017〕52 号	2017 年 9 月 8 日	2017 年 10 月 1 日
26	投资性房地产评估指导意见	中评协〔2017〕53 号	2017 年 9 月 8 日	2017 年 10 月 1 日
27	实物期权评估指导意见	中评协〔2017〕54 号	2017 年 9 月 8 日	2017 年 10 月 1 日
28	文化企业无形资产评估指导意见	中评协〔2016〕14 号	2016 年 3 月 30 日	2016 年 7 月 1 日
29	人民法院委托司法执行财产处置资产评估指导意见	中评协〔2019〕14 号	2019 年 5 月 6 日	2019 年 7 月 1 日
30	珠宝首饰评估程序指导意见	中评协〔2019〕36 号	2019 年 12 月 4 日	2020 年 3 月 1 日
31	企业并购投资价值评估指导意见	中评协〔2020〕30 号	2020 年 11 月 25 日	2021 年 3 月 1 日

10.2.5　我国资产评估基本准则的主要内容

根据《中华人民共和国资产评估法》等有关规定，财政部于 2017 年 8 月 23 日发布了《资产评估基本准则》，并从 2017 年 10 月 1 日起施行。《资产评估基本准则》包括总则、基本遵循、资产评估程序、资产评估报告、资产评估档案、附则共六章 35 条，主要内容如下。

1．资产评估准则规范主体

基本准则的规范主体包括资产评估机构、资产评估师和其他资产评估专业人员。资产评估机构是指在财政部门备案的评估机构。资产评估师是指通过中国资产评估协会组织实施的资产评估师资格全国统一考试，取得《资产评估师职业资格证书》的资产评估专业人员。其他资产评估专业人员是指未取得《资产评估师职业资格证书》的其他具有评估专业知识及实践经验的资产评估从业人员。

2．资产评估准则适用范围

《资产评估法》第三条规定：自然人、法人或者其他组织需要确定评估对象价值的，可以自愿委托评估机构评估。涉及国有资产或者公共利益等事项，法律、行政法规规定需要评估的（以下称法定评估），应当依法委托评估机构评估。由此看出，资产评估业务可以分为两类：一类是自愿进行的评估，另一类是必须进行的法定评估。资产评估基本准则明确指出，资产评估基本准则适用于所有资产评估机构及其资产评估专业人员开展的出具资产评估报告的资产评估业务。资产评估机构及其资产评估专业人员开展资产评估业务应当遵守资产评估基本准则。法律、行政法规和国务院规定由其他评估行政管理部门管理，应当执行其他准则的，从其规定。

3．资产评估业务的基本遵循

资产评估基本准则规定，资产评估机构及其资产评估专业人员开展资产评估业务应当遵守法律、行政法规和资产评估准则，遵循独立、客观、公正的原则；遵守职业道德规范，维护职业形象；对所出具的资产评估报告依法承担责任；能够胜任所执行的资产评估业务，并且能够独立执业，不受委托人或相关当事人的非法干预。

4．资产评估基本程序

资产评估程序是资产评估机构及其资产评估专业人员在执行资产评估业务时为形成资产评估结论所履行的系统性工作步骤。资产评估基本准则要求资产评估机构及其资产评估专业人员开展资产评估业务，应当根据资产评估业务具体情况履行必要的资产评估程序。资产评估基本程序涵盖了资产评估业务的全过程，分别为：明确业务基本事项、签订业务委托合同、编制资产评估计划、进行评估现场调查、收集整理评估资料、评定估算形成结论、编制出具评估报告和整理归集评估档案共八项。资产评估基本准则在资产评估程序中还强调了以下几点。

（1）资产评估业务受理要求。资产评估基本准则规定，资产评估机构受理资产评估业务应当满足专业能力、独立性和业务风险控制要求，否则不得受理相关业务。如果资产评估机构执行某项特定业务时缺乏特定的专业知识和经验，应当采取弥补措施，包括利用专家工作等。

（2）评估计划的内容。资产评估基本准则规定，资产评估机构及其资产评估专业人员受理某项业务签订委托合同后，在开始现场调查之前，应当根据资产评估业务具体情况编制资产评估计划，并合理确定资产评估计划的繁简程度。资产评估计划包括资产评估业务实施的主要过程及时间进度、人员安排等。

（3）相关当事人对评估资料的责任。资产评估基本准则依据《资产评估法》的规定，对相关当事人对评估资料的责任和义务进行了规定。资产评估基本准则规定资产评估专业人员在执行业务时应当获取资产评估业务需要的资料并对资料进行核查和验证；同时，也强调了委托人或者其他相关当事人应当依法提供相关资料并保证资料的真实性、完整性、合法性。

（4）评估方法的选择。资产评估基本准则规定，确定资产价值的评估方法包括市场法、收益法和成本法三种基本方法及其衍生方法。资产评估专业人员应当根据评估目的、评估对象、价值类型、资料收集等情况，分析三种基本方法的适用性，依法选择评估方法。

（5）资产评估报告的内部审核。资产评估专业人员应当在评定、估算形成评估结论后，编制初步资产评估报告。资产评估机构应当履行严格的内部审核程序对初步资产评估报告进行审核，出具正式的资产评估报告。

5．资产评估报告的基本内容

资产评估报告是资产评估机构及其资产评估专业人员在完成评估项目后，向委托人出具的反映资产评估过程及其结果等基本内容的专业报告，是资产评估机构履行资产评估委托合同的成果，也是资产评估机构为资产评估项目承担法律责任的证明文件。资产评估基本准则要求在资产评估机构及其资产评估专业人员完成规定的资产评估程序后，由资产评估机构出具并提交资产评估报告。资产评估基本准则对资产评估报告的内容进行了规定。

6．资产评估档案的内容和管理

基本准则要求资产评估机构及其资产评估专业人员执行资产评估业务，应当形成评估档案。评估档案由所在资产评估机构按照国家有关法律、行政法规和评估准则规定妥善管理。《资产评估法》规定，资产评估专业人员应当对评估活动中知悉的国家秘密、商业秘密和个人隐私予以保密。资产评估基本准则依法对评估档案的管理和对外提供做出了明确规定。

10.3 国外资产评估准则

10.3.1 国外资产评估准则概述

资产评估准则是资产评估行业发展到一定阶段的产物，是一国资产评估理论和实践经验的高度浓缩，并随着资产评估行业的发展而不断完善。资产评估准则需要得到资产评估理论的指导和资产评估实践的支持。英、美两国资产评估行业发展较早，起步于 19 世纪中后期，经过长期资产评估理论和实践的发展，两国从 20 世纪 70 年代后开始了资产评估准则的制定工作。1974 年，英国皇家特许测量师学会成立了评估和估价准则委员会，并于 1976 年开始发布评估准则，之后进行了多次修订。美国虽然有一些评估专业团体早就开始了评估准则的探索工作，但直到经历了 20 世纪 80 年代的资产评估行业动荡之后，才于 1987 年制定了第一部资产评估准则——《专业评估执业统一准则》，之后定期进行修订。

近 20 年来，美国、英国、澳大利亚、加拿大、新西兰等资产评估行业较为发达的西方国家为适应经济全球化发展的需要，明显加大了资产评估准则制定工作的力度，不断总结本国资产评估业发展的经验，在资产评估准则的制定方面做了大量工作。有关国际性和区域评估专业组织也根据国际评估业及本区域评估业的发展状况，在制定国际性和区域性评估准则方面进行了有益的探索。1981 年，全球性的资产评估组织——国际资产评估准则委员会成立，并于 1985 年第一次公布《国际评估准则》，现在已经修订多次。2008 年 10 月，国际评估准则委员会改组为国际评估准则理事会。

资产评估准则的制定是一项复杂的系统工程，不仅专业性、技术性要求高，而且需要反映社会经济、文化、法律等社会背景和环境条件，是相关各方利益的协调过程。由于各国资产评估业的发展很不均衡，各国评估理论基础和实践均缺乏一致性。虽然不同国家和地区的资产评估准则遵循的基本评估原则、基本方法和主要的概念内含是一致的，但在内容、体例和关注的重点方面还是存在着较大的差别。

目前，在国际资产评估界具有较大影响的评估准则主要有：国际评估准则理事会制定的《国际评估准则》，美国评估促进会制定的《专业评估执业统一准则》以及英国皇家特许测量师学会制定的评估准则。

10.3.2 国际评估准则

《国际评估准则》是一部对世界资产评估行业的发展有重要影响的准则之一，已在国际范围内得到了广泛认可，并已被许多国家的国内资产评估准则所采纳。

1. 国际评估准则理事会和《国际评估准则》的产生与发展

国际资产评估准则委员会成立于 1981 年，是在各国评估行业迅速发展和评估业区域化、国际化发展的基础上形成的国际性评估专业组织，标志着国际评估业正式走上国际化协作发展的道路，该组织的诞生有其独特的历史背景。第一，20 世纪 80 年代以前资产评估业在世界范围内得到很大发展，英国、美国、澳大利亚、新西兰、加拿大等许多国家陆续成立了资产评估协会、学会等专业性组织，并分别制定了本国资产评估准则和职业道德守则，为成立国际性评估专业团体奠定了行业发展基础。第二，尽管各国资产评估行业有了长足发展，但在国际上资产评估行业尚未形成一个整体，各国资产评估准则、理论、实务以及专业术语上的差异，都给资产评估业的国际合作和进一步发展带来了很大困难，不能满足日益全球化的资本市场和国际经济界的要求。制定一部统一的、在国际评估界得到公认的国际性评估准则已成为国际资产评估业发展的当务之急，也成为促使国际评估准则委员会成立的内在动力。第三，20 世纪 70 年代以来，随着国际经济和市场全球化的迅速发展，各国经济界越来越重视资产评估在资本市场和资本跨国流动中的重要作用，特别是资产评估所具有的在有关企业财务文件中反映资产的现时市场价值、弥补传统会计中历史成本原则缺陷的功能得到了越来越多的认可。国际经济界迫切需要一部"国际认可"的《国际评估准则》，以促使资产评估业更好地为经济发展服务，这也就成了国际资产评估准则委员会成立的外部动力。在这些因素的共同推动下，1981 年，英国、美国等 20 多个国家和地区在澳大利亚墨尔本发起成立了国际资产评估准则委员会（The International Assets Valuation Standards Committee，IAVSC），1995 年 3 月在南非开普敦召开的第 14 届年会上，决定更名为国际评估准则委员会（IVSC），开展了制定国际评估准则的工作。

国际评估准则委员会正力图建设成为一个全球性的动产和不动产评估行业自律性机构。其宗旨是创建全球统一的评估准则，满足国际市场的需要。弥补各国、各地区评估准则的差异，促进各国各地区的评估准则与国际评估准则更趋于一致，积极为发展中国家推广和实施国际评估准则提供服务，完善国际评估准则。中国资产评估协会代表我国资产评估行业于 1995 年 3 月成为国际评估准则委员会的会员。

1985 年，国际资产评估准则委员会第一次公布了《国际评估准则》，之后分别于 1994 年和 1997 年进行了修订，发布了《国际评估准则》第二版和第三版。2000 年以后，《国际评估准则》的制定和修订工作进入了一个快速发展的时期，经过较大的修改，2000 年和 2001 年分别发布了第四版和第五版，2003 年 4 月推出了第六版《国际评估准则》。由于欧盟法律要求 2005 年欧盟上市公司均须执行《国际会计准则》，根据《国际会计准则》的规定，执行公允价值会计模式的公司需要对公司许多资产进行评估，这一规定极大地激发了对资产评估的市场需求，并且也对资产评估提出了新的要求。面对市场环境的重大变化，国际评估准则委员会于 2005 年发布了第七版《国际评估准则》。2007 年，国际评估准则委员会发布了第八版《国际评估准则》。2008 年 10 月，国际评估准则委员会改组为国际评估准则理事会（The International Valuation Standards Council，IVSC）。2011 年，国际评估准则理事会发布第九版《国际评估准则》。与早期版本相比，修订后的准则在语言和形式上有了重大的变化，准则内容更突出了原则性。《国际评估准则 2013》于 2014 年 1 月 1 日开始实施。新版准则在原准则基础上，对"基本准则""资产准则""评估应用"部分进行了修订。《国际评估准则 2017》于 2017 年发布，在结构和内容上都发生了变化，在原准则的基础上增加了"术语"部分，删除了"国际评估准则定义""评估应用"，对基本准则和资产准则的内容进行了修订。自国际资产评估准则委员会于 1985 年发布第一版《国际评估准则》以来，截至 2017 年，国际评估准则已更新到了第十一版，目前已经发展成为包含不动产、企业价值、无形资产和机器设备等评估业务在内的比较完善的综合准则体系。

由此可见，《国际评估准则》是在各国评估行业发展的基础上适应行业和经济的需要而产生的，其目的是促进各国评估准则的统一，在世界范围内致力于最终消除国际资产交易中在评估领域的误解，为日益发展的全球经济提供专业化的、并由统一准则约束的评估服务。

2.《国际评估准则》的结构体系

《国际评估准则》包括以下几个主要部分：简介、术语表、国际评估准则框架（IVS 框架）、基本准则、资产准则、索引。

（1）简介。简介介绍了国际评估准则理事会的性质、宗旨和基本目标，介绍了国际评估准则的整体状况和国际地位，并对国际评估准则的运用进行了总体说明。简介中指出，国际评估准则理事会准则委员会是国际评估准则的制定机构。准则委员会在准则的制定议程、发布和批准方面拥有自主权。同时简介也对准则委员会在国际评估准则制定过程中所遵循的指导精神和原则进行了介绍。

（2）术语表。术语表明确了国际评估准则中使用的特定术语的定义，如资产或资产组、客户、司法管辖权、参与者、目的等。此外，需要注意的是，术语表不定义评估、会计或金融行业中的基本术语，因为在此处假定评估师已经理解了这些基本术语。

（3）国际评估准则框架（IVS 框架）。该部分对国际评估准则的适用范围、评估师、客观性和独立性、专业胜任能力、背离等方面进行了说明。

（4）基本准则。基本准则适用于所有的资产类型和评估目的，包括以下五个准则。

国际评估准则 101——工作范围；

国际评估准则 102——调查和遵循；

国际评估准则 103——报告；

国际评估准则 104——价值类型；

国际评估准则 105——评估途径和方法。

（5）资产准则。资产准则对具体资产的评估提供指导，是对基本准则要求的细化或者扩充，说明了基本准则中的规定如何应用到特定资产，以及在评估时应当特殊考虑的事项。资产准则包括下列六项。

国际评估准则 200——企业及企业权益；

国际评估准则 210——无形资产；

国际评估准则 300——厂房和设备；

国际评估准则 400——不动产权益；

国际评估准则 410——开发性不动产；

国际评估准则 500——金融工具。

美国资产评估准则

英国资产评估准则

（6）索引。索引列明了准则中涉及的相关术语的出处。

思考题

1. 《中华人民共和国资产评估法》包括哪几章内容？
2. 我国资产评估法律制度体系由哪几部分组成？
3. 简述我国资产评估准则体系的结构。
4. 简述我国资产评估准则体系的特点。
5. 简述我国《资产评估基本准则》的主要内容。
6. 简述《国际评估准则》的结构体系。

练习题

一、单项选择题

1. 以下有关资产评估法重要意义的说法中，错误的是（   ）。
   A. 有利于维护社会主义市场经济秩序
   B. 有利于保护国有资产和公共利益
   C. 有利于推动外汇市场平稳运行
   D. 有利于促进评估行业健康发展

2. 下列选项中，不属于资产评估行业协会职责的是（   ）。
   A. 制定会员自律管理办法，对会员实行自律管理
   B. 建立资产评估准则
   C. 组织开展会员继续教育
   D. 保障会员依法开展业务，维护会员合法权益

3. 无形资产评估准则在资产评估准则体系中属于（   ）。
   A. 实体性准则　　　B. 程序性准则　　　C. 基本准则　　　D. 职业道德准则

4. 以下选项中，不属于法定评估特点的是（   ）。
   A. 涉及国有资产或者公共利益等事项

B. 法律、行政法规规定需要评估

C. 评估报告可以由评估师和其他评估专业人员签署

D. 至少两名相应专业类别的评估师承办业务，并且评估报告必须由至少两名评估师签署

5. 下列不属于我国资产评估准则主要作用的是（　　）。

A. 加强行业监管   B. 促进评估结论使用

C. 为纠纷调处提供依据   D. 增进行业国际交流

6. 下列关于我国资产评估准则制定机制的说法，不正确的是（　　）。

A. 评估行业协会依据评估基本准则制定评估执业准则和职业道德准则

B. 资产评估准则委员会提出资产评估准则立项意见，立项完成后，由中国资产评估协会组织成立项目起草组开展研究起草工作，形成征求意见稿

C. 财政部组织成立了资产评估准则委员会

D. 中国资产评估协会对资产评估准则制定程序做出了规定

7. 下列关于我国资产评估准则体系的说法，正确的是（　　）。

A. 资产评估具体准则由执业准则和职业道德准则构成

B. 资产评估执业准则由程序性准则、实体性准则和职业道德准则三个层次构成

C. 资产评估基本准则是中国资产评估协会制定资产评估执业准则和资产评估职业道德准则的依据

D. 实体性准则是关于资产评估机构及其资产评估专业人员通过履行一定的专业程序完成评估业务、保证评估质量的规范

二、多项选择题

1. 目前在国际评估界具有较大影响的评估准则主要有（　　）。

A.《国际评估准则》   B.《印度评估准则》

C.《新加坡评估准则》   D.《专业评估执业统一准则》

2. 下列关于资产评估法律制度体系的说法中，正确的有（　　）。

A. 我国资产评估法律制度体系以《公司法》为统领，由相关法律、行政法规、部门规章和规范性文件以及行业自律管理制度共同组成

B. 中国资产评估协会组织修订发布了职业道德准则和25项执业准则

C. 财政部门规章、规范性文件主要有《资产评估行业财政监督管理办法》《资产评估基本准则》《资产评估师职业资格制度暂行规定》等

D.《资产评估师职业资格考试实施办法》属于资产评估行业自律管理制度

3. 国际评估准则主要包括（　　）。

A. 简介和术语表   B. 国际评估准则框架

C. 职业规划   D. 基本准则

E. 资产准则

4. 下列属于国际评估准则基本准则的有（　　）。

A. 国际评估准则——工作范围   B. 国际评估准则——不动产权益

C. 国际评估准则——报告   D. 国际评估准则——企业及企业权益

E. 国际评估准则——调查和遵循

5. 下列关于我国资产评估准则制定机制的说法，正确的有（　　）。

A. 中国资产评估协会负责组织制定资产评估基本准则

B. 资产评估准则的制定过程分为立项、起草、公开征求意见、审议和发布五个阶段

C. 由资产评估准则技术委员会组织成立项目起草组开展研究起草工作

D. 资产评估基本准则由财政部组织公开征求意见

E. 中国资产评估协会组织成立了资产评估准则委员会

附录 A　阶段测试

阶段测试题 1

（第1章～第3章）

班级_____　学号_____　姓名_____

一、单项选择题（20分，每小题2分）

1. 资产评估是通过对资产某一（　　　）价值的估算，从而确定其价值的经济活动。
   A. 时期　　　　　　B. 时点　　　　　　C. 时区　　　　　　D. 阶段

2. 资产评估的工作原则是（　　　）。
   A. 贡献原则　　　　B. 客观性原则　　　C. 替代原则　　　　D. 激励原则

3. 清算价格与现行市价相类似，所不同的是清算价格适用于停业或破产。因此，清算价格往往（　　　）现行市价。
   A. 高于　　　　　　B. 低于　　　　　　C. 等于　　　　　　D. 近似等于

4. 当评估人员执行的资产评估业务对市场条件和评估对象的使用等并无特别限制和要求，评估目的是为正常的交易提供价值参考依据时，评估人员通常应当选择（　　　）作为评估结论的价值类型。
   A. 市场价值　　　　B. 清算价值　　　　C. 残余价值　　　　D. 投资价值

5. 已知资产的价值与功能之间存在线性关系，重置全新机器设备一台，其价值为5万元，年产量为500件，现知被评估资产年产量为400件，其重置成本应为（　　　）。
   A. 4万元　　　　　B. 5万元　　　　　C. 4万～5万元　　　D. 无法确定

6. 某收益性资产预计未来3年的收益额分别为10万元、12万元、16万元，假定从第4年起，以后各年收益均为15万元，资本化率为10%，则该资产在永续经营条件下的评估值为（　　　）万元。
   A. 156　　　　　　B. 178.59　　　　　C. 163.33　　　　　D. 143.72

7. 运用市场法时选择三个及三个以上参照物的目的是（　　　）。
   A. 使参照物具有可比性　　　　　　　　B. 便于计算
   C. 排除参照物个别交易的偶然性　　　　D. 避免张冠李戴

8. 政府实施新的经济政策或发布新的法规限制了某些资产的使用，造成资产价值降低，这是一种（　　　）。
   A. 功能性贬值　　　　　　　　　　　　B. 经济性贬值
   C. 实体性贬值　　　　　　　　　　　　D. 非评估考虑因素

9. 折现率本质上是（　　　）。
   A. 平均收益率　　　B. 无风险报酬率　　C. 超额收益率　　　D. 个别收益率

10. 设备的加权投资年限为（　　　）。
    A. 设备已使用年限×更新成本　　　　　B. 设备更新成本合计
    C. 设备加权更新成本合计　　　　　　　D. 设备加权更新成本合计/更新成本合计

二、多项选择题（20分，每小题2分）

1. 企业发生（　　）行为时应该进行资产评估。
   A. 股份经营
   B. 企业兼并
   C. 企业联营
   D. 固定资产足额补偿

2. 下列关于资产评估价值类型的说法，正确的有（　　）。
   A. 价值类型是指资产评估结果的价值属性及其表现形式
   B. 价值类型是影响和决定资产评估价值的重要因素
   C. 主要价值类型包括市场价值、投资价值、停用价值、清算价值和残余价值等
   D. 明确评估价值类型，可以更清楚地表达评估结果
   E. 残余价值是指在评估对象处于被迫出售、快速变现等非正常市场条件下的价值估计数额

3. 下列关于资产评估目的的说法，正确的有（　　）。
   A. 资产评估目的应由委托人与评估机构协商确定，并在评估合同中约定
   B. 资产评估目的体现了评估结论的具体用途
   C. 确定资产评估目的是资产评估机构的责任
   D. 资产评估目的直接决定和制约资产评估价值类型的选择

4. 下列关于资产评估对象的说法，错误的有（　　）。
   A. 资产评估对象也称为评估客体，是资产评估的具体对象
   B. 将企业作为一个整体进行评估时，评估对象一般是企业的股权，也可能是企业的整体投资
   C. 资产评估对象应当由评估机构依据经济行为要求和法律法规规定提出，并在评估委托合同中明确约定
   D. 资产评估对象通常为整体企业（或单位）、资产组合和单项资产
   E. 资产评估对象直接决定和制约资产评估价值类型的选择

5. 成本法涉及的基本要素包括（　　）。
   A. 资产的重置成本
   B. 资产的有形损耗
   C. 资产的功能性贬值
   D. 资产的经济性贬值
   E. 资产的获利年限

6. 运用市场法评估任何单项资产都应考虑的可比因素有（　　）。
   A. 资产的功能
   B. 市场条件
   C. 交易条件
   D. 资产的实体特征和质量
   E. 资产所处的地理位置

7. 成新率的估测方法通常有（　　）。
   A. 使用年限法
   B. 修复金额法
   C. 观测法
   D. 统计分析法
   E. 价格指数法

8. 构成折现率的因素包括（　　）。
   A. 超额收益率　　B. 无风险利率　　C. 通货膨胀率　　D. 风险报酬率

9. 进口设备的重置成本除包括CIF价外，还包括（　　）。
   A. 银行手续费
   B. 进口关税
   C. 境外运杂费
   D. 境外途中保险费
   E. 安装调试费

10. 设备的功能性贬值通常表现为（　　　）。

　　A. 超额重置成本　　　B. 超额投资成本　　C. 超额运营成本　　D. 超额更新成本

三、计算与分析题（共 60 分）

1. 某写字楼的土地面积为 10 000 平方米，建筑面积为 50 000 平方米，建筑结构为钢筋混凝土。土地使用权年限为 50 年，从 2015 年 1 月起计。通过调查研究收集到如下资料。

（1）可供出租的使用面积为 32 000 平方米。

（2）月租金按使用面积计算，为每月每平方米 200 元，出租率为 90%。

（3）建筑物的年经常费用为每月 80 万元。

（4）房产税每年按 336 万元缴纳，每年的其他税费为年总收入的 6%。

（5）社会上的无风险利率为 10%，该房地产的风险报酬率为 2%。

根据以上资料，用收益现值法计算该写字楼 2020 年 1 月的转让价格。

2. 2020 年年底评估某企业一台设备，该设备账面原值为 300 万元，年产产品 10 000 件。已使用 10 年。经调查，评估时与被评估设备一样型号的基本已不再生产，取而代之的是更新型号的设备，2020 年年底该型号设备的价格为 600 万元，年产产品 20 000 件。该类设备的规模效益指数为 0.7，该被评估设备截至评估基准日的法定利用时间累计为 28 800 小时，实际累计时间为 25 920 小时。该设备尚可使用 6 年。该设备由于设计不合理，造成能耗较高，与新型号设备相比，每年多支出运营成本 10 000 元。已知该企业的所得税税率为 25%，评估选定的折现率为 8%，年限为 6 年的年金现值系数为 4.622 9。根据上述资料，采用成本法对该设备进行评估。

3. 被评估设备购于 2010 年，原始价值 30 000 元，2015 年和 2018 年进行两次更新改造，当年投资分别为 3 000 元和 2 000 元，2020 年对该资产进行评估，假设从 2010 年至 2020 年，每年该类机器设备的价格水平同上一年相比平均递增 10%，设备尚可使用 6 年，计算该设备的成新率。

4. 某公司 2010 年从国外进口一条汽车配件生产线，评估基准日进口合同中的离岸价为 220 万美元，进口设备境外运杂费率按 FOB 价格的 5% 计算，境外保险费按 FOB 价格和境外运杂费的 0.4% 计算。2020 年对该生产线进行评估，评估基准日美元对人民币的汇率为 1∶7，该类设备的进口关税为 10%，增值税税率为 13%，银行手续费约占 FOB 价格的 5%，国内运杂费率为到岸价的 1%，安装费率为到岸价的 0.6%，基础费率为到岸价的 1.7%，该汽车配件生产线从订货到安装投入使用需要两年时间，第一年投入资金的比例为 35%，第二年投入资金的比例为 65%，两年中每年的投入资金是均匀的，银行贷款利率为 7%，按单利计息，计算该进口汽车配件生产线的重置成本。

阶段测试题 2

（第 4 章～第 6 章）

班级_____ 学号_____ 姓名_____

一、单项选择题（20 分，每小题 2 分）

1. 用于资产评估的房地产收益应该是房地产的（   ）。
   A. 实际总收益—实际总费用　　　　　　B. 实际总收益—客观总费用
   C. 客观总收益—实际总费用　　　　　　D. 客观总收益—客观总费用

2. 某待估房地产，已知建筑物还原利率为 8%，土地还原利率为 6%，建筑物价值占房地产总价值的 45%，则该房地产综合还原利率应为（   ）。
   A. 5%　　　　　　B. 6%　　　　　　C. 6.9%　　　　　　D. 7.1%

3. 下列建筑物中，通常不适用收益法评估的是（   ）。
   A. 百货商场　　　　B. 星级酒店　　　　C. 综合写字楼　　　　D. 政府办公楼

4. 流动资产一般只参加一个生产周期，便改变了其原有形态，其价值也转移到产品价值中，并在产品销售后收回。这体现了流动资产（   ）的特点。
   A. 周转速度快　　　B. 变现能力强　　　C. 形态多样性　　　D. 数量波动性

5. 不带息商业承兑汇票，其评估值应为（   ）。
   A. 票面金额　　　　B. 市场价格　　　　C. 贴现金额　　　　D. 收益价格

6. 票据的贴现期是指（   ）。
   A. 出票日到评估基准日的一段时间　　　B. 出票日到贴现日的时间
   C. 贴现日到票据到期日的时间　　　　　D. 评估基准日到票据到期日的时间

7. 股票的内在价值属于股票的（   ）。
   A. 账面价值　　　　B. 理论价值　　　　C. 无面额价值　　　　D. 发行价格

8. 股票理论价格主要取决于（   ）。
   A. 股票市场上的人气　　　　　　　　　B. 股票市场上的供求状况
   C. 股票发行价格　　　　　　　　　　　D. 股票发行企业的预期收益

9. 上市债券的评估最适合用（   ）。
   A. 成本法　　　　　B. 市场法　　　　　C. 收益法　　　　　D. 历史成本法

10. 上市股票的评估一般采用市场法，按评估基准日的（   ）确定评估值。
    A. 开盘价　　　　　B. 收盘价　　　　　C. 最低价　　　　　D. 中间价

二、多项选择题（20 分，每小题 2 分）

1. 应该由政府指定并定期公布的房地产价格有（   ）。
   A. 基准地价　　　　B. 交易底价　　　　C. 标定地价
   D. 房屋重置价格　　E. 转让价格

2. 由于土地用途改变而带来的增值收益应在（   ）之间合理分配。
   A. 土地所有者　　　B. 土地使用者　　　C. 土地投资者　　　D. 房地产建设者

3. 新建房地产的开发成本包括（   ）。
   A. 可行性研究费　　　　　　　　　　　B. 设计费
   C. 土地出让金　　　　　　　　　　　　D. 场地平整费
   E. 勘察费

4. 应用剩余法评估地价时，从房屋与其租赁售价中应扣除的费用项目有（   ）。

    A. 征地费用   B. 建筑总成本   C. 利润

    D. 税金   E. 利息

5. 企业流动资产评估的内容包括（   ）。

    A. 外埠存款   B. 库存的外单位委托加工的材料

    C. 处在生产过程中的在产品   D. 代为其他企业保管的材料物资

6. 产成品及库存商品的评估一般可采用（   ）。

    A. 假设开发法   B. 成本法   C. 收益法

    D. 市场法   E. 剩余法

7. 流动资产的实体性贬值可能体现为（   ）。

    A. 在产品   B. 应收账款   C. 在用低值易耗品   D. 呆滞、积压物资

8. 关于流动资产的评估，下列说法中正确的有（   ）。

    A. 实物类流动资产的评估方法通常采用市场法和成本法

    B. 在通常情况下，货币类流动资产以账面原值作为评估值最为合理

    C. 债权类流动资产按可变现净值进行评估

    D. 评估流动资产时一般不需考虑资产的功能性贬值因素

9. 金融资产评估是对被投资方（   ）。

    A. 投资的评估   B. 偿债能力的评估 C. 获利能力的评估   D. 变现能力的评估

    E. 全部资产的评估

10. 根据股利收益的趋势，通常把普通股评估模型分为（   ）。

    A. 固定股利模型   B. 股利增长模型   C. 分段式模型   D. 直线式模型

    E. 固定股利率模型

三、计算与分析题（共 60 分）

1. 待估建筑物为砖混结构单层住宅，宅基地 300 平方米，建筑面积 200 平方米，全部出租，每建筑面积的月租金为 3 000 元，土地本金化率为 7%，建筑物本金化率为 8%，取得租金收入的年总费用为 7 600 元，评估人员另用市场比较法求得土地使用权价格 1 000 元/平方米，试用残余估价法估测建筑物的价值。

2. 某经济开发区内有一块面积为 12 000 平方米的土地，该地块的拆迁、青苗补偿费、安置补助费和耕地占用税等土地征用费用为每亩 16 万元，土地开发费为 2 亿元/平方千米，土地开发期为 2 年，第一年投入资金占开发费用的 45%，投资回报率为土地取得费与开发费用的 12%，土地增值收益率为 15%，银行贷款年利率为 8%，计算土地的价值。

3. 某产品需经过 5 道工序加工制成，原材料在第一道工序一次投入。资产评估时，在每一道工序均有 10 件在产品，从第一道工序到第五道工序的完工率分别为 15%、30%、50%、70%和 95%。该产品的单位定额为：材料 300 元，工资及附加费 55 元，其他各项费用 15 元，计算该在产品的评估值。若在产品的原材料不是一次投入，而是随着生产过程陆续投入，则该在产品的评估值应是多少？

4. A 企业拥有 B 企业发行的普通股股票 1 000 股，每股面值为 100 元，若在评估基准日预计下一年度股票收益率为 16%，以后每年以 2%的比率增长，折现率为 14%，评估该股票的价格。

阶段测试题 3

（第7章～第10章）

班级_____　　学号_____　　姓名_____

一、单项选择题（20分，每小题2分）

1. 无形资产一般不存在（　　）。

 A. 有形损耗   B. 经济性贬值   C. 功能性贬值   D. 无形损耗

2. 企业存在不可确指的资产，分别按单项评估加总的方法和整体评估的方法所得到的企业评估结果会有一个差额，这个差额通常被称作（　　）。

 A. 商标法   B. 专利权   C. 专营权   D. 商誉

3. 一项技术取代另一项技术，一种工艺取代另一种工艺，则原技术或工艺的价值可能不复存在，这种特性称为无形资产的（　　）。

 A. 替代性   B. 共益性   C. 积累性   D. 控制性

4. 利用净利润指标作为企业价值评估的收益额，资本化后的价值应该是企业的（　　）价值。

 A. 部分股权   B. 所有者权益   C. 投资资本   D. 总资产

5. 在持续经营假设前提下，运用资产的成本法评估企业价值时，对各个单项资产的评估，应按（　　）原则确定其价值。

 A. 变现   B. 预期   C. 替代   D. 贡献

6. 利用净利润加上扣税后的长期负债利息作为企业价值评估的收益额，资本化后的价值应该是企业的（　　）。

 A. 部分股权   B. 所有者权益   C. 投资资本   D. 总资产

7. 评估企业的资产价值时，选择（　　）作为资本化的收益额最为直接。

 A. 利润总额

 B. 净利润

 C. 净现金流量＋负债利息×（1－所得税税率）

 D. 净现金流量＋长期利息×（1－所得税税率）

8. 当企业的整体价值低于企业单项资产评估值之和时，通常的情况是（　　）。

 A. 企业的资产收益率低于社会平均资金收益率

 B. 企业的资产收益率高于社会平均资金收益率

 C. 企业的资产收益率等于社会平均资金收益率

 D. 企业的资产收益率趋于社会平均资金收益率

9. 运用收益法评估企业价值时，企业收益是指（　　）。

 A. 企业的实际收益   B. 企业的净利润

 C. 企业的净现金流量   D. 企业未来的客观收益

10. 《资产评估执业准则——资产评估档案》在资产评估准则体系中属于（　　）。

 A. 专业性准则   B. 程序性准则

 C. 基本准则   D. 职业道德准则

二、多项选择题（20分，每小题2分）

1. 下列公式中不成立的有（　　　）。
   - A. 销售收入分成率＝销售利润分成率/销售利润率
   - B. 销售利润分成率＝销售收入分成率/销售利润率
   - C. 销售利润分成率＝销售收入分成率×销售利润率
   - D. 销售收入分成率＝销售利润分成率×销售利润率

2. 以下属于无形资产常见评估的有（　　　）。
   - A. 无形资产转让
   - B. 无形资产出资
   - C. 无形资产的财务报告
   - D. 无形资产纳税

3. 使用割差法评估商誉价值的基本参数有（　　　）。
   - A. 企业整体价值
   - B. 企业账面价值
   - C. 无形资产的价值
   - D. 企业的各单项资产评估值之和

4. 无形资产转让的利润分成率的确定方法有（　　　）。
   - A. 回归分析法
   - B. 替代法
   - C. 边际分析法
   - D. 约当投资分成法

5. 无形资产的成本特性表现为（　　　）。
   - A. 弱对应性
   - B. 虚拟性
   - C. 积累性
   - D. 共益性

6. 直接用于评估企业所有者权益价值的收益额应选择（　　　）。
   - A. 利润总额
   - B. 净利润
   - C. 利税总额
   - D. 营业利润
   - E. 净现值流量

7. 企业作为一类特殊的资产，具有（　　　）特点。
   - A. 盈利性
   - B. 持续经营性
   - C. 收益无限期
   - D. 整体性

8. 资产评估报告声明部分的内容通常包括（　　　）。
   - A. 评估依据
   - B. 正确理解资产评估结论
   - C. 评估责任
   - D. 资产评估报告所使用的评估方法和价值类型
   - E. 评估报告使用范围

9. 按现行规定，资产评估报告应包括（　　　）。
   - A. 资产评估报告书正文
   - B. 资产评估说明
   - C. 资产评估明细表及相关附件
   - D. 资产评估结果确认书
   - E. 资产评估工作底稿

10. （　　　）在资产评估准则体系中属于实体性准则。
   - A. 《资产评估执业准则——资产评估报告》
   - B. 《资产评估执业准则——机器设备》
   - C. 《资产评估执业准则——不动产》
   - D. 《资产评估执业准则——资产评估程序》
   - E. 《资产评估执业准则——珠宝首饰》

三、计算与分析题（共60分）

1. 甲企业将一项专利使用权转让给乙企业，拟采用利润分成支付的方法。该专利技术是3年前自行研制的，账面成本为80万元，3年间物价累计上升了25%，该专利保护期为10年，剩余保护期6年，专业人员测算认为该专利技术的成本利润率为400%，乙企业资产的重置成本为4 000万元，成本利润率为13%。专业人员通过对该专利技术的同类技术发展趋势分析，认为该专利的剩余经济使用年限为4年。通过对市场供求状况及生产状况分析得知，乙企业的年实际生产能力为 20 万件，成本费用为每件 400 元，未来四年期间的产量与成本费用变动不大，使用该专利技术后产品的性能提高，预计每件产品的售价在未来第 1 年、第 2 年为 500 元，第 3 年、第 4 年为 450 元。折现率为 10%，所得税税率为 25%。试确定该专利技术的评估价值。

2. 某企业为了整体资产转让，需进行评估。经预测该企业未来 5 年净利润分别为 100 万元、110 万元、120 万元、150 万元和 160 万元，从第 6 年起，每年收益处于稳定状态，即每年均为 160 万元。该企业一直没有负债，其有形资产只有货币资金和固定资产，且其评估值分别为 100 万元和 500 万元，该企业有一项可确指无形资产，即一个尚有 5 年剩余经济寿命的非专利技术，该技术产品每件可获超额净利润 10 元，目前该企业每年生产产品 8 万件，经综合生产能力和市场分析预测，在未来 5 年，每年可生产 10 万件，经预测折现率和资本化率均为 6%。试评估该企业的商誉价值。

3. 某被评估企业的基本情况如下。

（1）该企业未来 5 年预期利润总额分别为 100 万元、110 万元、120 万元、120 万元和 130 万元，从第 6 年开始，利润总额将在第 5 年的基础上，每年比前一年度增长 2%。

（2）该企业使用的所得税税率为 25%。

（3）据查，评估基准日社会平均收益率为 9%，无风险报酬率为 4%，企业所在行业的平均风险与社会平均风险的比率（β）为 1.2。

（4）被评估企业生产经营比较平稳，将长期经营下去。

试评估该企业的净资产价值。

4. 某公司未来 5 年的企业自由现金流量预测分别为 12 058 万元、6 454 万元、7 065 万元、5 245 万元和 8 726 万元。假设该公司从第 6 年开始，每年企业自由现金流量比上年增长 3%。该公司加权平均资本成本为 10%，债务价值为 38 546.11 万元。试评估该公司企业价值和股东权益价值。

附录 B 复利系数公式和复利系数表

一、复利系数公式

各种复利系数公式总结如下表。

序号	复利系数名称	符号	公式
1	复利终值系数	$(F/P,r,n)$	$(1+r)^n$
2	复利现值系数	$(P/F,r,n)$	$(1+r)^{-n}$
3	年金终值系数	$(F/A,r,n)$	$\dfrac{(1+r)^n-1}{r}$
4	偿债基金系数	$(A/F,r,n)$	$\dfrac{r}{(1+r)^n-1}$
5	年金现值系数	$(P/A,r,n)$	$\dfrac{(1+r)^n-1}{r(1+r)^n}$
6	投资回收系数	$(A/P,r,n)$	$\dfrac{r(1+r)^n}{(1+r)^n-1}$

各种系数之间的关系：复利终值系数和复利现值系数之间、年金终值系数和偿债基金系数之间、年金现值系数和投资回收系数之间互为倒数关系。

二、复利系数表

为了便于时间价值的换算，根据上述公式计算的复利系数表附后。

附表一　复利终值系数表

n	1%	2%	3%	4%	5%	6%	7%	8%	9%	10%
1	1.0100	1.0200	1.0300	1.0400	1.0500	1.0600	1.0700	1.0800	1.0900	1.1000
2	1.0201	1.0404	1.0609	1.0816	1.1025	1.1236	1.1449	1.1664	1.1881	1.2100
3	1.0303	1.0612	1.0927	1.1249	1.1576	1.1910	1.2250	1.2597	1.2950	1.3310
4	1.0406	1.0824	1.1255	1.1699	1.2155	1.2625	1.3108	1.3605	1.4116	1.4641
5	1.0510	1.1041	1.1593	1.2167	1.2763	1.3382	1.4026	1.4693	1.5386	1.6105
6	1.0615	1.1262	1.1941	1.2653	1.3401	1.4185	1.5007	1.5869	1.6771	1.7716
7	1.0721	1.1487	1.2299	1.3159	1.4071	1.5036	1.6058	1.7138	1.8280	1.9487
8	1.0829	1.1717	1.2668	1.3686	1.4775	1.5938	1.7182	1.8509	1.9926	2.1436
9	1.0937	1.1951	1.3048	1.4233	1.5513	1.6895	1.8385	1.9990	2.1719	2.3579
10	1.1046	1.2190	1.3439	1.4802	1.6289	1.7908	1.9672	2.1589	2.3674	2.5937
11	1.1157	1.2434	1.3842	1.5395	1.7103	1.8983	2.1049	2.3316	2.5804	2.8531
12	1.1268	1.2682	1.4258	1.6010	1.7959	2.0122	2.2522	2.5182	2.8127	3.1384
13	1.1381	1.2936	1.4685	1.6651	1.8856	2.1329	2.4098	2.7196	3.0658	3.4523
14	1.1495	1.3195	1.5126	1.7317	1.9799	2.2609	2.5785	2.9372	3.3417	3.7975
15	1.1610	1.3459	1.5580	1.8009	2.0789	2.3966	2.7590	3.1722	3.6425	4.1772
16	1.1726	1.3728	1.6047	1.8730	2.1829	2.5404	2.9522	3.4259	3.9703	4.5950
17	1.1843	1.4002	1.6528	1.9479	2.2920	2.6928	3.1588	3.7000	4.3276	5.0545
18	1.1961	1.4282	1.7024	2.0258	2.4066	2.8543	3.3799	3.9960	4.7171	5.5599
19	1.2081	1.4568	1.7535	2.1068	2.5270	3.0256	3.6165	4.3157	5.1417	6.1159
20	1.2202	1.4859	1.8061	2.1911	2.6533	3.2071	3.8697	4.6610	5.6044	6.7275
21	1.2324	1.5157	1.8603	2.2788	2.7860	3.3996	4.1406	5.0338	6.1088	7.4002
22	1.2447	1.5460	1.9161	2.3699	2.9253	3.6035	4.4304	5.4365	6.6586	8.1403
23	1.2572	1.5769	1.9736	2.4647	3.0715	3.8197	4.7405	5.8715	7.2579	8.9543
24	1.2697	1.6084	2.0328	2.5633	3.2251	4.0489	5.0724	6.3412	7.9111	9.8497
25	1.2824	1.6406	2.0938	2.6658	3.3864	4.2919	5.4274	6.8485	8.6231	10.8347
30	1.3478	1.8114	2.4273	3.2434	4.3219	5.7435	7.6123	10.0627	13.2677	17.4494
35	1.4166	1.9999	2.8139	3.9461	5.5160	7.6861	10.6766	14.7853	20.4140	28.1024
40	1.4889	2.2080	3.2620	4.8010	7.0400	10.2857	14.9745	21.7245	31.4094	45.2593
45	1.5648	2.4379	3.7816	5.8412	8.9850	13.7646	21.0025	31.9204	48.3273	72.8905
50	1.6446	2.6916	4.3839	7.1067	11.4674	18.4202	29.4570	46.9016	74.3575	117.3909

n	11%	12%	13%	14%	15%	16%	17%	18%
1	1.1100	1.1200	1.1300	1.1400	1.1500	1.1600	1.1700	1.1800
2	1.2321	1.2544	1.2769	1.2996	1.3225	1.3456	1.3689	1.3924
3	1.3676	1.4049	1.4429	1.4815	1.5209	1.5609	1.6016	1.6430
4	1.5181	1.5735	1.6305	1.6890	1.7490	1.8106	1.8739	1.9388
5	1.6851	1.7623	1.8424	1.9254	2.0114	2.1003	2.1924	2.2878
6	1.8704	1.9738	2.0820	2.1950	2.3131	2.4364	2.5652	2.6996
7	2.0762	2.2107	2.3526	2.5023	2.6600	2.8262	3.0012	3.1855
8	2.3045	2.4760	2.6584	2.8526	3.0590	3.2784	3.5115	3.7589
9	2.5580	2.7731	3.0040	3.2519	3.5179	3.8030	4.1084	4.4355
10	2.8394	3.1058	3.3946	3.7072	4.0456	4.4114	4.8068	5.2338
11	3.1518	3.4785	3.8359	4.2262	4.6524	5.1173	5.6240	6.1759
12	3.4985	3.8960	4.3345	4.8179	5.3503	5.9360	6.5801	7.2876
13	3.8833	4.3635	4.8980	5.4924	6.1528	6.8858	7.6987	8.5994
14	4.3104	4.8871	5.5348	6.2613	7.0757	7.9875	9.0075	10.1472
15	4.7846	5.4736	6.2543	7.1379	8.1371	9.2655	10.5387	11.9737
16	5.3109	6.1304	7.0673	8.1372	9.3576	10.7480	12.3303	14.1290
17	5.8951	6.8660	7.9861	9.2765	10.7613	12.4677	14.4265	16.6722
18	6.5436	7.6900	9.0243	10.5752	12.3755	14.4625	16.8790	19.6733
19	7.2633	8.6128	10.1974	12.0557	14.2318	16.7765	19.7484	23.2144
20	8.0623	9.6463	11.5231	13.7435	16.3665	19.4608	23.1056	27.3930
21	8.9492	10.8038	13.0211	15.6676	18.8215	22.5745	27.0336	32.3238
22	9.9336	12.1003	14.7138	17.8610	21.6447	26.1864	31.6293	38.1421
23	11.0263	13.5523	16.6266	20.3616	24.8915	30.3762	37.0062	45.0076
24	12.2392	15.1786	18.7881	23.2122	28.6252	35.2364	43.2973	53.1090
25	13.5855	17.0001	21.2305	26.4619	32.9190	40.8742	50.6578	62.6686
30	22.8923	29.9599	39.1159	50.9502	66.2118	85.8499	111.0647	143.3706
35	38.5749	52.7996	72.0685	98.1002	133.1755	180.3141	243.5035	327.9973
40	65.0009	93.0510	132.7816	188.8835	267.8635	378.7212	533.8687	750.3783
45	109.5302	163.9876	244.6414	363.6791	538.7693	795.4438	1170.4794	1716.6839
50	184.5648	289.0022	450.7359	700.2330	1083.6574	1670.7038	2566.2153	3927.3569

n	19%	20%	21%	22%	23%	24%	25%	30%
1	1.1900	1.2000	1.2100	1.2200	1.2300	1.2400	1.2500	1.3000
2	1.4161	1.4400	1.4641	1.4884	1.5129	1.5376	1.5625	1.6900
3	1.6852	1.7280	1.7716	1.8158	1.8609	1.9066	1.9531	2.1970
4	2.0053	2.0736	2.1436	2.2153	2.2889	2.3642	2.4414	2.8561
5	2.3864	2.4883	2.5937	2.7027	2.8153	2.9316	3.0518	3.7129
6	2.8398	2.9860	3.1384	3.2973	3.4628	3.6352	3.8147	4.8268
7	3.3793	3.5832	3.7975	4.0227	4.2593	4.5077	4.7684	6.2749
8	4.0214	4.2998	4.5950	4.9077	5.2390	5.5895	5.9605	8.1573
9	4.7854	5.1598	5.5599	5.9874	6.4439	6.9310	7.4506	10.6045
10	5.6947	6.1917	6.7275	7.3046	7.9259	8.5944	9.3132	13.7858
11	6.7767	7.4301	8.1403	8.9117	9.7489	10.6571	11.6415	17.9216
12	8.0642	8.9161	9.8497	10.8722	11.9912	13.2148	14.5519	23.2981
13	9.5964	10.6993	11.9182	13.2641	14.7491	16.3863	18.1899	30.2875
14	11.4198	12.8392	14.4210	16.1822	18.1414	20.3191	22.7374	39.3738
15	13.5895	15.4070	17.4494	19.7423	22.3140	25.1956	28.4217	51.1859
16	16.1715	18.4884	21.1138	24.0856	27.4462	31.2426	35.5271	66.5417
17	19.2441	22.1861	25.5477	29.3844	33.7588	38.7408	44.4089	86.5042
18	22.9005	26.6233	30.9127	35.8490	41.5233	48.0386	55.5112	112.4554
19	27.2516	31.9480	37.4043	43.7358	51.0737	59.5679	69.3889	146.1920
20	32.4294	38.3376	45.2593	53.3576	62.8206	73.8641	86.7362	190.0496
21	38.5910	46.0051	54.7637	65.0963	77.2694	91.5915	108.4202	247.0645
22	45.9233	55.2061	66.2641	79.4175	95.0413	113.5735	135.5253	321.1839
23	54.6487	66.2474	80.1795	96.8894	116.9008	140.8312	169.4066	417.5391
24	65.0320	79.4968	97.0172	118.2050	143.7880	174.6306	211.7582	542.8008
25	77.3881	95.3962	117.3909	144.2101	176.8593	216.5420	264.6978	705.6410
30	184.6753	237.3763	304.4816	389.7579	497.9129	634.8199	807.7936	2619.9956
35	440.7006	590.6682	789.7470	1053.4018	1401.7767	1861.0540	2465.1903	9727.8604
40	1051.6675	1469.7716	2048.4002	2847.0378	3946.4305	5455.9126	7523.1638	36118.8648
45	2509.6506	3657.2620	5313.0226	7694.7122	11110.4082	15994.6902	22958.8740	134106.8167
50	5988.9139	9100.4382	13780.6123	20796.5615	31279.1953	46890.4346	70064.9232	497929.2230

附表二　复利现值系数表

n	1%	2%	3%	4%	5%	6%	7%	8%	9%	10%
1	0.9901	0.9804	0.9709	0.9615	0.9524	0.9434	0.9346	0.9259	0.9174	0.9091
2	0.9803	0.9612	0.9426	0.9246	0.9070	0.8900	0.8734	0.8573	0.8417	0.8264
3	0.9706	0.9423	0.9151	0.8890	0.8638	0.8396	0.8163	0.7938	0.7722	0.7513
4	0.9610	0.9238	0.8890	0.8548	0.8227	0.7921	0.7629	0.7350	0.7084	0.6830
5	0.9515	0.9057	0.8626	0.8219	0.7835	0.7473	0.7130	0.6806	0.6499	0.6209
6	0.9420	0.8880	0.8375	0.7903	0.7462	0.7050	0.6663	0.6302	0.5963	0.5645
7	0.9327	0.8706	0.8131	0.7599	0.7107	0.6651	0.6227	0.5835	0.5470	0.5132
8	0.9235	0.8535	0.7894	0.7307	0.6768	0.6274	0.5820	0.5403	0.5019	0.4665
9	0.9143	0.8368	0.7664	0.7026	0.6446	0.5919	0.5439	0.5002	0.4604	0.4241
10	0.9053	0.8203	0.7441	0.6756	0.6139	0.5584	0.5083	0.4632	0.4224	0.3855
11	0.8963	0.8043	0.7224	0.6496	0.5847	0.5268	0.4751	0.4289	0.3875	0.3505
12	0.8874	0.7885	0.7014	0.6246	0.5568	0.4970	0.4440	0.3971	0.3555	0.3186
13	0.8787	0.7730	0.6810	0.6006	0.5303	0.4688	0.4150	0.3677	0.3262	0.2897
14	0.8700	0.7579	0.6611	0.5775	0.5051	0.4423	0.3878	0.3405	0.2992	0.2633
15	0.8613	0.7430	0.6419	0.5553	0.4810	0.4173	0.3624	0.3152	0.2745	0.2394
16	0.8528	0.7284	0.6232	0.5339	0.4581	0.3936	0.3387	0.2919	0.2519	0.2176
17	0.8444	0.7142	0.6050	0.5134	0.4363	0.3714	0.3166	0.2703	0.2311	0.1978
18	0.8360	0.7002	0.5874	0.4936	0.4155	0.3503	0.2959	0.2502	0.2120	0.1799
19	0.8277	0.6864	0.5703	0.4746	0.3957	0.3305	0.2765	0.2317	0.1945	0.1635
20	0.8195	0.6730	0.5537	0.4564	0.3769	0.3118	0.2584	0.2145	0.1784	0.1486
21	0.8114	0.6598	0.5375	0.4388	0.3589	0.2942	0.2415	0.1987	0.1637	0.1351
22	0.8034	0.6468	0.5219	0.4220	0.3418	0.2775	0.2257	0.1839	0.1502	0.1228
23	0.7954	0.6342	0.5067	0.4057	0.3256	0.2618	0.2109	0.1703	0.1378	0.1117
24	0.7876	0.6217	0.4919	0.3901	0.3101	0.2470	0.1971	0.1577	0.1264	0.1015
25	0.7798	0.6095	0.4776	0.3751	0.2953	0.2330	0.1842	0.1460	0.1160	0.0923
30	0.7419	0.5521	0.4120	0.3083	0.2314	0.1741	0.1314	0.0994	0.0754	0.0573
35	0.7059	0.5000	0.3554	0.2534	0.1813	0.1301	0.0937	0.0676	0.0490	0.0356
40	0.6717	0.4529	0.3066	0.2083	0.1420	0.0972	0.0668	0.0460	0.0318	0.0221
45	0.6391	0.4102	0.2644	0.1712	0.1113	0.0727	0.0476	0.0313	0.0207	0.0137
50	0.6080	0.3715	0.2281	0.1407	0.0872	0.0543	0.0339	0.0213	0.0134	0.0085

n	11%	12%	13%	14%	15%	16%	17%	18%	19%	20%
1	0.9009	0.8929	0.8850	0.8772	0.8696	0.8621	0.8547	0.8475	0.8403	0.8333
2	0.8116	0.7972	0.7831	0.7695	0.7561	0.7432	0.7305	0.7182	0.7062	0.6944
3	0.7312	0.7118	0.6931	0.6750	0.6575	0.6407	0.6244	0.6086	0.5934	0.5787
4	0.6587	0.6355	0.6133	0.5921	0.5718	0.5523	0.5337	0.5158	0.4987	0.4823
5	0.5935	0.5674	0.5428	0.5194	0.4972	0.4761	0.4561	0.4371	0.4190	0.4019
6	0.5346	0.5066	0.4803	0.4556	0.4323	0.4104	0.3898	0.3704	0.3521	0.3349
7	0.4817	0.4523	0.4251	0.3996	0.3759	0.3538	0.3332	0.3139	0.2959	0.2791
8	0.4339	0.4039	0.3762	0.3506	0.3269	0.3050	0.2848	0.2660	0.2487	0.2326
9	0.3909	0.3606	0.3329	0.3075	0.2843	0.2630	0.2434	0.2255	0.2090	0.1938
10	0.3522	0.3220	0.2946	0.2697	0.2472	0.2267	0.2080	0.1911	0.1756	0.1615
11	0.3173	0.2875	0.2607	0.2366	0.2149	0.1954	0.1778	0.1619	0.1476	0.1346
12	0.2858	0.2567	0.2307	0.2076	0.1869	0.1685	0.1520	0.1372	0.1240	0.1122
13	0.2575	0.2292	0.2042	0.1821	0.1625	0.1452	0.1299	0.1163	0.1042	0.0935
14	0.2320	0.2046	0.1807	0.1597	0.1413	0.1252	0.1110	0.0985	0.0876	0.0779
15	0.2090	0.1827	0.1599	0.1401	0.1229	0.1079	0.0949	0.0835	0.0736	0.0649
16	0.1883	0.1631	0.1415	0.1229	0.1069	0.0930	0.0811	0.0708	0.0618	0.0541
17	0.1696	0.1456	0.1252	0.1078	0.0929	0.0802	0.0693	0.0600	0.0520	0.0451
18	0.1528	0.1300	0.1108	0.0946	0.0808	0.0691	0.0592	0.0508	0.0437	0.0376
19	0.1377	0.1161	0.0981	0.0829	0.0703	0.0596	0.0506	0.0431	0.0367	0.0313
20	0.1240	0.1037	0.0868	0.0728	0.0611	0.0514	0.0433	0.0365	0.0308	0.0261
21	0.1117	0.0926	0.0768	0.0638	0.0531	0.0443	0.0370	0.0309	0.0259	0.0217
22	0.1007	0.0826	0.0680	0.0560	0.0462	0.0382	0.0316	0.0262	0.0218	0.0181
23	0.0907	0.0738	0.0601	0.0491	0.0402	0.0329	0.0270	0.0222	0.0183	0.0151
24	0.0817	0.0659	0.0532	0.0431	0.0349	0.0284	0.0231	0.0188	0.0154	0.0126
25	0.0736	0.0588	0.0471	0.0378	0.0304	0.0245	0.0197	0.0160	0.0129	0.0105
30	0.0437	0.0334	0.0256	0.0196	0.0151	0.0116	0.0090	0.0070	0.0054	0.0042
35	0.0259	0.0189	0.0139	0.0102	0.0075	0.0055	0.0041	0.0030	0.0023	0.0017
40	0.0154	0.0107	0.0075	0.0053	0.0037	0.0026	0.0019	0.0013	0.0010	0.0007
45	0.0091	0.0061	0.0041	0.0027	0.0019	0.0013	0.0009	0.0006	0.0004	0.0003
50	0.0054	0.0035	0.0022	0.0014	0.0009	0.0006	0.0004	0.0003	0.0002	0.0001

n	21%	22%	23%	24%	25%	30%	35%	40%	45%	50%
1	0.8264	0.8197	0.8130	0.8065	0.8000	0.7692	0.7407	0.7143	0.6897	0.6667
2	0.6830	0.6719	0.6610	0.6504	0.6400	0.5917	0.5487	0.5102	0.4756	0.4444
3	0.5645	0.5507	0.5374	0.5245	0.5120	0.4552	0.4064	0.3644	0.3280	0.2963
4	0.4665	0.4514	0.4369	0.4230	0.4096	0.3501	0.3011	0.2603	0.2262	0.1975
5	0.3855	0.3700	0.3552	0.3411	0.3277	0.2693	0.2233	0.1859	0.1560	0.1317
6	0.3186	0.3033	0.2888	0.2751	0.2621	0.2072	0.1652	0.1328	0.1076	0.0878
7	0.2633	0.2486	0.2348	0.2218	0.2097	0.1594	0.1224	0.0949	0.0742	0.0585
8	0.2176	0.2038	0.1909	0.1789	0.1678	0.1226	0.0906	0.0678	0.0512	0.0390
9	0.1799	0.1670	0.1552	0.1443	0.1342	0.0943	0.0671	0.0484	0.0353	0.0260
10	0.1486	0.1369	0.1262	0.1164	0.1074	0.0725	0.0497	0.0346	0.0243	0.0173
11	0.1228	0.1122	0.1026	0.0938	0.0859	0.0558	0.0368	0.0247	0.0168	0.0116
12	0.1015	0.0920	0.0834	0.0757	0.0687	0.0429	0.0273	0.0176	0.0116	0.0077
13	0.0839	0.0754	0.0678	0.0610	0.0550	0.0330	0.0202	0.0126	0.0080	0.0051
14	0.0693	0.0618	0.0551	0.0492	0.0440	0.0254	0.0150	0.0090	0.0055	0.0034
15	0.0573	0.0507	0.0448	0.0397	0.0352	0.0195	0.0111	0.0064	0.0038	0.0023
16	0.0474	0.0415	0.0364	0.0320	0.0281	0.0150	0.0082	0.0046	0.0026	0.0015
17	0.0391	0.0340	0.0296	0.0258	0.0225	0.0116	0.0061	0.0033	0.0018	0.0010
18	0.0323	0.0279	0.0241	0.0208	0.0180	0.0089	0.0045	0.0023	0.0012	0.0007
19	0.0267	0.0229	0.0196	0.0168	0.0144	0.0068	0.0033	0.0017	0.0009	0.0005
20	0.0221	0.0187	0.0159	0.0135	0.0115	0.0053	0.0025	0.0012	0.0006	0.0003
21	0.0183	0.0154	0.0129	0.0109	0.0092	0.0040	0.0018	0.0009	0.0004	0.0002
22	0.0151	0.0126	0.0105	0.0088	0.0074	0.0031	0.0014	0.0006	0.0003	0.0001
23	0.0125	0.0103	0.0086	0.0071	0.0059	0.0024	0.0010	0.0004	0.0002	0.0001
24	0.0103	0.0085	0.0070	0.0057	0.0047	0.0018	0.0007	0.0003	0.0001	0.0000
25	0.0085	0.0069	0.0057	0.0046	0.0038	0.0014	0.0006	0.0002	0.0001	0.0000
30	0.0033	0.0026	0.0020	0.0016	0.0012	0.0004	0.0001	0.0000	0.0000	0.0000
35	0.0013	0.0009	0.0007	0.0005	0.0004	0.0001	0.0000	0.0000	0.0000	0.0000
40	0.0005	0.0004	0.0002	0.0002	0.0001	0.0000	0.0000	0.0000	0.0000	0.0000
45	0.0002	0.0001	0.0001	0.0001	0.0000	0.0000	0.0000	0.0000	0.0000	0.0000
50	0.0001	0.0001	0.0000	0.0000	0.0000	0.0000	0.0000	0.0000	0.0000	0.0000

附表三　年金终值系数表

n	1%	2%	3%	4%	5%	6%	7%	8%	9%
1	1.0000	1.0000	1.0000	1.0000	1.0000	1.0000	1.0000	1.0000	1.0000
2	2.0100	2.0200	2.0300	2.0400	2.0500	2.0600	2.0700	2.0800	2.0900
3	3.0301	3.0604	3.0909	3.1216	3.1525	3.1836	3.2149	3.2464	3.2781
4	4.0604	4.1216	4.1836	4.2465	4.3101	4.3746	4.4399	4.5061	4.5731
5	5.1010	5.2040	5.3091	5.4163	5.5256	5.6371	5.7507	5.8666	5.9847
6	6.1520	6.3081	6.4684	6.6330	6.8019	6.9753	7.1533	7.3359	7.5233
7	7.2135	7.4343	7.6625	7.8983	8.1420	8.3938	8.6540	8.9228	9.2004
8	8.2857	8.5830	8.8923	9.2142	9.5491	9.8975	10.2598	10.6366	11.0285
9	9.3685	9.7546	10.1591	10.5828	11.0266	11.4913	11.9780	12.4876	13.0210
10	10.4622	10.9497	11.4639	12.0061	12.5779	13.1808	13.8164	14.4866	15.1929
11	11.5668	12.1687	12.8078	13.4864	14.2068	14.9716	15.7836	16.6455	17.5603
12	12.6825	13.4121	14.1920	15.0258	15.9171	16.8699	17.8885	18.9771	20.1407
13	13.8093	14.6803	15.6178	16.6268	17.7130	18.8821	20.1406	21.4953	22.9534
14	14.9474	15.9739	17.0863	18.2919	19.5986	21.0151	22.5505	24.2149	26.0192
15	16.0969	17.2934	18.5989	20.0236	21.5786	23.2760	25.1290	27.1521	29.3609
16	17.2579	18.6393	20.1569	21.8245	23.6575	25.6725	27.8881	30.3243	33.0034
17	18.4304	20.0121	21.7616	23.6975	25.8404	28.2129	30.8402	33.7502	36.9737
18	19.6147	21.4123	23.4144	25.6454	28.1324	30.9057	33.9990	37.4502	41.3013
19	20.8109	22.8406	25.1169	27.6712	30.5390	33.7600	37.3790	41.4463	46.0185
20	22.0190	24.2974	26.8704	29.7781	33.0660	36.7856	40.9955	45.7620	51.1601
21	23.2392	25.7833	28.6765	31.9692	35.7193	39.9927	44.8652	50.4229	56.7645
22	24.4716	27.2990	30.5368	34.2480	38.5052	43.3923	49.0057	55.4568	62.8733
23	25.7163	28.8450	32.4529	36.6179	41.4305	46.9958	53.4361	60.8933	69.5319
24	26.9735	30.4219	34.4265	39.0826	44.5020	50.8156	58.1767	66.7648	76.7898
25	28.2432	32.0303	36.4593	41.6459	47.7271	54.8645	63.2490	73.1059	84.7009
30	34.7849	40.5681	47.5754	56.0849	66.4388	79.0582	94.4608	113.2832	136.3075
35	41.6603	49.9945	60.4621	73.6522	90.3203	111.4348	138.2369	172.3168	215.7108
40	48.8864	60.4020	75.4013	95.0255	120.7998	154.7620	199.6351	259.0565	337.8824
45	56.4811	71.8927	92.7199	121.0294	159.7002	212.7435	285.7493	386.5056	525.8587
50	64.4632	84.5794	112.7969	152.6671	209.3480	290.3359	406.5289	573.7702	815.0836

n	10%	11%	12%	13%	14%	15%	16%	17%
1	1.0000	1.0000	1.0000	1.0000	1.0000	1.0000	1.0000	1.0000
2	2.1000	2.1100	2.1200	2.1300	2.1400	2.1500	2.1600	2.1700
3	3.3100	3.3421	3.3744	3.4069	3.4396	3.4725	3.5056	3.5389
4	4.6410	4.7097	4.7793	4.8498	4.9211	4.9934	5.0665	5.1405
5	6.1051	6.2278	6.3528	6.4803	6.6101	6.7424	6.8771	7.0144
6	7.7156	7.9129	8.1152	8.3227	8.5355	8.7537	8.9775	9.2068
7	9.4872	9.7833	10.0890	10.4047	10.7305	11.0668	11.4139	11.7720
8	11.4359	11.8594	12.2997	12.7573	13.2328	13.7268	14.2401	14.7733
9	13.5795	14.1640	14.7757	15.4157	16.0853	16.7858	17.5185	18.2847
10	15.9374	16.7220	17.5487	18.4197	19.3373	20.3037	21.3215	22.3931
11	18.5312	19.5614	20.6546	21.8143	23.0445	24.3493	25.7329	27.1999
12	21.3843	22.7132	24.1331	25.6502	27.2707	29.0017	30.8502	32.8239
13	24.5227	26.2116	28.0291	29.9847	32.0887	34.3519	36.7862	39.4040
14	27.9750	30.0949	32.3926	34.8827	37.5811	40.5047	43.6720	47.1027
15	31.7725	34.4054	37.2797	40.4175	43.8424	47.5804	51.6595	56.1101
16	35.9497	39.1899	42.7533	46.6717	50.9804	55.7175	60.9250	66.6488
17	40.5447	44.5008	48.8837	53.7391	59.1176	65.0751	71.6730	78.9792
18	45.5992	50.3959	55.7497	61.7251	68.3941	75.8364	84.1407	93.4056
19	51.1591	56.9395	63.4397	70.7494	78.9692	88.2118	98.6032	110.2846
20	57.2750	64.2028	72.0524	80.9468	91.0249	102.4436	115.3797	130.0329
21	64.0025	72.2651	81.6987	92.4699	104.7684	118.8101	134.8405	153.1385
22	71.4027	81.2143	92.5026	105.4910	120.4360	137.6316	157.4150	180.1721
23	79.5430	91.1479	104.6029	120.2048	138.2970	159.2764	183.6014	211.8013
24	88.4973	102.1742	118.1552	136.8315	158.6586	184.1678	213.9776	248.8076
25	98.3471	114.4133	133.3339	155.6196	181.8708	212.7930	249.2140	292.1049
30	164.4940	199.0209	241.3327	293.1992	356.7868	434.7451	530.3117	647.4391
35	271.0244	341.5896	431.6635	546.6808	693.5727	881.1702	1120.7130	1426.4910
40	442.5926	581.8261	767.0914	1013.7042	1342.0251	1779.0903	2360.7572	3134.5218
45	718.9048	986.6386	1358.2300	1874.1646	2590.5645	3585.1285	4965.2739	6879.2907
50	1163.9085	1668.7712	2400.0182	3459.5071	4994.5213	7217.7163	10435.6488	15089.5017

n	18%	19%	20%	21%	22%	23%	24%	25%
1	1.0000	1.0000	1.0000	1.0000	1.0000	1.0000	1.0000	1.0000
2	2.1800	2.1900	2.2000	2.2100	2.2200	2.2300	2.2400	2.2500
3	3.5724	3.6061	3.6400	3.6741	3.7084	3.7429	3.7776	3.8125
4	5.2154	5.2913	5.3680	5.4457	5.5242	5.6038	5.6842	5.7656
5	7.1542	7.2966	7.4416	7.5892	7.7396	7.8926	8.0484	8.2070
6	9.4420	9.6830	9.9299	10.1830	10.4423	10.7079	10.9801	11.2588
7	12.1415	12.5227	12.9159	13.3214	13.7396	14.1708	14.6153	15.0735
8	15.3270	15.9020	16.4991	17.1189	17.7623	18.4300	19.1229	19.8419
9	19.0859	19.9234	20.7989	21.7139	22.6700	23.6690	24.7125	25.8023
10	23.5213	24.7089	25.9587	27.2738	28.6574	30.1128	31.6434	33.2529
11	28.7551	30.4035	32.1504	34.0013	35.9620	38.0388	40.2379	42.5661
12	34.9311	37.1802	39.5805	42.1416	44.8737	47.7877	50.8950	54.2077
13	42.2187	45.2445	48.4966	51.9913	55.7459	59.7788	64.1097	68.7596
14	50.8180	54.8409	59.1959	63.9097	69.0100	74.5280	80.4961	86.9495
15	60.9653	66.2607	72.0351	78.3305	85.1922	92.6694	100.8151	109.6868
16	72.9390	79.8502	87.4421	95.7799	104.9345	114.9834	126.0108	138.1085
17	87.0680	96.0218	105.9306	116.8937	129.0201	142.4295	157.2534	173.6357
18	103.7403	115.2659	128.1167	142.4413	158.4045	176.1883	195.9942	218.0446
19	123.4135	138.1664	154.7400	173.3540	194.2535	217.7116	244.0328	273.5558
20	146.6280	165.4180	186.6880	210.7584	237.9893	268.7853	303.6006	342.9447
21	174.0210	197.8474	225.0256	256.0176	291.3469	331.6059	377.4648	429.6809
22	206.3448	236.4385	271.0307	310.7813	356.4432	408.8753	469.0563	538.1011
23	244.4868	282.3618	326.2369	377.0454	435.8607	503.9166	582.6298	673.6264
24	289.4945	337.0105	392.4842	457.2249	532.7501	620.8174	723.4610	843.0329
25	342.6035	402.0425	471.9811	554.2422	650.9551	764.6054	898.0916	1054.7912
30	790.9480	966.7122	1181.8816	1445.1507	1767.0813	2160.4907	2640.9164	3227.1743
35	1816.6516	2314.2137	2948.3411	3755.9379	4783.6447	6090.3344	7750.2251	9856.7613
40	4163.2130	5529.8290	7343.8578	9749.5248	12936.5353	17154.0456	22728.8026	30088.6554
45	9531.5771	13203.4242	18281.3099	25295.3458	34971.4191	48301.7747	66640.3758	91831.4962
50	21813.0937	31515.3363	45497.1908	65617.2016	94525.2793	135992.1536	195372.6442	280255.6929

附表四 年金现值系数表

n	1%	2%	3%	4%	5%	6%	7%	8%	9%	10%
1	0.9901	0.9804	0.9709	0.9615	0.9524	0.9434	0.9346	0.9259	0.9174	0.9091
2	1.9704	1.9416	1.9135	1.8861	1.8594	1.8334	1.8080	1.7833	1.7591	1.7355
3	2.9410	2.8839	2.8286	2.7751	2.7232	2.6730	2.6243	2.5771	2.5313	2.4869
4	3.9020	3.8077	3.7171	3.6299	3.5460	3.4651	3.3872	3.3121	3.2397	3.1699
5	4.8534	4.7135	4.5797	4.4518	4.3295	4.2124	4.1002	3.9927	3.8897	3.7908
6	5.7955	5.6014	5.4172	5.2421	5.0757	4.9173	4.7665	4.6229	4.4859	4.3553
7	6.7282	6.4720	6.2303	6.0021	5.7864	5.5824	5.3893	5.2064	5.0330	4.8684
8	7.6517	7.3255	7.0197	6.7327	6.4632	6.2098	5.9713	5.7466	5.5348	5.3349
9	8.5660	8.1622	7.7861	7.4353	7.1078	6.8017	6.5152	6.2469	5.9952	5.7590
10	9.4713	8.9826	8.5302	8.1109	7.7217	7.3601	7.0236	6.7101	6.4177	6.1446
11	10.3676	9.7868	9.2526	8.7605	8.3064	7.8869	7.4987	7.1390	6.8052	6.4951
12	11.2551	10.5753	9.9540	9.3851	8.8633	8.3838	7.9427	7.5361	7.1607	6.8137
13	12.1337	11.3484	10.6350	9.9856	9.3936	8.8527	8.3577	7.9038	7.4869	7.1034
14	13.0037	12.1062	11.2961	10.5631	9.8986	9.2950	8.7455	8.2442	7.7862	7.3667
15	13.8651	12.8493	11.9379	11.1184	10.3797	9.7122	9.1079	8.5595	8.0607	7.6061
16	14.7179	13.5777	12.5611	11.6523	10.8378	10.1059	9.4466	8.8514	8.3126	7.8237
17	15.5623	14.2919	13.1661	12.1657	11.2741	10.4773	9.7632	9.1216	8.5436	8.0216
18	16.3983	14.9920	13.7535	12.6593	11.6896	10.8276	10.0591	9.3719	8.7556	8.2014
19	17.2260	15.6785	14.3238	13.1339	12.0853	11.1581	10.3356	9.6036	8.9501	8.3649
20	18.0456	16.3514	14.8775	13.5903	12.4622	11.4699	10.5940	9.8181	9.1285	8.5136
21	18.8570	17.0112	15.4150	14.0292	12.8212	11.7641	10.8355	10.0168	9.2922	8.6487
22	19.6604	17.6580	15.9369	14.4511	13.1630	12.0416	11.0612	10.2007	9.4424	8.7715
23	20.4558	18.2922	16.4436	14.8568	13.4886	12.3034	11.2722	10.3711	9.5802	8.8832
24	21.2434	18.9139	16.9355	15.2470	13.7986	12.5504	11.4693	10.5288	9.7066	8.9847
25	22.0232	19.5235	17.4131	15.6221	14.0939	12.7834	11.6536	10.6748	9.8226	9.0770
30	25.8077	22.3965	19.6004	17.2920	15.3725	13.7648	12.4090	11.2578	10.2737	9.4269
35	29.4086	24.9986	21.4872	18.6646	16.3742	14.4982	12.9477	11.6546	10.5668	9.6442
40	32.8347	27.3555	23.1148	19.7928	17.1591	15.0463	13.3317	11.9246	10.7574	9.7791
45	36.0945	29.4902	24.5187	20.7200	17.7741	15.4558	13.6055	12.1084	10.8812	9.8628
50	39.1961	31.4236	25.7298	21.4822	18.2559	15.7619	13.8007	12.2335	10.9617	9.9148

n	11%	12%	13%	14%	15%	16%	17%	18%	19%	20%
1	0.9009	0.8929	0.8850	0.8772	0.8696	0.8621	0.8547	0.8475	0.8403	0.8333
2	1.7125	1.6901	1.6681	1.6467	1.6257	1.6052	1.5852	1.5656	1.5465	1.5278
3	2.4437	2.4018	2.3612	2.3216	2.2832	2.2459	2.2096	2.1743	2.1399	2.1065
4	3.1024	3.0373	2.9745	2.9137	2.8550	2.7982	2.7432	2.6901	2.6386	2.5887
5	3.6959	3.6048	3.5172	3.4331	3.3522	3.2743	3.1993	3.1272	3.0576	2.9906
6	4.2305	4.1114	3.9975	3.8887	3.7845	3.6847	3.5892	3.4976	3.4098	3.3255
7	4.7122	4.5638	4.4226	4.2883	4.1604	4.0386	3.9224	3.8115	3.7057	3.6046
8	5.1461	4.9676	4.7988	4.6389	4.4873	4.3436	4.2072	4.0776	3.9544	3.8372
9	5.5370	5.3282	5.1317	4.9464	4.7716	4.6065	4.4506	4.3030	4.1633	4.0310
10	5.8892	5.6502	5.4262	5.2161	5.0188	4.8332	4.6586	4.4941	4.3389	4.1925
11	6.2065	5.9377	5.6869	5.4527	5.2337	5.0286	4.8364	4.6560	4.4865	4.3271
12	6.4924	6.1944	5.9176	5.6603	5.4206	5.1971	4.9884	4.7932	4.6105	4.4392
13	6.7499	6.4235	6.1218	5.8424	5.5831	5.3423	5.1183	4.9095	4.7147	4.5327
14	6.9819	6.6282	6.3025	6.0021	5.7245	5.4675	5.2293	5.0081	4.8023	4.6106
15	7.1909	6.8109	6.4624	6.1422	5.8474	5.5755	5.3242	5.0916	4.8759	4.6755
16	7.3792	6.9740	6.6039	6.2651	5.9542	5.6685	5.4053	5.1624	4.9377	4.7296
17	7.5488	7.1196	6.7291	6.3729	6.0472	5.7487	5.4746	5.2223	4.9897	4.7746
18	7.7016	7.2497	6.8399	6.4674	6.1280	5.8178	5.5339	5.2732	5.0333	4.8122
19	7.8393	7.3658	6.9380	6.5504	6.1982	5.8775	5.5845	5.3162	5.0700	4.8435
20	7.9633	7.4694	7.0248	6.6231	6.2593	5.9288	5.6278	5.3527	5.1009	4.8696
21	8.0751	7.5620	7.1016	6.6870	6.3125	5.9731	5.6648	5.3837	5.1268	4.8913
22	8.1757	7.6446	7.1695	6.7429	6.3587	6.0113	5.6964	5.4099	5.1486	4.9094
23	8.2664	7.7184	7.2297	6.7921	6.3988	6.0442	5.7234	5.4321	5.1668	4.9245
24	8.3481	7.7843	7.2829	6.8351	6.4338	6.0726	5.7465	5.4509	5.1822	4.9371
25	8.4217	7.8431	7.3300	6.8729	6.4641	6.0971	5.7662	5.4669	5.1951	4.9476
30	8.6938	8.0552	7.4957	7.0027	6.5660	6.1772	5.8294	5.5168	5.2347	4.9789
35	8.8552	8.1755	7.5856	7.0700	6.6166	6.2153	5.8582	5.5386	5.2512	4.9915
40	8.9511	8.2438	7.6344	7.1050	6.6418	6.2335	5.8713	5.5482	5.2582	4.9966
45	9.0079	8.2825	7.6609	7.1232	6.6543	6.2421	5.8773	5.5523	5.2611	4.9986
50	9.0417	8.3045	7.6752	7.1327	6.6605	6.2463	5.8801	5.5541	5.2623	4.9995

n	21%	22%	23%	24%	25%	30%	35%	40%	45%	50%
1	0.8264	0.8197	0.8130	0.8065	0.8000	0.7692	0.7407	0.7143	0.6897	0.6667
2	1.5095	1.4915	1.4740	1.4568	1.4400	1.3609	1.2894	1.2245	1.1653	1.1111
3	2.0739	2.0422	2.0114	1.9813	1.9520	1.8161	1.6959	1.5889	1.4933	1.4074
4	2.5404	2.4936	2.4483	2.4043	2.3616	2.1662	1.9969	1.8492	1.7195	1.6049
5	2.9260	2.8636	2.8035	2.7454	2.6893	2.4356	2.2200	2.0352	1.8755	1.7366
6	3.2446	3.1669	3.0923	3.0205	2.9514	2.6427	2.3852	2.1680	1.9831	1.8244
7	3.5079	3.4155	3.3270	3.2423	3.1611	2.8021	2.5075	2.2628	2.0573	1.8829
8	3.7256	3.6193	3.5179	3.4212	3.3289	2.9247	2.5982	2.3306	2.1085	1.9220
9	3.9054	3.7863	3.6731	3.5655	3.4631	3.0190	2.6653	2.3790	2.1438	1.9480
10	4.0541	3.9232	3.7993	3.6819	3.5705	3.0915	2.7150	2.4136	2.1681	1.9653
11	4.1769	4.0354	3.9018	3.7757	3.6564	3.1473	2.7519	2.4383	2.1849	1.9769
12	4.2784	4.1274	3.9852	3.8514	3.7251	3.1903	2.7792	2.4559	2.1965	1.9846
13	4.3624	4.2028	4.0530	3.9124	3.7801	3.2233	2.7994	2.4685	2.2045	1.9897
14	4.4317	4.2646	4.1082	3.9616	3.8241	3.2487	2.8144	2.4775	2.2100	1.9931
15	4.4890	4.3152	4.1530	4.0013	3.8593	3.2682	2.8255	2.4839	2.2138	1.9954
16	4.5364	4.3567	4.1894	4.0333	3.8874	3.2832	2.8337	2.4885	2.2164	1.9970
17	4.5755	4.3908	4.2190	4.0591	3.9099	3.2948	2.8398	2.4918	2.2182	1.9980
18	4.6079	4.4187	4.2431	4.0799	3.9279	3.3037	2.8443	2.4941	2.2195	1.9986
19	4.6346	4.4415	4.2627	4.0967	3.9424	3.3105	2.8476	2.4958	2.2203	1.9991
20	4.6567	4.4603	4.2786	4.1103	3.9539	3.3158	2.8501	2.4970	2.2209	1.9994
21	4.6750	4.4756	4.2916	4.1212	3.9631	3.3198	2.8519	2.4979	2.2213	1.9996
22	4.6900	4.4882	4.3021	4.1300	3.9705	3.3230	2.8533	2.4985	2.2216	1.9997
23	4.7025	4.4985	4.3106	4.1371	3.9764	3.3254	2.8543	2.4989	2.2218	1.9998
24	4.7128	4.5070	4.3176	4.1428	3.9811	3.3272	2.8550	2.4992	2.2219	1.9999
25	4.7213	4.5139	4.3232	4.1474	3.9849	3.3286	2.8556	2.4994	2.2220	1.9999
30	4.7463	4.5338	4.3391	4.1601	3.9950	3.3321	2.8568	2.4999	2.2222	2.0000
35	4.7559	4.5411	4.3447	4.1644	3.9984	3.3330	2.8571	2.5000	2.2222	2.0000
40	4.7596	4.5439	4.3467	4.1659	3.9995	3.3332	2.8571	2.5000	2.2222	2.0000
45	4.7610	4.5449	4.3474	4.1664	3.9998	3.3333	2.8571	2.5000	2.2222	2.0000
50	4.7616	4.5452	4.3477	4.1666	3.9999	3.3333	2.8571	2.5000	2.2222	2.0000

参考文献

[1] 中国资产评估协会. 资产评估基础. 北京：中国财政经济出版社，2019.

[2] 中国资产评估协会. 资产评估实务（一）. 北京：中国财政经济出版社，2019.

[3] 中国资产评估协会. 资产评估实务（二）. 北京：中国财政经济出版社，2019.

[4] 刘玉平. 资产评估学（第 2 版）. 北京：中国人民大学出版社，2018.

[5] 王磊. 资产评估. 北京：清华大学出版社，2014.

[6] 王玲. 资产评估学理论与实务（第 2 版）. 北京：北京交通大学出版社，2014.

[7] 熊晴海. 资产评估学. 北京：清华大学出版社，2009.

[8] 王国付. 资产评估学. 北京：经济科学出版社，2009.

[9] 王炳华，吕献荣. 资产评估. 北京：中国人民大学出版社，2009.

[10] 张英，牟建国. 资产评估学. 北京：科学出版社，2007.

[11] 李海波，刘学华，吴保忠. 资产评估. 上海：立信会计出版社，2007.

[12] 姜楠. 资产评估（第二版）. 大连：东北财经大学出版社，2008.

[13] 乔志敏，张文新. 资产评估学教程（第 2 版）. 北京：中国人民大学出版社，2006.